Behindertenhilfe durch Erziehung, Unterricht und Therapie, 13
(Herausgegeben von Prof. Dr. Otto Speck)

Frühförderung mit den Eltern

Mit Beiträgen von H. Beiler, P. Innerhofer,
J. F. Kane, P. Mrozynski, B. Ohrt, O. Speck,
C.-L. Spörri, M. Strothmann, M. Thurmair,
A. Warnke, H. Weiß und M. Zeschitz
und mit Briefen einer Mutter und eines Vaters

Herausgegeben von
Otto Speck und Andreas Warnke

2., ergänzte Auflage

Ernst Reinhardt Verlag München Basel

Prof. Dr. phil. Otto Speck, Institut für Sonderpädagogik der Universität München
Dr. med., Dipl.-Psych. Andreas Warnke, Universitätsklinik für Kinder- und Jugendpsychiatrie Marburg

CIP-Titelaufnahme der Deutschen Bibliothek

Frühförderung mit den Eltern / mit Beitr. von H. Beiler . . .
Hrsg. von Otto Speck u. Andreas Warnke. – 2., erg. Aufl. –
München ; Basel : E. Reinhardt, 1989
   (Behindertenhilfe durch Erziehung, Unterricht und Therapie ; 13)
   ISBN 3-497-01172-X
NE: Speck, Otto [Hrsg.]; Beiler, Hermann [Mitverf.]; GT

ISSN 0171-9718

Printed in Germany

Inhalt

Modelle und Formen der Elternarbeit in der Praxis

Vorwort der Herausgeber

Die Frühförderung behinderter und von Behinderung bedrohter Kinder ist in den letzten Jahren zu einem wichtigen Arbeitsgebiet verschiedener Disziplinen der Behindertenhilfe geworden. Zahlreiche Institutionen sind neu entstanden. Die besonderen Chancen der frühen Hilfen für Risikokinder liegen in der Vorbeugung von Behinderungen bzw. in der Reduzierung möglicher Auswirkungen vorliegender Schädigungen.

Die Eltern spielen bei dieser Aufgabe eine zentrale Rolle. In der Zusammenarbeit zwischen ihnen und den Fachleuten der verschiedenen Disziplinen liegt der Schlüssel zum Erfolg jeglicher Frühförderung. Da aber beide Seiten das Kind und die sich stellenden Aufgaben aus verschiedenen Perspektiven sehen und sich deshalb auch in ihren Ansätzen und Intentionen weithin unterscheiden, wird dieses Unternehmen Zusammenarbeit zu einem schwierigen Komplex. Er kann offensichtlich nur aufgearbeitet werden, wenn von beiden Seiten her Annäherungs- und Verständigungsversuche unternommen werden, ohne von vornherein die andere Seite determinieren zu wollen. Es handelt sich also um einen Lernprozeß. Er ist in der Praxis bereits in Gang gekommen.

Die in diesem Sammelband zusammengefaßten Beiträge wollen diesen Prozeß des gegenseitigen Zugangs zueinander und der besseren Verständigung miteinander und bisher vorliegende Ergebnisse aufzeigen und zugleich Neuorientierungs- und Handlungsansätze anbieten.

Nach einer als Einführung gedachten Beschreibung des auf partnerschaftliche Ergänzung hin gewandelten Verhältnisses zwischen Eltern und Fachleuten (Otto Speck) sollen zunächst zwei Briefe von Eltern wiedergegeben werden, der Brief einer Mutter (H. Holthaus) und der eines Vaters (R. Krais). Wir stehen mit beiden in Kontakt und haben miteinander intensiv über die hier anzusprechenden Fragen diskutiert. Der »Brief einer Mutter« war bereits in einem unserer »Rundbriefe« veröffentlicht und hat seitdem zahlreiche Repliken und Impulse ausgelöst.

Für die Mitarbeiter einer pädagogisch-psychologisch orientierten Frühförderung stellt sich die Aufgabe, von der jeweiligen Familiensituation auszugehen. Die sich dabei ergebenden Schwierigkeiten untersucht Martin Thurmair aus der Sicht des organisatorischen Ansatzes pädagogischer Frühförderung. In welcher Weise die Feststellung und die Tatsache einer Behinderung bei einem Kinde die gesamte Familie trifft und verändert, und wie sich Frühförderung darauf einzustellen hat, zeigt Hans Weiß aus der Sicht einer regionalen Frühförderstelle eines Landkreises auf.

Es folgen mehrere Beiträge, die sich mit bestimmten Schwierigkeiten und Problemen befassen, die sich aus der Notwendigkeit ergeben, daß Fachleute und Eltern zusammenwirken sollen: Erfahrungen und Empfehlungen aus klinisch-psychologischer Sicht bringt Andreas Warnke ein. Die von Mariana Strothmann und Matthias Zeschitz vorgenommene Analyse befaßt sich mit den näheren Umständen, die zum Abbruch der Zusammenarbeit führen können.

Die in der Realität praktizierten Modelle und Formen des Zusammenwirkens von Eltern und Fachleuten der Frühförderung sind vielfältig, weisen aber doch in offensichtlich zunehmendem Maße gewisse prinzipielle Gemeinsamkeiten auf. Dies verdeutlicht der differenzierte Bericht von John F. Kane über Erfahrungen und Forschungsergebnisse in den USA. Einen Einblick in hierzulande versuchte Elterngruppenarbeit gibt Claire-Lise Spörri auf Grund von Beobachtungen im Rahmen des Bund-Länder-Projektes »Pädagogische Frühförderung in Bayern«. Welche speziellen Möglichkeiten der Elternanleitung über ein intensives Elterntraining erschlossen werden können, zeigen Paul Innerhofer und Andreas Warnke an Erfahrungen mit dem Münchener Trainingsmodell (MTM nach P. Innerhofer) auf, das vielfach in der Weise mißverstanden wird, daß es als bloße Technologie angewandt wird und die Bedeutung der Haltung und Einstellungen der »Trainer« zu wenig Beachtung findet.

Der Arzt ist in der Regel der erste Fachmann, an den sich Eltern mit einem Risikokind wenden. Fragen der Kontaktnahme und des therapiebegleitenden Umgangs mit Eltern untersucht aus ärztlicher Sicht Barbara Ohrt. Speziell den Gesichtspunkten für ein konstruktives, therapie-stützendes Gespräch mit den Eltern geht Andreas Warnke in einem eigenen Beitrag nach.

Den Abschluß bilden Informationen über den rechtlichen Bestimmungsrahmen für Frühförderung. Aus sozialpädagogischer und sozialrechtlicher Sicht machen Hermann Beiler und Peter Mrozynski noch einmal die Komplexität des Gesamtthemas deutlich, wie sie sich sowohl aus der Sicht der Eltern wie auch aus der der Institution Frühförderung darstellt.

Otto Speck   *Andreas Warnke*

Vorwort zur 2. Auflage

Für die zweite Auflage dieses Buches wurden die Beiträge im wesentlichen unverändert übernommen. Lediglich im Beitrag »Rechtsfragen der Frühförderung« (Beiler/Mrozynski) wurde an einigen Stellen die Rechtsentwicklung berücksichtigt.

Die Herausgeber

Einführung in das Thema

1. Das gewandelte Verhältnis zwischen Eltern und Fachleuten in der Frühförderung

Von Otto Speck

Die Frühförderung behinderter und von Behinderung bedrohter Kinder ist innerhalb weniger Jahre zu einem weithin anerkannten wichtigen Unternehmen geworden, dem sich die verschiedenen Fachgebiete mit großem Interesse zuwenden. Anstöße kamen von den verschiedensten Seiten. Es entstanden Institutionen mit unterschiedlichen Schwerpunkten: mehr medizinisch orientierte Zentren (»Sozialpädiatrische Zentren«, wie z. B. das Kinderzentrum in München) und pädagogisch initiierte regionale Frühförderstellen, von denen es im Bundesgebiet inzwischen mehr als 400 gibt.

Eine zentrale Erfahrung bei der Praktizierung von Frühdiagnostik, Frühtherapie, Früherziehung und Frühberatung war die Schlüsselfunktion der *Eltern*. Es zeichnete sich immer deutlicher ab, daß der Weg zur Vorbeugung von Schädigungen der kindlichen Entwicklung über die Primärerzieher des Kindes führt.

Diese Grundeinsicht wurde zwar von den verschiedenen Disziplinen übereinstimmend bestätigt. Sie ist im Grunde auch nicht neu. Sie wurde allerdings – mit scheinbar unwichtigen Nuancen – verschieden interpretiert. Wie sich inzwischen herausstellte, sind es gravierende Unterschiede, hinter denen sich ganze professionelle Systemkomplexe als Bestimmungsrahmen ausmachen lassen, und die sich auf einer Skala von Einstellungen zu den Eltern ansiedeln lassen, die im Extrem von einer dirigistischen Position einerseits bis zur Partnerschaftlichkeit andererseits reicht. Typisierend ließen sich dabei auf die Eltern bezogen drei Modelle unterscheiden: das Laienmodell, das Ko-Therapie-Modell und das Modell offener, komplementärer Kooperation.

1.1. Die Eltern als Laien (Laienmodell)

Bei einer einseitig dirigistischen Position des Fachmannes gegenüber den Eltern herrschen folgende Merkmale vor:

– Der Experte versteht sich als primäre Fachautorität, ermittelt und interpretiert aus einem wissenschaftlichen Anspruch auf »Objektivität« heraus die vorliegende Behinderung und ihr Umfeld und bestimmt die erforderlichen Behandlungsmaßnahmen. Die Eltern werden dabei zu ausführenden (rezipierenden) Größen und sind ganz von den behandelnden Experten abhängig. Sie verstehen sich als Laien bzw. haben sich als solche zu verstehen. Sie tragen auf Befragung Informationsdaten zur einseitigen Urteilsgewinnung des Experten bei. Sie – und auch ihr Kind – werden zu Objekten von Diagnostik und Behandlung.

Wir sehen hierin das *Laien*-Modell eines Verhältnisses von Fachleuten zu Eltern. Es wird heute sicherlich von keiner Disziplin als noch adäquat vertreten, was jedoch noch nichts über die gegenwärtig praktizierte Realität aussagt. Immerhin werden folgende Charakterisierungen dieses Modells, wie sie *Ph. Roos* (1975) zusammengestellt hat, von Elternseite als heute durchaus realistisch bestätigt:

– professionelle Ignoranz anderweitigen Hilfen gegenüber,
– Geheimniskrämerei,
– das »Taube-Ohren-Syndrom« als das Ignorieren elterlicher Vorschläge und Meinungen,
– die professionelle Alles-wisserei und Omnipotenz,
– die Tendenz, Eltern zu Patienten zu machen,
– endlose Überweisungen von Spezialist zu Spezialist,
– professionelle Hoffnungslosigkeit im Sinne eines beziehungslosen Umgangs mit »objektiven« Prognosen.

In der Position solcher Ausgeliefertheit an Institutionen und Experten befanden sich die Eltern vor allem in der langen Zeit nur minimal ausgebauter Hilfe. Ihre Chance lag angesichts solch unzulänglicher und eindimensionaler Behandlung durch Experten in der Selbsthilfe. Es ist bisher kaum gewürdigt worden, mit welchem oft geradezu übermenschlichen Einsatz und mit welcher Erfindungsgabe die letztlich alleingelassenen Eltern ihre primäre Verantwortung und Aufgabe ihrem behinderten Kind gegenüber wahrgenommen und gemeistert haben. Ihre erzieherische Gültigkeit (Autorität) hatte damals wahrscheinlich mehr Gewicht als heute.

1.2. Die Eltern als Ko-Therapeuten (Ko-Therapie-Modell)

Gegenüber einer dirigistischen Position des Experten im Verhältnis zu den ratsuchenden Eltern bedeutete es einen wesentlichen Fortschritt, die Eltern nicht mehr nur als Laien oder Patienten zu betrachten, sondern sie fachmännisch anzuleiten und damit zu Mitwirkenden in der Therapie zu machen. Als »Ko-Therapeuten« sind die Eltern gewissermaßen der verlängerte Arm des Therapeuten, führen sie seine Funktion, in der sie unterwiesen werden, im Alltag aus. Sie üben mit dem Kind in der Weise, wie sie es vom Therapeuten her gelernt haben. Dazu erhalten sie Programme mit aufgelisteten Übungen und Lernzielen für das einzelne Kind. Die Therapie kann durch das häusliche Üben wesentlich intensiviert werden. Der Therapeut überprüft deren Ergebnisse in der nächsten ambulanten Beratung, beurteilt von seiner fachmännischen Warte aus Erfolge oder Nichterfolge, läßt sich Übungsweisen vormachen, korrigiert, berät und stellt Übungsmethoden und Lernziele neu ein.

Unter Umständen, d. h. wenn die Eltern – im allgemeinen sind es die Mütter – Schwierigkeiten haben, das Übungsprogramm mit ihrem Kind im Sinne der therapeutischen Erfordernisse umzusetzen, werden Trainingskurse mit den Eltern angesetzt, um die gewünschte Veränderung des elterlichen Verhaltens herbeizuführen.

Dieses Modell elterlicher Ko-Therapie, wie es insbesondere von *Hellbrügge* (1981) propagiert worden war, ging von der an sich wichtigen Erkenntnis aus, daß es *letztlich auf die Eltern ankommt,* daß eine punktuelle externe Therapie, vor allem dann, wenn sie in das soziale Feld einer Familie hineinreicht, nur einen begrenzten Wert hat. Es beschränkt sich auf das, was von den Vorschlägen des Therapeuten für die Eltern übernehmbar ist. Das Nichtübernehmbare wird zur therapieresistenten Größe.

Bei genauerem Hinsehen erweist sich das Ko-Therapie-Modell als ein »medizinisches Modell«, bei dem vor allem die ärztliche Praxis der Medikamentierung und der Behandlungsanweisungen Pate gestanden hat, und für die es nach wie vor seine spezifische Gültigkeit hat. Als therapeuten-zentriertes Modell erweist es sich aber als umso problematischer, je komplexer sich das interaktionale Bedingungsfeld für die therapeutische Intention darstellt. Soziale Veränderungsprozesse – und dazu gehören auch Lernprozesse, um die es in der Frühförderung geht – sind einerseits von einer wesentlich größeren Zahl von Faktoren bestimmt, als sie ein Außenstehender (Fachmann) übersehen kann. Andererseits sind diese sozial-interaktionalen Veränderungsprozesse nicht einfach durch Veränderungsvorschläge von außen, also durch Rezeption von Verhalten, wirksam in Gang zu setzen.

So stellte sich in der Praxis des Ko-Therapie-Modells nach Aussagen von Eltern bei diesen weithin der Eindruck des Doch-nicht-recht-Verstandenseins ein, des Unbefriedigtseins, der Verunsicherung, sogar des Schuldseins an den nicht eingetretenen Fortschritten des Kindes. Man sah sich in die Vorstellung gedrängt, die Entwicklung des Kindes käme deshalb nicht voran, weil man es nicht fertigbrächte, sich ganz an die Vorschläge und Weisungen des Fachmanns zu halten.

Hier liegt die entscheidende Diskrepanz im Rollenverständnis von Eltern. Daß sie nicht Therapeuten (Ko-Therapeuten) werden können, liegt nicht darin, daß sie versagen, sondern daß sie eine ganz *andere Rolle* für ihr Kind zu spielen haben als ein Fachmann (Therapeut). Sie wollen auch gar nicht Therapeuten werden, weil sie in dieser zugewiesenen Rolle erleben müssen, daß sie offensichtlich umso weniger Eltern ihres Kindes sein können, je mehr sie sich bemühen, dem Therapeuten zu entsprechen, die Therapeuten-Rolle zu übernehmen. (vgl. den in diesem Band abgedruckten »Brief einer Mutter«).

Die Elternrolle ist eine wesentlich umfassendere. Sie erstreckt sich auf den Gesamtkomplex von Funktionen, Aufgaben und Verantwortlichkeiten für das Kind im dynamischen Gesamtkomplex Familie, der sich durch eine bestimmte therapeutische Intention nicht einfach umfunktionieren läßt. Allein die Zeitdimension wird in einer ganz anderen Weise erlebt als in der kurzen, ausschnitthaften therapeutischen

Situation. Als Eltern lebt man mit dem Kind und seinen Geschwistern auf Dauer in unmittelbarer Nähe und Aufeinanderbezogenheit zusammen. Die entscheidenden Komponenten in diesem Miteinander sind die *Identitäten* der einzelnen Familienmitglieder, die in einer gewachsenen und ständigen Wechselwirkung miteinander stehen. Diese Identitäten als Selbstverständnisse im gegebenen sozialen Feld werden durch externe Rollenerwartungen u. U. in Mitleidenschaft gezogen: Für mich ist unser Sohn in erster Linie unser Kind als Mensch und Subjekt und nicht ein möglichst zu therapierendes Objekt, kann dann eine Mutter formulieren. Die Therapie-Resistenz von Eltern richtet sich gegen eine Zumutung, von der sie meinen, daß sie ihre Identitätsbalance zu sehr belastet und stört. Sie wehren sich, einer Außeninstanz gegenüber, sei sie noch so expert, Rechenschaft ablegen zu sollen, sich überprüfen zu lassen – auch wenn es in bestem Sinne gemeint ist. Sie wehren sich gegen Schuldkomplexe, die dadurch entstehen können, daß sie den Vorstellungen des Fachmanns nicht entsprochen haben, zumal es doch nach seiner Meinung »so sehr auf die Eltern ankommt«, wenn dem Kind geholfen werden soll.

Natürlich stellen sich auch therapeutische Erfolge ein. Die näheren Zusammenhänge sind bisher noch nicht differenziert genug erforscht worden. Es kann aber vermutet werden, daß dann mehr zufällige Entsprechungen zwischen Therapeuten und Eltern maßgebend waren, z. B. angenäherter Sprachgebrauch, großes persönliches Geschick u. ä. Die wahrscheinlich entscheidende Komponente dürfte dabei implizit wirksam sein: ein durch persönlichen Takt und differenzierte interaktionale Erfahrung bestimmtes Verhältnis zwischen Fachmann und Eltern, das über eine bloße Ko-Therapie-Konstellation bereits hinausreicht in ein Kooperationsverhältnis, das von der gegenseitigen Achtung der unterschiedlichen aber gleichwertigen Rollen und Aufgaben, auch von einem prinzipiell offenen, sich wechselseitig bedingenden doppelten Veränderungsprozeß aufeinanderzu bestimmt ist. Dieses Verhältnis soll hier als eigenes *drittes Modell* explizit abgehoben werden:

1.3. Die Eltern als Partner (Kooperationsmodell)

Als offene, komplementäre Kooperation wollen wir ein Verhältnis zwischen Spezialisten und Eltern bezeichnen, das nicht durch eine Prädominanz auf der einen Seite und Lernabhängigkeit auf der anderen Seite gekennzeichnet ist, sondern durch einen interaktionalen, wechselwirkenden Annäherungsprozeß von beiden Seiten her. Er ist auf wechselseitige Veränderung als optimale Ergänzung angelegt. Er wird in Gang gebracht durch die beidseitige Bereitschaft, aufeinander zu hören, sich aufeinander einzustellen, und das für die individuelle Fördersituation passende Konzept gemeinsam zu finden. Die gegenseitige *Ergänzung* läßt sich wörtlich als partnerschaftliches Zusammenwirken zu einem *Ganzen* verstehen, bei dem sich die Beteiligten auf Gegenseitigkeit einlassen. Der Ausgang dieses Prozesses ist prinzipiell offen, also nicht bereits im voraus durch eine generalisierte Experten-Autorität fixiert.

In dieser Partnerschaftlichkeit als gemeinsamem Teilhaben an einer nur zusammen lösbaren Aufgabe kommt es wesentlich auf die gegenseitige Achtung und Beachtung an. Da durch die Ungleichheit der Ausgangssituation – Experte gegenüber Nicht-Experten oder Eltern gegenüber Nicht-Eltern – stellt kein unüberwindliches Verständigungshindernis dar. Vielmehr ergänzen sich *generalisiertes* Expertenwissen und -können auf der einen Seite und *individualisiertes* Wissen und Verstehen auf der Seite der Eltern. Dabei kommt es darauf an, daß beide Seiten aus ihrem Erfahrungsschatz diejenigen Details zur Synthese bringen, die dem einzelnen Kind in seiner einmaligen, unauswechselbaren Situation am dienlichsten zu sein versprechen. Ob sie es wirklich sind, muß der permanente Erfahrungsaustausch erbringen. Auf jeden Fall sollen die Eltern keine Therapeuten werden, sondern Eltern bleiben. Die Funktion des Fachmanns ist dabei im Prinzip eine assistierende, eine dienende. Seine Fach-Autorität wird dadurch nicht geschmälert, im Gegenteil: sie kann jetzt erst eigentlich wirksam werden.

Der Partnerschafts- und Kooperationsansatz ist auch internationales Diskussions- und Forschungsthema. Wir verweisen beispielhaft auf die Initiativen und Befunde von *P. Mittler,* Großbritannien. In seinem Grundsatzpapier »Parents as Partners in the Education of their Handicapped Children« für das UNESCO-Treffen von Special Education-Experten 1979 in Paris bezeichnet er die aktive Partizipation der Eltern an den Förderungsprogrammen für ihre Kinder als einen der wichtigsten Fortschritte im Bereich spezieller pädagogischer Hilfen. Dabei wird insbesondere die Bedeutung der *frühen* Eltern-Professionellen-Kooperation betont, die bereits mit der Entdeckung einer Behinderung beginnen müsse. Die Praxis ist davon noch weit entfernt. Ausgelöst durch das Fehlen der nötigen Sensibilität für die elterlichen Gefühle beim ersten Gespräch werde die Eltern-Experten-Beziehung belastet und u. U. für lange Zeit blockiert.

Die Qualität interpersonaler Kommunikation im offenen Gespräch mit den Eltern hebt auch *E. J. Webster* (1977) hervor. Es ginge bei der »Beratung« – im weitesten Sinne des Wortes – nicht um etwas, was man als Experte an eine andere Person richte, sondern um etwas, was man miteinander tut, um eine Begegnung, bei der sich beide Seiten aufeinander einlassen. Ausdrücklich wird vermerkt, daß Eltern in gewisser Beziehung auch selber Spezialisten für ihr Kind seien. Ihre tägliche Erfahrung mit dem Kind übertreffe die anderer. Wer sie beraten wolle, könne an ihrer Autorität nicht vorbeigehen.

Das hier dargestellte Unternehmen offener Kooperativität zwischen Fachleuten und Eltern ist wie jedes offene Verhältnis keine einfache Sache, die man leicht in Definitionen und Verfahrensregeln fassen könnte. Mögliche Schwierigkeiten liegen auf der Hand; sie bestätigen aber im Grunde nur die Notwendigkeit unvoreingenommener Verständigungsversuche. Nüchtern besehen stehen heute Fachleute an sich gar nicht mehr vor der Wahl, ob sie sich in ein strapaziöseres offenes Zusammenarbeiten einlassen sollen oder nicht. Die Eltern heute – jedenfalls der bewußter und kritischer die eigene Aufgabe und Position reflektierende Teil von ihnen – gibt sich mit einer bloßen rezipierenden, therapeuten-zentrierten Ausführungsfunktion nicht mehr zufrieden. Es gibt in zunehmendem Maße Anzeichen dafür, daß die Eltern gegenüber Institutionen und Fachleuten selbstbewußter und kritischer geworden sind und nicht einfach hinnehmen, was ihnen vom Fachmann verordnet und zugemutet wird. Es bildet sich eine Elterngeneration heraus, die das »Hinterfragen« gelernt hat, und die die Frage nach einer noch lebenswerten Zukunft für ihre Kinder in einer Komplexität und Intensität beschäftigt, wie wohl kaum eine Generation vor ihr. Verwiesen sei auf die Berichte von *Häusler* (1979), *Purzer* (1981) und *Schulz* (1981).

Ihre Skepsis bezieht sich dabei u. a. in wachsendem Maße auf die Institutionen und *Systeme dieser Dienstleistungsgesellschaft*. Zunächst hatten sie diese selbstverständlich unterstützt, denn eine besser ausgebaute Behindertenhilfe war längst überfällig gewesen.

Das inzwischen entstandene, mit enormen Investitionen aufgebaute Netz sozialer »Dienste« erweist sich aber in der Zwischenzeit als ambivalent: Es bietet zwar differenzierte Hilfen zur sozialen Sicherung an, entwickelt aber zugleich und offensichtlich einer immanenten Gesetzmäßigkeit folgend organisatorische Eigensicherung und Eigenmacht, der gegenüber die Dienstleistungsnehmer als die Schwächeren immer abhängiger werden (vgl. *Illich* 1979, *McKnight* 1979).

Hinzu kommt die sich aus dem Ausbau der einzelnen sozialen Systeme, sei es das Gesundheitswesen, das Bildungswesen, das Arbeitssystem oder das Sozialhilfesystem, ergebende Auseinanderentwicklung. Zusammen mit der damit verbundenen exponentiell wachsenden Verrechtlichung sieht sich der einzelne Dienstleistungsnehmer in einem deprimierenden Maße verunsichert und »entmündigt«. Er kann kaum mehr geltend machen, was er in seiner Situation subjektiv braucht. Der Bedarf wird vielmehr von den Institutionen bestimmt. Die Spezialisten definieren Bedürfnisse und Hilfeleistungen. Da aber ein Spezialist jeweils nur für Teile zuständig ist, besteht die Gefahr, daß er aus seiner Teilsicht der Situation heraus generalisiert und sie damit als ganze verfehlt, oder die Eltern verlieren angesichts verschiedener Expertenmeinungen und Amtsweisungen den Überblick und resignieren.

Auf unser Thema bezogen kann vom Dienstleistungssystem her noch eine weitere Erschwerung dadurch eintreten, daß *wirtschaftliche* Gesichtspunkte eine offene Kooperation mit den Eltern verhindern. Die banale Frage lautet: Wer soll diese Art von »Elternarbeit« eigentlich bezahlen? Müssen denn wirklich die aufwendigen Hausbesuche durchgeführt werden? Kann man die Eltern nicht ambulant »beraten«? Können die »Behandlungseinheiten« nicht kürzer sein? Vor allem jene Frühförderungszentren, die primär von den Krankenkassen abhängig sind, geraten in ihrer »Elternarbeit« unter diesen Druck, freilich auch deshalb, weil dieser Aufwand nicht durch die Reichsversicherungsordnung (RVO) klar abgedeckt ist. – Wenn heute deshalb Versuche unternommen werden, diesen Aufwand für die Eltern doch irgendwie der RVO anzunähern, so muß mit der Gefahr gerechnet werden, daß diese »Leistungen« einseitig aus medizinischer Sicht definiert werden und damit einen eingeengten, auf Krankheit hin bezogenen Inhalt bekommen.

Der Trend zur Generalisierung an sich partikularer Sichtweisen und Systemnormen ist heute gemeinhin zu beobachten. Er ergibt sich einerseits aus der fortschreitenden Spezialisierung, die das Erfassen und Begreifen des Gesamtzusammenhangs immer mehr erschwert, und andererseits aus der damit verbundenen fortschreitenden Fixierung partikularer und zugleich konkurrierender Organisationsmechanismen und -instanzen. Jedes Teilsystem versucht sich zu behaupten und durchzusetzen – u. U. auch gegen andere.

So ist etwa aus den USA der Terminus »*medicalisation*« bekannt geworden, der den Trend kennzeichnet, soziale Probleme als medizinische zu sehen und behandeln zu wollen. *Rowitz* (1981) referierte hierüber im Anschluß an Arbeiten von *Conrad* (1975) und *Fox* (1977). Medikalisierung beziehe sich einerseits auf die Definition von Verhalten als einem medizinischen Problem oder einer Krankheit und andererseits auf die Forderung nach der Behandlungszuständigkeit der medizinischen Profession. Als Beispiele werden genannt: Lernstörungen, Kindsmißhandlung, Alkoholismus und Drogenabhängigkeit (S. 50). – Von Medikalisierung müßte sicherlich auch dann gesprochen werden, wenn die Behandlung der komplexen Elternprobleme mit einem behinderten Kind ausschließlich in die Zuständigkeit medizinischer Dienstleistung im Sinne der RVO fallen sollte.

Auf der anderen Seite könnte durchaus auch von der Gefahr oder dem Trend zur »*Pädagogisierung*« (»educalisation«) im Bereich der Frühförderung gesprochen werden. Sie läge z. B. vor, wenn Eltern ausschließlich als Erzieher gesehen würden und ihre Probleme lediglich als sozial-interaktionale behandelt würden.

Die genannten Trends zur Verabsolutierung partieller Kompetenzen werden dadurch verstärkt, daß sie immer enger in Systeme eingebunden werden, die ihre eigenen Maßgaben entwickeln, auch wenn es sich um ein komplexes Anwendungsgebiet handelt. Das angesprochene Problem wird sicherlich nicht durch Machtentscheidungen befriedigend gelöst werden können, sondern bedarf einer entschlossenen und von gegenseitiger Respektierung getragenen Kompetenzen- und Ressort-Überbrückung.

Unsere Konzeption einer offenen partnerschaftlichen Zusammenarbeit mit den Eltern in der Frühförderung entwicklungsauffälliger Kinder ist im Grunde an eine offene interdisziplinäre Kooperation gebunden *(Speck* 1981 a und b). Wir haben im Zusammenhang mit dem Aufbau institutionalisierter Frühförderung in Bayern, der sowohl vom Sozial- und Arbeitsministerium wie vom Kultusministerium initiiert worden ist und getragen wird, eine interdisziplinäre Annäherung und Verständigung in einem Arbeitskreis praktiziert, in dem sich Vertreter verschiedenster Einzeldisziplinen zusammenfinden.

Einige der hier vorgelegten Berichte basieren empirisch auf Ergebnissen eines vom Bundesminister für Bildung und Wissenschaft und vom Lande Bayern getragenen Projektes »Pädagogische Frühförderung in Bayern« in den Jahren 1974–1981. Durch die vom Kultusministerium gewährten Zuschüsse bei der Finanzierung wurde es möglich, der Elternarbeit einen zentralen Stellenwert bei der Frühförderung einzuräumen. Dazu gehört u. a. der mobile Dienst, der über den Hausbesuch eine unmittelbare Berücksichtigung der jeweiligen Familiensituation erlaubt. Die Erfahrungen, die dabei gemacht wurden, die Probleme, die dabei zutagetraten, sollen in diesem Sammelband eingebracht werden. Die intensive Beschäftigung mit der Elternfrage hat im Verlauf dieses Projektes zu einer Umorientierung unseres Ansatzes und zu einem gewandelten Verständnis des Verhältnisses zwischen Eltern und Fachleuten geführt.

20   Otto Speck, Das gewandelte Verhältnis

Literatur

Hellbrügge, Th. (Hrsg.): Klinische Sozialpädiatrie. Berlin/Heidelberg/New York 1981
Häusler, J.: Kein Kind zum Vorzeigen. Reinbek 1979
Illich, I. u. a.: Entmündigung durch Experten. Zur Kritik der Dienstleistungsberufe. Reinbek 1979
McKnight, J.: Professionelle Dienstleistung und entmündigende Hilfe. In: *I. Illich* 1979, 37–56
Mittler, P.: Parents as Partners in the Education of their Handicapped Children. Paper for the Expert Meeting on Special Education, UNESCO, Paris 1979
Purzer, M.: Frühbehandlung und Frühförderung aus Elternsicht. In: psychosozial 2/1981, 13–17
Roos, Ph.: Parents and Families of the Mentally Retardes. In: *Kauffman/Payne* (Eds.): Mental Retardation. Columbus/Ohio 1975, 336–386
Rowitz, L.: A Sociological Perspective on Labeling in Mental Retardation. Mental Retardation (19) 1981, No. 2, 47–51
Schulz, G.: Frühbehandlung und Frühförderung aus Elternsicht. In: psychosozial 2/1981, 18–27
Speck, O. und Mitarbeiter: Frühförderung entwicklungsgefährdeter Kinder. München/Basel 1977
– Erziehung zur Partnerschaft. In: Kongreßbericht 7. World Congress of the ILSMH on Mental Handicap 1978, Wien, 269–278
– Die Stellung der Eltern im Rahmen der Frühförderung. Geistige Behinderung (20) 1981a, 80–90
– Interdisziplinäre Frühförderung behinderter Kinder. Hexagone Roche (9) 1981b, 12–16
– Elternarbeit im Wandel. Bundesverband für spastisch Gelähmte und andere Körperbehinderte e.V. Düsseldorf 1982
Webster, E. J.: Counseling with Parents of Handicapped Children. Guidlines for Improving Communication. New York 1977

2. Brief einer Mutter[1]

Sehr geehrter Herr S.,

nach unserem Gespräch über Frühförderung hatte ich den Eindruck, Ihrer Erwartungshaltung nicht entsprochen zu haben – meiner eigenen übrigens auch nicht. Daher versuche ich nochmals, meine Kritik darzustellen, die sich auch als Kritik anderer Eltern erwiesen hat. Sie soll einen Denkanstoß für einen neuen Weg für Eltern und Therapeuten geben. Ich möchte aber *ausdrücklich* betonen: ich habe einzelne Betreuer sehr schätzen gelernt. Vor allem die praktische Arbeit mit meinem Kind war sehr hilfreich und überwiegt die negativen Aspekte. Meine kritischen Überlegungen sind manchmal überspitzt formuliert, einfach, um dadurch die angesprochenen Probleme zu verdeutlichen.

Zunächst zwei Formulierungen, die immer wieder auftauchen und mich verletzen: die *Arbeit an* den Eltern, aber auch der stolze Hinweis: wir konnten x Kinder vor der Sonderschule bewahren. Natürlich ist das ein Erfolg für das einzelne »bewahrte« Kind und seine Eltern, ich wäre froh, wenn mein Sohn zu diesen Kindern gehören würde, aber diese beiden Bemerkungen verweisen mich immer wieder auf einen Platz, den ich nur sehr schwer akzeptieren kann.

Außerdem möchte ich noch einiges zu bedenken geben, das mir zum Elternproblem eingefallen ist:

1. Schon kurz nach der Geburt war mir die Chance genommen, zumindest kurzfristig die Behinderung zu vergessen. Die ständige Förderung und der *Zwang zu Erfolg* und *Leistung* hatte die Kehrseite, daß ich nur selten meinen Sohn einfach als Kind akzeptieren konnte; sehr schnell wurde ich immer wieder darauf gestoßen, daß er behindert ist – in erster Linie jemand, dem etwas fehlt.

   Als Mutter habe ich andere Ziele als ein Erzieher: ich möchte ein möglichst glückliches Kind, das sich akzeptiert fühlt und gern lebt. Kann ich das durch Frühförderung erreichen? Ist das überhaupt durch Frühförderung erreichbar? Ist das überhaupt ein *bewußtes* Ziel der Frühförderung?

2. Ich hatte Rollenprobleme. Manchmal hätte ich als Mutter einfach nachgegeben oder freundlich reagiert – als Therapeut fühlte ich mich veranlaßt, konsequent zu sein und mein Verhalten vom Erfolg her zu steuern. Das kann schwierig werden für Spontaneität und die Äußerung von Gefühlen. Es fiel mir nicht immer leicht, beide Rollen zu integrieren, auch von meinem Mann z. B. verlangte ich manchmal, sich nach therapeutischen Richtlinien zu verhalten, so daß er weitgehend abhängig von meinen Informationen und Verhaltensmaßregeln wurde. Wann erkennt man die Grenze der Forderungen?

   Schließlich möchte man die Therapie ja gut machen.

   Ein Beispiel: obwohl mein Sohn längst allein essen konnte, weigerte er sich eine Zeitlang ohne einen für mich ersichtlichen Grund, auf seinem Stuhl zu sitzen und

---

[1] Erstmals veröffentlicht im Rundbrief Frühförderung. Nr. 17. Dez. 1978

zu essen. Ich bestand konsequent darauf und ließ ihn auf das Essen verzichten, weil ich unsicher war zwischen der Rolle der Mutter, die ihr gesundes Kind in einem solchen Fall einfach für einige Zeit auf den Arm nehmen könnte, ohne um den Lernerfolg ständig fürchten zu müssen. Glücklicherweise half mir manchmal mein Mann, mich von diesem »Therapiezwang« zu befreien.

3. Die Diskriminierung und Isolierung wurde keineswegs dadurch erleichtert, daß jede Woche vor unserem Haus weithin sichtbar ein Auto mit der Aufschrift »Lebenshilfe« parkte – ebensogut hätte ein Polizeiauto dort halten können.

4. Hätte ich wirklich einen Therapeuten ablehnen können, ohne in den Ruf zu geraten, ich sei einfach »schwierig und mit dem Problem der Behinderung noch nicht fertig geworden«? Ich hatte z. B. Probleme mit den wechselnden Psychologen, denen man anmerkte, daß sie noch nie ein behindertes Kind aus der Nähe gesehen hatten. Von mir verlangte man auf Grund ihres Examens Vertrauen und Anerkennung.

Ich hatte manchmal den Eindruck, als Mutter eines behinderten Kindes hätte ich eine gewisse »Narrenfreiheit«. Es ist bekannt und wird vorausgesetzt, daß Eltern eines behinderte Kindes einfach niemals »normal« bleiben können. Von meinen Äußerungen kann ohne Schwierigkeit abgestrichen werden, was dem anderen nicht paßt – mit der Unzurechnungsfähigkeit (durch Schock) läßt sich alles abqualifizieren. Eltern eines gesunden Kindes, die z. B. keinen hundertprozentigen Kindergarten finden oder das Schulsystem angreifen, sind »kritische Eltern« und »bewußte Erzieher«. – Eltern eines behinderten Kindes, die dasselbe tun, sind »überempfindlich, realitätsfremd, nörglerisch« – kurz: »von der Belastung überfordert«.

5. Für mich ist das Gefühl schwer zu ertragen, daß jemand zu mir freundlich und verständnisvoll ist, weil es zu seinem Beruf gehört. Sobald die Therapie abgeschlossen ist, ist meistens auch das Interesse und das Verständnis vorüber. Eine Mutter sagte einmal: »Warum soll ich eine andere Mutter mögen, nur weil sie auch ein behindertes Kind hat?« Bezogen auf einen Therapeuten könnte man sagen: »Warum soll er Verständnis für einen Menschen haben, nur weil er ein Therapieprogramm mit dessen Kind durcharbeitet?« Ich bin sehr froh, daß ich Freunde habe, mit denen ich wirklich sprechen kann – mich mit meinen Problemen an die Therapeutin zu wenden, wäre mir nicht möglich gewesen, und ich hätte sicher auch Schwierigkeiten gehabt, nach der Therapiezeit die totale Abtrennung zu ertragen.

Hierzu möchte ich auch fragen: Was bedeutet für die Mitarbeiter der Frühförderung »Akzeptieren«? Im Grunde sehen sie – jedenfalls meiner Meinung nach – in einem behinderten Kind in erster Linie einen Menschen mit Defizit, das man so weit wie möglich mindern oder aufheben sollte.

Akzeptieren der Behinderung als positive Lebensmöglichkeit, die unser Leben bereichert, habe ich nur bei den Anthroposophen gefunden. Ich habe oft versucht zu erklären, daß mein Sohn eine positive Lebensform ist, nicht eine, die man nur akzeptieren muß, weil sie nun einmal da ist. Typisch waren die Reaktionen bei meinen weiteren Schwangerschaften: Niemand kam auch nur auf die Idee, die

Fruchtwasseranalyse könnte überflüssig sein – oder, falls sie negativ ausgefallen wäre, eine Abtreibung wäre überhaupt noch zu diskutieren gewesen. Meine Erleichterung über das Ergebnis war vor allem darin begründet, daß es mir die Entscheidung abnahm. Wenn ich die Schwangerschaft unterbrochen hätte, dann nur aus arbeitstechnischen und sozialgesellschaftlichen Gründen – emotional und subjektiv hätte mir ein schwerer Kampf bevorgestanden. Die Reaktion der anderen jedenfalls macht eins klar: Ein behindertes Kind ist etwas möglichst zu Vermeidendes, es hat kein Recht auf Leben, es verkörpert nur die negative Möglichkeit. Ich persönlich empfinde das auch als Euthanasie. Wenn Behinderung die einzige Indikation ist, einem Menschen das Recht auf Leben abzusprechen – warum dann nur vor der Geburt?

Andererseits wünsche auch ich niemand, daß er ein behindertes Kind bekommt – nur ist meine Ansicht hier nicht mehr so eindeutig – und ich empfinde diese Ablehnung, diese geistige Euthanasie auch bezogen auf meinen behinderten Sohn. Daraus entspringt zum großen Teil das Mitleid, folgen die Hilfsangebote und aus diesem Gefühl resultiert ein Teil meiner Auflehnung. Ich akzeptiere mein Kind nicht unter diesem Gesichtspunkt, wohl aber tun das die meisten Leute, die beruflich mit meinem Kind zu tun haben. Ich kann dieses Verhalten nur als negatives Akzeptieren bezeichnen. Für mich entsteht daraus ein praktisches Problem: Einerseits hätte ich praktische Hilfe benötigt – der Arbeitsaufwand war manchmal schon recht groß – auch Anteilnahme tat mir wohl – aber dieses negative Akzeptieren hinderte mich daran, um diese Hilfe zu bitten, sie gern anzunehmen und Mitleid zu ertragen.

6. Frühförderung erscheint den meisten Eltern unsystematisch. Sie lehrt hier ein bißchen und dort ein bißchen. Fertigkeiten, die manchmal wesentlich sind, manchmal aber auch ohne Frühförderung erlernt worden wären. Sie schließt den Rest der Familie aus, die soziale Umgebung, individuelle Lernbiographien der Familie und vor allem die immensen Probleme, die mit den nichtbehinderten Geschwistern entstehen. Sie sind eigentlich diejenigen, die Hilfe bräuchten, und wir Eltern wissen oft nicht, wie wir mit ihnen umgehen sollen oder können. Eigentlich geht es nicht um Elternarbeit, sondern um *Familienarbeit*.

Frühförderung ist autoritär: Die Mitarbeit der Eltern beschränkt sich in der Praxis auf das Beantworten von Fragen und das Ausführen von Aufgaben. In einer Familie mit mehreren kleinen Kindern z. B. ist es der Mutter kaum jemals möglich, allein täglich mit dem Kind zu arbeiten. Meine Probleme diesbezüglich hatten den Rat zufolge: »Ihr Mann *muß* einfach für diese Zeit den Rest der Familie übernehmen«, d. h. wir *mußten* bestimmte Dinge tun, wir *mußten* einen Zeitplan aufstellen, die gesunden Geschwister und uns selbst in diesen Zeitplan zwingen usw. – Kein Therapeut hat es jemals geschafft, mir zu zeigen, wie man unter Einbeziehung der Geschwister arbeiten kann. Mein zweites Kind hat noch heute Schwierigkeiten beim »Mitmachen« im Kindergarten, denn während seiner ersten drei Lebensjahre galt das Prinzip: Laß das mal Deinen Bruder machen, der muß das noch lernen! Er mußte sich zurückhalten, ständig abwarten, wurde gebremst und kontrolliert.

Nun empfinden wohl die meisten Eltern irgendwann ein Gefühl der Auflehnung oder zumindest des Zweifels. Auf die Frage: Warum habe ausgerechnet ich ein solches Kind? – folgt dann die Frage: Warum muß ich ständig lernen, an mir arbeiten, mit dem Kind arbeiten usw. Mir sind nur zwei Antworten bekannt:

1. Das ist die Pflicht der Eltern
2. ohne ständige Förderung wird aus dem ohnehin schon schlimmen Unglück ein noch schlimmeres Unglück.

Beide Motivationen sind fast so tragfähig wie z. B. die Bemerkung eines Lehrers:»Du bist ohnehin schon ein schlechter Schüler, wenn Du Dich nicht anstrengst, mußt Du die Klasse wiederholen.« Diese Motivation reicht vielleicht bis zum Zeugnis aus, aber ist sie in der Lage, Eltern über Jahre hin trotz aller Frustrationen »bei der Stange« zu halten?

Könnten die Therapeuten uns helfen, eine Motivation zu finden, die positiv trägt? Haben sie selber überhaupt eine solche Motivation für ihre Arbeit?

Ich will meinen Bemerkungen allerdings gegenüberstellen:

– Wenn die Alternative heißt: Frühförderung mit allen Problemen oder keine Förderung, dann würde ich mich, ohne auch nur zu überlegen, *für* die Förderung entscheiden als für das kleinere Übel und die größere Chance.
– Meine Minderwertigkeitsgefühle und Autoritätskonflikte, die mit der Geburt eines behinderten Kindes neu entstanden, bzw. verstärkt worden sind, sind *mein Problem* – nicht das des Therapeuten.
– Ich würde niemals akzeptieren, daß man als Konsequenz einer Verunsicherung das Handeln einstellt. Ich würde eher das Risiko einer falschen Handlung eingehen als das Handeln unterlassen. Ich glaube, daß ein verantwortetes, überlegtes Handeln nicht »falsch« sein kann, auch wenn man später vielleicht seine Voraussetzungen revidieren muß. Von daher würde ich jederzeit wieder Frühförderung wollen – heute allerdings vielleicht in etwas anderer Weise als damals. Glücklicherweise habe ich mich verändert und gelernt. Mit meinen Überlegungen möchte ich niemals Handlungsunfähigkeit erreichen, sondern eher das Handeln durch neue Impulse sichern und verstärken.

Mit vielen Grüßen
Ihre Hanni Holthaus

3. Brief eines Vaters

Die nachfolgend nur gering veränderte Fassung eines Briefes war die Antwort auf den Inhalt eines zur Kenntnis übersandten Referates. Veränderungen betreffen insbesondere die Einfügung von Referateteilen, um die Ausführungen verständlicher zu machen. Angeführt sei hier auch, daß der Verfasser seit mehr als 20 Jahren in einer Elternorganisation in verschiedenen Funktionen tätig ist. Es ist auch darauf hinzuweisen, daß die Auffassungen von den Bedürfnissen einer Behindertengruppe, den cerebral bewegungsgestörten Kindern, besonders geprägt sind.

In einer Anfügung sind noch einige Probleme angesprochen, die in diesem Zusammenhang wichtig sind, die aber nicht Inhalt des Referates waren.

Sehr geehrte Frau K.,

Vielen Dank für die Übersendung des Manuskriptes Ihres Referates. Schon nach dem ersten Durchlesen war mein spontaner Gedanke: Darauf müßte ich näher eingehen. Doch dann beschlichen mich Zweifel, ob es mir gelingen würde, das deutlich werden zu lassen, was mich bewegt. Dazu gesellt sich die Entmutigung aus schon manchem gescheiterten Versuch der Darstellung der Probleme der Familien mit behinderten Kindern in der Presse. Einmal waren die Ausführungen angeblich zu speziell, dann wieder zu allgemein, und manchmal war einfach kurz vorher schon zu diesem Thema berichtet worden.

Doch wenn Eltern behinderter Kinder aus ihrer Sprachlosigkeit herauskommen wollen, dann muß der Versuch wohl immer neu gewagt werden.

Dazu kommt die Tatsache, daß ich auf dem Gebiet der Hilfe für Behinderte, insbesondere behinderter Kinder, schon mehr als 20 Jahre tätig bin und praktisch die ganze Zeit als »Funktionär«, als aktiv Gestaltender also. Da heißt es allzuleicht, der muß doch so reden oder schreiben, das ist er doch seinem Amt schuldig. Ganz so einfach ist es nicht. Ich leite mein Amt aus meinem Schicksal her. Ich bin ehrlich genug zu gestehen, daß ich ohne meine behinderte Tochter wohl kaum in der Behindertenhilfe tätig geworden wäre.

Ich habe mich heute mit der Tatsache abzufinden, daß die vor mehr als 20 Jahren so hoffnungsvoll und erfolgreich begonnene Elternarbeit in eine Krise geraten ist. Man mag lediglich über deren Schwere streiten.

Man sollte es aber nicht bei der bloßen Feststellung dieses Tatbestandes belassen, sondern sich mit dem Warum schon deswegen auseinandersetzen, weil eine Krise der Elternarbeit, vielleicht nicht unmittelbar, auch eine Krise der Eltern behinderter Kinder allgemein andeutet. Dies müßte aber unmittelbar auf die betroffenen Kinder zurückschlagen.

So rasch die Frage nach dem Warum dieser Krise gestellt ist, so rasch stellt sich heraus, wie schwer sie zu beantworten ist. Zwei Tatsachen führe ich dafür hauptsächlich ins Feld:

– Den Eltern fehlen in der Regel die Kenntnisse und die Fähigkeit, sich mit den Fachleuten auseinanderzusetzen, und
– die Wissenschaft hat sich, obschon mehrfach dazu aufgefordert, bislang nicht mit

den Gründen auseinandergesetzt, die zum Aufkommen und zu den unbestreitbaren Erfolgen der Elternarbeit in der Frühphase ihres Wirkens geführt haben.

So müssen die Eltern mit dem Zwiespalt leben, daß man auf der einen Seite nicht müde wird zu betonen, daß mit dem Aufkommen der Elternvereine vor rund 20 Jahren eine grundsätzliche Wende in der Behindertenarbeit, vor allem zugunsten behinderter Kinder, eingetreten sei, daß man uns auf der anderen Seite aber kaum anhört. Jedenfalls heute müssen wir uns oft als Diskussionspartner dazwischendrängen, mit all den Unliebsamkeiten, die sich aus der Anwesenheit ungebetener Gäste ergeben.

Zusätzlich ist zu bemerken, daß zwar jeder Fachmann sein Fachgebiet, mag es auch noch so begrenzt sein (oder umso begrenzter, desto mehr?), sehr vehement und oftmals auch sehr eloquent zu verteidigen vermag. Eltern ist das meist schon mangels schreiberischer oder rednerischer Qualitäten verwehrt. Vor allem aber: Elternsein ist ein so weitgefächertes Gebiet, daß es gegen den Ansturm so vieler Fachleute auf die Dauer offenbar unverteidigbar ist.

Auch an einer weiteren Tatsache kommt man nicht vorbei: Im Moment der Entstehung der Sorgen, also bei der Feststellung, daß vor oder bei der Geburt eines Kindes Risiken aufgetreten seien, erst recht aber bei der Diagnose einer manifesten Behinderung, können Eltern zunächst überhaupt nicht erkennen, was das für ihr Leben eigentlich bedeutet. Wie sollen sie da adäquate Gesprächspartner abgeben.

Auch ich selbst habe erst Jahre später erkannt, was diese Selbsthilfearbeit für mich wirklich bedeutet hat: Daß die Tatsache, durch Gründung eines Vereins, durch ihn die Schaffung einer Tagesstätte, in der meine Tochter für einige Jahre gefördert wurde, kurzum durch eigenes Tätigwerden mir das Gefühl vermittelt wurde, selbst etwas für mein behindertes Kind tun zu können. Dies hat mich etwas mit dem Schicksal versöhnt, ein behindertes Kind zu haben.

Das, was mir damals nicht, wohl aber heute klar geworden ist, ist für mich der Anlaß, mich dafür einzusetzen, daß dies nicht alles verschüttet, sondern soweit möglich am Leben gehalten oder wieder erweckt wird.

Nun wird man mir entgegenhalten, daß Frühförderung ein verhältnismäßig junges Gebiet sei, vor allem in der seit einiger Zeit praktizierten Form, und daß man ihr darum Zeit lassen müsse, eventuelle Fehler auszumerzen. Ganz so sehe ich die Dinge nicht. Für cerebral bewegungsgestörte Kinder z. B. ist diese Notwendigkeit, wenn auch klar eingeschränkt auf Frühbehandlung, bereits im Jahre 1963 in einer Tagung in München von zahlreichen Referenten aufgezeigt worden. Und diese Forderung wurde denn auch, zum Teil unter Schaffung besonderer Einrichtungen, zum Teil unter Installation besonderer (mobiler) Dienste zur Versorgung stadtferner Gebiete, Schritt um Schritt verwirklicht.

Dies war aber nur der Anfang. Auch die Forderung nach Hilfen bei der Erziehung cerebral bewegungsgestörter Kinder ist am Schlußtag des internationalen Kongresses »Das spastisch gelähmte Kind« im Jahr 1969 in Düsseldorf von mir persönlich vorgetragen worden. Die Motivation dieses Notrufes war eine andere, als sie heute ist. Damals bekamen die Eltern oft vorgehalten, daß sie ihre Kinder entweder überforderten oder überbehüteten. Wir verlangten damals, daß uns jemand unterweise, wie wir es richtig machen sollten.

Freilich frage ich mich ganz generell, wie man nach meiner Meinung inzwischen aufgetauchten Fehlern begegnen will, wenn nicht andere Formen der Zusammenarbeit mit den Eltern (wieder) gefunden werden. Darauf wird noch zurückzukommen sein.

Die größte Schwierigkeit dürfte sein, daß, trotz anderslautender Versicherungen Fachleute und Eltern mit einer sehr verschiedenen Motivation »an die Arbeit« gehen. Ich persönlich kenne keine Eltern, die von vorneherein von sich behauptet hätten, sie würden die Probleme mit ihrem behinderten Kind schon meistern.

Bei manchen Fachleuten hat man, und Sie weisen darauf sehr deutlich hin, nicht selten den Eindruck, sie wüßten den Problemen weitgehend zu begegnen, wenn nur die Eltern »richtig mittäten«. In der Folge droht dann die Gefahr, zuerst einmal die Eltern in diesem Sinne »zu behandeln«. Sie halten dies darum zu Recht für (einen?) Ausgangspunkt aufgetretener Schwierigkeiten.

Ich möchte einen weiteren nennen. Sie führten aus: Im Kleinkindalter kann eine Entwicklungsförderung nur innerhalb der Familie wirksam, sinnvoll und für ein Kind annehmbar sein. Soweit stimme ich zu, solange nicht darauf abgehoben wird, wer die innerfamiliäre Förderung durchführt. Hier geht aber mein Eindruck gegenwärtig nicht dahin, daß sie innerhalb der Familie *durch die Familie* wirksam wird, vielmehr wird die Frühförderung auch in die Familie hineingetragen durch Fachleute, die *in ihr* am Kind unmittelbar tätig werden.

Man hat weiter den Eindruck, daß ein gewisser Vorrang der Hausfrüherziehung unterschiedslos gilt:

– Für Familien, die unvollständig oder in anderer Weise sozial gefährdet sind und wo man diesen Vorrang ohne weiteres einzusehen vermag und
– für Familien, die voll intakt sind, sofern dies bei einem nur einstündigen Aufenthalt in der Woche dort überhaupt feststellbar ist.

Für letztere werden Gründe ins Feld geführt, wie Schwierigkeiten, zur Ambulanz zu kommen, die früher bei der Frühbehandlung kaum eine Rolle spielten. Die ersten motorisierten Krankengymnastinnen und die meisten noch heute, haben diesen Namen nicht bekommen, weil sie mit ihrem PKW von Familie zu Familie fahren. Sie kommen zu zentralen Orten, um dort die behandlungsbedürftigen Kinder der Umgebung zu behandeln. Diese Form muß leider inzwischen mit ökonomischen Gründen verteidigt werden (auf diese Weise können bei gleichem Zeitaufwand mehr Kinder behandelt werden).

Es gibt, vor allem gegen Nur-Hausbesuche, einen kaum in der Diskussion zu hörenden Grund: Mütter haben erklärt, daß sie erst bei der zentralen Form der Behandlung erlebten, daß es außer ihnen noch andere Mütter mit diesem Schicksal gibt. Die Mutter, die vor ihr mit ihrem Kind bei der Behandlung war, und die, die nach ihr wartete, hatten ihr diese Einsicht vermittelt. (Bei Elternabenden werden ja meist die Kinder nicht mitgebracht).

Es ist ferner nicht zu leugnen, daß eine sich nur auf die Hausförderung beschränkende Frühförderung wesentlich zur Vereinzelung dieser Familien beitragen kann. Richtiger muß es natürlich heißen, daß die Vereinzelung dieser Familien, in die sie durch ihr Schicksal ganz automatisch geraten, dadurch erhalten bleibt.

Außerdem bleibt die Familie nicht mehr in vollem Umfang der geschützte Raum, in den man sich, völlig gesichert gegen die Außenwelt, zurückziehen kann. Bei außerfamiliären Angeboten kann man, wenn auch schlechten Gewissens, einfach einmal wegbleiben. Gegen Hausbesuche muß dagegen ein förmlicher Wunsch ausgesprochen werden. Und wer möchte als Eltern so etwas tun?

Die wichtige Bedeutung dieses »Freiraums Familie« ist ihnen in dem Moment gar nicht einsichtig, wenn sie der Hilfe anderer bedürfen. Wenn sie nach Jahren dies erkennen, dann ist es nicht nur nicht mehr zu ändern, es ist auch nicht sicher, ob sie dann noch diese Einsicht zu artikulieren und weiterzugeben in der Lage sind.

Es ist noch etwas wichtig: Wenn es zu Spannungen in der Familie wegen des behinderten Kindes kommt – und das dürfte die Regel, nicht die Ausnahme sein – dann teilen sich diese Spannungen auch anderen mit, und umso mehr, je näher sie der Familie kommen. Am ausgeprägtesten sicher Personen, die in die Familie kommen, auch wenn man diese vor diesem Umstand warnt. Das gilt vor allem, wenn der Versuch unternommen wird, *das Verhalten* der Familie oder einzelner Mitglieder *in der Familie* zu ändern. Die Mitarbeiter werden hierbei in eine Rolle gedrängt, auf die sie wohl nicht vorbereitet sind. Eheberatung (und darauf läuft es meistens hinaus) sollte nicht Inhalt der Frühförderung sein. (Davon abgesehen, daß diese wohl aus gutem Grund in der Regel außer Haus erfolgt).

Sie kritisieren in Ihrem Referat, daß es zwischen den Mitarbeitern der Frühförderung und den betroffenen Eltern oft zu einem Lehrer-Schüler-Verhältnis komme. Dies dürfte umso auffälliger der Fall sein, je näher man dem eigentlichen Erziehungsraum der Familie kommt, obwohl eigentlich an einem neutralen Ort, an dem sich sonst Schule abspielt, dies eher empfunden werden müßte.

Es sollte ganz deutlich immer wieder gesagt werden: Kinder, auch und gerade auch behinderte Kinder, sind in erster Linie die Kinder ihrer Eltern. Das Einzige, was dem helfenden Profi vorbehalten sein sollte, ist die Vermittlung seiner Kenntnisse an die Eltern. Das kann Behandlungsanleitung sein oder guter Erziehungsrat. Es sollte den Eltern überlassen bleiben, was sie davon ihrem Kind weitervermitteln, auch weitervermitteln können.

Das schließt selbstverständlich mit ein, daß zusätzliche Förderangebote gemacht werden müssen, wo Eltern nicht zu lernen oder anzuwenden vermögen, was im Interesse des Kindes unabdingbar ist. Ein solches Angebot würde wohl der besonderen Umstände wegen besser außerhalb der Familie gemacht. Man sollte auch mit Eltern behinderter Kinder nicht nur immer über das »Machbare« sprechen, sondern auch über Schicksale, in die der Mensch und selbst der begabteste Fachmann nur begrenzt helfend und verbessernd einzugreifen vermag. Eltern sind und bleiben die Eltern, die sie sind. Nur in den allerseltensten Fällen, wenn überhaupt, werden wir sie zu Idealeltern umformen können.

Daß die Vaterrolle schon seit langem einem Wandel unterworfen ist, beklagen nicht nur Sie in Ihrem Referat zu Recht, dies ist auch für die »normale« Familie der Fall. Ich glaube aber beobachtet zu haben, daß in der eigentlichen Elternarbeit, der Elternvereinsarbeit zumal, die Väter wieder eine gewisse Rolle zugewiesen bekamen. Sie wurden jedenfalls mehr mit der Gesamtproblematik vertraut, als das bei der

Förderung in der Familie der Fall ist, die sich doch in aller Regel während seiner beruflich bedingten Abwesenheit abspielt.

Es ist mit Ihnen zu fragen, ob Eltern mit einem behinderten Kind an den Rand der Gesellschaft geraten. Eine Sonderstellung nehmen sie gewiß ein. Je mehr sie sich aber zusammenschließen, umso weniger laufen sie diese Gefahr.

Es ist unbestritten, daß die Elternarbeit in ihrem ersten Jahrzehnt und auch noch darüber hinaus besser war, als sie es heute ist. Den Ursachen im Einzelnen nachzugehen ist hier nicht der Platz. Die wesentlichen Gründe sind die Verrechtlichung, die Institutionalisierung und aus beidem geboren die Professionalisierung der Arbeit.

Die Elternverbände haben sich dem wenig entgegengestellt. Wer möchte auch ständig helfende Personen zurückweisen. In manchen Punkten sind sie sogar kräftig mitgeschwommen, denn nicht jede Arbeit läßt sich auf Dauer ehrenamtlich erledigen. Nun sind wir schon so weit, daß Sie selbst den Fachleuten raten, Elterngruppen zu bilden, Ausflüge zu veranstalten usw. Alles Aufgaben, für die eigentlich die Elternvereine geradezu prädestiniert wären, und für die, nebenbeigesagt, diese in der Vergangenheit auch tätig gewesen sind.

Nun kann man natürlich fragen, ob es Aufgabe der Fachleute sei, auf die Aktivierung der Eltern*vereine* hinzuwirken und dort, wo noch keine bestehen, auf deren Gründung. So abwegig, wie dies auf den ersten Blick erscheint, ist dies aber gar nicht. Es sei daran erinnert, daß fast alle Elternvereine auf den Rat und mit aktiver Unterstützung von Fachleuten ins Leben gerufen wurden. Jedenfalls ist es sinnvoller, vom Ökonomischen gar nicht zu reden, wenn Eltern damit wieder in die Lage versetzt werden, jene Aufgaben wahrzunehmen, die andernfalls von teuren Fachleuten übernommen werden müssen. Es kommt noch hinzu, daß die Fachleute ohnedies über großen Zeitmangel und nicht minder großen Leistungsdruck klagen.

Nun kann dieser Brief ohne weiteres als die Äußerung eines Einzelnen genommen werden, wie lange er sich mit diesen Fragen auch schon beschäftigen mag. Ich versuche aber nur eine Entwicklung aufzuzeigen, die nach meinem Dafürhalten zu Bedenken Anlaß gibt. Es erscheint mir wichtig, einmal die Meinung jener Eltern zu hören, die bereits aus der Frühförderung ausgeschieden sind und aus diesem Grunde wohl offener und mit mehr Überblick und Erfahrung sprechen können. Jedenfalls ist Frau M. G. nicht genug zu danken, daß sie den »Brief einer Mutter« schrieb. Ich frage mich aber, wieviele Briefe anderer Mütter bislang ungeschrieben blieben, vielleicht für immer ungeschrieben bleiben. Hier haben Sie nun den Brief eines – früheren – Vaters. (Das »früher« bezieht sich darauf, daß meine Tochter längst der Frühförderung entwachsen ist).

Was die Elternselbsthilfe erreichte, war die teilweise Kompensation des Verlustes von Elternfunktion, die unweigerlich eintritt, sobald man für sein Kind auf die Hilfe Dritter angewiesen ist. Damals wurde Elternfunktion sogar wieder zurückgewonnen und ich glaube, daß das auch in der heutigen Zeit bereits wieder der Fall wäre. Das sollte des Schweißes der Edlen wert sein.

Nachwort

Ziemlich zu Anfang meines Briefes und dann noch einmal kurz vor dem Ende habe ich darauf hingewiesen, daß die Elternarbeit früher besser gewesen sei. Das hat zu heftigen Reaktionen geführt. Als ich dies auf Umwegen erfuhr, wurde mir blitzartig klar, was die bisherige Diskussion zusätzlich erschwerte: Daß dieser Begriff für zwei verschiedene Arten von Arbeit verwendet wird.

– Elternarbeit in der Form, die von den Elternvereinen vielfach als »Elternanleitung« bezeichnet wird und
– Elternarbeit in der von den Elternvereinen als »Elternselbsthilfe« bezeichneten Form.

Daß die letztgenannte Form der Elternarbeit große Erfolge erzielte, steht heute außer Zweifel. Grob verallgemeinernd kann man davon ausgehen, daß kaum eine Einrichtung der Hilfe für behinderte Kinder denkbar ist, die nicht oder die nicht auch durch Elternselbsthilfe geschaffen wurde. Unter Einrichtungen seien hier auch Maßnahmen und Dienste verstanden.

Ohne Anspruch auf Vollständigkeit seien aufgezählt:

– Tagesstätten, vorschulische Einrichtungen, Schulen, Werkstätten für Behinderte, Tagesförderstätten für Schwerstbehinderte, Wohnheime;
– Einsatz motorisierter Therapeuten und neuerdings auch Pädagogen und Erzieher;
– Therapeutisches Reiten und Schwimmen, Sport für behinderte Kinder allgemein, Ferienmaßnahmen;
– Fortbildungskurse für Fachkräfte, Fortbildungsveranstaltungen, Herausgabe von Schriften;
– Beratung in rechtlichen und sozialen Fragen; Öffentlichkeitsarbeit; Einwirkung auf den Gesetzgeber.

Daß diese Arbeit durch die Eltern zurückgegangen ist, ist unbestreitbar. Für eine genauere Analyse ist hier nicht der Platz. Ich kann nur Stichworte wiederholen: Verrechtlichung der gesamten Hilfe für behinderte Kinder, Institutionalisierung des gesamten Hilfesystems und aus beidem erwachsend eine umfassende Professionalisierung.

Es scheint, daß die Entwicklung einen Punkt erreicht hat, der auch den Fachleuten Sorge zu bereiten beginnt. Dabei möchte ich die finanziellen Zwänge noch nicht einmal nennen, weil sie wohl erst in Zukunft eine bedeutendere Rolle spielen werden. Die derzeitigen Auseinandersetzungen auf diesem Gebiet beruhen ja eher auf unterschiedlichen Auffassungen der Kostenträger über deren Verteilung.

Was für die Elternvereine das Ingangbringen der Diskussion so sehr erschwert, ist der Umstand, daß sie inzwischen mit den neu in die Förderung aufgenommenen Eltern nicht mehr denselben engen Kontakt haben wie früher. Die Hilfen sind so gut ausgebaut, daß für diese Eltern gar kein Anlaß mehr besteht, sich zusammenzuschließen oder sich auch nur Gedanken zu machen, wer der Träger der Einrichtung für ihr Kind ist oder wem sie dieses Angebot verdanken.

Von dem Umstand des engeren Kontaktes mit den Eltern, bis zu der Auffassung, daß der, der diesen habe, auch die Bedürfnisse besser kenne und darum auch besser vertreten könne, ist nur ein kleiner Schritt.

Es wird vielfach nicht gesehen, und wenn, dann nicht genügend anerkannt, daß Eltern behinderter Kinder nicht nur als Individuen Bedürfnisse haben, sondern ebenso als Gruppe. Dabei unterscheiden sie sich in keiner Weise von den Fachleuten selbst, die ja auch nicht alles nur mit den Eltern allein, sondern sehr häufig mit ihresgleichen besprechen.

Es sei hier wiederholt, daß die Frage nach der Notwendigkeit der Hausbesuche eine an die Fachleute ist, da Eltern in diesem Zeitpunkt überfordert sind. Sie werden in aller Regel das annehmen, was ihnen von jenen vorgeschlagen wird. Dabei spricht selbstverständlich nichts gegen ein immer wieder notwendiges Kennenlernen des häuslichen Umfeldes des behinderten Kindes.

Wenn auch ein behindertes Kind nach Möglichkeit wie ein nichtbehindertes aufwachsen soll, so soll eben die Erziehung durch die Eltern und im Idealfall nur durch sie erfolgen. Zusätzlicher Rat bei der Erziehung und Anleitung bei der Behandlung, besser dem »handling« des Kindes, müssen nicht zwangsläufig in deren vier Wände erfolgen.

Eine nicht zu unterschätzende Rolle wird künftig auch der Vorwurf spielen, der heute schon allenthalben zu hören ist: Der vom Anspruchsdenken der Eltern. Ein solches wird heute oft von außen geweckt. Das erfüllt mich mit Sorge, weil dadurch nicht nur der Selbsthilfewille nicht geweckt wird, sondern vor allem, weil damit eines Tages die Selbsthilfefähigkeit verkümmert sein wird. Daß dies von jemandem, der gerade letztere für das Selbstwertgefühl der betroffenen Eltern für entscheidend wichtig hält, besonders sorgenvoll registriert wird, leuchtet wohl ein.

Ich meine darum, daß pädagogische Frühförderung in gleicher Weise Angebotscharakter haben sollte, wie es bei der Frühbehandlung viele Jahre der Fall war. Dann werden sich manche der derzeitigen Sorgen von selbst erledigen.

Richard Krais

Problemstellung und Umorientierung
für die Mitarbeiter in der Frühförderung

---

4. Aufgabe und Dilemma der Elternarbeit in der pädagogischen Frühförderung

Von Martin Thurmair

Die pädagogische Frühförderung ist in ihrer Aufgabenstellung schon seit den Vorüberlegungen im Deutschen Bildungsrat (DBR 1975) davon ausgegangen, daß in die frühe Förderung behinderter und von Behinderung bedrohter Kinder die Eltern mit einbezogen werden müssen. Daß an der Beteiligung der Eltern die Effizienz der Förderung wesentlich hängt, zeigt die Praxis in Bayern ebenso wie in der Schweiz *(Grond* 1977); auch die Überlegungen bei *Heese* (1978) gehen von dieser Voraussetzung aus. Die Praxis in Bayern zeigt jedoch auch, daß diese Mitarbeit durchaus nicht selbstverständlich ist; vielmehr ist Elternarbeit selbst zu einem Problemgebiet der Frühförderung geworden. Diese Schwierigkeiten finden auf Eltern- wie Frühförderungsseite ihren Ausdruck:

Eltern haben, zum Teil schriftlich und mit Nachdruck, geäußert, daß die Frühförderung wohl ebensoviele Probleme schaffe wie sie lösen helfe; sie haben auf grundsätzliche Differenzen hingewiesen (»Als Mutter habe ich andere Ziele als der Erzieher: Ich möchte ein möglichst glückliches Kind, das sich akzeptiert fühlt und gern lebt« [Rundbrief Frühförderung 17, 1978, 4]) und aus den Schwierigkeiten auch Schlüsse gezogen, die sich die mobile Form der Betreuung entscheidend unter Druck setzen können.

Die Frühförderungseinrichtungen sehen die Elternarbeit so: »Die Elternarbeit verkörpert das Zentralproblem der inhaltlichen Arbeit. Schwierigkeiten macht vor allem der Umgang mit Eltern, die wenig Bereitschaft zur Kooperation zeigen, Förderpläne ablehnen, zu hohe Erwartungen in die Frühförderung setzen, in gestörtem Verhältnis zu ihrem Kind stehen (vor allem Mutter-Kind-Beziehung). Zu kurz kommt auch die Familienarbeit, d. h. die ausführliche Besprechung immer wieder neu anfallender Probleme in der Familie. Es mangelt an Kenntnis zur Gesprächsführung und von Kriterien, die eine therapeutische Intervention bei den Eltern anzeigen könnten. Ein weiterer, häufig erwähnter Faktor ist das Rivalitätsproblem Mutter-Therapeut. Insgesamt wird die Elternarbeit als zu ungezielt und vernachlässigt eingeschätzt.« (Arbeitsstelle Frühförderung, Zusammenfassung zentraler Ergebnisse. . ., 1978, Kp. 14.8).

In der Arbeitsstelle Frühförderung wurde daher 1980 eine Stelle für eine wissenschaftliche Mitarbeiterin geschaffen und besetzt, die sich gezielt und ausschließlich mit dem Problem der Elternarbeit auseinandersetzen und Lösungsvorschläge ausarbeiten und erproben soll.

Die Beteiligung der Eltern in der Frühförderung ist also zu einem Problem geworden, das sich auf seiten der Mitarbeiter in der Frühförderung als Klage über mangelnde Motivation, mangelnde Kooperativität, mangelnde Einsicht der Eltern und in der Forderung nach besserer Elternarbeit niederschlägt; auf der Seite der Eltern hört man Töne wie Einmischung, Bevormundung, Leistungszwang, und wünscht man sich eine bessere, rücksichtsvollere und flexiblere Arbeit der Professionellen.

Die Gründe für die Differenzen zwischen der Frühförderung in Bayern und den Eltern der betroffenen Kinder sollen in diesem Beitrag geklärt werden. Eine Beurteilung der verschiedenen Vorschläge, die sich auf beiden Seiten ergeben haben, folgt aus der Erklärung der Differenzen von selbst.

Da in der Frühförderung behinderter und von Behinderung bedrohter Kinder unzweifelhaft zwei Gruppen aufeinander stoßen, nämlich die Mitarbeiter der Frühförderung und die Eltern der behinderten Kinder, ist in der Erklärung der Differenz zunächst zu zeigen, welche Aufgaben die Frühförderung den von ihr betreuten Kindern gegenüber hat, und wie sich daraus die Notwendigkeit von Elternmitarbeit und auch von Elternarbeit ergibt. Sodann ist darzulegen, in welcher Situation sich Eltern mit einem behinderten Kind befinden, und unter welchen Bedingungen die Frühförderung an sie herantritt. Erst wenn beide Teile, die Frühförderung in ihren Zwecken und Formen, und die Bedingungen der elterlichen Erziehungssituation dargelegt sind, läßt sich sehen, was aus dem Aufeinandertreffen beider Momente sich ergibt.

4.1. Die pädagogische Frühförderung in Bayern

Die pädagogische Frühförderung in Bayern, wie sie tatsächlich existiert, ist eine Institution für die frühe Förderung behinderter und von Behinderung bedrohter Kinder. Als solche hat sie eine bestimmte Aufgabe und eine allgemeine Bestimmung jenseits der in ihr arbeitenden oder von ihr betreuten Personen. Diese Bestimmung heiße ihre »Allgemeine Form«.

4.1.1. Die allgemeine Form der Frühförderung in Bayern

Die pädagogische Frühförderung in Bayern ist ihrer allgemeinen Form nach Teil des sozialen Systems, und stellt als solcher bestimmte Dienstleistungen medizinisch-rehabilitativer, sozialfürsorgerischer und pädagogisch-psychologischer Art zur Verfügung. Diese Dienstleistungen der Frühförderung können direkt oder indirekt an Kinder verwendet werden, die dazu infolge einer eingetretenen oder drohenden Behinderung besonders berechtigt sind, sofern sie noch nicht der Pflicht zum Schulbesuch unterliegen.

Die Dienstleistungen der Frühförderung, die als helfende oder beratende Maßnahmen angeboten werden, tragen als Einzelmaßnahmen zum allgemeinen Zweck der Frühförderung bei.

Diese Bestimmung der allgemeinen Form der Frühförderung in Bayern ist die allgemeinste Bestimmung, die über diese konkret existierende Institution gemacht werden kann. Nach der so beschriebenen Form bestimmt sich die Existenz der Frühförderung *überhaupt*, soweit sie als allgemeine Maßnahme grundsätzlich allen Eltern behinderter Kinder zur Verfügung steht. In dieser allgemeinen Form ist gewährleistet, daß ein Rechtsanspruch auf Frühförderung (und insofern eine Rechtsgleichheit) besteht, der insbesondere durch eine staatlich geregelte Finanzierung, ein entsprechendes Angebot an Fachpersonal und die allgemeine Einbeziehung der Frühförderung in das soziale System gewährleistet werden kann.

Bereits nach dieser allgemeinsten Bestimmung der Frühförderung liegen einige Dinge fest; sie sind also mit der bloßen Existenz einer Frühförderung im sozialen System gegeben; diese Dinge sind:

- die Klientel der Frühförderung
- der Zweck der Frühförderung
- die Einbeziehung von Fachleuten in die Frühförderung
- die Verwaltung der Frühförderung.

Um Leistungen aus dem sozialen System in Anspruch nehmen zu können, muß man eine besondere Berechtigung nachweisen; die Leistungen für das Teilsystem »Frühförderung« werden aufgrund zweier Momente vergeben, die damit die *Klientel* der Frühförderung bestimmen: Behinderung und Alter der Kinder. Beide Bestimmungen spielen insofern ineinander, als mit der Bestimmung der Vorschulpflichtigkeit einige Modifikationen auch hinsichtlich des Merkmals Behinderung gegeben sind. Die Altersbestimmung kennt eine Obergrenze, nämlich die Schulpflicht, und kennzeichnet damit auch den Übergang der Kinder in die Institutionen; Untergrenze ist die Geburt des Kindes (Der Vollständigkeit halber sei hinzugefügt, daß 1980 die Tendenz dahin ging, die Frühförderung nur so lange laufen zu lassen, bis die Kinder in eine entsprechende schulvorbereitende Einrichtung übergeführt werden können). Zugleich zeigt diese Art der Altersbestimmung aber auch, welche Rolle die Frühförderung im Zusammenhang der Behindertenarbeit spielen soll: Sie als eine »schulvorbereitende Einrichtung« zu installieren, ist nicht nur ein juristischer Trick, die Einrichtung der pädagogischen Frühförderung durch Mittel des Kultusministeriums überhaupt zu ermöglichen (vgl. KMS in *Speck* 1977, 98); es zeigt sich darin gleichzeitig eine pädagogische Konzeption, d. h. ein klarer Zweck der pädagogischen Frühförderung. Die Bestimmung der Behinderung als einem zweiten Zugangsmerkmal schließt sich eng an die Begriffe an, die im Sozialbereich generell und im schulischen Bereich gelten; nach der Altersbestimmung ergibt sich eine Spezialisierung insofern, als von seiten der Fachleute in der Frühförderung vor allem der Gedanke der Prävention und des Risikokindes ins Spiel gebracht wird, vor allem auch in Hinblick auf die möglichen Bedingungen einer Sonderschulkarriere.

Die *Zwecke* der pädagogischen Frühförderung orientieren sich wiederum am allgemeinen System der Behindertenhilfe, zugeschnitten auf die spezielle Altersgruppe der Frühförderung. Innerhalb dieser Vorgabe (die grob als »Integrationshilfe« in einem noch näher zu bestimmenden Sinn bezeichnet werden kann) verfolgt die Frühförderung eigenständig formulierte Ziele, die sich ihrer Rolle nach unter die vorschulische Erziehung einordnen lassen; was speziell die medizinischen und sozialfürsorgerischen Maßnahmen betrifft, so orientieren sich diese an den Maßgaben im Gesundheits- und Sozialwesen (sie werden über die Krankenkassen und das Bundessozialhilfegesetz [BSHG] abgerechnet). (Die Zwecke der Frühförderung sind [naturgemäß] bezogen auf die Kinder, die in den Genuß der Maßnahmen kommen. Leistungen der Frühförderung in Bezug auf die Eltern sind daher nur zu verstehen als indirekte Leistungen an die Kinder. Elternarbeit in der Frühförderung richtet sich daher ausschließlich nach der Zweckmäßigkeit der Elternarbeit für die Ziele, die die Frühförderung für die Kinder gesteckt hat: Elternarbeit ist also kein *Zweck,* sondern ein *Mittel* der pädagogischen Frühförderung.)

Nach den Zielen der Frühförderung richtet sich die Palette der Dienstleistungen, die zur

Verfügung stehen; die verschiedenen Dienstleistungen stellen die Mittel dar, mit denen der Zweck der Frühförderung verfolgt wird. Für die Auswahl geeigneter Mittel und die Durchführung entsprechender Maßnahmen werden *Fachleute* herangezogen, die entsprechenden staatlich anerkannten Berufsgruppen entstammen. Ihre Aufgabe ist daher eben diese: Die Ziele der Frühförderung mit den ihrem Berufsfeld entsprechenden Mitteln an den Kindern zu verfolgen. Die Auswahl und Prüfung entsprechender Mittel liegt allerdings nicht nur in der Kompetenz der Fachleute; sie liegt auch in der Auffassung der Aufwandsträger über die Notwendigkeit und Zweckmäßigkeit bestimmter Maßnahmen (weshalb sich in diesem Feld auch mannigfache Bewegungen politischer und standespolitischer Art abspielen, etwa um die Zulassung bestimmter Berufe, die konkreten Formen der Betreuung, die Verrechnung von Stunden etc.). In der Ausbildung, Fortbildung, den Beschäftigungsverhältnissen und der beruflichen Verantwortung der Fachleute werden die Zwecke der Frühförderung *konkret* sichergestellt.

Als ein staatliches und staatlich gestütztes Teilsystem des sozialen Systems hat die Frühförderung natürlich auch ihre rechtlichen und verordnungsmäßigen Grundlagen und ihre verwaltungsmäßige Struktur. Diese sichert die Einbettung der Frühförderung in das gesamte System und sorgt für eine genügende Gleichförmigkeit und Kontrolle der geleisteten Arbeit unabhängig von den konkreten Personen, die die Frühförderung durchführen oder von ihr betreut werden. Sie sichert insbesondere die finanziellen Ressourcen und das Verfügenkönnen über Mitarbeiter.

4.1.2. Der Zweck der pädagogischen Frühförderung

Aus der allgemeinen Form der Frühförderung, die auch einen bestimmten Behinderungsbegriff nach sich zieht, ergibt sich als Zweck die Sicherung einer möglichst normalen Entwicklung gefährdeter oder beeinträchtigter Kinder von Anfang an, bzw. der weitestgehenden Ausprägung kompensatorischer Möglichkeiten, in den Bereichen grundlegender und allgemeiner Fähigkeiten für die Lebensbewältigung und der Voraussetzungen für deren Entfaltung durch möglichst frühzeitige Maßnahmen.

Als Teil des sozialen Systems der Behindertenhilfe partizipiert die Frühförderung an dessen allgemeinem Zweck, nämlich die Integration Behinderter in die Bereiche der Gesellschaft anzustreben, die von allgemeinem (staatlichem) Interesse sind.

Im Rahmen rehabilitativer Maßnahmen handelt es sich dabei insbesondere um die Erhaltung, Herstellung oder Wiederherstellung der Fähigkeit, den eigenen Lebensunterhalt zu sichern (Arbeitsfähigkeit) und sein Leben weitestgehend ohne staatliche Hilfen führen zu können (Selbstversorgung). Für den schulischen Sektor in der Behindertenhilfe ergibt sich daraus die Aufgabe, Behinderte weitestgehend an die Qualifikationen normaler Kinder heranzuführen, bzw. die genannten Qualitäten so weit als möglich heranzubilden. Für die Frühförderung als der Schule vorgeschaltete pädagogische Maßnahme bedeutet dies, die ersten Grundlagen einer späteren Nützlichkeit und Selbständigkeit eines Kindes zu legen, auszubauen oder zu sichern. Dies bedeutet insbesondere die Orientierung an den Notwendigkeiten, die vom schulischen Sektor her gegeben sind, und an der allgemeinen Kenntnis von normaler Entwicklung, die ihr als Standard dient.

Frühförderung vertritt also – und setzt auch durch – ein allgemeines gesellschaftliches (staatliches) Interesse an kompensatorischer Betreuung behinderter Kinder (und solcher, die von Behinderungen bedroht sind), wobei die gesetzten Bereiche der Förderung sie als vorschulische Einrichtung auszeichnen:

»Maßnahmen zur Frühförderung werden bereits im Vorschulalter als Frühbehandlung zur Wahrnehmungsschulung und zum Kommunikations- und Bewegungstraining gewährt und umfassen die Einübung motorischer, sensorischer, sprachlicher und sozialer Fertigkeiten sowie die Ermutigung und Anleitung zu einer aktiven Auseinandersetzung mit der Umwelt und der eigenen Behinderung« (Bayer. Staatsministerium für Arbeit und Sozialordnung 1979, 46)

Es erscheint wichtig, darauf hinzuweisen, daß Frühförderung, historisch gesehen, durch Fortschritte in der Medizin und Pädagogik als aussichtsreich erkannt wurde (z. B. frühzeitige Behandlung bewegungsgestörter, Hausfrüherziehung hörgeschädigter Kinder). Die Fortschritte der Fachdisziplinen in der Prävention und frühen Förderung sind ohne Zweifel eine notwendige Bedingung für den Aufbau einer Institution »Frühförderung«. Sie sind aber nicht der *Grund* dafür, daß es eine solche Institution gibt. Vielmehr besteht das System der Frühförderung, weil es ein staatliches Interesse an der *Ausnutzung* präventiver Möglichkeiten in diesem Bereich gibt; daher ist dieses Interesse auch spezifisch gerichtet auf das spätere schulische, berufliche und private Leben des behinderten bzw. Risikokindes. Die Zwecke der Frühförderung sind also nicht (und können nicht sein) an unmittelbaren Bedürfnissen Betroffener und den präventiven Möglichkeiten als solchen festgemacht, sondern genau an den staatlichen Interessen, die der *Grund* für die Existenz der Frühförderung sind.

4.1.3. »Behinderung« in der Frühförderung

Nach der allgemeinen Definition im Sozialwesen ist behindert derjenige, dessen normale Teilnahme am gesellschaftlichen Leben in der staatlichen Gemeinschaft aufgrund einer individuellen Eigenart ausgeschlossen oder gefährdet ist. Nach ihrer Klientel ergibt sich daraus für die Frühförderung, daß behindert jemand ist, dessen individuelle Merkmale und Entwicklung eine spätere solche Beeinträchtigung erwarten lassen. Nach Maßgabe dieser Definition fallen die Kinder, die für die Frühförderung in Frage kommen, in verschiedene Diagnoseklassen; die Zugehörigkeit zu einer solchen Kategorie berechtigt gleichzeitig zur Inanspruchnahme der Leistungen der Frühförderung.

Nach dem Zweck der Frühförderung im System der Behindertenhilfe ist Behinderung eine Negativform. Sie zeichnet sich dadurch aus, daß zu ihrer gesellschaftlich erwünschten Eingliederung im Sinne der Arbeitsfähigkeit, Selbständigkeit und Vermeidung bzw. Abmilderung einer Sonderschulkarriere die Ausschöpfung des Entwicklungspotentials durch besondere Maßnahmen notwendig ist.

Frühförderung stützt sich bei der Einteilung der Kategorien auf anerkannte Behinderungsarten, wie körperliche Behinderungen, Sinnesbehinderungen oder geistige Behinderungen. Sofern diese Behinderungen in einem ärztlichen Gutachten als anerkannte Behinderungen deklariert werden, ist die Berechtigung zur Inanspruchnahme von Leistungen gegeben. (Daß gelegentlich besondere Schwierigkeiten in der Diagnostik gegeben sind, sei eingestanden, stellt aber eher ein Spezialproblem für Diagnostiker und Kostenträger dar, wie z. B. die Entwicklung geeigneter Screening-Verfahren zur rationellen Erfassung von Risikokindern, die Motivierung der Eltern zur Inanspruchnahme der Leistungen zur Gesundheitsvorsorge bei Kindern bis zum 4. Lebensjahr, etc.).

Ein besonderes Problem für die Frühförderung ist durch ihre Klientel jedoch gegeben: Das Problem der Risiko-Kategorien. Nach dem professionellen Interesse der Fachleute in der Frühförderung (in dem ihre beruflich verfolgten Zwecke und ihr fachliches Wissen zusammenspielen) ergibt sich die besondere Fragestellung der Risiko-Diagnostik mit Rücksicht auf eine spätere Sonderschul- bzw. Behinderten-Karriere. Je stärker hier das Modell der »sekundären

Prävention«(nach *Krapp* 1979) ins Spiel kommt, desto mehr sehen sich die Kostenträger mit »weichen«Kategorien (wie »minimale Hirnschädigung«, »Wahrnehmungsstörungen«, »soziokulturelle Deprivation«) konfrontiert. Die Verbindung des professionellen Interesses an der Förderung von Risikokindern mit dem Interesse der Inanspruchnahme von Leistungen aufgrund der Zugehörigkeit zu einer Behinderungskategorie, und die Durchsetzung auch »weicherer« Kategorien gegenüber den Kostenträgern ist ein Feld mancher Kleingefechte in der Frühförderung (die z. B. in der Frage ausgefochten wurden, ob der Bezirk das Gutachten eines frei praktizierenden Kinderarztes anerkennt oder auf einem amtsärztlichen Gutachten besteht): »In der Regel sind die Verhandlungen mit dem Bezirk langwierig und erfolglos. Verschiedene Gutachten werden nicht anerkannt, Förderungsbedürftigkeit wird angezweifelt, Abrechnung mit Beihilfe gefordert usw.«. »Zudem wird die Behandlung von Risikokindern seitens des Bezirks nicht selten abgelehnt.« (Zentrale Ergebnisse der Fragebogenaktion zur Situation der Frühförderung in Bayern, Jahreszeitraum 1978, 14.2)

4.1.4. Die spezielle Form der Frühförderung

Die spezielle Form der Frühförderung besteht in den konkreten Bestimmungen der Vergabe von Dienstleistungen und der organisatorischen Struktur. Sie besteht ferner aus den Maximen über solche Mittel und Maßnahmen, die zur Erreichung der Zwecke der Frühförderung als angemessen und notwendig erachtet werden.

Die allgemeine Form der Frühförderung und ihre Zwecke finden ihre konkrete Gestalt und Verlaufsform innerhalb des Rahmens, der als spezielle Form der Frühförderung die konkrete Arbeit der beteiligten Personen strukturiert. In dieser speziellen Form geht es um die organisatorische Verwirklichung der Zwecke der Frühförderung unter Einsatz der als geeignet erkannten Mittel; für Bayern kennzeichnend ist hierbei besonders die Installation einer pädagogischen Frühförderung unter interdisziplinären Gesichtspunkten mit flächendeckender Arbeitsweise; abzuheben ist insbesondere auch auf die Möglichkeiten der ambulanten und der mobilen Betreuung (Hausfrüherziehung). Zur speziellen Form sind zu rechnen auch die verwaltungsmäßigen Bedingungen der Zuteilung von Dienstleistungen, wie sie in der Anerkennung von Behinderungen, der Festsetzung von Richtwerten für Stundenmaße, der Verteilung von Behandlungseinheiten auf Kinder u. ä. ihren Ausdruck finden.
Für die dieser Darstellung angezielte Klärung ist besonders hervorzuheben, daß auch die Elternarbeit, bzw. die Einbeziehung der Eltern in die Förderung der Kinder, insofern sie als Mittel der Förderung anerkannt und vertreten wird, der speziellen Form der Frühförderung zugehört. Der *Mittelcharakter* der Elternarbeit (z. B. als Beratung, Training etc.) ergibt sich ja bereits aus der allgemeinen Form der Frühförderung. Daß die Einbeziehung der Eltern in die Förderung als geeignetes Mittel (und als Notwendigkeit) angesehen werden muß, hängt wohl an zwei wesentlichen Faktoren:

– Den Zweck pädagogischer Förderung voraussetzend wird von fachlicher Seite die Rolle der Bezugsperson Mutter und die Kontinuität elterlicher Betreuung (gegenüber wechselnden Fachleuten) hervorgehoben.
– Unter dem Aspekt der Organisierbarkeit und finanziellen Leistungsfähigkeit des sozialen Systems ist eine Mitarbeit der Eltern (d. h. die Benutzung der Eltern für die von der Frühförderung als notwendig erachteten Maßnahmen) ein entscheidender Faktor der Intensivierung der Förderarbeit.
Elternarbeit in der Frühförderung hat sich daher zu beziehen auf die Rolle, die Eltern in der präventiven Förderung ihrer Kinder im Sinne der Frühförderung spielen können. Dies betrifft ihre Anleitung und Beratung; es kann aber auch zu diesem Teilbereich der Frühförderung

gehören, u. U. überhaupt erst die Bedingungen dafür zu schaffen, daß eine Frühförderung stattfinden kann. Dies impliziert z. B. die Einstimmung der Eltern auf die Förderungsnotwendigkeit und die Zwecke der Förderung, es impliziert auch ihre Motivierung zur Mitarbeit bis hin zu Herstellung eines Familienklimas, das der Förderung wenigstens nicht entgegenarbeitet.

Die Formen der Elternarbeit in der Frühförderung, so verschieden sie sein mögen, haben also Mittelcharakter für die Zwecke der Frühförderung, und sind – gemäß der speziellen Form – flexibel nach der Zweckmäßigkeit für die Zwecke der Frühförderung. Die konkret ergriffenen und zur Verfügung stehenden Maßnahmen in der Elternarbeit möchte ich deshalb ihre *Verlaufsform* nennen: Sie bestimmen den Verlauf der Interaktion einzelner Mitarbeiter und Eltern, stehen aber unbedingt unter der allgemeinen Form und dem Zweck der Frühförderung, und beziehen von dort aus ihre Berechtigung.

4.2. Die Erziehungssituation von Eltern mit einem als behindert erkannten Kind

Eltern mit einem behinderten Kind partizipieren zunächst an der allgemeinen Erziehungssituation unserer Gesellschaft. Danach ist die Erziehung das Recht und die Pflicht der Eltern. Die Elternpflicht hat Vorrang vor Maßnahmen des Staates, das Elternrecht ist dem staatlichen Recht gleichgeordnet. Einschränkungen des Elternrechts kommen dann in Frage, wenn grundlegende Interessen der staatlichen Gemeinschaft an der Erziehung gefährdet sind oder nicht hinreichend gewährleistet werden (das sog.»Wächteramt der staatlichen Gemeinschaft« [BVerfG]; konkret in der allgemeinen Schulpflicht, der Fürsorgeerziehung etc.). Zur Erfüllung ihrer Pflicht werden Eltern in besonderen Fällen Möglichkeiten eröffnet oder Hilfen gewährt (Pflegschaft, Adoption, Unterstützung, Heimunterbringung). Die Erkenntnis der Behinderung eines Kindes bedeutet die Erkenntnis einer negativen Abweichung vom Normalen und stellt die Eltern damit – in Ansehung ihrer Pflicht zur Pflege und Erziehung – in eine besondere Erziehungssituation, die in der Regel als besondere Last mit dem Kind und als Ratlosigkeit sich darstellt.

Hierzu sind einige Dinge festzuhalten: Den Eltern auch eines behinderten Kindes bleibt ihre Pflicht voll erhalten; dies bedeutet insbesondere, daß nur in besonderen Fällen eine Fremderziehung (z. B. Heimeinweisung) vonstatten gehen kann; in dem Maße sich Entlastungen von der Pflicht zur Erziehung auf dem Niveau der Sozialhilfe bewegen, sind die Möglichkeiten, das Kind außer Haus zu geben, dementsprechend beschaffen. Im übrigen ist die Pflicht zur Erziehung der Kinder eine anerkannte Grundlage auch für die Eltern.

Frühförderung als staatliche Dienstleistung im Rahmen der sozialen Versorgung rührt natürlich nicht an diese Pflicht; sogar für die Leistung einfacher Hilfen ist sie weder noch fühlt sie sich zuständig (»In eine andere Richtung gehen Erfahrungen, nach denen die Einstellungen der Eltern durch Hausbesuche ungünstig [!] beeinflußt werden und etwa folgendermaßen umschrieben werden können: Man fungiert für einige Mütter als besserer Babysitter, der sie für eine Stunde beurlaubt.« *Korte* in *Speck* 1977, 127). Daher ergibt sich für die Frühförderung das Problem, die *Art,* mit der Eltern auf das behinderte Kind reagieren, das sie ja pflegen und erziehen müssen, in ihrem Sinne zu beeinflussen (ein »echtes Annehmen« ist hier das erwünschte und viel besprochene Ziel).

Was das Recht der Eltern auf die Erziehung betrifft, so ist klar (und mit dem sog. »Sexualkundeurteil« des BVerfG vom 21. Dez. 1977 auch festgeschrieben), daß bestimmte Interessen des Staates in der Erziehung *auf jeden Fall* durchzusetzen sind (»Dieser Auftrag des Staates, den Art. 7 Abs. 1 GG voraussetzt, hat vielmehr auch zum Inhalt, das einzelne Kind zu einem selbstverantwortlichen Mitglied der Gesellschaft heranzubilden. Die Aufgaben der Schule liegen daher auch auf erzieherischem Gebiet.« BVerfG 1977, 30). Im allgemeinen werden diese Aufgaben vor und auch noch während der Schulzeit von den Eltern wahrgenommen; nur in besonderen Fällen nimmt der Staat diese Aufgabe selbst in die Hand (Fürsorgeerziehung etc.). Das Recht der Eltern in der Erziehung findet also seine Schranke in den Interessen der staatlichen Gemeinschaft, die als allgemeine Interessen staatlicherseits formuliert und auch durchgesetzt werden (Es kommt hierbei nicht darauf an, über die – durchaus mögliche – Identität staatlicher und elterlicher Interessen zu spekulieren. Die allgemeinen [staatlichen] Interessen werden vielmehr *unabhängig* vom Willen der Eltern, also meistens mit, aber notfalls auch gegen ihn, durchgesetzt).

Für die Frühförderung ergibt sich aus dem Recht der Eltern insbesondere der Sachverhalt, daß die Frühförderung eine vorschulische Maßnahme darstellt und insofern der Zustimmung der Eltern bedarf; Zwangsmaßnahmen in diesem Bereich sind nicht in erheblichem Maße verfügbar (wenn auch über die Zuwendungen, die Behinderten aus dem Sozialhilfegesetz gewährt werden können, mit Hilfe der Mitwirkungsklausel [SGB §§ 60–66] ein gewisser Druck ausgeübt werden kann). Frühförderung ist daher darauf angewiesen, ihre Interessen den Eltern gegenüber zu vertreten und deren Einwilligung und Mitarbeit zu erwirken (Ein Anwachsen der Schwierigkeiten in diesem Bereich verleitet freilich so manchen Mitarbeiter in der Frühförderung, über die effektivere Durchsetzung des Interesses der Frühförderung [das ja in gewisser Weise ein allgemeines Interesse ist] in Gestalt der Meldepflicht, der Koppelung der Inanspruchnahme von Frühförderung mit Zuwendungen aus dem Sozialhilfefonds und dergleichen nachzudenken, um eine angemessene Beteiligung der Eltern zu erwirken).

Es muß noch darauf hingewiesen werden, daß die allgemeine Erziehungssituation zusammen mit der Tatsache, ein behindertes Kind zu haben, zwar die Grenzen elterlicher Reaktionen absteckt (denn hierdurch werden die Tatsachen geschaffen, vor denen die Eltern stehen), aber keineswegs die individuellen Verhaltensweisen von Eltern determiniert: Je nach ihren persönlichen Reaktionsweisen, ihren Fähigkeiten und Ängsten, ihren Erwartungen und der Bereitschaft zu vermehrter Anstrengung nimmt vielmehr ihre Auseinandersetzung mit der Situation, ein behindertes Kind erziehen zu müssen, einen *bestimmten* Verlauf (worüber es auch Untersuchungen gibt).

Die Ziele und Zwecke der Frühförderung und ihre Maßnahmen werden unabhängig von den individuellen Bewältigungsformen bei den Eltern formuliert, so daß eine Übereinstimmung in den Zielen zwar erwünscht, aber nicht unbedingt notwendig ist. Es ist daher eine Aufgabe der Elternarbeit in der Frühförderung, die Eltern individuell auf das zu erwartende Paket von Maßnahmen einzustimmen; und hier kommt es sehr auf die individuelle Situation und die Personen an, die sich miteinander verständigen müssen (Daher heben die Mitarbeiter der Frühförderung, die sich mit dem Problem der Eltern beschäftigen, so gerne darauf ab, daß es unter anderem an Techniken der Gesprächsführung mangelt. Insofern nämlich die Frühförderung – dank ihrer speziellen Form – auf die unspezifische Ratlosigkeit der Eltern ein Bündel konkreter Antworten zu geben in der Lage ist, muß sie den Erlaß der Maßnahmen von oben herab durch Werben um die Zustimmung der Eltern ergänzen, um zu dem nötigen Arbeitsklima zu kommen).

4.3. Elternarbeit in der Frühförderung

Nach ihrer allgemeinen Form und ihrem Zweck ist es die Aufgabe der Frühförderung, für bestimmte Kinder besondere Maßnahmen bereitzustellen und durchzuführen. Daraus ergibt sich, daß die Frühförderung, ihrer allgemeinen Form nach, die Kompetenz der Eltern für die Erreichung des Zwecks der Frühförderung *negiert* (=

verneint). Nach Maßgabe der Mittel, die für die Zwecke der Frühförderung als angemessen gelten, und aus der Beibehaltung der elterlichen Pflicht zur Erziehung ergibt sich gleichzeitig die Notwendigkeit, eine gewisse Kompetenz der Eltern zu *akzeptieren.* Aufgabe der Elternarbeit in der Frühförderung ist es daher, die Eltern als Mittel einzusetzen, indem ihre Kompetenz *nutzbar gemacht* und *ausgeweitet* wird. Überlegungen, die von seiten der Frühförderung über die Elternarbeit angestellt werden, sind daher Überlegungen über die *Verlaufsform,* in der die gestellte Aufgabe bewältigt werden soll.

Frühförderung vertritt bereits nach ihrer allgemeinen Bestimmung gegenüber Eltern und Kindern ein bestimmtes, allgemeines Interesse der Förderung bestimmter Fähigkeiten und Fertigkeiten. Über dieses Interesse kann es keinen Disput geben (und gibt es in der Tat auch keine Unstimmigkeiten). Dieses Interesse kommt notwendig von oben herab; es in der Förderung der Kinder durchzusetzen, ist Aufgabe der Frühförderung.

Das elterliche Interesse an ihrem behinderten Kind und seiner Erziehung kommt in den Zwecken der Frühförderung nicht vor. Elterninteresse ist daher ein Bedingungsfaktor, mit dem es umzugehen gilt (»Zusammenarbeit mit den Eltern« ist dafür ein ziemlich romantischer Ausdruck). Was Eltern wollen, kann für die Zwecke der Frühförderung keine Rolle spielen: der Rat- und Hilflosigkeit der Eltern, soweit vorhanden, stellt sie konkrete Programme und Ziele gegenüber; der Belastung der Eltern durch ein behindertes Kind bringt sie die Erziehung zum »Annehmen« des Kindes entgegen (das wiederum nur elterliche Funktionalität für die Zwecke der Frühförderung bedeutet; eine Mutter hat dies auch durchschaut: »Hierzu möchte ich auch fragen: Was bedeutet für die Mitarbeiter der Frühförderung ›Akzeptieren‹? Im Grunde sehen sie – jedenfalls meiner Meinung nach – in einem behinderten Kind in erster Linie einen Menschen mit Defizit, das man so weit als möglich mindern oder aufheben sollte« [Frühförderung Rundbrief 17, 1978, 5]).

Das Ideal der *Frühförderung* ist also die Identität des elterlichen Interesses mit den Zwecken der Förderung. Da die Elternmitarbeit in der Förderung unumgänglich ist – die Gründe wurden dargelegt – strebt sie die Übereinstimmung des Elternverhaltens mit den Maßgaben ihrer Ziele an:

»Die entscheidende Aufgabe der Früherziehung (hier: in der Schweiz, d. V.) ist aber zweifellos . . . die Frühberatung: Unter Frühberatung versteht man die in Anbetracht des beeinträchtigten Erziehungsverhältnisses (!) notwendige Hilfe für Erzieher, damit sie a) das Kind verstehen und bejahen, es angepaßt und regelmäßig fördern, es befähigen und ihm ermöglichen, das in der Frühförderung Gelernte im Alltag umzusetzen und anzuwenden, b) selber lernen, eigenständig nach heilpädagogischen Prinzipien zu erziehen, und dadurch die Entwicklungsmöglichkeiten des Behinderten wesentlich verbessern.« »Dies bedeutet aber nichts anderes, als daß die Eltern selber zu einer heilpädagogischen Haltung und Orientiertheit gelangen, die weit über die Früherziehung hinaus positive Auswirkungen hat. Die Hilfe zur Selbsthilfe hat ihr Ziel erreicht, sie war menschlich, pädagogisch und volkswirtschaftlich verantwortbar, sinnvoll und erfolgreich.« *(Grond, in Grond* 1977, 46, 48). Schöner kann man es eigentlich nicht sagen.

Die *Eltern* dagegen tendieren anscheinend dazu, im Angebot der Frühförderung eine Hilfe für ihre eigenen Probleme zu sehen (sofern sie sich überhaupt dafür interessieren, was geschieht); dies verleitet sie zu recht romantischen Annahmen sowohl über die Aufgaben der Frühförderung (»Bevor man anfängt, mit Eltern oder Kind zu arbeiten, müßte man die Umwelt [gemeint ist die Umwelt der Familie: Nachbarn etc.] erträglich machen, sie so ›zubereiten‹, daß die Familie relativ angstfrei dort bleiben kann . . . Um die Arbeit sinnvoll zu machen, müssen mit der ganzen Familie die Zielsetzungen besprochen werden und die Ängste, die das

Verhältnis zum Kind bestimmen . . . Wenn alle diese Vorbereitungen einigermaßen laufen, man sich kennt und Vertrauen zueinander hat [!], kann man das Arbeitsprogramm mit dem Team und den Eltern gemeinsam erarbeiten und besprechen.« Vorschläge zur Frühförderung, Rundbrief Frühförderung 17, 1978, 9 f.) wie auch über die persönlichen Beziehungen, in die die Mitarbeiter mit den Eltern treten, so als sollten die Mitarbeiter ihre Freunde sein (»Für mich ist das Gefühl schwer zu ertragen, daß jemand zu mir freundlich und veständnisvoll ist, weil es zu seinem Beruf gehört. Sobald die Therapie abgeschlossen ist, ist meistens auch das Interesse und das Verständnis vorüber.« Brief einer Mutter, Rundbrief Frühförderung 17, 1978, 5). Dieser Irrtum, Frühförderung sei ein Hilfsangebot an die Eltern, wird wohl auch von einigen Mitarbeitern genährt, wenn auch die objektiven Arbeitsbedingungen hier recht schnell dafür sorgen, daß er erkannt und überwunden wird (was sich auf der subjektiven Seite als »Helfersyndrom« bemerkbar macht). Daß es sich dabei um einen Irrtum handelt, erkennt man schon daraus, daß die Schwierigkeiten der Eltern bei der Erziehung behinderter Kinder weder historisch noch sachlich der Grund der Frühförderung sind.

Die nunmehr manifesten Differenzen zwischen Eltern und Frühförderung sind für die Frühförderung insofern von vitaler Bedeutung, als das elterliche Verhalten und Verhältnis zur Frühförderung eine wesentliche Größe in der Förderung der Kinder selbst darstellt. Insofern ist es unabdingbar, innerhalb der Familien Bedingungen zu schaffen, die den Zwecken der Frühförderung dienlich sind.

Da nun die rechte Mitarbeit der Eltern ein Erfordernis ist, das sich aus der speziellen Form der Frühförderung allein ergibt, und Negation *und* Anerkennung von Kompetenz der Eltern gleichermaßen aus dieser Bestimmung folgen, kann sich eine Reflexion über die Möglichkeiten der Elternarbeit nur auf deren *Verlaufsform* beziehen.

In der Analyse der Situation und den Versuchen, Gründe für die Schwierigkeiten zu finden, bezieht man sich daher auch auf diese Verlaufsform: *Unreflektierte Interaktionsformen* und *mangelndes Bemühen* werden auf der Seite der Frühförderung, *mangelndes Verständnis* auf seiten der Eltern für die Misere verantwortlich gemacht: »Das Konzept der Frühförderung kalkuliert die Mitarbeit der Eltern selbstverständlich mit ein; es kann aber nicht davon ausgegangen werden, daß Eltern a priori die Bereitschaft oder Fähigkeit zur Mitarbeit besitzen – auch nicht davon, daß sie sie durch besondere Motivierungsstrategien erlangen. Als Ursachen der mangelnden Kooperation sind sozio-ökonomische . . ., finanzielle, intellektuelle, emotionelle u. a. Faktoren bei den Eltern geltend zu machen, ebenso aber auch unkooperatives Verhalten seitens der Pädagogen (Beziehungsprobleme, kommunikative oder didaktische Inkompetenz des Pädagogen) sowie ungeeignete Inhalte und Methoden der Elternarbeit« (Arbeitsstelle Frühförderung, Sachbericht 1979, 28).

Die aufgrund der Schwierigkeiten neu angestellten Überlegungen gehen daher nun weg von der undifferenzierten Vereinnahmung der Eltern für die Zwecke der Frühförderung. Die Unterwerfung elterlicher Interessen, wie sie im Modell des »Ko-Therapeuten« oder der »Parents-as-teachers«-Vorstellung ihren Ausdruck fand, wird aufgegeben zugunsten einer kommunikativeren Auseinandersetzung (Gesprächsführung, Elterngruppen, die sog. »Entprofessionalisierung« etc.). Das Dilemma der Elternarbeit steht hierfür wieder Modell: Während man früher an der elterlichen Inkompetenz den Ausgang nahm (und die Fachleute den Eltern eher als Nachhilfelehrer gegenübertraten), geht man jetzt von der Anerkennung elterlicher Kompetenz aus (und unterschlägt dabei gelegentlich im propagandistischen Überschwang die Tatsache, daß nach wie vor die elterliche Inkompetenz überwunden und ihre Kompetenz ausgeweitet werden muß): »Ich muß Eltern nicht ändern; ich muß ihnen zeigen, welche Fähigkeiten sie haben, sie zu sehen und einzusetzen.« (*A. Warnke* auf dem Symposium »Regionale Frühförderung in Bayern – interdisziplinär praktiziert«, München 1980).

4.4. Resultat

Elternmitarbeit in der frühen Förderung behinderter und von Behinderung bedrohter Kinder ist eine Notwendigkeit, die sich aus der Institution der Frühförderung allein ergibt. Die Anerkennung der Kompetenz der Eltern *ermöglicht* diese Mitarbeit, die Inkompetenz der Eltern, wie sie die Frühförderung notwendig voraussetzt, *bedingt* Elternarbeit durch die Frühförderung. Ziel der Frühförderung in der Elternarbeit ist es, die Eltern als Mittel für die Zwecke der Frühförderung einzusetzen. Aufgabe der Elternarbeit ist es daher, die elterliche Kompetenz für die Zwecke der Frühförderung nutzbar zu machen, und ihre Kompetenzen auszuweiten. Das Ideal der Frühförderung in der Elternarbeit ist die Identität elterlicher Interessen mit den Zwecken der Frühförderung. Die gegenwärtige Auseinandersetzung um die Elternarbeit ist nur erklärbar als eine Auseinandersetzung um die *Verlaufsformen* der Interaktion zwischen den Eltern und der Frühförderung. Diese Verlaufsformen setzen Ziele und Aufgaben der Elternarbeit als bereits gegeben *notwendig* voraus.

Literatur

Arbeitsstelle Frühförderung (Hrsg.): Rundbrief Frühförderung. München 1975 ff.
– Zusammenfassung zentraler Ergebnisse der Fragebogenaktion zur Situation der Frühförderung in Bayern, Jahreszeitraum 1978. Unveröff. Mskr.
– Sachbericht zum Modell»Pädagogische Frühförderung behinderter und von Behinderung bedrohter Kinder« zum 1. 4. 1979 *(K. Korte).* Unveröff. Mskr.
Bayerisches Staatsministerium für Arbeit und Sozialordnung (Hrsg.): Sozialfibel für den Bürger. München ³1979
Bundesverfassungsgericht: 1 BvL 1/75, 1 BvR 147/75, Urteil vom 21. Dezember 1977 (Sexualkundeunterricht)
Deutscher Bildungsrat (Hrsg.): Gutachten und Studien der Bildungskommission, Sonderpäd- ʹ agogik 1: Behindertenstatistik, Früherkennung, Frühförderung. Stuttgart ²1975
Grond, J. (Hrsg.): Frühförderung behinderter Kinder. Luzern 1977
Heese, G. (Hrsg.): Frühförderung behinderter und von Behinderung bedrohter Kinder. Berlin 1978
Krapp, A.: Prognose und Entscheidung. Weinheim 1979
Speck, O. et al.: Frühförderung entwicklungsgefährdeter Kinder, München/Basel 1977

Familie und Frühförderung

5. Diskussionsanstöße und Orientierungslinien zur Eltern- und Familienarbeit

Von Hans Weiß

> »Pädagogik zu betreiben, heißt nicht nur andere zu ändern, sondern in die Selbstveränderung einzuwilligen«[1]

Einleitung

Der »Brief einer Mutter« (siehe Kapitel 2 in diesem Buch) hat, so zeigen Gespräche mit in der Frühförderung tätigen Mitarbeitern, viele von uns verunsichert und zu vertiefter Nachdenklichkeit über unser Tun geführt. Die Zusammenarbeit mit den Eltern in der Frühförderung und in der Rehabilitationspraxis allgemein erweist sich offensichtlich als eine sehr empfindliche Nahtstelle, an der es nicht selten zu (gegenseitigen) Mißverständnissen und Belastungen zu kommen scheint, auch und gerade bei einem so familienbezogenen Förderungskonzept, wie wir es zu praktizieren versuchen. Offenbar empfinden Eltern eines entwicklungsbeeinträchtigten Kindes unser helfendes Engagement im familiären Raum nicht immer nur als Hilfe, sondern auch als eine Art »fürsorglicher Belagerung« *(Böll)* und als belastenden Eingriff in ihre Privatsphäre. Sollte und könnte unsere Antwort darauf etwa in einem resignativen Rückzug aus dem familiären Raum des Kindes und in einer Beschränkung auf isolierte, rein kindzentrierte Förderung liegen? Oder kann uns dies motivieren, in kritischer Selbstwahrnehmung ständig unsere Aufgabenbereiche im Rahmen einer familienorientierten Frühförderung zu diskutieren und die uns zur Verfügung stehenden Möglichkeiten der Hilfe für Kind und Familie hinsichtlich ihrer Wirkung auf diese zu reflektieren? Die folgenden vorwiegend auf induktivem Weg entwickelten Gedanken sollen im Sinne der zweiten Möglichkeit aus der Sicht des professionellen Mitarbeiters gewisse Anstöße und Orientierungslinien für diesen

---

[1] *M. Schmeichel:* Schulmeister, die nicht schulmeistern. Vom Umgang des Lehrers mit Eltern körperbehinderter Kinder. In: *R. Rheinweiler, F. Schönberger* (Hrsg.), Die Rolle der Eltern in der Rehabilitation körperbehinderter Kinder und Jugendlicher. Rheinstetten-Neu 1979, S. 46.

permanenten Diskussions- und Reflexionsprozeß anbieten, der nur gemeinsam mit betroffenen Eltern für beide Seiten zu akzeptablen Lösungswegen führen kann. Um den Stellenwert dieser Thesen und ihre Entstehung auf ihrem spezifischen Erfahrungshintergrund abschätzen zu können, dürfte eine knappe Skizzierung des Arbeitsfeldes einschließlich der personellen Situation sinnvoll sein.

Unser Einzugsgebiet umfaßt einen relativ kleinen Landkreis mit knapp 86 000 Einwohnern und einer ziemlich ländlich geprägten Siedlungsstruktur. Dies bereits hat Auswirkungen auf unser Konzept der Eltern- und Familienarbeit. Zu denken wäre hier beispielsweise an Transportschwierigkeiten bei Elterntreffs, bedingt durch große Entfernungen und ein nicht immer optimal ausgebautes öffentliches Verkehrssystem.

Das Team an der Hauptstelle und den drei Außenstellen umfaßt gegenwärtig insgesamt zehn Mitarbeiter: drei Erzieherinnen, eine Heilpädagogin, eine Krankengymnastin, einen Psychologen und vier Sonderschullehrer. Diese zunächst groß anmutende Zahl wird aber dadurch erheblich relativiert, daß die meisten Teammitglieder nur mit einem geringen Teil ihrer Arbeitszeit in der Frühförderung tätig sind, der Psychologe beispielsweise mit acht Stunden. Unser Engagement für die Eltern- und Familienarbeit außerhalb der in der Regel wöchentlich einen Förderstunde je Kind ist von den personellen und zeitlich-finanziellen Bedingungen her begrenzt. Dies hat aber auch Konsequenzen für die qualitativ-inhaltliche Seite unseres Konzepts der Familienarbeit. So war es z. B. bis jetzt noch nicht möglich, Elternkompakttrainings, z. B. nach dem »Münchner Trainingsmodell« *(Innerhofer 1977)*, durchzuführen.

5.1. Skizzierung des Erfahrungsfeldes – drei Fallbeispiele

Um die empirische Basis der folgenden Thesen deutlich zu machen, seien vorab drei Fallbeispiele aus der praktischen Arbeit, jeweils aus der Perspektive des Frühförderpersonals, vorgestellt.

Beispiel 1

Der inzwischen gut dreijährige Michael, ein Kind mit Down-Syndrom, wird von uns seit etwa zwei Jahren in Form der Hausfrühförderung betreut. Er hat noch einen um etwa ein Jahr jüngeren nichtbehinderten Bruder. Seit nun der jüngere Bub seinen behinderten Bruder in manchen Entwicklungsbereichen zu überrunden beginnt, versucht die Mutter nach unseren Beobachtungen Michael verstärkt in den Funktionsbereichen zu fördern, in denen er im Vergleich zu seinem Bruder in Rückstand gerät. Die Folgen sind ein erheblicher Leistungsdruck, der auf Michael lastet, sowie die Gefahr einer unangemessenen Erziehung des nichtbehinderten Geschwisters.

Die Heilpädagogin versucht, in intensiven Gesprächen mit der Mutter die Gründe für deren Erziehungsverhalten herauszufinden. Dabei zeigt sich, daß der Mutter durch den Vergleich mit dem nichtbehinderten Kind jetzt noch einmal ganz deutlich und in vollem Umfang die Behinderung ihres älteren Sohnes, der das so lange ersehnte Wunschkind nach fast 15jähriger, bis dahin kinderloser Ehe war, bewußt wird. Der Versuch der Heilpädagogin, von Mutter und Kind den Leistungsdruck zu nehmen und dadurch die Erziehungssituation zu verbessern, stößt jedoch auf Widerstände und Grenzen, im Gegenteil: Sie selbst fühlt sich jetzt unter Leistungsdruck durch die Mutter gesetzt.

Beispiel 2

Die gut zweijährige Tina erhält seit September 1978 Frühförderung.[2] Der Grund hierfür ist eine erhebliche körperliche und geistige Entwicklungsverzögerung, bedingt durch eine vorgeburtliche Unterversorgung infolge einer Nabelschnurverengung. Bei den Förderstunden im häuslichen Raum gewinnt die Mutter zur Früherzieherin allmählich soviel Vertrauen, daß sie über ihre Probleme und Schwierigkeiten berichtet. Sie fühlt sich mit ihrem entwicklungsbehinderten Kind in ihrem nachbarschaftlichen Umkreis isoliert, vor allem aber von ihrem Mann ungenügend verstanden und gestützt. Eine genetische Beratung wegen eines eventuellen zweiten Kindes bringt für beide Ehepartner ein deprimierendes Ergebnis, nämlich eine relativ große Wahrscheinlichkeit für eine Wiederholung der Schwangerschaftskomplikation. Bereits das verstehende Zuhören der Früherzieherin und ihr Zeit-Haben scheinen – zumindest für den Augenblick – eine gewisse entlastende und kathartische Wirkung auf die Frau zu haben. Aber auch hier werden sofort Grenzen unserer Hilfsmöglichkeiten sichtbar. In der konkreten Konfliktsituation der Partner ist eine Eheberatung wahrscheinlich angezeigt. Unsere Aufgabe kann hier nur darin bestehen, auf solche Möglichkeiten der Hilfe aufmerksam zu machen und sie ggf. zu vermitteln.

Beispiel 3

Wir hatten bis vor kurzem ein Mädchen zu betreuen, dessen familiärer Hintergrund so skizziert werden kann: Die Mutter ist selbst noch minderjährig. Der Vater des Kindes ist zugleich Stiefvater der Mutter und verbüßt wegen »Verführung abhängiger Minderjähriger« zur Zeit noch eine fünfjährige Haftstrafe. Die Mutter hat sich praktisch kaum um ihre Tochter gekümmert (ist wahrscheinlich aus psychischen und situationsbedingten Gründen dazu nicht in der Lage gewesen). Das kleine Mädchen ist hauptsächlich von seiner Großmutter aufgezogen worden, die selbst noch 7 minderjährige Kinder zu versorgen hat, von denen ein Teil die Lernbehindertenschule besucht. Zwei von ihnen wurden ebenfalls kurzzeitig in Form der Hausfrüherziehung betreut und werden jetzt in einem Sonderkindergarten bzw. in der Sprachheilschule gefördert. Diese Frau ist aber selbst hoffnungslos überfordert und überschreitet nicht selten die Grenzen ihrer körperlichen und psychischen Belastbarkeit. Ihr gesundheitlicher Zusammenbruch droht. Einzelne Stunden im Rahmen der Frühförderung wirken hier sozusagen wie der sprichwörtliche Tropfen auf den heißen Stein. Bemerkenswert ist nun, daß sich nicht nur unsere Frühförderstelle um diese Familie bemüht hat, sondern auch andere soziale Organisationen und Ämter wie Caritas, Jugendamt, Sozialamt usw., jedoch alle weitgehend voneinander unabhängig. (Nur durch Zufall erfuhren wir davon.) Analysiert man selbstkritisch die bisher angebotenen Hilfen sämtlicher Einrichtungen, so kann es sich bestenfalls um ein Kurieren an den ärgsten Symptomen handeln. Echte situationsverändernde Hilfe ist bislang von niemandem geleistet worden. Die Bemühungen um ein von allen Seiten getragenes, aufeinander abgestimmtes Gesamtkonzept der Hilfe sind bis jetzt über Ansätze nicht hinausgekommen.

---

[2] Dies galt zum Zeitpunkt der Abfassung des Manuskripts. Tina besucht inzwischen die schulvorbereitende Einrichtung.

Aus diesen Fallbeispielen lassen sich einige wichtige Konsequenzen ableiten, zunächst im Hinblick auf den Begründungszusammenhang und die Legitimation der Eltern- und Familienarbeit in der Frühförderung.

5.2. Begründung der Eltern- und Familienarbeit

Es dürfte grundsätzliche Übereinstimmung darüber bestehen, daß aus einer Reihe von Gründen gezielte Entwicklungsförderung bei Kindern im frühen Lebensalter in der Regel innerhalb der Familie und durch diese am sinnvollsten und effektivsten ist und sich nicht nur im Absolvieren von punktuellen pädagogisch/therapeutischen Programmen »am« Kind erschöpft. Geht man von diesen Voraussetzungen und der Tatsache aus, daß sich die mit der Förderung zusammenhängenden Probleme im »häuslichen Raum« *(Klein* 1979) zeigen, so kann man sich der Aufgabe der Eltern- und Familienarbeit, d. h. der Zusammenarbeit mit Eltern und übrigen Familienmitgliedern, nicht entziehen. Das heißt: Frühförderung darf nicht isoliert an der Behinderung bzw. Entwicklungsgefährdung ansetzen, sondern muß immer die drei Bezugsgrößen »Kind«, »Entwicklungsauffälligkeit« und »Familie« berücksichtigen. Mit anderen Worten: Adressat »früher Hilfen« ist das Kind mit seiner Entwicklungsauffälligkeit *in* der Familie[3].

Eltern- und Familienarbeit in der Frühförderung leiten ihre Notwendigkeit und ihren Stellenwert damit aus einem ganzheitlichen familienintegrierten Förderansatz und Erziehungskonzept des entwicklungsgefährdeten Kindes ab. Auf eine Kurzformel gebracht: Frühförderung ist zugleich Familienarbeit. Sie stellt, ob man dies beabsichtigt oder nicht, immer einen Eingriff in das Familiensystem dar. Dieser, wenn man so will, »positive« Begründungszusammenhang verdient insofern Hervorhebung, als sowohl in der Literatur als auch in der praktischen Behindertenarbeit die Notwendigkeit der Eltern- und Familienarbeit häufig in Form einer »negativen« Argumentationskette abgeleitet wird. Sie kann man, etwas verkürzt und überspitzt formuliert, auf folgende Formel bringen: Familien mit behinderten Kindern sind ohne fachliche Intervention in Form von Beratung und Anleitung der Eltern »behinderte« Familien. Dieser negative Begründungszusammenhang hat sicher nicht selten eine empirische Grundlage: Eltern behinderter Kinder stehen tatsächlich unter mehr oder weniger großen, manchmal auch unerträglichen Belastungen intra- und interpersoneller Art. Das entwicklungs- und verhaltensauffällige Kind ist häufig ein Katalysator für das Auftreten individueller und zwischenmenschlicher Probleme. Im Hinblick auf ihre erschwerte Erziehungsaufgabe zeigen sich die Eltern oft rat- und hilflos. Stigmatisierungs- und Isolierungstendenzen kommen hinzu. Auch ist zuzugeben, daß manche Eltern ihre Probleme mit einem behinderten Kind nur in einer neurotisch-ungesunden Weise lösen können. Dies darf aber nicht zu unangemessenen Verallgemeinerungen führen, wie sie der oben kurz skizzierte negative Begründungszusammenhang für die Eltern- und Familienarbeit suggeriert. Statt dessen muß mit *Carr* (1974, S. 815) nachdrücklich festgestellt werden: »Trotz aller Schwierigkeiten, Verwirrung und Demütigungen, Unannehmlichkeiten und

---

[3] Ergebnis eines Gesprächs mit Frau *Korte* zum gleichen Problemkreis.

Probleme der Alltagsbewältigung bringen es die meisten Familien fertig, sich darauf einzustellen, ein geistig zurückgebliebenes (›mentally retarded‹) Kind zu haben . . .«[4] Um es nochmals zu betonen: Die Notwendigkeit der Eltern- und Familienarbeit in der Frühförderung und der Rehabilitation allgemein leitet sich für uns *primär* nicht ab aus einer wie auch immer gearteten »pathologischen« Situation der Familie normabweichender Kinder (diese kann im Einzelfall gegeben sein). Sie begründet sich vielmehr aus der Tatsache einer ganzheitlichen Entwicklungsförderung des Kindes *in* und *durch* die Familie und den Konsequenzen institutionell-professioneller Intervention im häuslichen Raum.

5.3. Stellung der Eltern in der Frühförderung

Diese Vorentscheidung hat auch Konsequenzen für den Stellenwert der elterlichen (Mit-)Arbeit in der Frühförderung und das Verhältnis zwischen Eltern und professionellen Mitarbeitern. Konkret gefragt: Sehen wir die Bedeutung gezielter pädagogisch-therapeutischer (Mit-)Arbeit der Eltern lediglich als *quantitative* Ergänzung und Unterstützung unseres fachlichen Engagements? Sind sie also, um es überspitzt zu formulieren, unsere Handlanger und die unter unserer Supervision arbeitenden Vollzugsorgane, die wir vor allem aus ökonomischen Gründen brauchen, da die Ausweitung unseres Engagements beim einzelnen Kind zu teuer käme? Benutzen wir sie letztlich ». . . nur als Mittel zum Erfolgszweck des Kindes . . .« *(Zwack o. J.,* S. 26), oder verstehen wir uns mehr als fachliche Anreger und Impulsgeber, die sich von den Eltern in das Erziehungs- und Therapiegeschehen hineinnehmen lassen *(Heese* 1978, S. 18)? Bleiben für uns also, wie *Heese* fordert, die Eltern ». . . während des gesamten Geschehens die Hauptakteure der Früherziehung»? Theoretisch dürfte die Entscheidung zwischen diesen beiden Alternativen ziemlich klar sein. In der Praxis ist aber der Subsidiaritätscharakter unserer Hilfen für die Eltern, deren Ziel es sein sollte, sie erziehungstüchtiger und uns damit ein Stück entbehrlicher zu machen, nicht immer leicht durchzuhalten. Erfordert es doch ein ständiges Bemühen um Zurücknehmen der eigenen Expertenmacht *(Houtman* 1978). Es ist beileibe nicht einfach, einerseits die notwendige und auch von den Eltern gewünschte Fachkompetenz in die »helfende Beziehung« einzubringen und andererseits zu vermeiden, sie dadurch in Abhängigkeit von uns geraten zu lassen *(Grond* 1978, S. 28; *Heese* 1979, S. 2) oder Minderwertigkeitsgefühle zu bewirken *(Krumm* 1979, S. 53f.).

Daß die hier angedeuteten Probleme keineswegs nur die am Schreibtisch ausgeheckten Bedenken eines von Selbstzweifeln geplagten »Frühförderers« darstellen, zeigen deutlich die noch vereinzelten, aber doch in letzter Zeit häufiger werdenden Aussagen von Eltern behinderter Kinder, die Erfahrungen mit Pädagogen und Therapeuten haben. Nur zwei Beispiele seien herausgegriffen. Georges *Hourdin,* Vater einer mongoloiden Tochter, bemerkt hierzu:

»Tag für Tag stelle ich fest, wie reich und komplex die Beziehungen zwischen Erziehern und Eltern sind. Was sie so schwierig macht, ist vielleicht die unbewußte Furcht der Eltern,

---

[4] Aus dem Englischen übersetzt.

selbst ›pathogen‹ zu sein und ihre Aufgabe nicht richtig erfüllen zu können. Die Erzieher tragen manchmal durch ihre Sicherheit und ihr Wissen dazu bei, daß Eltern an ihrer eigenen Unzulänglichkeit verzweifeln» *(Hourdin* 1979, S. 113, Anm. 1).

Sehr deutlich in dieser Richtung hat sich Frau *Müller-Garnn,* selbst Mutter eines geistigbehinderten Sohnes und Verfasserin des Buches».. .und halte dich an meiner Hand« (Würzburg 1977), in einer kritischen Stellungnahme zu der Veröffentlichung von Angelika *Thannhäuser,* »Zur Situation geistigbehinderter Erwachsener aus der Sicht ihrer Mütter« (Bern/Stuttgart/Wien 1976) geäußert:

> »Daß für viele Mütter die Reaktion der Umwelt das größte Problem ist und daß es dann, wenn sie negative Erfahrungen gemacht haben, für sie schwer ist, Projektionen, die durch die eigenen psychischen Schwierigkeiten entstehen, und tatsächlich vorkommendes unsoziales Verhalten anderer Leute auseinanderzuhalten, stimmt. Frustriert, um das schöne Modewort noch einmal zu gebrauchen, werden wir Mütter allerdings meist weniger von der sogenannten Gesellschaft und der Umgebung, als von Ärzten und Pädagogen, die unter ›Mütterbetreuung‹ hauptsächlich verstehen, daß sie uns pausenlos gute Ratschläge erteilen und dabei einhämmern, daß wir alles falsch machen, anstatt unser angeknicktes Selbstbewußtsein geschickt zu stärken und mit uns *gemeinsam* nach gangbaren Wegen zu suchen.«

Es geht hier keineswegs darum, uns als diejenigen, die sich beruflich um entwicklungsgefährdete Kinder bemühen, ein schlechtes Gewissen aufzudrängen. Wichtig erscheint mir aber, daß wir unser Augenmerk verstärkt auch darauf richten, was wir Eltern an pädagogisch/therapeutischer Inanspruchnahme und fachlichem »Ballast« im Einzelfall zumuten können und wo Überforderung und Verunsicherung beginnen.

5.4. Komplexität und Aufgabenbereiche der Eltern- und Familienarbeit

Kehren wir zu den Ausgangsbeispielen zurück. Die Probleme, die sich bei der praktischen Arbeit in der Frühförderung im Hinblick auf Eltern und Familie ergeben, können sehr vielschichtig sein. Im ersten Fallbeispiel handelt es sich um die Auseinandersetzung der Mutter mit dem Problem, ein behindertes und damit normabweichendes Kind zu haben. Es ist durch den nichtbehinderten Bruder, der kindliche Entwicklungsnormen repräsentiert, aktualisiert worden. Im zweiten Beispiel geht es um innerfamiliäre Spannungszustände, um Partnerschwierigkeiten, die durch das stark entwicklungsverzögerte Kind möglicherweise ausgelöst oder verstärkt werden. Im dritten Fall wird die zentrale und komplexe Problematik einer psychosozial erheblich belasteten und an den gesellschaftlichen Rand gedrängten Unterschichtfamilie sichtbar. Die Vielschichtigkeit der auftretenden Probleme erfordert ebenso vielschichtige und differenzierte Beratungskonzepte. Daher ist der bereits erwähnten Frau *Müller-Garnn,* als »Laien«-Mitarbeiterin selbst intensiv in der Eltern- und Familienberatung tätig, voll zuzustimmen, wenn sie in einem Gespräch wiederholt mit Nachdruck betont: Es gebe *keine* schlüssigen Patentrezepte der Hilfe für Familien mit behinderten Kindern und es müsse bereits bei den Erstkontakten versucht werden, herauszufinden, wo eine individuell zugeschnittene Hilfe gegeben werden kann, ».. . die nicht den Bedürfnissen der konkreten Familie vorbeigeht«.

Sehr vereinfacht und schematisiert sollte ein ganzheitlicher Beratungsansatz folgende drei miteinander zusammenhängende Ebenen berücksichtigen *(Villiger* 1979; *Klein* 1979, S. 147):

- die Beziehung Eltern – entwicklungsgefährdetes Kind und das elterliche Erziehungsverhalten;
- die Familie als dynamisch-strukturelles Ganzes;
- die Außenbeziehungen der Familie (Familie und Gesellschaft).

Neben Hilfen, die sich primär auf die Beziehung Eltern-Kind und dessen erziehliche Situation beziehen (z. B. Informationen zur Entwicklungsauffälligkeit des Kindes und seinen Zukunftsperspektiven, fachliche Anleitung zur Förderung des Kindes, Beratung in Erziehungsfragen und -schwierigkeiten, Eingehen auf persönliche Probleme der Eltern, die mit der Entwicklungsauffälligkeit ihres Kindes zusammenhängen), wären hinsichtlich der zweiten und dritten Interventionsebene u. a. folgende Möglichkeiten zu nennen:

- Berücksichtigung der Situation aller Familienmitglieder im Blick auf die sich aus der Entwicklungsauffälligkeit eines Kindes und seiner Förderung ergebenden Folgen[5];
- Hilfen im materiell-organisatorischen Bereich. Zu denken wäre hier an Information bzw. Vermittlung rechtlicher und finanzieller Hilfen (Pflegegeld usw.), zeitweilige Entlastungen insbesondere der Mutter in ihrer permanenten und erschwerten Erziehungsaufgabe, z. B. durch Vermittlung von Babysitter-Diensten oder Familien-/Dorfhelferinnen in Not- und Überforderungssituationen;
- Hilfestellung bei der Bewältigung von Umweltproblemen, die mit der Behinderung des Kindes zusammenhängen, z. B. Hilfe bei der Herstellung tragfähiger Sozialbeziehungen der Familie in der Nachbarschaft, Wohn- und Kirchengemeinde, aber auch zu Familien mit ähnlichen Problemen, Unterstützung beim Aufbau von (selbständigen) Elterngruppen.[6]

5.5. Problematisierung einseitig psychologisierender Beratungskonzepte

Aus den hier nur stichwortartig aufgezählten Möglichkeiten der Hilfe dürfte deutlich werden, daß ihr Schwerpunkt mehr im Bereich pragmatischer Unterstützung liegt. Dies sei deutlich hervorgehoben; denn: Meines Erachtens ist unsere Beratungspraxis nicht nur in der Frühförderung, sondern teilweise in der gesamten Behindertenarbeit zu sehr auf eine einseitige psychologisierende Individualisierung der Probleme von Familien mit behinderten Kindern ausgerichtet. Ich habe den Eindruck, daß sich bei

---

[5] Die Bezeichnung »Elternarbeit« deckt meines Erachtens die hier skizzierte Spannweite unterschiedlicher Interventionsebenen nicht ab. Da sie zumindest nominell die Erschwernisse der Familie mit einem entwicklungsbeeinträchtigen Kind allein auf die Eltern zu reduzieren scheint (*Krumm* 1979, S. 39), möchte ich für einen stärkeren Gebrauch des Begriffs »Familienarbeit« plädieren. Er darf aber nicht mit »Familientherapie« im engeren Sinn verwechselt werden.

[6] Zur Bedeutung familienübergreifender Sozialbeziehungen im Hinblick auf die Fähigkeit einer Familie, dem behinderten Familienmitglied Hilfeleistungen anbieten zu können, vgl. *Thimm* 1974, S. 14.

uns ebenso wie in den Vereinigten Staaten, beeinflußt durch die vorliegende meist psychoanalytisch orientierte Literatur (z. B. *Ross* 1967), eine gewisse »Verpsychologisierung« oder gar »Psychiatrisierung« in der Beratung von Eltern behinderter Kinder breitgemacht hat (vgl. *Balzer/Rolli* 1975; *Heifetz* 1977, S. 205), ». . . die Eltern als ›Patienten‹ betrachtet und die Quelle ihrer Probleme in ihnen selbst wohnend sieht« *(Wolfensberger,* zit. nach *Carr* 1974, S. 821[7]). Im gleichen Sinne äußert sich hierzu auch *Roos* (1975, S. 343). Die Eltern werden oft als problemgeplagt, ängstlich und nicht angepaßt angesehen *(Wolfensberger* 1967) und ihre emotionalen Reaktionen als Schuld, Scham, chronischer Kummer, Ablehnung und Verleugnung interpretiert *(Heifetz* 1977, S. 205) bzw. oft vorschnell und unangemessen mit bestimmten Etiketten belegt, z. B. als Projektions-, Ritualisierungs-, Sublimierungs- oder Rationalisierungsmechanismen deklariert *(Klein* 1979, S. 153). (»Ein dilettantisches Anwenden fachfremder Begriffe im pädagogischen Praxisfeld kann die Lebensbedrängnis und das gesellschaftliche Außenseiter-Dasein verstärken; tatsächliche Bedürfnisse, Gefühle, Vorstellungen oder Fähigkeiten eines Rat- und Hilfesuchenden werden nur begrenzt erkannt« *Klein,* ebenda.) Auf diesen Vorannahmen basierende Beratungskonzepte stehen in der Gefahr, ». . . implizit die realitätsfundierte Natur vieler elterlicher Nöte . . .« *(Heifetz* 1977, S. 205) zu ignorieren, und können ». . . deshalb mehr Schaden als Nutzen anrichten . . .«[8] Sie tragen nämlich eher zur Verunsicherung und zu einer Schwächung der Eltern bei, die solche Tendenzen spüren (siehe den erwähnten »Brief einer Mutter« in Kap. 2). Überdies – und das ist die zweite fatale Konsequenz – werden sie dann in ihren realen aktuellen Problemen des Alltags *(Andriessens* 1979, S. 182), vor allem in ihrer erschwerten Erziehungsaufgabe, häufig allein gelassen. Nur einige seien herausgegriffen:

– Schwierigkeit einer gerechten Erziehungsweise gegenüber dem behinderten Kind und seinen Geschwistern *(Thumm* 1979, S. 141; *Schumacher* 1979, S. 69). In bestimmten Situationen vielleicht erforderliche besondere erzieliche Verhaltensweisen gegenüber dem behinderten Kind können seinen Geschwistern als Bevorzugung erscheinen.
– Befürchtungen oder Selbstvorwürfe der Mutter, sie könne durch die vermehrte pädagogisch/therapeutische Inanspruchnahme ihren Mann und die anderen Kinder vernachlässigen.
– Überforderung, neben der an sich schon erschwerten Erziehungsaufgabe bestimmte zeitlich fixierte Förderpläne durchzuführen, und daraus resultierende Selbstvorwürfe[9] oder totale Selbstverausgabung.
– Verunsicherung und emotionaler Streß der Eltern, wenn sie für das Kind zwar wirkungsvolle, aber unangenehme oder gar angsterzeugende Therapien durch-

---

[7] Aus dem Englischen übersetzt.
[8] Aus dem Englischen übersetzt.
[9] Eine Mutter schreibt hierzu: »Jedenfalls kam unser Trainingsrhythmus immer mal wieder durcheinander. Wie oft habe ich mir dann abends Vorwürfe gemacht. Wie oft ging ich mit schlechtem Gewissen zu Bett, weil die so guten Vorsätze nicht eingehalten werden konnten« *(Thumm* 1979, S. 14).

führen sollen und dieses z. B. ». . . höchst widersprüchlich eine harte, grausame und eine liebevolle Mutter im Wechsel« *(Fröhlich* 1978, S. 55) erlebt. »Die Mutter selbst steht im Widerstreit der Gefühle, wenn sie ihrem Kind wehtun soll, um ihm längerfristig zu helfen« *(Fröhlich,* ebenda).

– Verstärkung belastender Verhaltensweisen des Kindes durch beengende, ungünstige Wohnverhältnisse und daraus entstehende Konflikte mit der Nachbarschaft.

Für diese aus der Existenz eines behinderten oder entwicklungsgefährdeten Kindes sich ergebenden Sorgen, Nöte und Schwierigkeiten des Alltags, die realitätsbezogen und in der Regel nicht »pathologischer« Natur sind, bedarf es konkreter Beratungshilfe. Für sie können folgende Hinweise von Nutzen sein:

1. Informative Beratung vermeidet nach *Matheny* und *Vernick* (1969, S. 954)». . . die durchdringende Erforschung vermuteter emotionaler Störungen und legt den größten Nachdruck darauf, . . . reifen und vernünftigen Menschen zu helfen, mehr über ihr Kind zu lernen«[10]. Mit diesem Beratungsansatz kann man sich dann voll identifizieren, wenn man sich selbst »hautnah« mit der konkreten Situation der jeweiligen Familie auseinandersetzt[11]. Der Gefahr, umwelt- und situationsbedingte Probleme unangemessen in den Persönlichkeitsbereich der Eltern zu verlagern, wird dadurch begegnet.

2. Hilfreiche Lösungen zur Bewältigung auftauchender Schwierigkeiten und Belastungen lassen sich nur im gemeinsamen *partnerschaftlichen* Bemühen des Frühberaters/Früherziehers mit betroffenen Familienmitgliedern finden. Ersterer kann hierbei sein generalisiertes (Fach-)Wissen und letztere ihre als gleichwertig einzuschätzende Kompetenz für ihren Individualbereich einbringen[12]. Im Rahmen dieser Vorentscheidung bleibt für schablonenhafte Ratschläge, möglicherweise noch dazu in einem aufgeblasenen Fachjargon vorgetragen, kein Platz.

3. Das partnerschaftliche Bemühen um die für die jeweilige Familie angemessene Bewältigung realitätsfundierter Probleme schließt, wie bereits betont, die stärkere Berücksichtigung konkreter pragmatischer Hilfen mit ein[13], die eine *einseitige* individualisierende Psychologisierung der Probleme von Familien mit behinderten Kindern häufig übersieht. Einige Beispiele: Es kann einer Mutter im Einzelfall sehr helfen, wenn die Früherzieherin sie bei ihrem ersten Spielplatzbesuch mit dem behinderten Kind begleitet und sich dabei mit ihr »beispielhaft solidarisiert« *(Thimm* 1974, S. 14). Oder: Was nützen einer Mutter noch so viele Gespräche über ihr Recht der persönlichen Verwirklichung, wenn sie objektiv kaum Möglichkeiten hat, sich

---

[10] Aus dem Englischen übersetzt.

[11] Frau *Müller-Garnn* berichtete in dem bereits erwähnten Gespräch von einer Therapeutin, die selbst einmal für eine Woche ein von ihr betreutes behindertes Kind in ihre Familie aufnahm, damit die Eltern mit den anderen drei Kindern in Urlaub fahren konnten. Die Erfahrungen dieser Woche faßte sie so zusammen: »Glauben Sie mir, sie jetzt vieles anders.«

[12] Dieser Gedanke greift einen Diskussionsbeitrag von Prof. *Speck* in der am 18. 6. 1979 an der Universität München im Rahmen einer Ringvorlesung durchgeführten Veranstaltung zur »Elternarbeit in der Frühförderung« auf.

[13] Einen detaillierten Aufgabenkatalog hierzu bieten *Balzer* und *Rolli* (1975; 2. Aufl. 1979) unter dem Stichwort »Organisationshilfe« auf S. 172–174 an.

52   Hans Weiß

auch einmal Zeit für sich zu gönnen? Eine zeitweilige Entlastung durch Vermittlung eines Babysitter-Dienstes kann ihr vielleicht helfen, zu sich selbst zu kommen.

Ich gebe zu, daß solche Bemühungen verstärkter Hilfestellungen in praktisch-organisatorischen Bereichen und im sozialen Umfeld bei den derzeitigen finanziellen und arbeitsorganisatorischen Rahmenbedingungen der Frühförderung mit eng bemessenen Behandlungseinheiten schnell auf Grenzen stoßen. Dennoch sollten wir die Bedeutung solcher Hilfen im Rahmen eines ganzheitlichen Beratungsansatzes sehen und gegenüber den (Kosten-)Trägern mit Nachdruck vertreten. Im übrigen lassen solche Beratungskonzepte mehr Freiraum für die Mitarbeit sog. Laienkräfte, etwa im Rahmen von (organisierten) Familienhilfen *(Bach* 1979, S. 192; *Wagner* 1976, S. 214f.)[14], und bieten damit die Möglichkeit für Schritte in Richtung eines Abbaus der Überprofessionalisierung, wie sie gelegentlich in der Behindertenarbeit bereits anzutreffen ist.

Dieses Plädoyer für einen Abbau einseitiger Psychologisierung in der Beratungspraxis von »Sonderfamilien« bedeutet nicht, daß Hilfen zur Verarbeitung psychischer Probleme, die mit der Behinderung bzw. Entwicklungs- und Verhaltensauffälligkeit eines Kindes zusammenhängen (z. B. Eingehen auf persönliche Belastungen und Konflikte im Gespräch), als gering erachtet werden. Aber es ist zu bedenken: »Praktische Hilfen sind eine wesentliche Grundlage für die Bewältigung emotionaler Probleme« *(Andriessens* 1979, S. 182).

**5.6. Fehlende bzw. ungenügende Gesamtkonzepte »früher Hilfen«
bei Kindern aus sozial belasteter Umwelt**

Rufen wir uns noch einmal das dritte Fallbeispiel in Erinnerung. Es zeigt, wie ähnliche Erfahrungen aus anderen Frühförderstellen[15], wie begrenzt »konventionelle«, primär auf das Kind beschränkte Förderansätze in ihrer Effektivität bei Kindern aus (psycho-)sozial erheblich belasteten Familien sind. Der Erfolg der Frühförderung hängt ja in entscheidendem Maß davon ab, inwieweit die Eltern oder andere Bezugspersonen in der Lage sind, die pädagogisch/therapeutische Förderung des Kindes zu übernehmen, da wir vor allem aus zeitlichen Gründen nur Anregungen und Anleitungen geben können. Häufig ist dies aber Eltern oder anderen Familienmitgliedern aufgrund ihrer beeinträchtigten psychosozialen bzw. psychophysischen Situation kaum oder nur sehr begrenzt möglich. Hier werden meines Erachtens deutlich einige bisher nicht genügend geklärte Problemstellen der Theorie und Praxis der Frühförderung offenkundig:

– Das Konzept der individuellen Förderung in der üblichen Weise mit maximal einigen Stunden pro Woche und unter der Voraussetzung, familiäre Bezugspersonen übernehmen gezielte pädagogisch/therapeutische Aufgaben, ist im Hinblick auf psycho-(sozial) stark belastete Familien zu überdenken.

---

[14] So wird von Frühförderstellen z. B. schon praktiziert, daß Zivildienstleistende regelmäßig stundenweise Kinder betreuen, um so der Mutter freie Zeit zu verschaffen (*Zwack* o.J., S. 26).
[15] Als Beispiel eine von *Klein* (1979, S. 188; Anm. 68) zitierte Aussage eines Früherziehers: »In einigen Familien sind sehr viele Probleme; sie sind ungeheuer groß. Ich stehe ihnen ohnmächtig gegenüber.« Vgl. auch *Zwack* (o. J., S. 26–28).

- Eine Konsequenz daraus müßte sein, unter Einschluß ökonomischer, sozialer, psychophysischer und pädagogischer Hilfen koordinierte *Gesamt*konzepte für den Einzelfall zu finden. Diese müßten institutionenübergreifend konzipiert und verwirklicht werden.

Damit wird jedoch nicht – etwa aus berufsständischen Motiven heraus – einer möglichen Aufgabenausweitung im Sinne eines *institutionellen Kompetenzzuwachses* der Frühförderung das Wort geredet, sondern für eine Klärung und Abstimmung der Aufgabenbereiche verschiedener Träger der Sozialarbeit sowohl auf der theoretischen wie praktischen Ebene plädiert, um mehr Zusammenarbeit zugunsten der einzelnen Familie zu gewährleisten. Sicher erfordert das für den Bereich der Frühförderung in arbeitsorganisatorischer Hinsicht gewisse zeitliche Freiräume für die Kooperation mit einschlägigen Ämtern und Institutionen der Sozialarbeit neben der unmittelbaren Arbeit mit dem Kind; denn ein einfaches Delegieren sozialer Aufgaben an diese ohne vorheriges Erstellen eines Gesamt-Förderkonzeptes für den Einzelfall begünstigt das besonders Unterschichtenfamilien benachteiligende Nebeneinanderher- und Aneinandervorbei-Arbeiten (*Friedrich* u. a. 1979, S. 317 und S. 319).

5.7. Stärkere Einbeziehung der Väter

Ich möchte wieder zu den anfangs skizzierten drei Fallbeispielen zurückkommen. Es dürfte wahrscheinlich kein Zufall gewesen sein, daß darin von den Vätern nur am Rande die Rede war. In der bisherigen Praxis der Frühförderung scheint sich nämlich nicht selten die Tendenz zu zeigen, daß wir wohl vor allem aus arbeitszeitlichen Gründen unsere Interaktionen mit den Eltern zu sehr auf die Mütter beschränken und ihnen allein die elterliche Mitarbeit bei der praktischen Förderung überlassen. *Klein* (1979, S. 174) konnte bei einer Umfrage in 19 Früherziehungseinrichtungen der Bundesrepublik ein erhebliches Ungleichgewicht bei der Verteilung der Beratungszeiten auf die einzelnen Familienmitglieder feststellen: 78 % fielen auf die Mütter, 4 % auf Mütter und Väter gemeinsam und 6 % auf die Väter[16]. Wenn dies so zutrifft, müßte es uns zu Konsequenzen herausfordern; denn eine fehlende oder unzureichende Einbeziehung der Väter in unsere Arbeit könnte

- ein ungesundes Mißverhältnis und Ungleichgewicht in den Erzieherkompetenzen fördern: hier die pädagogisch und therapeutisch geschulte Mutter – dort der in beiden Bereichen unkompetent erscheinende oder sich fühlende Vater (*Warnke* o. J.),
- damit traditionelles Rollenverhalten, das nach *Balzer/Rolli* (1975, S. 38f.) durch ein behindertes Kind an sich bereits häufig verfestigt wird, weiter verstärken (*Andriessens* 1979, S. 183),
- die Einheitlichkeit des Erziehungsstils beider Eltern, soweit vorhanden, stören (*Schleicher* 1977, S. 64),
- familiäre Spannungen und Konflikte begünstigen, indem eine symbiotische Beziehung

---

[16] Die restlichen 12 % Beratungszeit entfielen auf die Geschwister, die Eltern und Geschwister sowie sonstige Familienangehörige.
Die Ausrichtung der Beratungen auf einen Ehepartner, wohl meist die Frau, beginnt überwiegend schon bei Erstinformationen, z. B. bei der Vermittlung der Diagnose (*Cunningham* 1979, S. 313).

zwischen Mutter und behindertem Kind gefördert wird und sich Vater und nichtbehinderte Geschwister von beiden entfremden (*Warnke* o. J.).

Wir sollten daher unbedingt versuchen, die Väter soweit wie nur irgendwie möglich teilnehmen und teilhaben zu lassen (*Korte* 1979, S. 5), indem wir sie als verantwortliche und für die Entwicklung der Kinder hochbedeutsame Partner ansprechen, insbesondere beim Erstgespräch, aber nicht nur dort. Die Mehrzahl der Eltern scheint dies zu wünschen (*Cunningham* 1979, S. 315), und die Erfahrungen von Einrichtungen, in denen die Einbeziehung der Väter in die Erstgespräche gezielt angestrebt wird[17], zeigen, daß dies möglich ist. Als Dienstleistungseinrichtung – dieses Wort ist hier bewußt verwendet – müssen wir versuchen, unsere Termine ggf. so einzurichten, daß wir die Väter auch nach deren Arbeitszeit antreffen können. Mir ist aber auch bewußt, daß des öfteren eine flexible Terminplanung nicht so sehr an den Mitarbeitern »vor Ort« scheitert, sondern durch relativ rigide arbeitszeitliche und finanzielle Vorstellungen mancher Träger und Kostenträger zumindest erschwert wird. Neben terminlicher Flexibilität ist auch an Gruppentreffen zu denken, bei denen die Väter besonders angesprochen werden, z. B. Gesprächs- kreise, Stammtische und Ausflüge.

5.8. Grenzen unserer Arbeit

Im zweiten Fallbeispiel wurde von einer Mutter berichtet, die im Laufe der Hausfrühförderung ihres Kindes zur Heilpädagogin soviel Vertrauen entwickelte, daß sie dieser Einblick in ihre Partnerschwierigkeiten gab. An diesem Beispiel lassen sich Grenzen unseres Arbeitsauftrages verdeutlichen.

(1) Zur Achtung vor dem Intimraum einer Familie gehört auch, sich vor einseitigen Identifikationen und Parteinahmen zu hüten. Dabei ist es nicht immer leicht, ja es gehört vielleicht mit zum Schwierigsten einer engagierten Familienarbeit, den richtigen Weg zu finden beim Bemühen, einerseits einem Elternteil verstehen- der Gesprächspartner zu sein, andererseits aber einseitige Stellungnahmen verbaler oder nonverbaler Art zu vermeiden (*Villiger* 1979, S. 68). Eine Hilfe kann in einer guten begleitenden Supervision des Frühziehers/Beraters bestehen, eine weitere darin, daß er sich der Grenzen seiner fachlichen Kompetenz voll bewußt ist. Im konkreten Fall wäre eine deutliche Überschrei- tung dieser fachlichen Zuständigkeit mit möglicherweise fatalen Folgen, wenn die Heilpädagogin sozusagen als Eheberaterin tätig werden wollte. Ihre Hilfe könnte aber, wie bereits erwähnt wurde, in der Vermittlung weiterführender fachlicher Beratung bestehen.

(2) Eine weitere Begrenzung unseres Engagements ist da vonnöten, wo es aus einer einseitig kindzentrierten Sichtweise dazu tendiert, die Eltern ohne ausreichende Rücksicht auf deren spezifische Lebenssituation, Möglichkeiten und Bela- stungsgrenzen auf bestimmte pädagogisch-therapeutische Ziele einzuschwören.

---

[17] So z. B. im regionalen und überregionalen Beratungs- und Frühförderzentrum in Heidelberg (Referat von Dr. *Bölling-Bechinger* beim Fachgespräch des »Verbandes Deutscher Sonderschulen« zur »Früherziehung behinderter Kinder« vom 21. 5.–26. 5. 79 in Kassel).

Dadurch entsteht die Gefahr, daß wir sie überfordern und verunsichern und damit letztlich die Erziehungssituation des Kindes (zusätzlich) beeinträchtigen. Dies gilt besonders, aber nicht nur für Unterschichtfamilien einschließlich sozialer Randgruppen. Bei ihnen ist nach *Klein* (1979, S. 152f.) Beratungshilfe zum Scheitern verurteilt, ».. .wollte diese von anderen Normen und Werten ausgehen, als der häusliche Raum repräsentiert. Helfendes Bemühen darf nicht familiale Aktivitäten an Mittelschichtnormen anpassen.« Eine Milieuentfremdung sozial behinderter Kinder könnte die Folge sein. Daran hat sich besonders das hier vertretene Konzept einer umfassenden Hilfe für unterprivilegierte Familien zu halten, da es bewußt auf längere Sicht wirksame Veränderungen bewirken will, aber nicht im Sinne einer rigiden, einseitigen Anpassung an Mittelschichtnormen, sondern im Sinne einer Ausweitung *eigener* Handlungskompetenzen im sozioökonomischen, psychosozialen und erziehlichen Bereich. Die folgende Forderung *Klein*s (1979, S. 153) bezüglich der Beratungshilfe für unterprivilegierte, sozial randständige Familien gilt prinzipiell für die Familienarbeit in allen Schichten:»Der Berater hat vor allem nach dem zu suchen, was im häuslichen Raum als sinnvoll, wertvoll und erstrebenswert angesehen wird. . . Beratungshilfe kann gelingen, wenn häusliche Kultur zuerst im Bewußtsein des Erziehers vorhanden ist.« Davon ist auszugehen, um in gemeinsamer, partnerschaftlicher Weise mit den Eltern und anderen Familienmitgliedern für sie gehbare Wege zur bestmöglichen Förderung des Kindes in ihrem je konkreten Lebenszusammenhang zu finden. Ein solches Konzept bedeutet insofern eine Selbstbegrenzung, als es nicht darum geht, der Familie fremde Normen aufzustülpen, sie für von außen gesteckte, auch noch so gut gemeinte Ziele zu vereinnahmen, sondern darum, das Selbsthilfepotential einer Familie zu aktivieren, letztlich also Beratung und Hilfe soweit wie möglich überflüssig zu machen.

(3) Eine unangemessene Vereinnahmung der Eltern für unsere pädagogisch/ therapeutischen Zielsetzungen könnte auch zur Folge haben, daß wir auf die Dauer vom Ausmaß der elterlichen Mitarbeit in der Frühförderung enttäuscht werden. In diesem Zusammenhang müssen die bisher hierzu vorliegenden mehr pauschalen Aussagen kritisch beurteilt werden. *Franke* (1977, S. 129) beispielsweise stellt fest, ».. .daß nur etwa die Hälfte der Eltern regelmäßig mit ihrem Kind übt«. Auch wird behauptet:».. .mit Eltern kann man eigentlich nur sehr wenig erreichen. . .« (nach *Wagner* 1978, S. 134). Wird hier objektiv zutreffend die tatsächliche Situation wiedergegeben, oder sprechen daraus professionelle Überheblichkeit und Resignation? Eine Anfang 1979 durchgeführte Befragung aller damals bestehenden Frühförderstellen in Bayern, deren Auswertung kurz vor dem Abschluß steht, läßt bei aller Vorläufigkeit und Ungenauigkeit einer solchen empirischen Vorgehensweise ein insgesamt positiveres Bild erkennen.[18]

---

[18] Die entsprechende Frage war so gestellt, daß die Frühförderteams die Mitarbeit der Eltern in Qualität und zeitlicher Dauer nach den vier Stufen »gut«,»noch gut«,»eher nicht gegeben« und »nicht gegeben« beurteilen mußten. Es handelte sich also um eine rein subjektive Einschätzung aus der Sicht des Frühförderpersonals.

Wir sollten bei aller Notwendigkeit möglichst früher und umfassender Förderung und den darin liegenden Chancen auch hier Grenzen sehen. Eine bewußte und gegenüber dem Kind und seiner Familie (einschließlich der Geschwister) verantwortungsvolle Bescheidung in den pädagogisch/therapeutischen Zielsetzungen tut not.[19] Dies mag provozierend klingen angesichts der vielerorts beobachtbaren Tendenz, ».. .aus einem behinderten Kind alles herauszuholen, was drinsteckt«[20]. Hier kann ein Vergleich hilfreich sein. Was geschieht bei einem nichtbehinderten Kind, wenn es gezwungen wird, sämtliche Bereiche seines Begabungspotentials in jeder Hinsicht voll ausschöpfen zu müssen, also z. B. im kognitiven Bereich ständig Ergebnisse bis zur Leistungsgrenze zu bieten, möglichst viele Musikinstrumente zu lernen und sportlich beständige Spitzenleistungen zu erbringen? Psychische, soziale oder gesundheitliche Schädigungen dürften die unausbleibliche Folge einer solchen überfordernden Zwangssituation sein. Vom behinderten Kind wird jedoch oft, schon beinahe selbstverständlich und unhinterfragt, die totale Ausschöpfung seiner ihm verbliebenen Begabungspotentiale verlangt. Ist aber auf die Dauer nicht auch für ein geistigbehindertes Kind eine harmonische Umgebung wichtiger als z. B. diese oder jene Fingerfertigkeit (*Müller-Garnn* 1979, S. 2).[21] Hier wäre zu fragen: Stecken dahinter möglicherweise nicht auch häufig eine gewisse Überschätzung unserer Interventionsmöglichkeiten, ».. .eine allzu hohe Meinung von der Professionalisierbarkeit pädagogischer Funktionen . . .« (*Heese* 1978, S. 18), ein technokratisch orientierter und verengter Förderungs- (Therapie-)Begriff mit Zwang zu Erfolg und Leistung (vgl.»Brief einer Mutter« in Kap. 2)[22], letztlich aber auch, zumindest tendenziell, eine sublime Form des gesellschaftlichen Verdrängungsprozesses gegenüber dem Phänomen des Behindertseins.

Wahrscheinlich handelt es sich dabei nicht nur um *einseitig* ablaufende Prozesse. Mitarbeiter fühlen sich nicht selten von Eltern unter einen gewissen Leistungsdruck gesetzt, z. B. dann, wenn letztere, in welcher Weise auch immer,

---

[19] Vgl. hierzu auch folgende Feststellung aus dem Programm der nationalen Kommission für das Internationale Jahr des Kindes in der Bundesrepublik Deutschland, Bonn, Dezember 1978 (in: Zeitschrift für Heilerziehung und Rehabilitationshilfen, 8 (1979) H. 4, S. 67): »Eltern behinderter Kinder benötigen *nicht* in der ersten Linie bis ins kleinste ausgefeilte Anleitungen und Programme zur Förderung ihres Kindes. Die Übergewichtigkeit von Förderprogrammen birgt die Gefahr in sich, daß Fachleute den Eltern immer mehr Therapie aufbürden und damit gleichzeitig die Alleinverantwortung für das gute Fortkommen des behinderten Kindes.«

[20] Frau *Müller-Garnn* in einem Gespräch mit dem Verfasser.

[21] Diese Überlegungen basieren u. a. auf einem Gespräch des Verfassers mit Frau *Müller-Garnn*.

[22] Dieser Förderungsbegriff bedarf dringend der kritischen Reflexion. Hierzu hat in neuerer Zeit *Milani Comparetti* einige wichtige Gedanken entwickelt, die die Therapie stärker in den Lebenszusammenhang des Kindes und seiner Familie zu stellen versuchen, indem die Therapeuten nicht zu »Alleinwissenden und Alleinhandelnden (werden), sondern Berater in der Übersetzung bestimmter fachlicher Kenntnisse in die Sprache des täglichen Lebens« (*Milani Comparetti/Roser* 1981, S. 35).

pädagogisch/therapeutische Angebote als bloße »Spielerei« betrachten. Es soll und kann hier nicht erörtert werden, ob es sich dabei tatsächlich um objektiv festzumachende Signale von Eltern in diese Richtung handelt oder um entsprechende Interpretationen der professionellen Mitarbeiter und damit um kommunikative Kreisprozesse. Im Einzelfall können eine der beiden Möglichkeiten oder beide gleichzeitig zutreffen. Hier wird es künftig verstärkt darauf ankommen, daß sich beide Seiten im gegenseitigen Gesprächsaustausch solcher zum Teil nicht immer voll bewußten »Zwänge« klarwerden.

5.9. Existentielle Auseinandersetzung mit den Phänomenen »Behinderung« und »Behindertsein«

Wenn anfangs die personelle Situation unserer Frühförderstelle beschrieben wurde, dann auch deshalb, um unsere Möglichkeiten mit dem hier skizzierten Konzept zu vergleichen. Dabei wird deutlich, daß es für unsere Arbeit zwar Zielorientierung und Leitschiene darstellen kann, wir es in der Praxis jedoch nur teilweise einlösen. Dennoch wäre für Resignation kein Platz. Nach *Klein* (1979, S. 162) erwarten Eltern entwicklungsbehinderter Kinder

»1) gesellschaftliches Annehmen, Bejahen und Bestätigen ihres Kindes in seinem Sosein;
2) mitmenschliches Begleiten;
3) fachliches Beraten«.

Ich glaube, daß wir in allen drei Bereichen bescheidene Hilfen geben können, wobei wir bei aller Notwendigkeit der fachlichen Beratung unsere Aufgabe in der mitmenschlich-solidarischen Begleitung der Familien unserer Kinder sehen; denn nach *Görres,* selbst Vater zweier behinderter Kinder, brauchen unsere Eltern keine »Seeleningenieure«, sondern (Be-)Ratende, die ».. . alles gesammelte Nachdenken darauf verwenden, möglichst viel vom Sinn der geistigen Behinderung selbst zu verstehen. Viele Eltern von Behinderten brauchen nichts so nötig, wie ein wenig mehr Licht und Einsicht für den Sinn auch des beschädigten Lebens, das ihnen anvertraut und aufgebürdet ist« (*Görres* 1974, S. 148). Dieses Zitat als rührenden Schluß und Ausgleich für die erfolgte Problematisierung unserer Arbeit mit Eltern und Familien anzusehen, wäre verfehlt; denn hier dürften wir persönlich am stärksten herausgefordert sein. Wie stehen wir als Mitarbeiter in der Frühförderung oder in der Rehabilitationsarbeit allgemein zum Phänomen der Behinderung? Begreifen wir sie *nur* als wegzutherapierendes Objekt, dann sind wir in der Gefahr, den Verarbeitungsprozeß der Eltern, der letztlich zu einer »Ja-dennoch-Annahme« (*Klein* 1979) in Form einer neuen Sinnfindung des eigenen Lebens mit jenem des geschädigten Kindes führen kann, ungewollt zu erschweren. Die wirkliche Auseinandersetzung mit diesen Fragen ist für uns als nicht unmittelbar Betroffene nur begrenzt möglich. Eine Hilfe können u. a. Teamgespräche sein, die auch Raum für mit unserer beruflichen Tätigkeit zusammenhängende persönlich-existentielle Probleme lassen, vor allem aber jene Eltern selbst, denen die Annahme ihres Kindes in dieser Ja-dennoch-Haltung gelungen ist. Spätestens im vollen Bewußtwerden dieser Tatsache dürfte die vielerorts beschworene Partnerschaft mit Eltern behinderter Kinder nicht mehr zur bloßen deklamatorischen Formel geraten.

Literatur

Andriessens, P.: Familienberatung. In: *Bach, H.* (Hrsg.): Handbuch der Sonderpädagogik, Bd. 5: Pädagogik der Geistigbehinderten. Berlin 1979, S. 180–185

Bach, H.: Laienmitarbeit. In: Bach. H. (Hrsg.): Handbuch der Sonderpädagogik, Bd. 5: Pädagogik der Geistigbehinderten. Berlin 1979, S. 190–195

Balzer, B., Rolli, S.: Sozialtherapie mit Eltern Behinderter. Orientierungen für eine Konzeption im Rahmen eines psychohygienischen Gemeindeprogramms. Weinheim und Basel 1975

Carr, J.: The effect of the severely subnormal on their families. In: *Clarke, A. M., Clarke, A. D. B.* (eds.): Mental Deficiency: The changing outlook. London 1974 (3th ed.), S. 807–839

Cunningham, C.: Parent Counselling. In: *Craft, M.* (ed.): Tredgold's Mental Retardation. London 1979 (12th ed.), S. 313–318

Franke, B.: Frühförderung. In: Jahresbericht 1977 der Paritätischen Gesellschaft Behindertenhilfe Stadthagen. Ohne Ort und Jahr, S. 129–131

Friedrich, H., Fränkel-Dahmann, J., Schaufelberger, H.-J., Streeck, U.: Soziale Deprivation und Familiendynamik. Studien zur psychosozialen Realität von unterprivilegierten Familien und ihrer Veränderung durch ausgewählte Formen sozialer Praxis. Göttingen 1979

Fröhlich, A.: Ansätze zur ganzheitlichen Frühförderung schwer geistig Behinderter unter sensomotorischem Aspekt. In: Schriftenreihe der Lebenshilfe, Bd. 3: Hilfen für schwer geistig Behinderte – Eingliederung statt Isolation. Marburg 1978, S. 42–59

Görres, A.: Unser Partner – der behinderte Mensch. In: *Görres, S.:* Leben mit einem behinderten Kind. Zürich/Köln 1974, S. 135–150

Grond, J.: Gegenstand, Ziele und Aufgaben der Früherziehung bei geistig Behinderten. In: Grond, J. (Hrsg.): Früherziehung behinderter Kinder. Luzern 1978 (2. Aufl.), S. 19–50

Heese, G.: Frühförderung behinderter Kinder als pädagogische Aufgabe. In: Heese, G. (Hrsg.): Frühförderung behinderter und von Behinderung bedrohter Kinder. Berlin 1978, S. 3–25

– Die Situation des behinderten Kindes im deutschen Sprachgebiet heute. In: *Dürr* Sonderschuldienst. Bonn-Bad Godesberg, Nr. 52 (Sept. 1979), S. 1–3

Heifetz, L. J.: Professional Presciousness and the Evolution of Parent Training Strategies. In: *Mittler, P.* (ed.): Research to Practice in Mental Retardation. Vol. I: Care and Intervention. Baltimore/London/Tokyo 1977, S. 205–212

Hourdin, G.: Das Leid der Unschuldigen. Geschichte einer Mongoloiden (aus dem Französischen übersetzt von *Schierse, F. J.*). *Düsseldorf 1979*

Houtman, A. M. A.: Machtaspekte in der helfenden Beziehung. Freiburg im Breisgau 1978

Innerhofer, P.: Das Münchner Trainingsmodell. Beobachtung Interaktionsanalyse Verhaltensänderung. Berlin/Heidelberg/New York 1977

Klein, F.: Die häusliche Früherziehung des entwicklungsbehinderten Kindes. Ein Beitrag zur pädagogischen Praxis. Bad Heilbrunn 1979

Korte, K.: Das behinderte Kind – Familie an der Grenze. Zur Situation der Eltern in der Frühförderung (Kurzreferat anläßlich der Vollversammlung der Arbeitsgemeinschaft »Ev. Behindertenhilfe« im Auhof, Okt. 1979, Ms. unveröffentlicht)

Krumm, R.: Praxis der Familienberatung in der Schule für Geistigbehinderte. In: *Hofmann, Th.* (Hrsg.): Beiträge zur Geistigbehindertepädagogik. Rheinstetten-Neu 1979, S. 39–55

Matheny, A. P., Vernick, J.: Parents of the mentally retarded child: Emotionally overwhelmed or informationally deprived? In: The Journal of Pediatrics, Vol. 74, No. 6 (Juni 1969), S. 953–959

Milani Comparetti, A., Roser, L. O.: Förderung der Normalität und der Gesundheit in der Rehabilitation – Voraussetzung für die reale Anpassung Behinderter. In: Behinderte in

Familie, Schule und Gesellschaft, 4 (1981) H. 4, S. 30–37

Müller-Garnn, R.: Kritische Stellungnahme zum I. Teil des Berichts von Angelika Thannhäuser »Zur Situation geistigbehinderter Erwachsener aus der Sicht ihrer Mütter«. Ohne Jahr (Ms. unveröffentlicht)

– Brief an Prof. Dr. Speck zum Rundbrief Nr. 17 der Arbeitsstelle Frühförderung (1979) (Ohne Verfasserangabe): Auszug aus dem Programm der nationalen Kommission für das Internationale Jahr des Kindes in der Bundesrepublik Deutschland, Bonn, Dezember 1978. In: Zeitschrift für Heilerziehung und Rehabilitationshilfe, 8 (1979) H. 4, S. 65–69

Ross, A. O.: Das Sonderkind. Problemkinder in ihrer Umgebung. Stuttgart 1967

Roos, Ph.: Parents and Families of the Mentally Retarded. In: *Kauffman, J. M., Payne, J. S.* (eds.): Mental Retardation. Columbus/Ohio 1975, S. 336–359

Schleicher, K.: Familienbildung. Dringlichkeit – Aufgabe – Möglichkeit. Düsseldorf 1977

Schmeichel, M: Schulmeister, die nicht schulmeistern. Vom Umgang des Lehrers mit Eltern körperbehinderter Kinder. In: *Rheinweiler, R., Schönberger, F.* (Hrsg.): Die Rolle der Eltern in der Rehabilitation körperbehinderter Kinder und Jugendlicher. Rheinstetten-Neu 1979, S. 40–49

Schumacher, J.: Die Situation von Eltern mongoloider Kinder. In: *Hofmann, Th.* (Hrsg.): Beiträge zur Geistigbehindertenpädagogik. Rheinstetten-Neu 1979, S. 58–74

Thannhäuser, A.: Zur Situation geistigbehinderter Erwachsener aus der Sicht ihrer Mütter. Bern/Stuttgart/Wien 1976

Thimm, W.: Zur sozialen Situation der Familien mit behinderten Kindern. In: Vierteljahresschrift für Heilpädagogik und ihre Nachbargebiete, 43 (1974) H. 1, S. 11–18

Thumm, M.: Sind wir Partner? In: *Rheinweiler, R., Schönberger, F.* (Hrsg.): Die Rolle der Eltern in der Rehabilitation körperbehinderter Kinder und Jugendlicher. Rheinstetten-Neu 1979, S. 9–20

Villiger, A.: Der Heilpädagogische Dienst St. Gallen, Appenzell, Glarus. Bern 1979 (Ms. unveröffentlicht)

Wagner, H.-V.: Organisation und Finanzierung früher Hilfen. Bericht von den 2. Marburger Gesprächstagen. In: Lebenshilfe. Vierteljahresschrift für die Probleme geistig Behinderter in Familie und Gesellschaft, 15 (1976) H. 4, S. 213–220

– Frühförderung – eine Idee setzt sich durch. In: Lebenshilfe. Vierteljahresschrift für die Probleme geistig Behinderter in Familie und Gesellschaft, 17 (1978) H. 3, S. 129–139

Warnke, A.: »Eltern« als Kotherapeuten – Gedanken zu einigen Gefahren dieses Ansatzes in der Behandlung des behinderten Kindes. Ohne Jahr (Ms. noch unveröffentlicht)

Wolfensberger, W.: Counseling Parents of the Retarded. In: *Baumeister, A.* (ed.): Mental Retardation. Appraisal, Education and Rehabilitation. London 1967, S. 329–400

Zwack, M.: Motivationale Rahmenbedingungen der Elternarbeit in der Behindertenbetreuung. Würzburg ohne Jahr (Ms. unveröffentlicht)

6. Kritische Nebenwirkungen der Zusammenarbeit mit den Eltern

Von Andreas Warnke

Ein wirksames Medikament hat potentiell unerwünschte Nebenwirkungen. Das stellt die Brauchbarkeit des Medikaments an sich nicht in Frage, sondern seinen unkontrollierten Gebrauch. Jener Gebrauch ist gefährlich, der den Moment übersieht, in dem im individuellen Fall die unerwünschte Nebenwirkung den angestrebten Behandlungseffekt übertrifft, wo Therapie sich also ins Gegenteil verkehrt: sie nicht heilt, sondern krank macht, sie nicht entlastet, sondern belastet. Die Zusammenarbeit professioneller Seite mit den Eltern ist eine wirksame Form der frühen Behindertenhilfe. Da sie wirksam ist, hat sie potentiell unerwünschte Nebenwirkungen. *Auf solche Momente, in denen die Art und Weise der Zusammenarbeit nicht mehr der Familie dient, sondern zu ihrem Schaden umzuschlagen vermag, möchte die folgende Erörterung hinweisen.* Hier geht es nicht um die Indikation von Elternarbeit, sondern um mögliche unerwünschte Nebenwirkungen bei gegebener Indikation.

Die Erörterung ist bestimmt von Überlegungen der Mitarbeitergruppe der Frühförderstelle der Entwicklungsneurologischen Abteilung der Universitäts-Kinderklinik in München.[1]

Einleitung

Die Zusammenarbeit zwischen Eltern und Fachleuten in der frühen Förderung des behinderten und entwicklungsgefährdeten Kindes ist in den verschiedenen pädagogischen, psychologischen und medizinischen Disziplinen der frühen Behindertenhilfe nahezu selbstverständlich geworden *(Speck* 1977, 1981; *Innerhofer* 1977a; *Hellbrügge* 1981; *Köng* 1981; *Schmitz* 1976a, b; *Prinz, Tiesler* und *Prinz* 1981). Die Frage der Motivierung von Eltern stand noch vor einigen Jahren im Vordergrund *(Fritsch, Fritsch* und *Pechstein* 1976; *Innerhofer* und *Warnke* 1978; *Baker, Clark* und *Yasuda* 1981; *Zeschitz* 1980). Heute haben Eltern oft keine andere Wahl mehr, ihre Mitarbeit an der Therapie und Förderung wird vorausgesetzt. Krankengymnastik, Beschäftigungstherapie, Logopädie, Erziehungsberatung, psychotherapeutische und pädagogische Konzepte stützen sich auf die Hilfe der Eltern. Die Mitarbeit der Eltern in der frühen Therapie und speziellen Erziehung des behinderten Kindes hat sich als praktikabel und effektiv erwiesen, die Zusammenarbeit von Fachleuten und Eltern ist ein Fortschritt *(Schamberger* 1978; *Schmitz* 1976a; *Innerhofer* und *Müller* 1974; *Callias* 1980; *Baker, Heifetz* und *Murphy* 1980; *Langschmidt, Prinz* und

[1] Für die Hilfe in der Arbeit danke ich Frau Dr. Ohrt und allen Mitarbeitern ihrer Entwicklungsneurologischen Abteilung der Universitäts-Kinderklinik München: Beiler, Bernhard, Bitterauf, Eller, Hasse, Kieselmann, Laage-Hellmann, Pfeil, Popp, Rennhack, Schulz, Schwaier, Weiss, Wiebel. Frau Treml, Frau Ritter und Frau Müller-Garnn danke ich für die vielfachen Anregungen.

Lederer 1981; *Innerhofer* und *Warnke* 1980; *Warnke* und *Innerhofer* 1978). Doch es besteht Anlaß, das Augenmerk auf manche unerwünschte *Nebenwirkung* einer Vorgehensweise, die Eltern u. U. vom 1. Lebensmonat des Kindes an zu »Therapeuten« und »Förderern« ihres eigenen Kindes macht, zu lenken. Nicht nur weil Kritik der Eltern laut wird *(Müller-Garnn* 1977, 1980; Brief einer Mutter 1978; Die Lebenshilfe Zeitung 1981).

Eine fragwürdige Praxis von Zusammenarbeit mit Eltern, die eine Familie aus ihren Angeln zu heben vermag, findet mehr und mehr auch Kritiker auf professioneller Seite. *Speck* (1981) spricht von der Gefahr einer »Inflation des Therapeutischen«, wie andererseits vor einer Inflation des Pädagogischen zu warnen ist. Mancher sieht bereits eine Invasion professioneller Helfer in die Familien mit entwicklungsgefährdetem Kind. Im Zusammenhang mit der Frage der Langzeit-Therapie und elterlicher »Co-Therapie« formuliert *Rett* (1981, S. 11 ff.): »Wir erleben in zunehmendem Maße in den letzten Jahren den Zusammenbruch vieler solcher Therapien und dies besonders im Bereich der Physiotherapie und der Logopädie. Die Frage nach dem ›Warum‹ läßt eine Vielzahl von Antworten zu . . .

Hier gleich von Schuld oder Versagen zu sprechen, wäre falsch. Man sollte sich vielmehr von Haus aus über die Begrenztheit der Möglichkeiten klar sein . . .

Die Erschöpfung des Therapeuten, der nach oft spektakulären Anfangserfolgen nun jeden Schritt mühsam erreichen muß, der Rückfälle erlebt und – dem Sisyphos gleich – immer wieder, z. B. nach den Ferien von vorne anfangen muß . . .

Die Mutter, deren co-therapeutische Funktion so stark betont wird, deren Tageseinteilung durch die Therapie-Phasen entscheidend verändert ist, deren Zuwendung zu den Geschwistern des Behinderten und zum Vater des Behinderten eingeschränkt ist, die aber auch selbst den wechselnden Widerstand des behinderten Kindes spürt, deren psychische und physische Kräfte erschöpfbar sind, die aber unter dem Druck der Pflicht des Co-Therapeuten immer wieder konsequent ihre Übungen durchführt. Es ist nicht von ungefähr, daß in dieser Atmosphäre das Wort vom therapeutischen Terror aufkommt, weil tatsächlich Elemente des psychischen Terrors nicht selten empfunden werden«.

Schlack (1982, S. 378f.) verweist auf überzogene Ansprüche an die Eltern: »In Überschätzung der Möglichkeiten der Frühförderung werden die Eltern für unbefriedigende Behandlungserfolge verantwortlich gemacht; als ›Co-Therapeuten‹ werden sie zu Erfüllungsgehilfen der Fachleute degradiert . . .; in der Konfrontation mit den ›Hausaufgaben‹, die sie von den Fachleuten erhalten, leidet ihre Spontaneität im Umgang mit ihrem Kind.«

Die kritischen Beobachtungen sind kein Anlaß, Frühförderung und das Konzept der Zusammenarbeit mit Eltern grundsätzlich in Frage zu stellen. Sie sind jedoch Anlaß, sich der Schwierigkeit der Aufgabe neu bewußt zu werden und kritisch zu reflektieren. *Zweck der Erörterung ist es, Tendenzen der Elternarbeit zur frühen Behindertenhilfe zu benennen, die den therapeutisch-pädagogischen Absichten, dem behinderten Kind und seiner Familie zu helfen, entgegenwirken können.*
Zwei Gesichtspunkte werden die Überlegungen leiten:

(1) Die Verengung des Begriffs der Zusammenarbeit mit Eltern auf eine einseitige therapeutische Schulung und Mitarbeit der *Mutter;*

(2) Die Verengung des Begriffs der Zusammenarbeit mit Eltern auf die Rolle der Eltern als Co-*Therapeuten* unter Vernachlässigung ihrer Rolle als Eltern.

Folgende Formen der Zusammenarbeit werden reflektiert:

(1) Elternarbeit, die Eltern für die Förderung des behinderten Kindes vereinnahmt und sich den Blick auf die nichtbehinderten Geschwister verschließt (6.2 1.),
(2) Elternarbeit, die Eltern zu Therapeuten ihres Kindes umformt (6.2.2.),
(3) Elternarbeit, die sich als Therapie von Eltern versteht (6.2.3.),
(4) Elternarbeit, die nur die Mutter einbezieht, nicht den Vater (6.2.4.),
(5) Elternarbeit am Ende der Frühförderung (6.2.5.).

6.1. Voraussetzungen zur Zusammenarbeit mit Eltern

An Voraussetzungen und Zielen des Konzepts der Zusammenarbeit mit Eltern in der Frühförderung orientieren sich unsere Überlegungen. Die Behinderung des Kindes zieht psychosoziale, öffentliche und erzieherisch-therapeutische Konsequenzen nach sich.

Die Familie ist mitbetroffen, nicht ohne weiteres selbst behindert oder primär in ihrer Funktion gestört. Sie ist vielmehr zuallererst eine normal befähigte Familie, die allerdings vor einer besonderen und schwierigen pflegerischen und erzieherischen Aufgabe steht und eine gesellschaftliche Sonderstellung einnimmt *(Thomas* 1980; *v. Bracken* 1979; *Speck* 1979). Die professionelle Frühförderung ist dem behinderten Kind und seiner Familie ein Angebot der Hilfe zu dieser besonderen Aufgabe. Umgekehrt erhofft sich die professionelle Seite die Mithilfe der Familie in der fachlichen Förderung. Die elterliche Mitarbeit fußt daher auf dem Zutrauen in ihre therapeutisch-erzieherischen Fähigkeiten und Anerkennung der Kompetenz der Familie. Die Beanspruchung der Familie für die erzieherischen und therapeutischen Belange der professionellen Seite hat dort ihre Grenzen, wo die Gesundheit und die Stabilität der Gesamtfamilie bedroht wird. Der Weg zwischen therapeutischer, pädagogischer und pflegerischer Belastung und Entlastung der Familie gleicht einem Grat; wer ihn geht, kann die Balance verlieren.

6.1.1. Die Kompetenz der Eltern

Der therapeutischen und erzieherischen Beratung und Anleitung der Eltern wird erst seit wenigen Jahren eine Bedeutung beigemessen, die im übrigen auch zu einer einschneidenden Änderung der professionellen Praxis geführt hat. Ein Grund für die so junge Zusammenarbeit zwischen Therapeut, Erzieher und Eltern ist der rasche Aufschwung in Wissen und fachlichem Vermögen und verbesserter Organisation der professionellen Therapie und Erziehung in den letzten Jahren, was den Fachmann erst kooperationswillig und -fähig machte *(Warnke* 1983).

Als man sich in den 60er Jahren der Verhaltenstherapie behinderter Kinder zuwandte, wurde von Beginn an versucht, die Eltern in die Therapie des Kindes miteinzubeziehen *(Gottwald* und *Redlin* 1972; *Kane* et al. 1974, *Schmitz* 1976 a u. b; *Innerhofer* und *Müller* 1974; *Warnke* und *Innerhofer* 1978; *Callias* 1980). Dabei ging man von der Annahme aus, daß

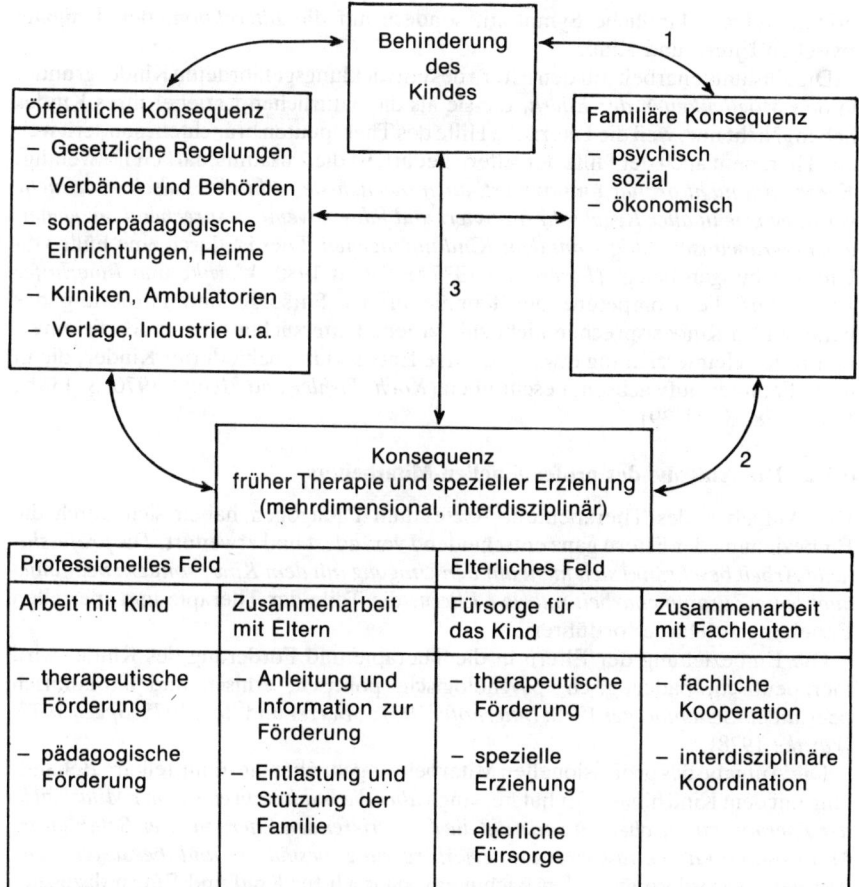

Schema 1: Kreislauf von Konsequenzen andauernder Behinderung des Kindes
(Die Betrachtung richtet sich auf die Verknüpfungen 1, 2 und 3.)

(1) Verhalten umweltbestimmt ist und daher
(2) eine Verhaltensänderung des Kindes durch ein geeignetes Lernfeld, in dem Bedingungen systematisch auf das Kind einwirken, anzustreben ist.

Für die Einbeziehung der Eltern sprach auch die Erfahrung, daß die im Labor erreichten Therapieerfolge oft nicht stabil blieben, sobald man das Kind in sein natürliches aber unverändertes Milieu zurückkehren ließ. Dementsprechend wurde versucht, mit Hilfe der natürlichen, einflußreichsten »Verhaltensmodifikatoren« der kindlichen Umwelt, nämlich den Eltern, eine stabile Generalisierung der Behandlungserfolge zu sichern (*Patterson* 1971). Die Therapie richtete sich nicht mehr primär auf das kindliche Symptom, sondern auf die *Interaktion,* den Umgang zwischen Eltern und Kind. Die Zusammenarbeit mit den Eltern des entwicklungsgefährdeten Kindes gründet in den *Möglichkeiten der Eltern,* die sie als die natürlichen Erzieher ihres Kindes haben. Nicht nur, weil die Eltern die Hilfe des Therapeuten bräuchten, sondern weil der Therapeut auch der Hilfe der Eltern bedarf, ist die Zusammenarbeit notwendig. *Eltern sind nicht primär unmotiviert, auch machen sie nicht alles falsch – vielmehr vermögen sie in aller Regel sehr motiviert und fähig – wenn entsprechend angeleitet, auch therapeutisch fähig – mit dem Kind umzugehen.* Dies ist durch eine Fülle von Untersuchungen belegt *(Innerhofer* 1977 a; *Callias* 1980; *Warnke* und *Innerhofer* 1978). Für die Kompetenz der Familie in der Fürsorge und Förderung des behinderten Kindes sprechen nicht zuletzt jene Untersuchungsbefunde, die eine – relativ zur Heimerziehung etwa – günstige Entwicklung behinderter Kinder, die in ihren Familien aufwachsen, beschreiben *(Koch, Fishler* und *Melnyk* 1976, S. 136f.; *Carr* 1978, S. 24–39).

6.1.2. Die Aufgabe des professionellen Mitarbeiters

Die Aufgaben des Therapeuten, Arztes und Pädagogen haben sich durch die Einbeziehung der Eltern ganz entscheidend verändert und erweitert. *Die professionelle Arbeit beschränkt sich nicht auf den Umgang mit dem Kind, sondern beinhaltet auch eine Zusammenarbeit mit den Eltern,* die Teile der Therapie und speziellen Erziehung zu Hause fortführen.

Die Einbeziehung der Eltern in die Therapie und Förderung des Kindes wird therapeutisch, pädagogisch, psychologisch, politisch, ethisch und ökonomisch begründet *(Schamberger* 1978; *Innerhofer* 1977 a; *Balzer* und *Rolli* 1975; *Speck* 1977; *Warnke* 1978).

Die Aufgabe des professionellen Mitarbeiters geht über die unmittelbare Behandlung mit dem Kind hinaus. Er hat nun auch *über die Indikation elterlicher Mitarbeit in der Therapie zu entscheiden und muß die kooperierenden Eltern in ihrer Befähigung, Motivation und Kompetenz zur Frühförderung bestätigen und bestärken.* Die doppelte Anforderung an den Fachmann, nämlich für Kind und Eltern dazusein, findet daher in der Aus- und Fortbildung der relevanten Berufsgruppen verstärkt Beachtung. Der Fachmann in der Frühförderung wird zukünftig nicht nur für den Umgang mit dem Kind vorbereitet sein, sondern auch darin ausgebildet werden müssen, wie, wann und in welchem Maße er erwachsene Bezugspersonen des Kindes z. B. anleiten kann, so daß sie – wenn indiziert und den Eltern möglich – therapeutische Aufgaben mit übernehmen können; er wird lernen müssen, das Gespräch mit den Eltern zu führen und seine therapeutischen Absichten mit familiären Bedürfnissen abzustimmen; er wird lernen, nicht nur mit Kindern, sondern auch mit Erwachsenen in der Ausübung des Berufes zurechtzukommen, sei es mit den beruflichen Mitarbeitern im Team im Rahmen interdisziplinärer Zusammenarbeit, sei es mit den Eltern.

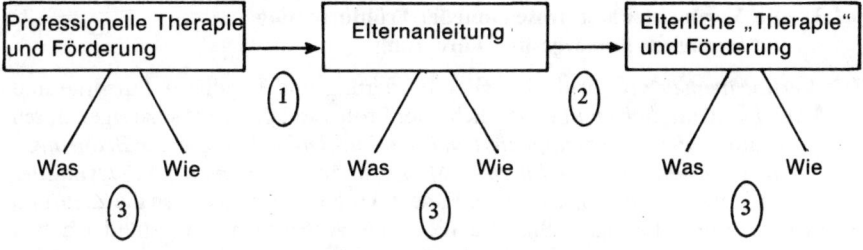

Schema 2: Kritische Orte in der Arbeit mit den Eltern am Beispiel der Elternanleitung[2].

„Was": Therapietechniken und Fördermaßnahmen: Methoden der Krankengymnastik, Beschäftigungstherapie, Logopädie, Psychologie, Pädagogik, Medizin, Psychomotorik usw.

„Wie": Erzieherische und pädagogische Führung: didaktische Methoden, Motivierung, situative Gestaltung der Therapie, streng kontrolliertes oder spielerisches Vorgehen. Einbeziehung des Vaters und der gesunden Geschwister usw.

Die mit den Ziffern 1, 2, 3 bezeichneten Stellen sind Orte, an denen die Verwirklichung des Konzepts der elterlichen Mitarbeit scheitern kann.

Zu 1: Die Elternanleitung findet nicht statt oder sie mißlingt, wenn entweder der Therapeut oder die Eltern zu einer Zusammenarbeit nicht willens oder fähig sind, bzw. keine Indikation zur Zusammenarbeit besteht. Die Frühförderung beschränkt sich dann auf die Arbeit des Therapeuten mit dem behinderten Kind (Fragen der Indikation und Kooperation).

Zu 2: Die Elternanleitung findet statt, doch die Eltern haben Schwierigkeiten bei dem Versuch, das Erlernte im Umgang mit dem Kind anzuwenden. Dies kann an unzureichender Anleitung liegen, an persönlicher oder familiärer Überforderung der Eltern, an mangelhaftem Erfolg oder Übertherapie, die den Widerstand des Kindes auslöst u. a. (Fragen der Elternanleitung und Durchführbarkeit zu Hause).

Zu 3: In allen drei Bereichen – professionelle Förderung, Elternanleitung und elterliche Förderung des Kindes – kann die Zusammenarbeit am „Was" und am „Wie" scheitern. Therapeut und Eltern können etwa die Technik, den Handgriff erlernt haben (das „Was"), doch kann die praktische Umsetzung mißlingen, weil etwa das Kind sich der Behandlung widersetzt, schreit und sich wehrt, ohne daß ein erzieherisches Mittel (das „Wie") gefunden wird, das Kind zur Mitarbeit zu bewegen. Ebenso kann der in der Therapie mit dem Kind erfolgreiche Therapeut (dem „Was" und „Wie" der Kinderarbeit gelingt) am „Wie" der Elternarbeit verzagen, weil er etwa unsicher ist im Umgang mit Erwachsenen. Doch auch am „Was" kann die Zusammenarbeit stranden, an fachlichem Unvermögen, an Überforderung oder Schwere der Behinderung (Fragen zu Inhalt, Methode, Wirksamkeit einer Förderung mit Elternarbeit, Eignungsfragen).

---

[2] Zusammenarbeit mit Eltern ist weit mehr als Elternanleitung, die im hiesigen Beispiel eingegrenzt wird auf eine Schulung der Eltern in Behandlungstechniken.

6.1.3. Die Verflochtenheit professioneller Frühförderung und familiärer Fürsorge und Förderung

Die Verflochtenheit von professioneller Förderung und familiärer Fürsorge und Förderung wird aus *Schema 1* ersichtlich. Der Professionelle wirkt sozusagen durch die Eltern auf das Kind. *Dies impliziert, daß auch die Beobachtungen und Bedürfnisse der Eltern maßgebend sind und Eltern die Maßnahme aus Kenntnis des Kindes und der familiären Situation gutheißen können.* Es setzt voraus, daß die Eltern die Ziele und Handgriffe der Förderungsmaßnahme, die sie mit verwirklichen, verstanden haben und sie erkennen können, ob ein »Handgriff« den erwünschten Erfolg hat oder nicht. *Die Nahtstellen* des therapeutisch-pädagogischen Arbeitsbereichs »Kind« mit dem Arbeitsbereich »Eltern« sind in *Schema 2* veranschaulicht.

Das Beispiel in Schema 2 beschränkt sich auf den anleitenden und beratenden Teil der Zusammenarbeit, wodurch Eltern therapeutische oder spezielle erzieherische Fertigkeiten erwerben und zu Hause im Umgang mit dem Kind ausüben. Dabei wird ersichtlich, daß die Zusammenarbeit ihre kritischen Stellen hat, an denen sie scheitern kann und daß die Ursachen für Gelingen und Scheitern der Zusammenarbeit in Bedingungen der professionellen Seite, des Kindes, der Eltern oder in der Interaktion der kooperierenden Personen und ihrer Lebens- bzw. Arbeitsverhältnisse liegen können.

Ist die Verbindung zwischen professioneller Förderung des Kindes und der Zusammenarbeit zwischen Fachmann und Eltern, sowie der Förderung des Kindes im Elternhaus gestört, so ist das Gerüst der Frühförderung betroffen. Zudem ist aus Schema 2 abzuleiten, daß die Förderung keine isolierte Manipulation einer abgegrenzten Funktionsstörung des behinderten Kindes in einem familienfernen Therapieraum ist: die Arbeit mit den Eltern richtet sich auf die Förderung des behinderten Kindes und dies wirkt auf das Familienleben ein. *Die Einwirkung elterlicher Mitarbeit in der professionellen Therapie und speziellen Erziehung des Kindes auf die Familie ist in der hier folgenden Erörterung der wichtigste Aspekt.* Es geht darum, eine bei angemessener Handhabung erwiesenermaßen erfolgreiche Möglichkeit der Behindertenhilfe auf ihre potentiellen unerwünschten Nebenwirkungen hin zu überdenken.

6.2. Problematische Tendenzen der Zusammenarbeit und ihre möglichen Nebenwirkungen

6.2.1. Zusammenarbeit als einseitige Bemühung um das behinderte Kind – die Frage nach den Geschwistern

Therapeut und Sonderpädagoge sind tätig, weil es das behinderte Kind gibt, sie sind primär nicht tätig, weil es auch nichtbehinderte Angehörige des Kindes gibt. Die *Spezialisierung* therapeutischer »Techniken« spezialisiert den Therapeuten auf das »funktionsgestörte« Kind – wenn auch Eltern in dieser Weise spezialisiert würden, wo bleibt das nichtbehinderte Geschwisterkind?

Fehlentwicklung der Geschwister ist keineswegs zwangsläufig die Folge eines behinderten Kindes. Ein erhöhtes Entwicklungsrisiko der gesunden Geschwister ist durch Untersuchungen nicht belegt (vgl. Übersicht bei *Carr* 1974, 1978; *Thomas* 1980; *v. Bracken* 1979; *Pilling* 1973; *Hackenberg* 1982).

»Die These von der Neurotisierung trägt die Gefahr in sich, die Eltern darauf festzulegen, daß eine seelische, charakterliche Fehlentwicklung der Geschwister unvermeidbare Folge der Behinderung eines Kindes ist.« *(Görres* 1974, S. 53 f.).

Hackenberg (1982) gelangt in ihrer Untersuchung von 101 Geschwistern behinderter Kinder im Alter von sieben bis zwölf Jahren mit Hilfe eines Bündels psychologischer Testverfahren und Exploration der Mütter zu einem eher positiven Ergebnis: »Die Gesamtgruppe der untersuchten Geschwister erweist sich im Vergleich zu durchschnittlichen gleichaltrigen Kindern als vermehrt offen und selbstkritisch, ihrer Umwelt zugewandt und an sozialen bzw. humanen Werten orientiert. In sozialen Konfliktsituationen neigen die Geschwister weniger zur aggressiven Selbstverteidigung und im Rahmen der familiären Beziehungen fällt eine ausgeprägte Idealisierung des behinderten Kindes auf.« (S. 211). Die untersuchten Geschwister wiesen keine spezifischen Verhaltensstörungen im Vergleich zu »durchschnittlichen« gleichaltrigen Kindern auf. Es ist also unangemessen, ohne näheres Hinsehen die nichtbehinderten Geschwister als »Mitpatienten« zu begreifen.

Die Geschwistersituation ist eine besondere. »Zusammenfassend muß festgestellt werden, daß das Ausmaß an Belastungen für die Geschwister eines behinderten Kindes umfangreicher und vielgestaltiger ist, als es Außenstehende ahnen und Eltern vorauswissen können.« *(Görres* 1974, S. 63).

»Etwa vom 3., 4. Lebensjahr des geistig behinderten Kindes an, ist es seinen älteren und z. T. auch schon den jüngeren Geschwistern mehr als deutlich geworden, daß sie ihm gegenüber benachteiligt sind: Sie dürfen keineswegs so unsauber essen, so viel Schmutz machen, so viel Hilfe beanspruchen. Oft dürfen sie wegen ihres behinderten Geschwisters, demgegenüber sie immer lieb sein sollen und sich kaum verteidigen dürfen, nicht einmal Spielgefährten einladen, müssen vermehrt helfen, aufpassen, einhüten.« *(Bach* 1980, S. 102).

»Die Geschwister müssen darüber hinaus die Überbeanspruchung der Eltern, ihre nervliche und physische Überbelastung, ihre depressiven Reaktionen auf Sorge und Beanspruchung hinnehmen. Sie müssen mitverzichten, mitleiden, mitsorgen.« *(Görres* 1974, S. 63 f.).

Diese Erfahrungen der gesunden Geschwister bieten positive Möglichkeiten der Entwicklung, sie geben aber auch Anlaß zur Geschwisterberatung.

»Eine besondere Beachtung sollte schließlich den ›Risikogruppen‹ unter den Geschwistern behinderter Kinder zukommen, welche in unserer Untersuchung bestimmte Belastungen vermehrt aufwiesen: Die Geschwister schwerst mehrfach behinderter Kinder mit einer vermehrt durch Gefühle von Zurücksetzung belasteten Beziehung zu den Eltern, speziell der Mutter; die Brüder behinderter Jungen, die sich häufiger durch das behinderte Kind gestört fühlen und zur Distanzierung von engeren sozialen Kontakten neigen; die Schwestern, die vermehrt eine gespannte Beziehung zur Mutter schildern und von den Eltern als labil und durch die Behinderung als belastet geschildert werden.« *(Hackenberg* 1982, S. 210). »Und es gibt die Vernachlässigung der Gesunden mit der Begründung: ›Um dich kann ich mich einfach nicht auch noch kümmern, sieh zu, wie du allein fertig wirst!‹« *(Görres* 1974, S. 60 f.).

Inwieweit ist dieser Satz nicht zugleich Ausdruck einer spezialisiert auf das behinderte Kind hin orientierten professionellen Behindertenhilfe? Wir beobachten die *Vernachlässigung und Überforderung der nichtbehinderten Geschwister auch in der Therapiesituation.*

Beispiele aus ambulanter Beobachtung

(1) Im Videofilm ist zu sehen, wie die außergewöhnlich engagierte, therapeutisch-erzieherisch begabte Mutter mit ihrem mehrfach behinderten und ihrem nicht behinderten Kind im »Sand«-Kasten, gefüllt mit Plastikbällen, spielt. Die Mutter umspielt das behinderte Kind mit den Bällen, sucht dessen Blick, lächelt und spricht es an, ganz ihm zugewendet. *Am Rande das nicht behinderte Kind,* selten spricht die Mutter zu ihm, und wenn sie zu ihm spricht, schaut sie das behinderte Geschwister an; die Mutter fordert das nicht behinderte Kind auf, mitzumachen, weist es zurecht, doch meistens bleibt es unbeachtet. Als das gesunde Kind recht unglücklich hinstürzt und sich wehtut und aufweint, fragt die Mutter: »Ist was?« und spielt weiter mit dem behinderten Geschwister, dessen – teilweise provozierte – passive Hilflosigkeit sehr ideenreiches und verständiges Eingehen der Mutter auslöst. Nach dem Sturz setzt sich das gesunde Geschwister mit Daumen im Mund neben die Mutter – es bleibt unbeachtet.

Die Mutter beschrieb das Verhalten der nicht behinderten Tochter in der Therapiesituation mit dem Satz: »Der Störenfried ist unterwegs«.

(2) Eine andere Mutter, ebenfalls engagiert und therapeutisch geschult, kam ambulant bereits seit Jahren wöchentlich zur Krankengymnastik ihres tetraplegischen Sohnes.

Im Interview bezüglich eines Elternkurses zur Geschwisterproblematik nannte sie ihre aufgeweckte achtjährige Tochter wiederholt einen »Störenfried«. Im Ballspiel in der Dreiersituation zeigte sich im Videofilm folgendes Bild:

Es war das behinderte Kind, dem sich die Mutter zuwandte, sie lobte die geringste seiner Leistungen, munterte es auf und gewährte ihm prompt jede gewünschte Hilfe.

Wenig Zeit blieb der Mutter, sich im Therapieraum um die Bedürfnisse der nicht behinderten Tochter, die sich bald im Spiel langweilte, zu kümmern.

Aufforderungen zur Mitarbeit, Befehle, Berichtigungen und Kritik beherrschten die mütterliche Zuwendung zur gesunden Tochter. Anerkennung fehlte weithin.

(3) Die Mutter im dritten Beispiel sollte ihren etwa dreijährigen Zwillingskindern »Max und Moritz« vorlesen. Der gesunde Zwilling drängte sich auf den Schoß der Mutter. Die Mutter wehrte ihn ab, beschied ihn auf einen Stuhl, wogegen er schreiend protestierte. Der sprachbehinderte Zwilling lief von seinem Stuhl auf und davon. Sofort rief ihm die Mutter in einem auffällig verständnisvollen Ton fragend nach, wandte sich von dem gesunden Zwilling ab, den sie barsch und befehlend behandelt hatte.

Der gesunde Zwilling ließ sich dorthin verlocken, wo sein Bruder aus dem Fenster äugte, kaum standen sie beisammen, machte der behinderte Zwilling kehrt, rannte zur Mutter, ließ sich auf den Schoß nehmen. Der gesunde Zwilling lief hinterher und als er sah, wie sein Bruder in den Armen der Mutter lag und den Schoß eroberte, um den er sich vergeblich bemüht hatte, schrie er verzweifelt auf. Sein Bruder schmiegte sich, im Schoß geborgen, zufrieden an die Mutter. Der Aufschrei des gesunden Kindes störte, so daß die Mutter dem *übervorteilten* Kind vorhielt: »Du bist böse, schau wie brav der Toni ist!«

Ein Interaktionsproblem einer befähigten, aber überforderten Mutter wurde zu einer bösen Eigenschaft des nicht behinderten aber übervorteilten Kindes, dessen Chancen im Kampf um die mütterliche Zuwendung – in dieser Situation – die schlechteren waren *(Innerhofer* und *Warnke* 1981; vergleiche dazu die Zwillingsuntersuchung von *Shere* 1956).

Die Auswirkungen vergleichbarer Erfahrungen von Geschwisterkindern auf ihre Entwicklung werden dann als eher ungünstig anzunehmen sein, wenn Vernachlässigung und Übervorteilung generalisiert, stark ausgeprägt und langfristig einwirken, Möglichkeiten alternativer Erfahrungen also fehlen. Das nichtbehinderte Kind weicht dann u. U. auf ein von der Umwelt als Störverhalten empfundenes Handeln aus, flüchtet sich etwa in die Rolle des Störenfrieds, um sich vielleicht so die gewünschte Zuwendung zu erkaufen, auch um seine Deprimiertheit und Überforderung zu signalisieren.

Aggressitivität gegenüber der Mutter und behindertem Geschwister, emotionale Unausgeglichenheit, Zerstörungswut, Disziplinschwierigkeiten, Gleichgültigkeit gegenüber dem behinderten Geschwister, Kontaktschwierigkeiten mit Nachbarskindern und Absinken der schulischen Leistung haben wir bei gesunden Geschwistern beklagt gefunden, wobei das Problemverhalten in manchen Fällen in beobachtbarem Zusammenhang mit relativ übermäßiger Rücksicht und Beachtung des behinderten Geschwisterkindes stand.

Wie erklären sich diese elterlichen Tendenzen, dem behinderten Kind relativ zum nichtbehinderten Geschwister mehr Zeit, Zuwendung und Verständnis zu schenken? Systematische Beobachtungen haben uns bestätigt, wie sehr eine Behinderung des Kindes fürsorgliche Hilfsbereitschaft bei Müttern auszulösen vermag *(Warnke* und *Innerhofer* 1978; *Innerhofer* und *Peterander* 1980). *Shere* (1956) sah mehr elterliches Verständnis für die Probleme des Behinderten, wogegen den gesunden Geschwistern, mehr als es ihrem Alter entsprochen hätte, Selbständigkeit und Eigenverantwortlichkeit zugemutet wurde. *Levy* (1943) zeigte in seiner Studie, daß Überfürsorglichkeit der Mütter in Zusammenhang steht mit Erfahrungen, die eine normale Entwicklung des Kindes in Frage stellen (etwa Risiken von Schwangerschaft und Geburt, chronische oder gefährliche akute Erkrankungen des Kindes). Die Gründe für eine elterliche Überfürsorglichkeit gegenüber dem entwicklungsgefährdeten Kind sind gewiß vielfältig (größere Hilfsbedürftigkeit des behinderten Kindes; das Raffinement des geistig Behinderten im Durchsetzen eigener Bedürfnisse; eigene elterliche Kindheitserfahrungen; persönliche elterliche Motive, wie Ängstlichkeit, Hilflosigkeit).

Auch kann die einseitige Hinwendung zum behinderten Kind eine ganz bewußte therapeutisch motivierte Entscheidung der Eltern sein. Wir beobachteten sie bei Eltern bereits vor jeder Therapie zu einem Zeitpunkt, als das behinderte Kind noch als Säugling in der Klinik lag und die ambulante Therapie erst angebahnt wurde. Auf den Hinweis, das gesunde Geschwisterkind nicht zu vergessen, kam z. B. die übereinstimmende, engagierte Antwort der Eltern: »Wir wissen das. Wir haben uns aber bewußt dazu entschieden, jetzt alles für das behinderte Kind zu tun, da muß das gesunde zurückstehen. Wir wollen nichts versäumen«. Die elterliche Hoffnung dominierte, durch solchen Einsatz die Behinderung zu »heilen«. Es besteht also *kein Zweifel, daß die Tendenz der Vernachlässigung des nicht behinderten Geschwisters zugunsten verständnisvoller Zuwendung zum behinderten Kind unabhängig von therapeutischen Einflüssen bestehen kann (Hackenberg* 1982).

Dennoch: Es spiegelt sich dieses Bild einseitiger Zuwendung für die Belange des behinderten Kindes auch in der Therapiesituation wider und wir sehen solch ungleichgewichtiges familiäres Interaktionsmuster auch nach Jahren der Zusammenarbeit der Eltern mit Fachleuten. Die Frage bleibt also, ob eine auf das behinderte Kind zentrierte professionelle Förderung und eine jahrelange, einseitige therapeutische Elternbildung und *»Co-Therapie« manchen Eltern den Blick auf die gesunden Geschwister verstellen könnte;* ob solche Therapiegewichtung der Tendenz zur Vernachlässigung des nichtbehinderten Kindes also nicht entgegenwirkt, sondern eher verstärkt.

»Es drängt sich der Verdacht auf, daß die Anwesenheit des Therapeuten zu Hause oder in der Einrichtung, die Mütter dazu drängt, sich ganz dem behinderten Kind zuzuwenden, in der Annahme, daß das der Therapeut so will. Hier wird eine durch einen Kostenträger für das behinderte Kind bezahlte Maßnahme durchgeführt, bei der das andere Kind gegebenenfalls ›stört‹. Die Mutter möchte es ›recht‹ machen. Der Therapeut soll zufrieden sein, sie möchte nicht als ›schlechte‹ Mutter dastehen, die nicht in der Lage ist, das andere Kind so lange ›ruhig zu halten‹«. *(Treml 1980).*

Es hätte Folgen für die professionelle Förderung, wenn die einseitige Interaktion mit dem behinderten Kind unter Vernachlässigung des nicht behinderten Kindes, wie sie für die therapeutische Situation typisch zu sein scheint, in seiner Nebenwirkung zu einem einseitigen Erziehungsstil im familiären Alltag generalisierend beitrüge; wenn der therapeutische Druck auf die Eltern so stark würde, daß sich bei ihnen Schuldgefühle regen, weil sie sich Zeit nehmen für die gesunden Geschwisterkinder.

Die Stimmen zweier Mütter behinderter Kinder seien zitiert:

»Sie (die nichtbehinderten Geschwister) sind eigentlich diejenigen, die Hilfe bräuchten, und wir Eltern wissen oft nicht, wie wir mit ihnen umgehen sollen oder können. Eigentlich geht es nicht um Elternarbeit, sondern um Familienarbeit« (Brief einer Mutter 1978). Und Frau *Müller-Garnn* (1980, S. 88) schreibt: »Schließt doch in euer Verständnis und eure Liebe für die Behinderten auch ein bißchen die Eltern und Geschwister der Behinderten ein. Denn dem Behinderten zuliebe wird oft von seiner Umgebung ständiger Verzicht, ständige Aktion, ständige Bereitschaft gefordert und kaum geahnt und selten gemerkt, wie sehr da teilweise ständig überfordert und unzumutbar belastet und nicht selten sogar gequält und verletzt wird.«

6.2.2. Zusammenarbeit mit den Eltern als bloße Co-Therapie – Wenn Eltern nicht mehr Eltern sein dürfen und das behinderte Kind Therapieobjekt wird

Eine weitere unerwünschte Tendenz schleicht sich in die Elternarbeit ein: Eltern dürfen nicht länger Eltern sein, sie sind »Therapeuten«.

Aus Sprechstundengesprächen, diagnostischen Urteilen und therapeutischen Anweisungen mag den Eltern etwa folgende Mahnung im Gedächtnis haften: »Nun wird es *ganz auf Sie* ankommen. Sie werden *angeleitet,* die therapeutischen *Übungen selbst auszuführen.* Wichtig ist, daß diese Übungen *konsequent, alltäglich, systematisch, täglich mehrmals* zu festgelegten Zeitpunkten, aber auch zwischendurch mit den alltäglichen pflegerischen Arbeiten, *spielerisch* gleichsam, durchgeführt werden. Das wird Sie belasten, doch Ihre Gefühle müssen Sie zurückstellen, dennoch Ihr Kind verständnisvoll *akzeptieren* und lieben. Ihr *richtiger* Umgang mit dem Kind, *über Jahre* fortgeführt, ist wesentlich für Ihr Kind, wenn vielleicht auch nur langsam geringe Fortschritte möglich sein können. Auf Ihre *Mitarbeit* wird es ankommen. Versagen Sie, versagt Ihr Kind.«

Den Leistungsdruck, dem sich manche Eltern in der Förderung ausgesetzt fühlen, mag obige Überzeichnung bewußt machen. Eltern spüren manchmal belastend die Erwartung der Fachleute, daß sie als Eltern dem eigenen Kind objektiv, geschult, systematisch, kontrolliert, liebevoll und doch stets beherrscht begegnen sollen und das alltäglich, intensiv, fehlerlos und andauernd. Und manchmal unterliegen Eltern dem Erfolgsdruck. »Manchmal hätte ich als Mutter einfach nachgegeben oder freundlich reagiert – als Therapeut fühlte ich mich veranlaßt, konsequent zu sein und mein Verhalten vom Erfolg her zu steuern.« (Brief einer Mutter 1978; vgl. auch *Müller-Garnn,* 1980, S. 69f.). »Schon kurz nach der Geburt war mir die Chance genommen, zumindest kurzfristig die Behinderung zu vergessen. Die ständige Förderung und der *Zwang zu Erfolg und Leistung* hatte die Kehrseite, daß ich nur selten meinen Sohn einfach als Kind akzeptieren konnte; sehr schnell wurde ich immer wieder darauf gestoßen, daß er behindert ist – in erster Linie jemand, dem etwas fehlt« (Brief einer Mutter 1978)[3].

»Für uns ist Markus nicht nur ein Schwerbehinderter, den man pflegen und fördern soll und muß, sondern *unser* Sohn, einmalig und unauswechselbar. Darauf kommt es an.« *(Müller-Garnn* 1980, S. 74).

Eltern leiden unter der Alternative, entweder »richtig und gut« oder aber »falsch und schlecht« mit dem Kind umzugehen. Was sollen Eltern nicht alles in sich vereinen! Sie sollen normale Eltern sein, Co-Therapeuten und Patienten, sie sollen Verwaltungsbeamte und interdisziplinäre Koordinatoren sein, die bei stets gleichbleibender Motivation vielfaches Therapiehandwerk beherrschend in sich vereinen, wie *Treml* (1979) etwas ironisch bemerkte. Die Erfahrung aus der Leitung eines Therapiezentrums führt *Treml* zu der Meinung, »daß es sich die ›Berufstherapeuten‹ doch zu einfach machen, wenn sie alle Verantwortung für den Erfolg einer Therapie den Eltern zuschieben. Häufig läuft es dabei darauf hinaus, daß eine Besserung des Kindes (nur zu gern!) der intensiven und guten fachlichen Therapie zugeschoben wird, ein Stillstand oder Rückschritt (ebenfalls nur zu gern!) der mangelnden Kooperation durch die Eltern.« *(Treml* 1980).

Die Abwehr des behinderten Kindes gegen Therapie und Erziehung ist keine Ausnahme. Für das behinderte Kind selbst kann die therapeutisch-erzieherische Verpflichtung der Eltern – von Anfang an, unausgesetzt und jahrelang – unangenehm werden, wenn die Eltern einseitig lernen und daran gewöhnt werden, *sich dem Kind nur noch behandelnd und leistungsorientiert zuzuwenden,* sie ihm stets mit Erwartungen, Anforderungen und Hilfen begegnen.

---

[3] Der Therapeut ist hier in einem Dilemma. Denn die Eltern wünschen sich nach der Diagnosestellung eine frühzeitige Information und Hilfe zur Therapie des Kindes *(Carr* 1978). Dennoch ist zu beachten, daß die Anforderungen an die Eltern sich an den Verhältnissen der Gesamtfamilie orientieren müssen.

Das Kind kann sich – so scheint es – als andauernd manipuliert erleben, kann empfinden, daß alle ernsthafte *Zuwendung seiner Therapie, seiner Funktionsstörung gilt, nicht seiner Person,* der man Eigenständigkeit nicht zutraut. In seiner frühen Entwicklung hat man das Kind gleichsam auf eine therapeutisch-sonderpädagogische Marathonstrecke geschickt und manches behinderte Kind scheint gelegentlich auf dieser langen Strecke, deren Begründung und Ziel es nicht immer einsieht, zu leiden und manchmal zu verzweifeln daran, daß es kein Ausrasten gibt und kein Ende.

Tatsächlich fällt es schwer, mit einem behinderten Kind entspannt in einem Zimmer zu sein, um nichts anderes zu tun, als es zu beobachten, so ganz ohne eigene Erwartungen und Anforderungen gewähren zu lassen und sich dem zu öffnen, was es von sich aus zeigt, um auf das geringste seiner eigenen Handlung zu antworten *(Zwack* 1979). Der Widerstand von Kindern gegen Therapie und spezielle Erziehung ist häufig und die Gründe für solche Gegenwehr sind vielfältig, etwa weil die Behandlung schmerzhaft ist, langweilig, ohne Fortschritt oder weil psychologisch ungeschickt vorgegangen wurde. Ein Grund ist sicherlich die Abwehr gegen die »Übertherapiertheit«.

Auch scheint es einen Zeitpunkt zu geben, wo das Kind durch Abwehr jeglicher Behandlung den Anspruch zeigt, daß es nun selbst Stellung beziehen will zu seiner Behinderung, es selbst darüber mitentscheiden will, was und wieviel an Therapie und Hilfe es bedarf.

Beispiel

In den ersten Monaten nach seiner Einschulung wehrte sich ein sechsjähriger, intelligenter diplegischer Junge zunehmend gegen die krankengymnastische Behandlung. Schließlich verweigerte er jegliche therapeutische Mitarbeit. Nicht leicht war es Therapeutin, Arzt und Mutter, das Gespräch mit dem Kind zu suchen, den kindlichen Standpunkt zur Behandlung zu berücksichtigen und zuzugeben, daß das wöchentliche Therapieprogramm, das vor der Einschulung des Kindes vielleicht noch zumutbar war, nun völlig überforderte: tägliche Krankengymnastik, wöchentlich einmal therapeutisches Reiten, zweimal Schwimmen, einmal Atem-Therapie, tägliches Tragen einer neu angepaßten orthopädischen Schiene. Daneben das Pensum der ersten Grundschulklasse mit täglichen Hausaufgaben.

In welchem Maße die jahrelange Anleitung einer Mutter als »Therapeutin« ihres Kindes Eltern dazu verleitet, den Alltag des Kindes weitgehend therapeutisch einzurichten, wissen wir nicht. Es ergibt sich jedoch in Einzelfällen der *Hinweis, daß die einseitige Förderung der »Therapeutenrolle« dazu beitragen kann, daß das Kind von den Eltern andauernd als therapiebedürftig angesehen wird.*

Inadäquates Vorgehen in Früherfassung und Frühtherapie cerebral geschädigter Kinder verschärft das Problem, wenn eine zu hohe Rate gesunder Kinder überflüssigerweise einer Behandlung zugeführt wird. Dies sei am Beispiel der infantilen Cerebralparese verdeutlicht. Die Rate der Neugeborenen, die eine Cerebralparese entwickeln, darf bei 1 bis 3 von 1000 Lebendgeburten angenommen werden *(Hagberg* 1981; Übersicht bei *Kalbe* 1981). Frühdiagnostik steht mancherorts in der Gefahr, zu einer Zensurgebung für Säuglinge zu werden, wobei im Ergebnis etwa ¼ der Säuglinge nicht mehr in der Lage erscheint, den numerus clausus für »gesunde Hirnfunktion« zu bestehen. »So werden in der Bundesrepublik immer mehr entwicklungsneurologisch auffällige Säuglinge entdeckt und prophylaktisch krankengymnastisch behandelt. Obwohl die Häufigkeit von Cerebralparesen nur 0,3 bis 0,4 % beträgt, erhalten mancherorts bis zu 10 % aller Säuglinge vorübergehend Physiotherapie – 90 % werden also aufgrund der Unsicherheit der Frühdiagnose ohne zwingende Indikation behandelt.« (Medical Tribune 1981, S. 26; vgl. *Staudt, Rosie* und *Helwig* 1982; *Weber* und *Riedesser* 1982; *v. Harnack, Mortier* und *Schmidt* 1977; *Schlack* 1983; *Stave* 1979). Solange qualifizierte Vergleichsstudien fehlen, die belegen, daß eine neurokinesiologische Frühtherapie ihre Berechtigung bereits *dann* hat, wenn nur eine *behauptete* »Bedrohung« für Cerebralparese erkennbar ist, sind Therapieerfolgsquoten bei Kindern mit »zentraler Koordinationsstörung« von 92 % *(Hellbrügge* und *Avalle* 1981) mit entschiedenem Vorbehalt aufzunehmen. Wir müssen von einer *behaupteten* Bedrohung sprechen, denn es fehlt der Nachweis, daß die behauptete Bedrohung tatsächlich eine ist *(Norén* und *Franzén* 1981).

Es erhebt sich die Frage, ob hinter solcher Quote nicht jenem – jedem Testverfahren anhaftenden – Fehler *zuviel Spielraum eingeräumt wird, gesunde Kinder als auffällig zu diagnostizieren und zu behandeln.* Dem Vorbehalt voraus geht die – bislang durch die Studien nicht befriedigend gelöste – methodische Schwierigkeit, im Säuglingsalter die Wirkung

a) normaler Entwicklung des Zentralnervensystems,
b) von Plastizität oder zumindest funktioneller Regenerationsfähigkeit und Kompensationsfähigkeit des Gehirns und
c) therapeutischer Maßnahmen zu trennen *(Ohrt* 1981; *Stave* 1979).

Und ». . . wenn nun das Zeugnis nicht ganz so gut ausfällt, wenn eine Provokationsdiagnostik ein Kind in jene Grauzone verweist, in der die cerebrale Bewegungsstörung zwar noch nicht da ist, jedoch aufgrund einzelner Reflexe zu einer hypothetischen Möglichkeit wird, was *dann?* Dann kann es ihm passieren, daß es vorsorglich einer Therapie zugeführt wird, die es viermal täglich im Kampf mit seiner zwischen auferlegter Pflicht und instinktiven Zweifeln hin- und hergerissenen Mutter zum Weinen bringt. Ist einmal das Wort ›Spastik‹ gefallen, sei es nun mit oder ohne ›prä‹, ist der Hirnschaden nicht mehr weit, und damit entsteht ein Riß im Verhältnis zwischen Eltern und Kind. Wohlgemerkt, es geht um den *Grenzbereich* zwischen ›noch nicht‹ und ›wahrscheinlich‹. Solange es klar ist, daß sich mehr als 90 % der Kinder mit leichten Zeichen einer sog. zentralen Koordinationsstörung spontan normalisieren, kann und soll man nicht von Störung sprechen, geschweige denn von Spastik. *Denn:* die Freude einer Familie an einem gesunden Kind ist das höhere Rechtsgut.« *(Martinius* 1977, S. 174).

Schlack (1983) und *Ohrt* (1983) geben Richtlinien zur Frühdiagnose und Frühtherapie entwicklungsgefährdeter Kinder, die geeignet erscheinen, die Rate überflüssiger Behandlung zu reduzieren.

6.2.3. Eltern als »Schüler« und »Patienten«

Eltern können nicht schon deshalb zu Patienten gemacht werden, nur weil ihr Kind »nicht funktioniert«. »Die Unterstellung, daß eine Familie mit einem behinderten Kind selbst eine behinderte Familie sei, ist vielen Eltern mittlerweile bekannt, und kann sich in vieler Hinsicht demnächst als Bumerang auswirken: Da sich die Eltern als kompetente Eltern von vornherein infrage gestellt sehen, könnten sie die Hilfsangebote zunehmend ablehnen bzw. diese von vornherein ihrerseits infrage stellen.« *(Treml* 1980). »Therapeutische« Ansätze, die Eltern schuldig sprechen oder von vornherein wie inkompetente Patienten behandeln, dürfen sich über Unkooperativität der Eltern nicht beklagen *(Innerhofer* und *Warnke* 1978). Auch ist nicht auszuschließen, daß Eltern – wie Fallbeispiele in den USA bereits zeigen – sich auf gerichtlichem Wege gegen diffamierende »Therapie«-Ansätze zur Wehr setzen *(Kane* 1979). Wohl ist die Familie vielfach »gehindert« – Einschränkung der Freizeit, Mobilität usw. – aber deswegen macht sie nicht alles gleich falsch. Bisherige Untersuchungsergebnisse lassen die *Frage unentschieden, ob die Familien mit behindertem Kind besser oder schlechter »funktionieren« als Familien mit nichtbehinderten Kindern (Carr* 1974).

Wenn manche Mütter, die sich aufopferungsvoll um ihr behindertes Kind bemühen, sich irgendwann in einer Notlage »hilfesuchend an einen Psychologen wenden, hat dieser nicht nur keine Worte der Anerkennung für die jahrelange Mühsal . . . bereit, sondern greift die Mütter hart an . . . Er macht sie für alles verantwortlich, belädt sie mit Schuld und treibt sie mit seinen Vorwürfen nicht selten nahe an den Selbstmord . . . So eine Mutter empfindet sich als Versager, als gescheitert.« *(Müller-Garnn* 1980, S. 89).

Konfrontation statt Kooperation sei dann zu erwarten »wenn Fachleute im Alleingang, über die Köpfe der Eltern hinweg, entscheiden wollen, welche Hilfen die besten, die geeignetsten für das Kind sind . . . wenn Fachleute der Meinung sind, sie vertreten die Interessen der Kinder besser als die Eltern . . . wenn Fachleute den Eltern vorhalten, sie hätten ihr Kind nicht oder nicht richtig bejaht . . .« (Die Lebenshilfe Zeitschrift 1981, S. 51; vgl. *Rett* 1981).

Aus therapeutischer Sicht – wenn man sich darauf berufen wollte – ist es widersinnig, die Schwierigkeiten der Kinder dadurch beseitigen zu wollen, daß man den Eltern vorwiegend »ursächliche« Schwächen, Fehler und kindheitliche Traumata vor Augen führt. Benötigt werden die Stärken der Eltern, wenn mit ihrer Hilfe therapiert werden soll. Eine Abqualifizierung der Eltern ist schlechte Grundlage für eine Zusammenarbeit, denn die Abqualifizierung schafft bestenfalls eine angstgeprägte Hörigkeit und Abhängigkeit der Eltern. Es muß, so überflüssig die Bemerkung auch erscheint, gesagt werden: Ein problematisches Kind ist an sich kein Krankheits-, Schuld- oder Unfähigkeitsbeweis der Eltern oder der Familie. Eltern sind zuallererst in aller Regel die wichtigsten Bezugspersonen des Kindes. Im Rahmen der Elternarbeit zur Erziehungshilfe und Psychotherapie des Kindes ist es allzuoft unsere Erfahrung aus Video- und Rollenspiel-Beobachtungen, daß Eltern für genau jenes Konfliktereignis, für das sie eine erzieherische Hilfe suchen, bereits eigene Ansätze zur Bewältigung der Problemlage handelnd auszuüben vermögen. Diese Ansätze gilt es sichtbar zu machen. Eltern sind keine »Schüler«, die Zensuren verdienen. Als wir in der Zeit der Entwicklung des Münchner Modells des Elterntrainings *(Innerhofer* 1977b) zum Abschluß des ersten Trainingstages den Eltern einige Szenen ihres erzieherischen Versagens mit Videoaufzeichnungen vor Augen führten, gingen die Eltern mehr ängstlich blockiert als erleuchtet nach Hause und erlebten eine schlaflose Nacht. Denn – was sie ahnten – daß sie in Augenblicken versagten, sahen sie endlich bescheinigt, daß sie aber vor allem die notwendigen erzieherischen Fähigkeiten meistens bereits mitbrachten, wußten sie wiederum nicht.

»Und zuletzt wehre ich mich gegen die Behauptung: Falsche Erziehung ist bei behinderten Kindern die Regel . . . Erziehungs*fehler* sind bei *allen* Kindern die Regel, aber Erziehungsfehler heißt noch nicht: falsche Erziehung.« *(Müller-Garnn* 1980, S. 92).

Ganz fatal wirken sich *Meinungsverschiedenheiten zwischen therapeutischen Schulen* aus, wenn die Auseinandersetzungen auf dem Rücken der Eltern ausgetragen werden, etwa mit Äußerungen dieser Art:»Ja, da haben Sie fünf Jahre mit der falschen krankengymnastischen Methode gearbeitet. Hätten Sie sich nach unserer Methode gerichtet, dann hätten Sie heute diese Sorgen nicht«. Hier wird nicht nur Eltern eine Verantwortlichkeit zugeschoben, die bei den Fachleuten liegt, sondern es wird falsche Selbstgerechtigkeit ausgeübt. Versagt die eigene Methode, ist es die Schuld schlechter Therapeuten oder der Eltern; versagt die konkurrierende Methode, dann gilt es als Beweis für die Falschheit dieser Methode. Solche diskriminierenden, wissenschaftlich oft nicht haltbaren Äußerungen tragen zur Verunsicherung der elterlichen und auch der professionellen Seite bei.»Gruppen-Denken oder Gruppen-Haß wie sie vielfach schon zu einem ›Kampf um den Behinderten entarten‹, sind nicht nur unnütz, sondern auch eminent gefährlich für den Behinderten, aber auch für die Behinderten-Betreuer.« *(Rett* 1981, S. 4; vgl. *Bach* 1979).

6.2.4. Zusammenarbeit als bloße Verpflichtung der Mutter – die Frage nach dem Vater

Die bedeutende Rolle, die der Vater für die Entwicklung des Kindes im allgemeinen hat, ist im wissenschaftlichen Bereich erst neuerdings gut dokumentiert worden *(Biller* 1974; *Lamb* 1976). Vaterabwesenheit (»väterliche Deprivation«) zeigt korrelative Zusammenhänge mit kognitiven, moralischen und psychosozialen Entwicklungsmerkmalen bei Kindern. Es mutet seltsam an, daß die erzieherische Relevanz der Väter überhaupt Gegenstand wissenschaftlicher Diskussion werden mußte. Andererseits spielt der Vater in der Praxis in Fragen der langfristigen Therapie und speziellen Erziehung des Kindes immer noch eine Außenseiterrolle, insbesondere beim behinderten Kind. Beim chronisch kranken Kind muß es allerdings von dringendem Interesse sein, die Kompetenz des Vaters bei therapeutisch-pädagogischen Bemühungen zu beachten und zu verhindern, daß die Zusammenarbeit mit Teilen der Familie zu einer Isolierung des Vaters führt, die letztlich dem Zusammenhalt der Gesamtfamilie entgegenwirken würde.

Arbeit mit Eltern ist in der Praxis meist eine Zusammenarbeit mit der Mutter. Diese mehr oder weniger erzwungene Arbeitsteilung der Eltern hat sich durchaus bewährt. In Einzelfällen behindert sie jedoch den Zusammenhalt der Familie. Es erscheint bedenklich, wenn immer nur die Mutter über Jahre eine Anleitung zur Therapie, Erziehung und Pflege des behinderten Kindes erhält, der Vater dabei abseits steht.

Beispiel

Krankengymnastin und Mutter knieten in der ersten Therapiestunde auf der Behandlungsmatte ganz zugewandt dem diplegischen Mädchen, das vor ihnen saß. Der Vater stand abseits, schweigend an die Wand gelehnt. Das gesunde Geschwister hockte auf dem Boden im Rücken der Mutter und der Therapeutin. Vater und gesundes Kind schienen ausgeschlossen, außerhalb des Blickfeldes der Mutter, Therapeutin und behindertem Kind. Der Vater war nach erster kurzer Begrüßung nicht mehr angesprochen worden. Das gesunde Geschwister begann sich zu langweilen, fing schließlich an zu stören und wurde gemaßregelt, als es sich in die Übung zwischen Mutter und behindertem Kind einzuschalten versuchte.

Dieser Ablauf, der sich auch in vielen unabhängigen Rollenspielen zu dieser Situation fast gesetzmäßig wiederholte, zeigt wie von der ersten Behandlungsstunde an die Tendenz bestehen kann, daß die Förderung sich auf die Zusammenarbeit mit behindertem Kind und der Mutter konzentriert, *der Vater aber ins Abseits gedrängt wird.*

Dem entspricht vielleicht unsere Beobachtung, daß Väter zu Beginn einer ambulanten Therapie in einem Zentrum häufiger erscheinen als im späteren Verlauf. Nach einer Befragung von *Klein* (1979) schätzten Früherzieher für Väter eine Beratungszeit von 10 %, für Mütter 82 %. Dies liegt nicht nur daran, das Väter »beruflich verhindert« sind. Eine Mutter überraschte mit der Nachricht: »Mein Mann und ich denken an Scheidung. Wir leben getrennt.« Das behandelnde Team konnte sich nicht erinnern, den Vater im vergangenen Jahr auch nur einmal gesehen zu haben, während die Mutter wöchentlich kam. Die Erwartungen und Befürchtungen des Vaters waren unbekannt.

Der Verdacht ergibt sich, daß die jahrelange, einseitige therapeutische Verpflichtung der Mutter die – manchmal ohnehin bestehende – *Tendenz einer Symbiose zwischen Mutter und behindertem Kind fördern könnte, in Einzelfällen in einem für den familiären Zusammenhalt gefährlichen Maße.* Eine Frühförderung, die den Vater aus der Behandlungsarbeit »hinausignoriert«, scheint in Einzelfällen auf die Dauer eine Verständigung zwischen Vater einerseits und Mutter und behindertem Kind andererseits zu erschweren, so daß Schwächen der Familienbindung verstärkt werden könnten.

Eine Mutter machte ihrem Mann den Vorwurf, daß er von der Therapie nichts verstehe, er einfache pflegerische Aufgaben, wie etwa das Baden des diplegischen Sohnes, nicht übernehmen könne. Seine seltenen Versuche seien so ungeschickt, daß sich das Kind inzwischen dagegen wehre, wenn der Vater pflegerisch mit anpacke. Die Mutter fand dabei die Zustimmung bei den anderen anwesenden Müttern. Sie hatte eine jahrelange, wöchentliche krankengymnastische Anleitung erhalten und war geschickt in der Übungsbehandlung. Der Vater, der sich in anderen Belangen sehr für die Familie engagierte, hatte nie einer krankengymnastischen Behandlung beigewohnt, um den therapeutisch-pflegerischen Umgang mit dem Kind zu erlernen. Der Vater gab zu, daß er nicht so geschickt sein könne wie seine Frau, verteidigte sich aber auch damit, daß der Widerstand des Jungen ihm die Pflege zusätzlich erschwerte. In dieser Familie hatte die *ungleiche Schulung zu einer diskrepanten therapeutischen Kompetenz zwischen Mutter und Vater* beigetragen, so daß die pflegerische und therapeutische Belastung sich im Laufe der Jahre fast gänzlich auf die Mutter verlagert hatte.

Es fehlt ein wissenschaftlicher Beleg, wie es sich auf die Elternbeziehung und die Eltern-Kind-Beziehung auswirkt, wenn die jahrelang angeleitete Mutter immer fähiger wird, mit dem behinderten Kind zu leben, der Vater sich relativ dazu immer weniger gegenüber der Behinderung des Kindes zu helfen weiß, und er darin zusehends relativ unfähiger und inkompetenter erscheint. Unsere Beobachtungen sprechen dafür, daß die *extrem unterschiedliche therapeutische Verpflichtung von Vater und Mutter in Einzelfällen einer Entfremdung zwischen den Ehepartnern sowie zwischen behindertem Kind und dem therapeutisch ungeschulten Elternteil zu arbeiten könnte.*[4]

6.2.5. Zusammenbruch der Elternarbeit am Ende der Frühförderung?

Der Übergang von elternzentrierter Frühförderung, die das Kind ganz in der Familie beläßt, zu einer institutionalisierten Förderung, die das Kind tagsüber aus der Familie in eine Tageseinrichtung hineinnimmt, bedeutet nicht selten ein jähes Ende der Zusammenarbeit. Der abrupte Umschwung im Bezugsverhältnis der Eltern zum Fachmann und das Ende elterlicher Einbezogenheit in die Förderung des Kindes ist auch ein Umbruch der Beziehung der Eltern zum Kind – es kann nicht verwundern, daß manche Eltern sich nur schwer umstellen können.

Drei Gründe scheinen dabei nach unseren Erfahrungen eine Rolle zu spielen:

(1) Die besondere fachliche Kompetenz der Eltern für die Förderung *ihres* Kindes,
(2) Der Wechsel von einer Förderung *mit* den Eltern zu einer institutionellen Förderung *ohne* Eltern und
(3) Der drohende Rollenverlust einer Mutter, die mit Herausnahme des Kindes aus der Familie eine Fülle von Aufgaben verliert.

---

[4] »Auch ist zu überlegen, was passiert, wenn die Mutter ihrerseits den Versuch unternimmt, den Vater zu ›schulen‹. Manchmal werden die Mütter ja durchaus so kompetent, daß sie das Erlernte weitergeben können. Mitteilungen von Eltern deuten darauf hin, daß solche Lehrer-Schüler-Situation zwischen den Eltern zu sehr kritischen Zuständen führen kann innerhalb der Familie.« *(Treml* 1980).
   Zurecht wird darauf verwiesen, daß es für die Eltern-Kind-Beziehung auch von Vorteil sein kann, wenn ein Elternteil keinen therapeutischen Umgang mit dem behinderten Kind hat. Wenn etwa der Vater nicht therapiere, dann wisse sein Kind, daß hinter der Zuwendung des Vaters keine therapeutische Absicht stehe.

Die spezifische fachliche elterliche Kompetenz, die Eltern gerade auch durch die jahrelange Zusammenarbeit mit Fachleuten in der Frühförderung *ihres* Kindes gewonnen haben, läßt sie manchmal daran zweifeln, daß ihr Kind nun von einem Tag auf den anderen in einer außerfamiliären Tageseinrichtung gleich gut aufgehoben ist wie zu Hause. Nur weil das Kind vier Jahre alt geworden ist, soll die Förderung in einer Tagesstätte tagsüber, von der Familie getrennt, das bessere sein? Die elterliche Aussage gibt zu denken:»Natürlich sind wir bezüglich Krankheiten und Krankenpflege und bezüglich der verschiedensten Therapien Laien, aber *speziell* von *unserem* Kind und seinen Verhaltensweisen wissen wir im allgemeinen mehr als alle anderen« *(Müller-Garnn* 1980, S. 78). Die für ihr Kind spezifische Ausbildung, die Eltern in Zusammenarbeit mit den Fachleuten in der Frühförderung erfahren, hat vielen Eltern bezüglich ihres Kindes auch eine gewisse fachliche Kompetenz gegeben. *Diese Kompetenz der Eltern ist eine Herausforderung geworden.* Sie stellt einen Anspruch an die weiterführenden pädagogischen Einrichtungen dar, dessen sich die Einrichtungen noch nicht auch nur annähernd bewußt geworden sind. An diesem Anspruch werden die Einrichtungen künftig gemessen werden müssen, wenn sie die Eltern als Eltern wirklich ernstnehmen wollen.

Die anfänglichen Widerstände der Eltern, ihr Kind vorbehaltlos von heute auf morgen tagsüber institutioneller Fürsorge zu überlassen, sollten nicht immer gleich als»typische Überfürsorglichkeit« oder»Kritiksucht« der Eltern aufgefaßt werden. *Zunächst ist der elterliche Zweifel und Widerstand ein Anspruch, eine Anfrage an die Einrichtung, ob dort das Kind ähnlich gut aufgehoben ist wie zu Hause,* in all den Jahren zuvor.

Nicht selten bedeutet die Aufnahme des Kindes in eine Tageseinrichtung einen Wechsel von Therapeuten und auch von Therapiemethoden, manchmal die *Änderung therapeutischer Weltanschauung.* Auch ändern sich inhaltlich die Schwerpunkte der Förderung (z. B. können bei einem diplegischen Kind, das bisher »nur« krankengymnastisch behandelt wurde, nun soziale Förderung und Selbständigkeitserziehung vorrangig werden). Auf diese Änderungen müssen sich Kind und Eltern allmählich einstellen und dazu brauchen sie Vorbereitung und Zeit.

Der Wechsel von einer *Frühförderung mit den Eltern* zu einer Förderung, die auch *ohne* fachliche Zusammenarbeit mit den Eltern auszukommen glaubt, erschwert manchen Eltern gleichfalls den Übergang aus der familiären Frühförderung in die Förderung vorschulischer und schulischer Einrichtungen. Zum Beispiel sind Eltern, die wöchentlich Anleitung in der Krankengymnastik des Kindes durch die Fachkraft erhalten haben, dann verunsichert, wenn sie in der Tageseinrichtung, in die ihr Kind nun geht, keinen solchen systematischen und unmittelbar teilnehmenden Einblick in die weitere krankengymnastische Behandlung des Kindes haben und die Anwesenheit und Anleitung der Eltern gar nicht mehr vorausgesetzt oder gewünscht wird. Den Eltern muß damit plötzlich als belanglos erscheinen, was etwa in den ersten 3 Lebensjahren des Kindes richtig und wichtig war. Nach Jahren intensiver Frühförderung *mit* den Eltern, in denen die Bedeutung elterlicher Fürsorge für das Kind bestärkt wurde, bedeutet solche Förderung *ohne* Eltern eine einschneidende Umstellung, die Eltern nicht immer leicht verkraften. Eltern stehen u. U. vor dem

Widerspruch: »In der Frühförderung wurde mir gesagt: ›ohne Eltern geht nichts‹, und jetzt muß ich hören: ›ohne die Eltern geht's auch‹.«
Drohender Rollenverlust der Mutter mag schließlich manchen Widerstand dagegen, daß das eigene Kind über den Tag hin fremden Personen einer Einrichtung überlassen wird, erklären. Mancher Mutter war die Fürsorge für das behinderte Kind eine jahrelang den Tag erfüllende Aufgabe, die ihr eine kompetente, respektierte Rolle in der Familie und der Gesellschaft eintrug. Mit der Übergabe des Kindes in eine Tageseinrichtung verliert die Mutter eine Fülle von Kompetenzen und therapeutisch-erzieherischen Aufgaben. Sie muß sich neu orientieren, das Interaktionsgefüge der Familie ändert sich. Rollenverlust und Änderung des familiären Gefüges machen neue Anstrengungen notwendig. Auch kann eine Mutter betroffen davon sein, daß ihr Kind plötzlich enge Beziehung zu anderen Personen gewinnt. Es sind immer wieder *gute* Gründe, die den elterlichen Widerstand erklären, das Kind vorbehaltlos professioneller Förderung außerhalb der Familie zu übergeben.

Damit kommt es zu einer wichtigen abschließenden Aufgabe der Zusammenarbeit von Eltern und Fachleuten in der Frühförderung: Der Übergang zu einer nachfolgenden Förderung unter anderen Bedingungen und mit anderen Schwerpunkten muß der Familie verständlich und so wenig belastend wie nur möglich gemacht werden.

Zusammenarbeit mit Eltern vertraut auf die Befähigung der Eltern zur Mitarbeit. Darin sind Eltern zu stärken, ohne daß es zu einer einseitigen Übergewichtung von therapeutisch-pädagogischer Förderung und zu einer Überforderung der Gesamtfamilie kommt. Leider mangelt es an wissenschaftlicher Forschung, die Orientierungshilfen geben könnte. Eine Erforschung der Vorausbedingungen, der Effektivität und der möglichen unerwünschten Nebenwirkungen des Konzepts der Arbeit mit Eltern in der Frühförderung ist dringend notwendig.

Nachtrag

Kurz vor Drucklegung des Manuskripts wurden mehrere Untersuchungen zur Problematik der Belastung der Eltern-Kind-Beziehung durch therapeutische Frühfördermaßnahmen publiziert. Die unabhängigen Untersuchungsbefunde bestätigen und ergänzen die vorstehend referierten Erfahrungen.

Weber und *Riedesser* befragten mit halbstrukturiertem Interview in einer Erkundungsstudie 15 Mütter, deren Säuglinge physiotherapeutisch behandelt wurden. Gemäß den nicht repräsentativen Mitteilungen betroffener Eltern dieser Untersuchung werde die physiotherapeutische Behandlung nach *Vojta* von den Müttern »durchweg als hart, sogar brutal« empfunden. Die Mütter sprachen angeblich von Verängstigung, Quälerei und Vergewaltigung des Kindes in Zusammenhang mit der krankengymnastischen Behandlungsmethode. Drei Kinder hätten auf die Therapie mit Affektkrämpfen reagiert. Angesichts der Ergebnisse forderten die Autoren eine »zwingende Indikationsstellung und strenge Auswahl bei der Verordnung« dieser Behandlungsmethode *(Weber* und *Riedesser* 1982, S. 475).

Moini, Schlack und *Ebert* (1983) sahen, daß therapieabhängige Verhaltensstörungen bei Säuglingen und Kleinkindern, gleich ob sie nun nach *Bobath, Vojta* oder Frankfurter Schule behandelt wurden. Es sei *entscheidend, ob die Mutter-Kind-*

Beziehung durch Maßnahmen belastet werde, die den aktuellen Möglichkeiten und Bedürfnissen von Kind und Familie entgegenstünden. Bei 29 Kindern ihrer Untersuchung wurden schwerwiegende *Verhaltensprobleme der Kinder* im Zusammenhang mit krankengymnastischer Behandlung festgestellt:

- massive Fütterungsschwierigkeiten (13 Fälle)
- Schlafstörungen (8 Fälle)
- aggressives Verhalten gegenüber der Mutter (5 Fälle)
- ausgeprägte Kontaktstörungen (3 Fälle).

Alle fünf Kinder mit aggressiven Verhaltensstörungen seien nach *Vojta* behandelt worden.

Hinweise sprächen dafür, daß *das Auftreten von Verhaltensproblemen beim Kind davon abhinge, ob durch die Behandlung bzw. durch die sie begleitenden Aussagen und Informationen die Beziehung zwischen Mutter und Kind belastet werde.* Folgende *Belastungsreaktionen der Mütter* seien typisch:

- die Mütter fühlen sich in der »Co-Therapeutenrolle« überfordert, entmündigt und als schlechte Mutter
- die Mütter erleben Versagens- und Schuldgefühle in Bezug auf die »therapeutischen Hausaufgaben«
- die Spontaneität dem Kind gegenüber geht verloren
- in der Familie ergeben sich Konfliktsituationen.

Zitate der betroffenen Mütter zeugen von Schuldgefühlen, unerträglichem Leistungsdruck, von Versagensängsten und dem Zwang, das elterliche Verhalten gegenüber dem Kind von Konsequenz und Erfolg her zu steuern.

Rett (1982) kommt in Einzelfallstudien zu vier *typischen Konstellationen,* unter denen das Risiko, daß eine Therapie in Zusammenarbeit mit den Eltern zusammenbreche, erhöht sei.

(1) Die Konstellation »junge Therapeutin – schwache Mutter«: Die frisch ausgebildete Therapeutin, die aufgrund eigener Unsicherheit oder unerfahrener Selbstsicherheit in die Rolle der Befehlenden, Anordnenden verfalle, im *Zusammentreffen* mit einer »schwachen Mutter«. Gemeint ist jene Mutter, die sich gegen die belehrende, stets fordernde Haltung des Therapeuten nicht zu wehren vermag, die mehr und mehr in eine Situation auswegsloser Überforderung hineingleitet und ihr Heil im Abbruch der Therapie sucht.

(2) Die Konstellation »schwieriges Kind – kein therapeutischer Zugang«: Die therapeutische Zusammenarbeit erscheine dann gefährdet, wenn das Kind schwierig sei, es ständig in der Therapiesituation schreie und sich wehre, gleichzeitig der Therapeut die Abwehr des Kindes nicht überwinden könne. Der Therapeut spüre immer mehr die kritischer werdende Beobachtung der Therapie durch die Mutter und treffe typischerweise folgende Feststellung: »Ja, mit dem schreienden Kind kann man nichts anfangen, da sind genug andere Kinder, die die Therapie viel dringlicher brauchen«.

(3) Die Konstellation »langer Weg zum Therapieort – seltene professionelle Therapie – tägliche Therapie durch die Mutter zu Hause«: Das Risiko des Therapieabbruchs erscheine dann hoch, wenn die Mutter angehalten sei, *auf sich alleingestellt,* täglich auf das Kind therapeutisch einzuwirken. Jene Mutter, die mit einem Therapieplan »bewaffnet«, pausenlos in therapeutischer Weise im familiären Alltag mit dem Kind umgehen müsse. Sie spüre den Widerstand des Kindes, das sich gegen die therapeutischen Angriffe der Mutter zu wehren suche, bis sich schließlich die Mutter nicht mehr in der Lage sehe, den Umgang mit dem behinderten Kind der Situation der Gesamtfamilie anzupassen.

(4) *Die Konstellation »Manipulation der gestörten Funktion – Nichtbeachtung der gesunden Funktion«:* Am wichtigsten wertet *Rett* die Beobachtung, daß eine isolierte, also einseitige Behandlung der gestörten Funktion die Verhaltensweise verschlechtern könne; wiederum ein möglicher Anlaß für Eltern, an der Zweckmäßigkeit therapeutischer Arbeit zu zweifeln.

Michaelis bestätigt in einem Erfahrungsbericht die potentielle Belastung der Eltern-Kind-Beziehung durch frühtherapeutische Maßnahmen. Die Extrempopulation von Eltern, die durch die Mitteilung, ein auffälliges Kind zu haben, in Panik gerate und Zweifel an der Diagnose äußere, und die sich nicht in der Lage sehe, eine bestimmte Therapie durchzuhalten, stehe in Gefahr, durch unqualifizierte Beratung in eine schwere psychische Krise zu geraten. Eltern, die in Konflikt mit den Forderungen einer bestimmten Therapie und dem negativen Verhalten ihrer Kinder geraten seien, hätten über folgende Antworten der fachlichen Seite berichtet:

»– natürlich gibt es auch andere Therapien – aber dann wird Ihr Kind nie zum Gehen kommen
– natürlich gibt es auch andere Therapien – aber wenn Ihr Kind nicht krabbelt, wird es keine normale geistige Entwicklung durchlaufen . . .
– nur mit dieser Therapie werden Sie verhindern können, daß bei Ihrem Kinde keine Legasthenie oder Rechtsschreibschwäche eintreten wird (das Kind steht im 1. Lebensjahr)
– was wollen Sie lieber, ein spastisch gelähmtes Kind – oder ein psychisch vielleicht gestörtes Kind, dessen Störungen sich jedoch sicher wieder abbauen lassen« *(Michaelis* 1983).

Festzuhalten sei, daß ein Teil dieser Kinder einen unauffälligen entwicklungsneurologischen Befund aufwies, ein anderer Teil bereits in einer Weise behindert war, daß eine grundsätzliche Heilung nicht mehr möglich wurde.

Störung des Eltern-Kind-Verhältnisses in Zusammenhang inadäquater Frühtherapie werde charakterisiert

»– durch Schuldgefühle der Mutter
– Ärger und Aggressionen gegen das Kind, das sich den mütterlichen therapeutischen Bemühungen widersetzt
– durch den häufig verdrängten Wunsch der Mutter, das Kind so zu nehmen wie es ist
– durch psychisch-emotionale Differenzen der Eltern
– durch zusätzlich gelegentliches, später konstantes ›Fehlverhalten‹ des Kindes« *(Michaelis* 1983).

Wichtig ist die Feststellung, daß die hier zusammengefügten kritischen Zusammenhänge das Konzept der Frühtherapie prinzipiell nicht infrage stellen können.

»Sie sollten uns aber sensibel dafür machen, daß eine besondere Population existiert, bei der eine gewählte Therapieform gefährliche Nebenwirkungen auf das Eltern-Kind-Verhältnis haben kann . . . Wir sollten uns primär um ein Verständnis der Situation von Eltern und Kind bemühen, um dann eine Therapie zu suchen, die möglichst optimal den Forderungen der Therapie und den Bedürfnissen der Familie entgegenkommt.« *(Michaelis* 1983).

Literatur

Bach, H.: Kooperation. In: *H. Bach* (Hrsg.): Pädagogik der Geistigbehinderten. Berlin,Carl Marhold 1979, 196–207
– Geistigbehindertenpädagogik. Berlin, Carl Marhold 1980
Baker, B. L., Heifetz, L. J., Murphy, D. M.: Behavioral Training of Parents of Mentally Retarded Children: One Year Follow-Up. Am. J. Mental Deficiency 1980, 85, 1, 31–38
Baker, D. L., Clark, D. B., Yasuda, P. M.: Predictors of success in parent training. In: *P. Mittler* (Ed.): Social, educational and behavioral aspects, Vol 1, Baltimore, University Park Press 1981
Balzer, B., Rolli,S.: Sozialtherapie mit Eltern Behinderter. Weinheim/Basel, Belz 1975
Biller, H. B.: Paternal Deprivation. Lexington, Mass. Health and Company 1974
Bracken, H. v.: Soziologische und sozialpsychologische Aspekte. In: *H. Bach* (Hrsg.): Pädagogik der Geistigbehinderten. Berlin, Carl Marhold 1979, 421–444
Brief einer Mutter: Rundbrief Frühförderung am Institut für Sonderpädagogik, München 1978
Callias, M.: Teaching Parents, Teachers and Nurses. In: *W. Yule, J. Carr* (Hrsg.): Behaviour modification for the mentally handicapped. London, Croom Helm 1980
Carr, J.: The effect of the severely subnormal on their families. In: *A. M. Clarke, A. D. B. Clarke* (Hrsg): Mental deficiency: The changing outlook. London 1974
– Down-Syndrom in früher Kindheit. Entwicklung, Erziehung und Familiensituation. München/Basel 1978
Die Lebenshilfe 1981, NR. 2, 5
Fritsch, G., Fritsch, D., Pechstein, J.: Mütter behinderter Kinder und ihre Belastbarkeit mit therapeutisch-pädagogischen Aufgaben. Mschr. Kinderheilkunde 1976, 124, 478–481
Görres, S.: Leben mit einem behinderten Kind. Zürich/Köln, Benzinger und Flamberg 1974
Gottwald, P., Redlin, W.: Verhaltenstherapie bei geistig behinderten Kindern. Zeitschrift für Klinische Psychologie 1972, Bd. 1, 2, 93–149
Hackenberg, W.: Untersuchung zur Psycho-sozialen Situation von Geschwistern behinderter Kinder. Dissertation 1982, Universität Bonn
Hagberg, B.: Epidemiologie der Cerebralparesen. Aktuelle Neuropädiatrie 1981, 2, 141–154
Harnack, v. G.-A., Mortier, W., Schmidt, E.: Werden zu viele Säuglinge als neurologisch geschädigt diagnostiziert? Monatsschrift Kinderheilkunde 1977, 125, 895–896
Hellbrügge, Th. (Hrsg.): Klinische Sozialpädiatrie. Berlin/Heidelberg, Springer 1981
Hellbrügge, Th., Avalle, C.: Ergebnisse aus der Frühtherapie motorisch gestörter Kinder. In: *Th. Hellbrügge* (Hrsg.): Klinische Sozialpädiatrie. Berlin/Heidelberg, Springer 1981, 214–221
Innerhofer, P.: Änderung des familiären Umfeldes. In: Handbuch der Psychologie Bd. 8/2. Göttingen, Hogrefe 1977 a
– Das Münchner Trainingsmodell. Berlin/Heidelberg, Springer 1977 b
–, *Müller, C. F.:* Elternarbeit in der Verhaltenstherapie. In: *P. Gottwald, A. Egetmeyer* (Hrsg.): Mitteilungen der DGVT, Sonderheft 1974, 1, München

–, *Peterander, F.*: Paar-Diagnostik: Unterforderndes Verhalten im Umgang mit behinderten Kindern. Unveröffentliches Manuskript, Universität Heidelberg 1980
Innerhofer, P., Warnke, A.: Eltern als Co-Therapeuten. Heidelberg, Springer 1978
–, – Elterntraining nach dem Münchner Trainings-Modell – Ein Erfahrungsbericht. In: *Lukesch, Perrez, Schneewind* (Hrsg.): Familiäre Sozialisation und Intervention. Bern, Huber 1980, 417–439
–, – Verhaltensbeobachtung: Das Problem mit der Gültigkeit. In: *Michaelis* (Hrsg.): Bericht über den 32. Kongreß der Deutschen Gesellschaft für Psychologie in Zürich 1980. Göttingen, Hogrefe 1981
Kalbe, U.: Die Cerebral-Parese im Kindesalter. Stuttgart, Fischer 1981
Kane, J. F.: Neue Ansätze zur Regelung der therapeutischen Maßnahmen bei geistig behinderten Kindern. Band 4 der Schriftenreihe Lebenshilfe. Marburg 1979
Kane, G., Kane, J. F., Amorosa, H., Kumpmann, S.: Einweisung von Eltern in die Verhaltenstherapie ihrer geistig behinderten Kinder. Zeitschrift für Kinder- und Jugendpsychiatrie 1974, Bd. 2, 87–110
Klein, F.: Die häusliche Früherziehung des entwicklungsbehinderten Kindes. Bad Heilbrunn, Klinkhardt 1979
Koch, R., Fishler, K., Melnyk, J.: Chromosomal Anomalies in Causation: Down's Syndrome. In: *R. Koch, J. C. Dobson*: The Mentally Retarded Child and His Family. New York, Brunner/Mazel 1976, 116–143
Köng, E.: Langzeiterfahrung der Frühtherapie cerebraler Bewegungsstörungen. Aktuelle Neuropädiatrie 1981, 2, 187–192
Lamb, M. E.: The role of the father in child development. New York, John Wiley & Sons 1976
Langschmidt, H., Prinz, D., Lederer, P.: Spezielle Elterntrainings-Programme in der sozialpädiatrischen Praxis. In: *Th. Hellbrügge* (Hrsg.): Klinische Sozialpädiatrie. Berlin, Springer 1981, 533–543
Levy, D. M.: Maternal overprotection. New York, Columbia University Press 1943
Martinius, J.: Wo fängt Spastik an und wo hört sie auf? Pädiatrische Praxis 1977, 19, 173–174
Medical Tribune 1981. Krankengymnastik für Säuglinge. Meist nur sinnlose Tortur. Nr. 48 vom 27. 11. 81, 26
Michaelis, R.: Die Belastung der Eltern-Kind-Beziehung durch therapeutische Maßnahmen. Pädiatrische Praxis 1983 (im Druck)
Moini, A. R., Schlack, H. G., Ebert, D.: Verhaltensstörungen bei Säuglingen und Kleinkindern durch inadäquate krankengymnastische Behandlung. Pädiatrische Praxis 1983 (im Druck)
Müller-Garnn, R.: . . . und halte dich an meiner Hand. Echter 1977
– Das Morgenrot ist weit. Echter 1980
Norén, L., Franzén, G.: An evaluation of seven postural reactions (»Lagereflexe« selected by Vojta) in twenty-five healthy infants. Neuropädiatrie 1981, 12, 308–313
Orth, B.: Therapie der Cerebralparesen. Aktuelle Neuropädiatrie 1981, 2, 174–186
– Die kinderärztliche Vorsorge im Bezug auf die kindliche Hirnfunktion. Pädiatrische Praxis 1983 (im Druck)
Patterson, G. R.: Behavioral Intervention procedures in the classroom and in the home. In: *Bergin, Garfield* (Hrsg.): Handbook of psychotherapy and behavior change. New York, Wiley 1971
Pilling, D.: The handicapped child. Research Review Vol. III, London, Longman 1973
Prinz, D., Tiesler, J. A., Prinz, P.: Verhaltenstherapeutische Elternanleitung – Eltern als Co-Therapeuten für ihre behinderten Kinder. In: *Th. Hellbrügge* (Hrsg.): Klinische Sozialpädiatrie. Berlin/Heidelberg, Springer 1981, 522–532

84   Andreas Warnke, Kritische Nebenwirkungen der Zusammenarbeit

Rett, A.: Neues in der Betreuung des entwicklungsgestörten Kleinkindes. Realitäten und Utopien. 1981 (im Druck)
– Mündliche Mitteilung 1982. (Schriftliche Fassung erscheint in: Infans cerebropathicus, Jahrbuch 1982, im Druck)
Schamberger, R.: Frühtherapie bei geistig behinderten Säuglingen und Kleinkindern, Untersuchungen bei Kindern mit Down-Syndrom. Weinheim/Basel 1978
Schlack, H. G.: Frühförderung aus ärztlicher Sicht: Das sozialpädiatrische Konzept. Zeitschrift für Heilpädagogik 1982, 33. Jg., 6, 377–382
– Therapieformen und Therapieindikationen bei Entwicklungsstörungen im Säuglingsalter. Pädiatrische Praxis 1983 (im Druck)
Schmitz, E.: Kotherapeuten in der Verhaltenstherapie. Weinheim/Basel, Belz 1976a
– Elternprogramm für behinderte Kinder. München/Basel, Ernst Reinhardt 1976b
Shere, M. O., Socio-emotional factors in families of the twin with cerebral palsy. Exceptional Children 1956, 22, 197–206
Speck, O.: Zur Konzeption pädagogischer Frühförderung behinderter und von Behinderung bedrohter Kinder. In: *O. Speck* (Hrsg.): Frühförderung entwicklungsgefährdeter Kinder. München/Basel, Ernst Reinhardt 1977
– Geschichte. In: *H. Bach* (Hrsg.): Pädagogik der Geistigbehinderten. Berlin, Carl Marhold 1979, 57–72
– Die Stellung der Eltern im Rahmen der Frühförderung. Geistige Behinderung 1981, 2, 80–90
Staudt, F., Rosie, A., Helwig, H.: Sinn und Unsinn der Behandlung von Bewegungsstörungen im Säuglingsalter. Monatsschrift Kinderheilkunde 1982, 130, 476–479
Stave, U.: Entwicklungsneurologische Untersuchungen an Risikosäuglingen. Monatsschrift Kinderheilkunde 1979, 127, 621–627
Thomas, D.: Sozialpsychologie des behinderten Kindes. München, Ernst Reinhardt 1980
Treml, H.: Frühförderung des behinderten Kindes in interdisziplinärer Zusammenarbeit und besonderer Berücksichtigung der Ergotherapie. Beschäftigungstherapie und Rehabilitation 1979, 3, 139–149
– Briefliche Mitteilung 1980
Warnke, A.: Arbeit mit Eltern geistig behinderter Kinder. In: Schriftenreihe Lebenshilfe, Band 3, 206–211, Marburg 1978
– Integrierte Frühförderung: Medizinische, pädagogische und psychologische Kooperation. Pädiatrische Praxis 1983 (im Druck)
–, *Innerhofer, P.:* Ein standardisiertes Elterntraining zur Therapie des Kindes und zur Erforschung von Erziehungsvorgängen. In: *Schneewind, Lukesch* (Hrsg.): Familiäre Sozialisation. Stuttgart, Klett-Cotta 1978, 294–312
Weber, S., Riedesser, P.: Krankengymnastik beim Säugling – eine unschädliche und unbedenklich zu verordnende Maßnahme? Monatsschrift Kinderheilkunde 1982, 130, 475–476
Zeschitz, M.: Grenzen elterlicher Kooperation in der Frühförderung: Eine Analyse der Randbedingungen von Abbrüchen der Mitarbeit innerhalb eines Modellversuchs zur Frühförderung. In: Früherkennung und Frühförderung mehrfach behinderter sehgeschädigter Kinder. Würzburg, Blindeninstitutsstiftung 1980
Zwack, M.: Motivationale Rahmenbedingungen der Elternarbeit in der Behindertenbetreuung. Unveröffentliches Manuskript, Würzburg, Blindeninstitutsstiftung 1979

7. Grenzen elterlicher Kooperation in der Frühförderung

Eine Analyse der Randbedingungen von Abbrüchen der Mitarbeit innerhalb eines Modellversuchs zur Frühförderung

Von Marina Strothmann und Matthias Zeschitz

7.1. Grundzüge der Elternarbeit im Modell »Mediative Frühförderung Würzburg«

Die Blindeninstitutsstiftung Würzburg führt seit Januar 1978 einen Modellversuch zur Frühförderung mehrfachbehindert-sehgeschädigter Kinder durch. Dabei handelt es sich um eine mobile Form der Betreuung; die Familien werden in zumeist wöchentlichen Abständen zu Hause besucht. Wir verstehen uns in erster Linie als Impulsgeber für eine gezielte Förderung der Kinder, in der die Eltern die Hauptakteure sind. Deshalb steht deren Anleitung und nicht die direkte Arbeit mit dem Kind im Mittelpunkt.

Wenn für den von uns gewählten Ansatz häufig die Bezeichnung »Eltern als Ko-Therapeuten« ihrer behinderten Kinder benutzt wird, so unterschätzt diese Benennung den Stellenwert, den die Eltern tatsächlich in allen Phasen der Arbeit besitzen. Der Sinn ihrer Einbeziehung liegt *nicht* in erster Linie in einer quantitativen Ergänzung oder Fortführung von uns eingeleiteter Förderungsmaßnahmen. Ihre Mitarbeit hat nicht nur Unterstützungscharakter für eingeleitete Interventionen, sondern die Eltern bleiben während des gesamten Geschehens die bestimmenden Akteure erzieherischer und therapeutischer Prozesse. *(Weiss* 1979, *Heese* 1978)

Die vielfältigen Gründe für die Notwendigkeit der Einbeziehung der Eltern in jegliche Frühförderarbeit sind in der Literatur wiederholt ausführlich dargestellt worden, deshalb seien hier nur die wesentlichen erwähnt:

Die Eltern sind die entscheidenden Bezugspersonen ihres Kindes: Sie sind in der Regel am häufigsten mit ihm zusammen und verfügen üblicherweise über die wirksamsten Verstärker für das Verhalten des Kindes. Deswegen stellt ihre Integration in Förderbemühungen – potentiell – die effektivste und ökonomischste Form der Betreuung des Kindes dar.

Mehrdimensionale Therapien unter Ausschluß der Eltern, mit einer Vielzahl auf einen einzelnen Förderbereich spezialisierter Fachtherapeuten, tragen in sich die Gefahr, isolierte Fortschritte im Leistungsbereich zu bewirken, deren soziale Integration fraglich ist.

Hauptgedanke unserer Tätigkeit ist daher die Zusammenarbeit mit den Eltern. Das heißt einerseits, mit ihnen die Therapiekonzepte für ihr Kind zu planen und zu besprechen, ihnen Anleitung und Hilfestellung bei der Durchführung zu geben und auftauchende Probleme bewältigen zu helfen. Andererseits verstehen wir es als unsere Aufgabe, den Eltern begreiflich zu machen, daß fördern nicht gleichzusetzen ist mit fordern und, daß für sie und ihr Kind die Beschäftigung mit ihm ohne Leistungsdruck, ohne Anforderung mindest ebenso wichtig ist wie die konsequente Durchführung von gezielten Trainings oder Therapien.

Wir versuchen also, entspannte Situationen zwischen Eltern und Kind zu schaffen, in denen das Kind bestimmt, was geschieht, in denen den Eltern die Rolle zukommt, offen und aufmerksam zu werden für die Impulse, die von ihrem Kind kommen, sie aufzunehmen und auf sie einzugehen.

Darüber hinaus bieten wir auf gesprächstherapeutischer Grundlage, dort wo es notwendig ist, den Eltern unsere Hilfe dabei an, mit ihnen gemeinsam Wege aus ihrer seelischen Notlage und Resignation herauszufinden.

Beratung und Information in rechtlichen Angelegenheiten und Auskünfte über mögliche Einrichtungen und Institutionen, in denen das Kind in naher und ferner Zukunft betreut werden kann, stellen einen weiteren Aufgabenbereich dar.

Insgesamt soll stets das *Entlastungsmoment* für die Familie im Mittelpunkt der Besuche stehen. So können unsere Anregungen in der Regel auch in die übliche Beschäftigung mit dem Kind einbezogen werden, bzw. diese ergänzen. Auf eine isolierte Übungssystematik wird soweit wie möglich verzichtet, ohne jedoch die methodische Kontrolle der Arbeit zu vernachlässigen.

Fragestellung

Wir wollen im folgenden versuchen, die Frage zu beantworten, aus welchen Gründen der eben skizzierte Ansatz in manchen Fällen scheiterte, unsere Angebote nicht aufgegriffen oder zurückgewiesen wurden. Den Gegenstand dieser Arbeit bilden also allein Ausfälle, nicht kooperative Eltern. Zunächst soll jedoch unser Vorgehen beim Versuch, hierfür verantwortliche Faktoren zu isolieren, dargestellt werden. Im Rahmen einer noch zu leistenden Analyse soll später untersucht werden, bei welchen Eltern und in welchen Teilbereichen therapeutische Aufgaben erfolgreich übertragen werden konnten.

7.2. Möglichkeiten des Vergleichs mit anderen Untersuchungen

Zunächst hatten wir geplant, unsere eigenen Ausfallquoten und hierfür verantwortliche Faktoren, den entsprechenden Daten aus der US-Literatur gegenüberzustellen. Nach einer genauen Literaturdurchsicht zeigte sich dieses Vorgehen als wenig sinnvoll. Die wesentlichen Gründe lagen in folgendem:

a) Die Elternstichproben amerikanischer Untersuchungen sind häufig nicht zufällig gewonnen, sondern nach Kriterien zusammengestellt, die potentielle Aussteiger bereits ausschließen sollten. So schied etwa *Patterson* (1971) schon vorher Eltern von schwer retardierten Kindern und solche, die mehr als 20 Fahrtminuten vom Therapiezentrum entfernt wohnten, aus seinem Training aus. Seine Ausfallrate betrug trotzdem knapp 30 %.
   Wir dagegen trafen bewußt keinerlei Vorauswahl, sowohl was die Schichtzugehörigkeit, den Bildungsgrad und sonstige Elternvariablen betraf, noch spielte der Schweregrad der Störung eine Rolle. Eine untere Grenze der Förderbarkeit wurde bewußt nicht festgelegt.
b) Insgesamt sind die Anforderungen, die innerhalb Elterntrainings gestellt werden, uneinheitlich und nicht vergleichbar. So fordert *Patterson* zumeist eine theoretische Auseinandersetzung der Eltern mit verhaltenstherapeutischen

Grundlagen – das Lesen entsprechender Manuale. Vor dem elterlichen Training wird der Wissensstand der Eltern überprüft.

Daneben müssen sie während einer oft frustrierenden – aus statistischen Gründen in die Länge gezogenen Grundkurvenphase – Daten über das störende Verhalten des Kindes sammeln oder ihr eigenes Verhalten in diesem Kontext protokollieren (etwa *Herbert* und *Baer* 1972).

Auch die Anforderungen, die im eigentlichen therapeutischen Prozeß an die Eltern gestellt werden, sind nicht vergleichbar. *Vance Hall* et al. 1972 veröffentlichten eine erfolgreiche Studie, in der es ihnen gelang, Eltern zur kontingenten Verstärkung ihres Kindes zum Tragen einer Zahnspange zu bewegen. Wieviel komplexere Anforderungen den Eltern auferlegt werden, wenn sie etwa schrittweise eine lebenspraktische Fertigkeit bei ihrem Kind aufbauen sollen, muß hier nicht weiter ausgeführt werden.

c) Die Kriterien, nach denen eine Familie als unkooperativ bezeichnet wird, sind uneinheitlich. In einer Studie von *Salzinger* et al. (1970) werden Eltern dann als kooperativ bezeichnet, wenn es ihnen gelingt, zumindest in einem Bereich eine Verhaltensänderung des Kindes zu bewirken. *Mira* (1970) fordert zunächst eine wöchentliche Protokollierung des Problemverhaltens und nennt als Kriterium erfolgreicher Mitarbeit das Erreichen von zwei Verhaltensänderungen. Andererseits findet man auch deutlich reduzierte Anforderungen – bis hin zur Zufriedenheit mit Eltern, die die wöchentlichen Besuche akzeptieren und die therapeutischen Bemühungen nicht bewußt unterlaufen.

Definition

Wenn wir hier von nicht kooperativen Eltern sprechen, so wollen wir darunter folgendes verstehen:

– Zunächst Eltern, die die Zusammenarbeit mit uns von sich aus abgebrochen haben, indem sie uns mitteilten, daß sie an weiteren Zusammenkünften kein Interesse mehr hätten.

– Dann Eltern, bei denen die Zusammenarbeit von unserer Seite beendet wurde, nachdem alle Bemühungen ohne Resonanz geblieben waren:

Beschlossene Maßnahmen wurden nicht durchgeführt; die Zusammentreffen blieben weitgehend konsequenzlos. In diesen Fällen mußte unser zentrales Anliegen, die Eltern als Hauptakteure für die Förderung ihres Kindes einzusetzen, als gescheitert betrachtet werden.

Eine Zusammenarbeit wurde nur dann beendet, wenn über einen längeren Zeitraum (zumeist mehr als ein halbes Jahr) in keinem Übungsbereich irgendeine gemeinsame erzieherische Strategie entwickelt werden konnte – oder, wenn es in keinem Bereich gelang, das Verhalten der Eltern gemäß einem gemeinsam formulierten Ziel, wenn auch nur in Nuancen, zu ändern. In keinem Fall erfolgte ein Abbruch, wenn allein »Erfolgskriterien am Kind« nicht erreicht wurden oder nach sonstigen Mißerfolgen therapeutischer Arbeit.

Zusammenfassend erscheint uns eine vergleichende Betrachtung uns bekannter amerikanischer Ansätze, speziell ihrer Daten über elterliche Kooperativität, kaum angebracht. Sie erscheinen in der Mehrzahl als relativ mechanistische, aus dem erzieherischen Alltag losgelöste, zeitlich begrenzte lerntherapeutische Experimente. Da oft der Nachweis der Effizienz einer Vorgehensstrategie im Mittelpunkt steht, sind sie notwendig wenig flexibel; ob sie den Bedürfnissen der einzelnen Familie gerecht werden können, ist zweifelhaft. Eine Auseinandersetzung mit diesen Arbeiten fällt auch deswegen schwer, da fast nur die bloßen Prozentwerte elterlicher Abbrüche genannt werden, ohne mögliche Faktoren oder Randbedingungen, denen sich diese Ausfälle schulden, zu diskutieren.

Auch in der deutschsprachigen Literatur lagen zu Beginn unserer praktischen Arbeit keine gezielten empirischen Untersuchungen zur Frage der Variablen elterlicher Kooperation vor. Es überwogen Pauschalaussagen und subjektive Einschätzungen, etwa folgender Form: »Ich habe den Eindruck, daß nur die Hälfte aller Eltern richtig übt«. . . »mit Eltern ist nur sehr wenig zu erreichen« *(Franke –* 1977 – zit. in *Weiss* 1979, S. 6).

Zu diesem Zeitpunkt waren wir uns allerdings darüber im klaren, daß unter Kooperativität kein anlagemäßiger Wesenszug eines Erziehers verstanden werden konnte, sondern daß Mitarbeit vermutlich durch eine Vielzahl ineinanderwirkender psychologischer, psychosozialer und ökonomischer Fakten bestimmt wird.

Bei der Beurteilung der Bedeutung einzelner Faktoren, etwa des Schweregrades der Störung, der Effizienz der Intervention, der Beziehung der Mutter zum Therapeuten und besonders zum Kind, herrschte Uneinigkeit. Die Hervorhebung anderer Variablen – etwa die emotionale Beziehung zwischen Mutter und Kind – als unabhängige Wirkfaktoren elterlicher Kooperativität mußte später, wie weiter unten belegt wird, relativiert werden.

7.3. Datensammlung zur Frage der elterlichen Kooperativität

Es war offensichtlich, daß eine positive Beziehung zwischen Therapeut und Mutter die Wahrscheinlichkeit langfristiger Zusammenarbeit erhöht.

Deshalb wurde gleich nach dem Erstbesuch ein Protokoll erstellt, in dem der Therapeut seine Sympathie oder auch Antipathie gegenüber der Familie formulierte, bzw. subjektive Hoffnungen oder Befürchtungen hinsichtlich der Zusammenarbeit darstellte. Daneben hielt er seine Einschätzung des elterlichen Engagements und der Fähigkeit zur Arbeit mit dem Kind fest.

Wir konnten feststellen, daß sich dieser Ersteindruck als recht guter Indikator für die grundsätzliche Frage nach elterlicher Kooperativität erwies. Offensichtlich gelingt es recht rasch, bestimmende Faktoren für die grobe Frage: »Werden die Eltern die Zusammenarbeit abbrechen?« festzumachen. Genauere Aussagen, etwa in welchen Bereichen die Eltern erfolgreich kooperieren werden, sind in dieser Phase nicht möglich.

Die Qualität der Beziehung zwischen Therapeut und Mutter kann nach unseren Erfahrungen in den ersten Besuchen nur selten aus direkten Äußerungen der Mutter hierzu abgeleitet werden. Wir entschlossen uns deshalb, alle an uns gerichteten

Verhaltensweisen zu protokollieren, sei es nun das Anbieten von Kaffee, die Äußerung, daß ihr der Besuch viel zu kurz vorgekommen wäre – besonders aber das Ansprechen von Problemen, die eine gewisse Vertrautheit mit dem Gesprächspartner voraussetzen. Durch diese eklektizistische Sammlung von Einzeldaten, mit nur groben Suchvektoren, erhielten wir im Laufe der Zeit Datenmaterial, das Struktur und Bewegungstendenzen zeigte, Hinweise gab auf die emotionale Beziehung und Offenheit der Mutter uns gegenüber, auf ihre Einschätzung unserer Kompetenz.

Daneben führten wir Buch über die Erfüllung mehr formaler Aspekte der Mitarbeit:

– die Anwesenheit bei unseren Besuchen, bzw. die rechtzeitige Abmeldung,
– das Einhalten von Abmachungen; insgesamt also über die Fülle von Übereinkünften mehr formaler Natur.

Später zeigte sich, daß es über solche Daten zwar möglich ist, eine spezielle Gruppe von Eltern zu beschreiben, deren hauptsächliches Engagement auf der mehr formalen, pflegerischen Ebene liegt, daß der Faktor für sich jedoch keine Hinweise auf erfolgreiche Kooperation erbringt.

Als auch langfristig aufschlußreich erwies sich die zunächst nur aus diagnostischen Gründen durchgeführte Video-Beobachtung der Interaktion von Mutter und Kind in aufeinanderfolgenden leistungsfordernden und leistungsfreien Situationen.

Eine geringe Diskrepanz dieser Situationen, besonders das Unvermögen der Mutter, mit ihrem Kind überhaupt ein leistungsfreies Zusammensein zu gestalten, lieferten wertvolle Informationen über die Beziehung von Mutter und Kind. Ausdrücklich sei darauf hingewiesen, daß die so gewonnenen Informationen nur Anhaltspunkte für Hypothesenbildung über das Mutter-Kind-Verhältnis liefern konnten: Erst aus einer Vielzahl von Äußerungen der Mutter, die das Problem der Behinderung – häufig indirekt – berührten, etwa das Verhältnis zur Nachbarschaft, die Beanspruchung im pflegerischen Bereich, ihre Hoffnungen und Befürchtungen, was die Zukunft des Kindes betrifft und vieles andere mehr, ergab sich allmählich ein Bild des subjektiven Erlebens der Problematik und der emotionalen Beziehung zum Kind.

Die augenscheinlichste Validität in Hinblick auf elterliche Kooperation besitzen natürlich die Daten, die die tatsächlichen Anstrengungen und Erfolge der Familie bei der Durchführung therapeutischer Programme festhalten. Dabei werden erfaßt:

– das Erfüllen von Beobachtungsaufgaben
– die Empfänglichkeit für Vorschläge und die inhaltliche Auseinandersetzung mit ihnen
– die konsequente Durchführung abgesprochener Maßnahmen.

Die Analyse dieser Protokolle ergab wohl Hinweise über elterliches Engagement und die Qualität ihrer Zusammenarbeit, doch zeigten sich bald wesentliche Mängel:

– die Redundanz der Daten (Entwicklungstendenzen elterlicher Kooperation waren nur sehr schwer feststellbar)
– die Unstrukturiertheit der Daten (Informationen unterschiedlichster Bereiche standen ungeordnet nebeneinander)

– der Mangel an Gewichtung der Daten (Informationen unterschiedlichster Relevanz und Aussagekraft waren vermischt).

Dazu kam noch, daß die Erstellung der Protokolle äußerst zeitaufwendig war und sich die ungeordnete Datenfülle für Dritte als kaum auswertbar erwies. Diese Unzufriedenheit führte zur Entwicklung neuer, strukturierter Besuchsprotokolle folgender Form (für den Druck verkleinert, im Original DIN A 4):

Besuchsprotokoll

1. Ziel des Besuchs   4. Mitarbeit der Eltern

2. Äußere Situation   a) Bereitschaft

3. Einstellung der Eltern   b) Fähigkeit

   a) zur Umwelt   5. Reaktionen des Kindes auf die

   b) zum Team   Förderangebote

   c) zum Kind   6. Tips/Anregungen für die Eltern

Förderprotokoll Nr.   Name
                                   Datum
                                   Uhrzeit: bis

Übungsziele: Verhaltensbeobachtung/
Übung/Angebot/Verstärker   Bezugsperson/Kind

_____

Besonderheiten der Trainingssituation:

Empfehlungen, Aufgaben für die Eltern:

Einschätzung der elterlichen Kooperativität
1. Konsequente Durchführung der Förderprogramme   Einschätzung
   Erläuterung: 1   2   3

2. Inhaltliche Auseinandersetzung mit Fördervorschlägen –
   Empfänglichkeit für Kritik
   Erläuterung: 1   2   3

3. Offenheit der Bezugsperson
   Erläuterung: 1   2   3

4. Zuverlässigkeit
   Erläuterung: 1   2   3

Zu »Erläuterung«: Das jweilige Verhalten, das zu der entsprechenden Einschätzung geführt hat, soll kurz beschrieben werden.
Schlüssel zu »Einschätzung«: 1 = überhaupt nicht
                                     2 = teilweise
                                     3 = sehr gut

Wir sind uns der Gefahr einer methodischen Scheinexaktheit bewußt. Es zeigte sich, daß die schriftlichen Erläuterungen zu einer Bewertung von größerer Bedeutung sind als die zahlenmäßige Skalierung.

Die Auswertung dieser Besuchsprotokolle ergab jedoch eine inhaltliche Ausfüllung dessen, was bislang doch recht vage als »langfristige, erfolgreiche Kooperation« bezeichnet wurde. Zudem gewannen die hierfür verantwortlichen Faktoren allmählich ein klares Bild. Bei der Sammlung und Sortierung möglicher Einflußfaktoren war für uns schließlich die damlige Neuveröffentlichung von *Innerhofer* und *Warnke* (1978) eine wesentliche Hilfe.

7.4. Faktoren, die die elterliche Kooperation negativ beeinflussen

Im folgenden sollen nur solche Faktoren beschrieben werden, die in der nachstehenden Darstellung von »Nichtkooperativen Familien« tatsächlich wirksam waren. Um ihren inneren Zusammenhang sichtbar und die Darstellung übersichtlicher zu machen, sind sie in vier Gruppen zusammengefaßt:

I. Sozio-ökonomische Faktoren

(1) Stark gestörte Familienverhältnisse
   – Eheprobleme
   – Probleme mit weiteren im Haushalt lebenden Personen

Herrschen in einer Familie starke Spannungen zwischen den Partnern (Eheleuten), kann dies zu einer psychischen Überbelastung führen, die die Energien und Kräfte, die zur Förderung eines mehrfachbehinderten Kindes notwendig sind, weitgehend aufbraucht. Auch Probleme mit anderen im Haushalt lebenden Personen, die sich durch deren Versorgung oder auch durch Uneinigkeit mit ihnen ergeben können, führen häufig zu einer Überbeanspruchung des psychischen und physischen Kraftpotentials des Erziehers.

(2) Erzieher alleinstehend

Ein alleinstehender Erzieher hat in der Regel neben der Versorgung des behinderten Kindes auch noch für das Funktionieren des Haushalts mit allen anfallenden Verpflichtungen zu sorgen, so daß er häufig Anforderungen, die über die pflegerische Versorgung des Kindes hinausgehen, nicht mehr erfüllen kann.

(3) Geschwisterzahl

Mehrere zu versorgende Kinder nehmen üblicherweise nicht nur viel Zeit in Anspruch, sondern sorgen naturgemäß für Unruhe, die – bei häufig gleichzeitig anzutreffenden beengten Wohnverhältnissen – eine chaotische Atmosphäre und somit ungünstige Bedingungen für eine häusliche Frühförderung schaffen können.

(4) Probleme mit Nachbarn/Umwelt

Intoleranz der Nachbarn oder der näheren Umwelt bzgl. des behinderten Kindes, wie etwa Beschwerden über häufiges Schreien etc. oder auch offene Diskriminierung, veranlassen Eltern häufig dazu, solche Aktivitäten zu unterlassen, die die Behinderung ihres Kindes in den Blickpunkt der Nachbarschaft rücken könnten, schon allein der regelmäßige Besuch von Frühförderern wird deshalb häufig abgelehnt.

(5) Krankheit (psychisch/körperlich) eines Elternteils

Eine einigermaßen stabile psychische und körperliche Konstitution sind Voraussetzung zur Förderung eines mehrfachbehinderten Kindes – entsprechende Beeinträchtigung durch Krankheit erschweren schon die unbedingt notwendige Pflege – eine darüber hinausgehende Förderung wird meist verunmöglicht.

(6) Schlechte wirtschaftliche Verhältnisse

Die Praxis zeigt immer wieder, daß vor allem schlechte wirtschaftliche Verhältnisse einen denkbar ungünstigen Bedingungsrahmen für häusliche Frühfördermaßnahmen schaffen: Wo die Sorge um die Existenz im Vordergrund steht, bleibt meistens weder Zeit noch Kraft für entsprechende Beschäftigungen mit den Kind.

(7) Erzieher berufstätig

Die hier auftretenden Gründe für die mangelnde Kooperativität fallen mit denen unter Pkt. 2 und Pkt. 6 beschriebenen weitgehend zusammen.

(8) Beschränkte Wohnverhältnisse

Da beengte Wohnverhältnisse wohl immer im Zusammenhang mit schlechten wirtschaftlichen Verhältnissen gesehen werden müssen, gilt auch hier das in Pkt. 6 Gesagte. Zur Verdeutlichung stelle man sich einen Frühförderer mit

Videoanlage und entsprechendem Spielmaterial, einer Wanne voll Eurobällen oder ähnlichem in einem kleinen Raum vor, in dem sich außer ihm und dem behinderten Kind noch der Erzieher und möglicherweise einige Geschwister aufhalten!

II. Kindbedingte Faktoren

(9) Schweregrad der Behinderung
Schwerste Behinderungen, deren medizinische Diagnose pessimistisch ist und nur wenig Hoffnung auf Erfolg therapeutischer Bemühungen zuläßt, oder ein schlechter Allgemeinzustand des Kindes, etwa Infektanfälligkeit mit damit verbundenen extremen Schwächezuständen des Kindes, veranlassen die Eltern häufig dazu, jegliche Interventionen jenseits der pflegerischen Versorgung einzustellen.

(10) Mißerfolg der Intervention
Zeigt die Durchführung therapeutischer Maßnahmen über längere Zeit hin keinerlei Fortschritte bei dem Kind – aus welchen Gründen auch immer – erhält die Mutter also kein positives feedback ihres Kindes, sieht sie häufig keinen Grund mehr, die Maßnahmen fortzuführen.

III. Faktoren, die das Verhältnis zwischen Eltern und Kind betreffen

(11) Intensität der Beschäftigung mit dem Kind (nicht die Gefühlsebene betreffend)
Bei Vernachlässigungstendenzen schon im pflegerischen Bereich – wenn also schon der Notwendigkeit der körperlichen Versorgung nicht entsprechend nachgekommen wird – ist eine Beschäftigung mit dem Kind, die darüber hinausgeht, nicht zu erwarten.

(12) Subjektive Einschätzung der Behinderung durch die Eltern
– Leugnen der Behinderung
– Überschätzen des Schweregrades
– Irrationale Vergleiche mit gesunden Kindern
– Irrationale Interpretation der Krankheit
Leugnen der Behinderung. Eltern, die die Behinderung ihres Kindes nicht wahrhaben wollen, sie z. B. verharmlosen, sich also an Gedanken klammern, wie »mein Kind braucht eben ein bißchen länger, das kommt von alleine wieder in Ordnung« oder ähnliches, vermeiden in der Regel alles, was ihre Glaubwürdigkeit vor sich selbst erschüttern könnte: wären sie zum Einsatz sonderpädagogischer, therapeutischer Maßnahmen bereit, käme dies einem Eingeständnis gleich, daß eben doch nicht »alles in Ordnung ist«. Ein Eingehen auf Vorschläge des Therapeuten würde eine Anerkennung der Behinderung beinhalten.
Überschätzen des Schweregrades. Werden vorhandene Potentiale des Kindes nicht erkannt, d. h. die Behinderung massiver gesehen als sie tatsächlich ist, kommt es häufig zu Mutlosigkeit und Resignation, eventuelle Fortschritte des Kindes werden ignoriert und Maßnahmen jeglicher Art als zwecklos eingeschätzt.

Irrationale Vergleiche mit gesunden Kindern. Die Relativierung der Fähigkeiten und Fertigkeiten des behinderten Kindes an denen gesunder Kinder der entsprechenden Altersstufe führt notgedrungen dazu, immer die Mängel und Lücken des Kindes, also das, was es nicht kann, im Vordergrund zu sehen; gezielte Maßnahmen scheinen wenig sinnvoll, weil der Leistungsstand, der als Maß dient, sowieso nicht erreicht werden kann.

Irrationale Interpretation der Krankheit. Wird die Behinderung unter Aspekten, die jenseits einer organischen Ätiologie liegen, betrachtet, etwa als Strafe, besondere Bestimmung, etc. kann dies zu einem Verwerfen aller rational-praktisch begründeten Vorgehensweise führen: Wo es keine Erklärung gibt, kann – unter Umständen sogar darf – man nicht verändernd eingreifen.

(13) Irrationale Lösungsstrategien der Eltern

In den meisten Fällen führt eine unrealistische Auseinandersetzung mit der Behinderung, etwa im Sinne einer irrationalen Interpretation oder aufgrund des zu hohen Leistungsdrucks o. ä., zu irrationalen Lösungsstrategien, von denen hier nur einige genannt seien:

Manche Eltern werden vollkommen passiv, »warten auf ein Wunder«, andere stürzen sich auf jedes »Heilangebot«, suchen »Wunderärzte«, ja sogar Wahrsager oder andere Personen mit »übernatürlichen Kräften« auf, wieder andere versuchen, ihr Kind zu vergessen oder totzuschweigen. In jedem Fall bieten solche Strategien keine Grundlage für den Einsatz von gezielten therapeutischen Maßnahmen.

(14) Schuldproblematik der Mutter

Mütter, die sich mit Selbstvorwürfen und Selbstbezichtigung quälen, die sich selbst verantwortlich gemacht haben für die Behinderung ihres Kindes, haben erfahrungsgemäß häufig nicht mehr die Kraft für gezielte therapeutische Aktivitäten mit ihrem Kind. Verzweiflung, Resignation, bis hin zu psychophysischem Verfall, sind oftmals die Folge. Denkbar wären auch gegenteilige Verhaltensweisen, etwa das hyperaktiv-ungezielte Aufgreifen jedes Heilangebots.

(15) Emotionales Verhältnis zwischen Mutter und Kind

Häufig verhindern zwiespältige Gefühle beim Erzieher, vor allem nicht eingestandene Ablehnung des Kindes, die Motivation zur Mitarbeit. Dabei ist es erfahrungsgemäß oft ein langsamer Prozeß, diesen Sachverhalt als ursächlich für die fehlende Motivation herauszukristallisieren.

(16) Erziehungsstil der Eltern

Der Umgang mit einem behinderten Kind erfordert spezifische Kenntnisse, die Erziehung muß nach bestimmten Prinzipien ablaufen, wenn sich Erfolge einstellen sollen: Konsequenz, Geduld, langsames Vorgehen in kleinen Schritten sind einige davon. Erziehungsstile, die sich nicht an diesen Prinzipien orientieren, etwa vollkommen unstrukturiertes Vorgehen bis hin zu laissez-faire, oder aber extrem lenkende, autoritäre Verhaltensweisen, die das Kind überfordern, oder aber ein häufig wechselnder Erziehungsstil werden keine positiven Verhaltensänderungen beim Kind bewirken; eine ständig sinkende

Bereitschaft des Erziehers zu gezielter Beschäftigung mit dem Kind kann die Folge sein.

(17) Überbelastung durch den pflegerischen Aufwand mit dem Kind
Je mehr Zeit und Kraft die Versorgung des Kindes beansprucht, desto mehr reduziert sich die Wahrscheinlichkeit der Mitarbeit des Erziehers bei Beschäftigungen mit dem Kind, die über das Pflegerische hinausgehen.

IV. Sonstige Faktoren

(18) Sprachbarrieren
Umfassende Gespräche vor und während der therapeutischen Interventionen sind häufig erforderlich, um einzelne Schritte im Hinblick auf die Zielsetzung transparent zu machen. Wo die Einsicht in die therapeutischen Maßnahmen aufgrund unzureichender Sprachkenntnisse (Ausländerfamilien), ev. auch durch ausgeprägten Dialekt, verhindert wird und durch modellhaftes Vorgehen nicht ersetzt werden kann, ist eine entsprechende Motivation zur Mitarbeit nicht zu erwarten.

(19) Beziehung zwischen Eltern und Frühförderer
– Einschätzung der Kompetenz des Frühförderers
– Antipathie
Das Verhältnis zwischen Frühförderer und Eltern kann eine entscheidende Bedeutung haben:
Halten die Eltern den Frühförderer z. B. für fachlich nicht versiert, werden sie kaum bereit sein, seine Vorschläge aufzugreifen, ebenso kann Antipathie auf beiden Seiten die Bereitschaft zur Mitarbeit blockieren, bzw. verhindern.

Die hier aufgeführten Faktoren sind ausschließlich solche, die in den nachstehend beschriebenen Familien tatsächlich zum Abbruch der Frühfördermaßnahmen geführt haben. Wir sind in den anderen von uns betreuten Familien auf eine Reihe weiterer Faktoren gestoßen, die die Mitarbeit der Eltern in einzelnen Bereichen beeinträchtigt haben und die Gegenstand nachfolgender Untersuchungen sein werden.

Innerhalb unseres Frühfördermodells wurden bislang insgesamt 75 Familien betreut.

Als Ausfälle im Sinne unserer Definition müssen 12 Familien oder 16 % bezeichnet werden. Sie werden im folgenden beschrieben:

7.4.1. Schematische Darstellung der Familien, in denen die Frühförderung abgebrochen wurde

Familiäre Situation	Medizinische Diagnose	Leistungsstand des Kindes

A. F. Alter: 6 J.

Im Alter von 6 Wochen wurde das bis dahin unauffällige Kind wegen einer anstehenden Herzoperation ins Krankenhaus eingeliefert, wo es zum Atemstillstand kam, der als verantwortlich für den jetzigen Zustand des Kindes anzusehen ist. Das Kind verblieb ca. 15 Monate im Krankenhaus und lebt jetzt bei einer 70jährigen Tante der Mutter.

Angaben der Tante zufolge hat die Mutter den Schock über den Zustand ihres ehemals normalen Kindes nicht überwunden und den Kontakt zu ihrem Kind völlig abgebrochen.

Schwerer Cerebralschaden mit spastischer Tetraplegie, Rindenblindheit.

A. zeigt das desolate Zustandsbild eines weitgehend apathischen kleinen Mädchens, das keinerlei Spontanäußerungen zeigt und deren reaktive Äußerungen auf ein Minimum beschränkt sind (z. B. leicht veränderter Gesichtsausdruck bei Musik, Zusammenzucken bei unvermitteltem Geräusch). Der Umgang mit ihr beschränkt sich bisher auf pflegerische Tätigkeiten

B. S. Alter 4 J.

B.'s Mutter war zum Zeitpunkt seiner Geburt 16 Jahre alt und lebte selbst bei ihrer Mutter; B. verbrachte ca. 1 ½ Jahre im Krankenhaus bzw. Kinderzentrum und wurde anschließend in ein privates Pflegeheim verlegt. Die Mutter hat mittlerweile zwei weitere Kinder zur Welt gebracht und lehnt jeden Kontakt zu B. ab. Seine Bezugsperson ist Frau S., die das kleine Pflegeheim, in dem sie allein 4–5 Kinder versorgt, betreibt.

Zustand nach Rötelnembryopathie
Microcephalie
Cataracta congenita
Hörrestigkeit beidseits

Lebenspraktische Bereiche:
Keinerlei Ansätze in den lebenspraktischen Bereichen.
Motorik:
B. kann ca. 12 Schritte hintereinander laufen und tut dies auch gern.
Sprache:
Kein Sprachverständnis (eingeschränktes Hörvermögen!), Lautproduktion beschränkt sich auf tiefe »Grunzlaute«.
Auffälligkeiten:
Schlägt stundenlang in stereotyper Weise die Fersen auf den Boden, massives Augenbohren.

Analyse der Faktoren, die zum Abbruch der
Frühförderung geführt haben

Für die fehlende Kooperativität der Eltern sind unseres Erachtens folgende Faktoren
verantwortlich: Faktor 9 (Schweregrad der Behinderung) und Faktor 13 (Irrationale
Lösungsstrategien)

Faktor 9:
Die gravierende Hirnschädigung, mit den daraus resultierenden massiven psychomotorischen
Entwicklungsrückständen erhält durch ihre iatrogene Bedingtheit für Familie F. eine besonders
dramatische Akzentuierung.
Gleichgewichtig mit dem tatsächlichen Schweregrad der Behinderung muß
Faktor 13
als Ursache für die fehlende Kooperativität gesehen werden. Es ist den Eltern, insbesondere der
Mutter, nicht gelungen, ihrer Betroffenheit die Auseinandersetzung mit realistischen Möglichkeiten eines adäquaten Umgangs mit ihrem Kind entgegenzusetzen. Statt dessen wurde A.
mit dem ausdrücklichen Verbot, sie in irgendeiner Weise zu fördern, der Tante übergeben. Als
Familie F. erfuhr, daß Frau K. von sich aus Fördermaßnahmen eingeleitet hatte, wurde ihr
angedroht, das Kind in ein Heim zu geben, woraufhin sie uns ersuchte, die Fördermaßnahmen
einzustellen.
Die Tatsache, daß Frau F. sich seit der Behinderung ihres Kindes psychisch und physisch so
verändert hat, daß laufend medizinische Interventionen notwendig sind und psychotherapeutische dringend angeraten wären, lassen den Schluß zu, daß nicht Gleichgültigkeit ihr Verhalten
bestimmt, sondern sie die Tatsache der Behinderung ihrer Tochter nicht verkraftet hat.
Die irrationale Lösungsstrategie besteht darin, daß Frau F. versucht, ihr Kind totzuschweigen,
es gewaltsam zu vergessen. Das Scheitern dieser Strategie findet seinen Niederschlag im
psychophysischen Verfall von Frau F.

Folgende Faktoren bedingen u. E. die mangelnde Kooperativitätsbereitschaft von Frau S.:
Faktor   1: (Gestörte Familienverhältnisse) Probleme mit anderen im Haushalt lebenden
             Personen
Faktor   2: (Mutter alleinstehend)
Faktor 12: (Subjektive Einschätzung der Behinderung: Überschätzen des Schweregrades der
             Behinderung; irrationaler Vergleich mit gesunden Kindern)
Faktor 15: (Emotionales Verhältnis zwischen Mutter und Kind)
Zu Faktor 1 und Faktor 2:
Frau S. ehemalige Psychiatrieschwester, versorgt allein 4 schwerstbehinderte Kinder; mit dem
Verdienst finanziert sie sich und ihre beiden Adoptivkinder, die während der Woche in einem
Internat untergebracht sind.
Die 60jährige Frau ist den Anforderungen, die die Versorgung dieser Kinder stellt, kaum mehr
gewachsen; um ihren Verdienst möglichst hoch zu halten, stellt sie keine Hilfskraft,
Praktikantin etc. ein, so daß neben der Versorgung und körperlichen Pflege der Kinder alle
anfallenden Hausarbeiten, wie Waschen, Putzen etc. ebenfalls von ihr verrichtet werden
müssen, ihr also tatsächlich keine Zeit für entsprechende Einzelbeschäftigung mit den Kindern
bleibt.

Familiäre Situation	Medizinische Diagnose	Leistungsstand des Kindes

D. K. Alter 5 J.

D. ist das zweite schwerbehinderte Kind einer deutschen Mutter und eines türkischen Vaters, die in N. häufig wechselnde Gaststätten führen. Da die Eltern sich kaum um D. kümmern, lebt er bei seiner Großmutter, bei der außer ihm noch 10 ihrer eigenen Kinder leben. Die Familie ist auf Unterstützung durch Sozialhilfe angewiesen und ist ständig in Geldschwierigkeiten. Die Wohnverhältnisse (geräumiges Zweifamilienhaus) sind gut.

Folgende Schädigungen sind bislang diagnostiziert worden: Retrolentale Fibroplasie Cerebrales Anfallsleiden unklarer Genese Statomotorischer Entwicklungsrückstand Allgemeine Hypotonie Chronische Bronchities, Otitis

Lebenspraktische Bereiche: Sauberkeit, An- und Ausziehen, Essen. Hier zeigt D. keinerlei Anzeichen zur Selbständigkeit. Er nimmt nur pürierte Nahrung vom Löffel zu sich.
Grobmotorik/Mobilität:
D. kann sich selbständig aufsetzen und frei sitzen, macht aber keinerlei Anstalten zum Kriechen oder Robben.
Sprache:
D. zeigte echolalisches Sprachverhalten, wobei die Sprechbereitschaft im letzten Jahr deutlich zurückging. Eigene Bedürfnisse sowie die Abwehr unangenehmer Dinge kann er zum Ausdruck bringen. Sprachverständnis ist kaum vorhanden.
Stereotypien:
Im Sitzen dreht er den Oberkörper nach links und nach rechts, nimmt den Kopf mit, klatscht dabei in die

Analyse der Faktoren, die auch zum Abbruch
der Frühförderung geführt haben

Zu Faktor 12:
Trotz der zweifellos schweren Behinderung sind bei B. Voraussetzungen für den sinnvollen
Einsatz von Fördermaßnahmen gegeben; d. h. Fortschritte im Rahmen seiner beschränkten
Möglichkeiten durchaus zu erwarten.
Frau S. ist jedoch der Meinung, daß ein geistig behindertes Kind sich nicht entwickeln kann:
Selbst erzielte Fortschritte, auf die sie von uns aufmerksam gemacht wurde (z. B. Erlernen
eines taktilen Signals), relativiert sie umgehend an den Fähigkeiten eines nicht behinderten
Kindes; da natürlich klar ist, daß B. trotz intensiver Förderung niemals auch nur annähernd den
Entwicklungsstand eines normalen Kindes seiner Altersgruppe erreichen wird, hält sie
Förderung und Fortschritte für überflüssig.
Zu Faktor 15:
Diese sehr niedrige Sensibilität für die Besonderheiten eines mehrfachbehinderten Kindes
bedingen ihre Einstellung zu B., die ihn zu einem »Etwas«, das versorgt werden muß, reduziert,
und das Entstehen von positiven Emotionen, die über das Pflichtgefühl einer angemessenen
Versorgung hinausgehen, verhindert.
Ein Bedeutungsvorrang eines Faktors, der das Wirksamwerden der anderen bedingen würde,
läßt sich nicht eindeutig ausmachen. Vielmehr läßt sich hier von einem Faktorengeflecht
sprechen, in dem alle Faktoren gleichbedeutend nebeneinanderstehen.

Bei D. sind unseres Erachtens folgende Faktoren für die mangelnde Motivation zur Mitarbeit
bei der Bezugsperson als entscheidend anzusehen:
Faktor 1: (Stark gestörte Familienverhältnisse)
In dem großen Haushalt, für dessen Ablauf letztlich Frau K. allein verantwortlich ist, herrschen
überwiegend Unruhe und Hektik am Rande des Chaos vor; die äußeren Bedingungen für eine
sinnvolle häusliche Förderung sind nicht gegeben.
Faktor 6: (schlechte wirtschaftliche Verhältnisse)
In der äußerst angespannten wirtschaftlichen Situation der Familie ist der entscheidendste
Grund für die mangelnde Motivation von Frau K. zu sehen: die ständig finanzielle Notlage der
10köpfigen Familie beanspruchen Frau K.'s Kräfte in hohem Maße.

Familiäre Situation	Medizinische Diagnose	Leistungsstand des Kindes
		Hände und pustet. Manchmal stampft er dabei noch mit den Füßen auf den Boden. Im Liegen zeigt er massives Augenbohren. Mit kurzen Unterbrechungen stellen die geschilderten Verhaltensweisen seine Hauptbeschäftigungen tagsüber dar. *Sozialverhalten:* D. nimmt von sich aus keinen Kontakt zu Personen seiner Umgebung auf, kann sie nicht differenzieren. Nur bei der Krankengymnastin reagiert er schon auf deren Stimme hin mit Abwehr. *Lenkbarkeit:* D. versteht, wenn er etwas nicht tun soll, läßt aber erst bei entsprechender Aufforderung von seiner augenblicklichen Betätigung ab. Aufforderungen, etwas zu tun, werden nicht befolgt.
G. R. Alter: 5 J. G. ist das dritte von vier Kindern der Familie R. und lebt mit seinen Geschwistern und seinen Eltern in beschränkten Verhältnissen. Der Vater ist Hilfsarbeiter, die Mutter versorgt den Haushalt.	Cateract kongenita Cerebralparese Schwerster geistiger Entwicklungsrückstand Ursache und Krankheitsgeschichte unbekannt.	G. ist ein schwerbehindertes Kind, das vollkommen auf Versorgung angewiesen ist, er beginnt, einige Laute zu imitieren, ansonsten sind kaum Aktivitäten vorhanden. Meist liegt er auf dem Rücken, stundenweise wird er in den Malewski-Stuhl gesetzt.
L. M. Alter: 5 J. L. lebt mit seinen Eltern und seiner 5 Jahre alten Schwester in wirtschaftlich geordneten Verhältnissen in einem kleinen Ort am Rande einer Großstadt. Beide Eltern haben Theologie studiert, der Vater ist Pfarrer, die Mutter geht augenblicklich keiner beruflichen Tätigkeit nach.	Spastik vor allem Hirnschaden Autismus	Auffällig sind vor allem ausgeprägte Isolationstendenzen des Kindes, d. h. extreme Ängstlichkeit vor sozialen Situationen, weshalb eine autistische Symptomatik nicht auszuschließen ist.

Analyse der Faktoren, die zum Abbruch der
Frühförderung geführt haben

Unseres Erachtens ist in erster Linie Faktor 18 (Sprachbarrieren) für die Mängel der Kooperativität verantwortlich. Die Faktoren 3 (Geschwisterzahl); 6 (schlechte, wirtschaftliche Verhältnisse) und 8 (beschränkte Wohnverhältnisse) treten bei Familie R. zwar auf, hätten jedoch vermutlich ohne den Einfluß von Faktor 18 nicht zu einem Abbruch der Frühförderung geführt, weswegen sie nicht im Einzelnen angeführt werden.

Faktor 18:
Kein Mitglied der türkischen Familie verfügt über hinreichende Deutschkenntnisse, das Hinzuziehen eines Dolmetschers erwies sich als technisch nicht durchführbar. Da Sinn und Ziel aller unserer Bemühungen mit G. nicht vermittelt werden konnten,»modelling«allein nicht ausreichte, um Frau R. zu motivieren, wurde die Frühförderung abgebrochen. Für G. wird eine teilstationäre Unterbringung in einer entsprechenden Einrichtung angestrebt.

U.E. waren folgende Faktoren ursächlich dafür, daß Familie M. zu einer Mitarbeit nicht bereit war:
Faktor 12 (Subjektive Einschätzung der Behinderung),
Faktor 13 (Irrationale Lösungsstrategien),
Faktor 11 (Intensität der Beschäftigung mit dem Kind),
Faktor 15 (Emotionales Verhältnis zwischen Mutter und Kind)
Faktor 10 (Mißerfolg der Interventionen),
Faktor 19 (Beziehung zwischen Eltern und Frühförderer).

Familiäre Situation	Medizinische Diagnose	Leistungsstand des Kindes
		Lebenspraktischer Bereich: Hier sind erste Ansätze zur Selbständigkeit vorhanden; beim An- und Ausziehen hilft er bisweilen aktiv mit. *Sprache:* Reaktionen auf Aufforderungen und Verbote sind zu erkennen, ebenso kennt er die Bedeutung von »Nein«. Sein sprachlicher Ausdruck beschränkt sich auf die Produktion von einigen Lauten. *Motorik:* Hier wirkt sich seine große Ängstlichkeit aus, die wohl dazu beiträgt, daß L. noch nicht läuft. Er kann sekundenweise frei stehen und läuft – sehr unsicher – an einer Hand. *Auffällig* sind heftige Wutzustände, die sich bis zu erethischem Verhalten steigern können sowie eine stereotype Umgangsweise mit allen Materialien
O. P. Alter: 4 J. O. lebt mit seinen Eltern in einem kleinen Dorf in der Nähe einer größeren Stadt. Der Vater von O. ist noch sehr jung; er ist augenblicklich dabei, sich beruflich zu verändern, was einige familiäre und finanzielle Proble-	Zustand nach intrauteriner Toxoplasmose Hydrocephalus Hemispastik Cerebrale Krampfanfälle	*Lebenspraktische Bereiche:* O. ist in allen Bereichen auf vollständige Versorgung angewiesen; Ansätze zur Selbstständigkeit sind nicht vorhanden. *Motorik:* Durch seine Spastik ist O. in seiner Beweglichkeit erheblich

Analyse der Faktoren, die zum Abbruch der Frühförderung geführt haben

Faktor 12:
Das Welt- bzw. Menschenbild der Eltern, das dem Umgang mit ihrem Kind zugrunde liegt, ist durch anthroposophisch-ethische Vorstellungen gekennzeichnet: L. soll sich seinen Möglichkeiten entsprechend, ohne Einflüsse, Zwänge oder Lenkung jeglicher Art entwickeln und entfalten. Die grundsätzliche oder allgemeine Gültigkeit dieses Gedankens soll hier nicht diskutiert werden; u. E. jedoch kann diese Konzeption dem besonderen Charakter einer schweren Behinderung, wie sie bei L. vorliegt, dann nicht gerecht werden, wenn gleichzeitig Leistungserwartungen an das Kind herangetragen werden, wie das bei Familie M. der Fall ist: L. *soll* bestimmte Fähigkeiten und Fertigkeiten erwerben, jedoch auf der Grundlage der oben beschriebenen Einstellung, so daß
Faktor 13:
wirksam wird: die Behinderung von L. macht genau konzipierte und kontrollierbare Übungseinheiten notwendig, wenn Leistungen und Fähigkeiten erwartet werden, da dem Lernen, das auf Verständnis beruht, Grenzen gesetzt sind und an seiner Stelle ein Erwerb von Fähigkeiten stehen kann, dessen Grundlage einfachste Strukturen in der Aufgabenstellung und Möglichkeiten zur ständigen Übung und Wiederholung sowie gezielter Einsatz von sinnvollen Hilfestellungen ist. Derart strukturierte Übungseinheiten lehnte die Familie jedoch ab; vielmehr wurden Erfolge und Fortschritte erwartet, die L. aus sich selbst herausbringen sollte.

Unseres Erachtens haben folgende Faktoren die Kooperativität von Frau P. beeinflußt:
Faktor 9 (Schweregrad der Behinderung)
Faktor 17 (Überbelastung durch den pflegerischen Aufwand mit dem Kind)
Faktor 15 (Emotionales Verhältnis zwischen Mutter und Kind)
Faktor 14 (Schuldproblematik der Mutter)
Faktor 9:
Die massive Behinderung des Kindes erfordert

Familiäre Situation	Medizinische Diagnose	Leistungsstand des Kindes
me mit sich gebracht hat. Die Mutter ist nicht mehr berufstätig und lebt ziemlich isoliert.	Hochgradige Sehbehinderung	eingeschränkt. Er kann sich nicht selbst fortbewegen, nur mit Unterstützung sitzen und nur ganz kurz stehen. *Sprache:* O. spricht einige Laute, seine Bedürfnisse drückt er durch Schreien aus. Ein geringes Sprachverständnis ist vorhanden; so reagiert er z. B. auf seinen Namen und versteht Verbote. *Auffälligkeiten:* Gelegentlich versetzt sich O. mit der Faust oder mit Gegenständen heftige Schläge auf den Hinterkopf; häufig tritt dieses Verhalten dann auf, wenn sich eine Weile niemand um ihn gekümmert hat.
J. H. Alter: 4 J. J. lebt mit seinen drei Geschwistern und seinen Eltern in einem neu erbauten Haus, dessen Abzahlung der Familie schwere finanzielle Belastungen auferlegt. So ist Frau H. gezwungen neben der Versorgung ihrer Kinder und des Haushaltes bis in die frühen Morgenstunden als Bedienung arbeiten zu gehen. Die Ehe zwischen ihr und ihrem Mann, der häufig arbeitslos ist, besteht nur noch formal; die heftigen Differenzen zwischen ihnen finden ihren Niederschlag in ständigen Streitereien, die häufig in Handgreiflichkeiten seitens ihres Mannes enden. Eine Scheidung wird angestrebt, erste Formalitäten wurden bereits in Angriff genommen.	Cerebrale Bewegungsstörung (Ataxie) Strabismus convergenz Massiver geistiger Entwicklungsrückstand	Im Bereich der *Nahrungsaufnahme* zeigt J. Ansätze dazu, mit dem Löffel zu schöpfen, in den anderen Bereichen keinerlei Ansätze zur Selbständigkeit. *Motorik:* J. kann alleine laufen, jedoch sehr unruhig, hyperaktiv. *Sprache:* Versteht einfache Aufforderungen, kann Bedürfnisse in Einwortsätzen äußern. Besondere Auffälligkeiten im Sinne von Stereotypien oder autoaggressivem Verhalten sind nicht zu beobachten.

Analyse der Faktoren, die zum Abbruch der
Frühförderung geführt haben

Faktor 17
einen hohen pflegerischen Aufwand, der Frau P. den ganzen Tag vollständig in Anspruch
nimmt. Die körperliche Pflege des Kindes erfüllt Frau P. sehr genau; aus der Beobachtung des
Umgangs mit ihrem Kind und aus Andeutungen im Gespräch erwächst die Vermutung, daß es
ihr über die pflegerische Tätigkeit hinaus
Faktor 15:
nicht gelingt, ein warmes emotionales Verhältnis zu ihrem Kind aufzubauen – sie gesteht sich
dies jedoch nicht ein, bzw. zu.
Faktor 14:
Vielmehr reagiert sie mit Schuldgefühlen, die möglicherweise Impulse für die – bisweilen
übertriebene – pflegerische Sorgfalt setzen: Die körperliche Pflege des Kindes könnte also für
sie zum Teil auch demonstrativen, zum Teil auch kompensatorischen Charakter haben: »Ich
gebe meinem Kind ja alles, was ich kann.« So versorgt sie ihr Kind zwar tadellos, ist aber kaum in
der Lage, sich in irgendeiner anderen Weise mit ihm zu beschäftigen, etwa, mit ihm zu spielen
oder zu schmusen. Zusammenfassend läßt sich sagen, daß möglicherweise Faktor 17, der sich
durch die Wirksamkeit von Faktor 9 ergibt, in innerem Zusammenhang mit Faktor 15 steht und
mit diesem das Wirksamwerden von Faktor 14 bedingt, der wiederum auf Faktor 17
zurückwirkt.

U. E. bedingen folgende Faktoren in erster Linie die mangelnde Kooperativität:
Faktor 1 (gestörte Familienverhältnisse)
Faktor 7 (Erzieher berufstätig)
Faktor 6 (schlechte wirtschaftliche Verhältnisse)
Faktor 15 (emotionales Verhältnis zwischen Mutter und Kind)
Faktor 16 (Erziehungsstil der Eltern)
Faktor 6:
Die wirtschaftlichen Verhältnisse der Familie H. sind als sehr schlecht zu bezeichnen; durch den
Bau eines eigenen Hauses nahm die Familie hohe Verschuldungen auf sich; die laufenden
Kosten für das Haus müssen vom Verdienst des Mannes, bzw. Arbeitslosengeld und vom
Kinderpflegegeld bestritten werden, die Mutter kommt mit ihrem Verdienst als Bedienung für
Lebensmittel und Kleidung der Familie auf. Diese belastende wirtschaftliche Situation hat
entscheidende Auswirkungen auf die Beziehung zwischen den Eheleuten, so daß
Faktor 1:
wirksam wird: Die finanziellen Belastungen sind häufig Auslöser für heftige Streitereien, die oft
handgreiflich und mit sichtbaren Verletzungen von Frau H. enden. Die Spannungen zwischen
den Eheleuten sind so massiv, daß keinerlei positive Kommunikation mehr zwischen ihnen
möglich ist. Eine besondere Akzentuierung erhält die Situation noch durch den Alkoholismus
des Vaters, der schon mehrmals zum Arbeitsplatzverlust führte und so zur Verschärfung der
wirtschaftlichen Lage beiträgt. Die beschriebenen Verhältnisse bedingen das Wirksamwerden
von
Faktor 7:
Frau H. ist gezwungen, durch Nachtarbeit als Bedienung zum Unterhalt der Familie
beizutragen. Die äußeren Bedingungen stellen insgesamt eine Belastung dar, der Frau H. nicht
mehr gewachsen ist, was sich in wiederholten Nervenzusammenbrüchen und einem Suizidver-
such äußerte.

Familiäre Situation	Medizinische Diagnose	Leistungsstand des Kindes

R. S. Alter: 7 J.

R. ist das jüngste von zwei Kindern und lebt mit seinem Bruder und seinen Eltern in einem geräumigen Haus auf dem Land. Der Vater ist Dachdecker, Frau S. versorgt den Haushalt und arbeitet im Sommer im landwirtschaftlichen Betrieb der Schwester mit. Finanziell herrschen keine Probleme bei Familie S.

Anophtalmie beidseitig
Hydrocephalus
Schwerer geistiger Entwicklungsrückstand
Spastische Diplegie
Mißbildungen an beiden Füßen

Lebenspraktischer Bereich:
R. zeigt in keinem Bereich Ansätze zur Selbständigkeit.
Sprache:
Kein Sprachverständnis feststellbar; gelegentlich stößt er einige Laute aus.
Motorik:
Im Augenblick kann R. einige Schritte tun, wenn er an beiden Händen festgehalten wird; laut Aussagen der Ärzte ist jedoch das Gehenlernen bei entsprechender krankengymnastischer Behandlung nicht auszuschließen.
Auffälligkeiten:
R. zeigt stereotype Arm- und Kopfbewegungen; bisweilen tritt autoaggressives Verhalten (mit Hand an den Kopf schlagen) auf.

Analyse der Faktoren, die zum Abbruch der
Frühförderung geführt haben

Vor diesem Hintergrund müssen
Faktor 15
das emotionale Verhältnis von Frau H. zu ihrem Kind und
Faktor 16
ihr Erziehungsstil betrachtet werden:
Frau H. betont Dritten gegenüber sehr stark ihre »Liebe zu den Kindern«, unsere Beobachtungen erlauben jedoch die Aussage, daß ihre Gefühle zu ihren Kindern sich – entsprechend ihrer eigenen Stabilität – verändern. Ebenso ist ihr Erziehungsstil starken Schwankungen unterworfen: eine ausgeprägte »laissez-faire«-Haltung wechselt sich mit extremer Lenkung ab.
Die Erlangung einer einigermaßen stabilen psycho-physischen Konstitution, die eine unabdingbare Voraussetzung zur Erziehung eines schwerstbehinderten Kindes darstellt, ist unter solchen extremen Bedingungen, wie sie oben geschildert wurden, kaum möglich und gelang auch nach einer 6-wöchigen Kur nicht.
Zusammenfassend läßt sich sagen, daß das Zusammenwirken aller geschilderten Faktoren, von denen wohl Faktor 1 und Faktor 6 in direkter Wechselwirkung stehen und als entscheidend für das Wirksamwerden von Faktor 7, 15 und 16 anzusehen sind, den sinnvollen Einsatz von Frühfördermaßnahmen in unserem Sinne verhindert.

Für die fehlende Kooperativität ist unseres Erachtens das Wirken folgender Faktoren verantwortlich:
Faktor 18 (Sprachbarrieren)
Faktor 12 (Subjektive Einschätzung der Behinderung)
Faktor 15 (Emotionales Verhältnis zwischen Mutter und Kind)
Faktor 18:
Frau S. spricht sehr ausgeprägten Dialekt; obwohl keine echten Verständnisschwierigkeiten vorgelegen haben, kann unsere – in Frau S. Ohren hochdeutsche, also »fremde« – Sprache eine Barriere errichtet haben, die eine Kontaktaufnahme zu der ohnehin sehr zurückhaltenden Frau zusätzlich erschwert hat.
Faktor 12:
Obwohl bei R. eine schwere Mehrfachbehinderung vorliegt, waren durchaus Ansätze auf verschiedenen Gebieten vorhanden, die den Einsatz gezielter Fördermaßnahmen gerechtfertigt hätten. Frau S. interpretierte die Behinderung ihres Sohnes eindeutig im Sinne einer Überschätzung des Schweregrades der Behinderung; in diese Einschätzung des Kindes als reinen Pflegefall, die zu einer entsprechenden Behandlung, bzw. Nichtbehandlung führte, gingen sicherlich Urteile von medizinischer Seite mit ein: In verschiedenen medizinischen Gutachten wurde das Kind als »idiotisch« bezeichnet und eine krankengymnastische Behandlung mit Verweis auf die Sinnlosigkeit gar nicht erst eingeleitet. Diese Etikettierung des Kindes als vollkommen unbildbar setzt einen dramatischen Kreislauf in Gang: Da das Kind nur pflegerisch versorgt wird, keinerlei Reizangebote und Zuwendung erfährt, verkümmern seine in Ansätzen vorhandenen Fähigkeiten und Erlebnismöglichkeiten, so daß seine Entwicklung tatsächlich stagniert, die Mutter also keinerlei Fortschritte sieht, bzw. trotzdem gezeigte Fortschritte als irrelevant einschätzt und sich so in ihrer Einschätzung ihm gegenüber bestätigt sieht. Auf diesem Hintergrund wird die Wirksamkeit von Faktor 15 verständlich.
Faktor 15
Da sie von ihrem Kind keinerlei feed-back erhält, ist es ihr nicht möglich ihren Widerwillen

Familiäre Situation	Medizinische Diagnose	Leistungsstand des Kindes

M. C. Alter: 4 J.

Die 6-köpfige Familie lebt sehr beengt in zwei Zimmern unter schlechten hygienischen Bedingungen. Die häufige Arbeitslosigkeit und die Kränklichkeit der Mutter, die ein Mitverdienen verhindert, bedingen echte Notsituationen.

Geistige und statomotorische Retardierung Hydrocephalus internus bei Microcephalus mit Schädelasymetrie Starke Infektanfälligkeit

Lebenspraktische Bereiche: Keinerlei Selbständigkeit. *Motorik:* M. ist nicht in der Lage, sich selbständig fortzubewegen; sie verbringt den Großteil des Tages liegend in ihrem Bettchen. *Sprache:* Kein Sprachverständnis feststellbar; gelegentlich produziert sie 2–3 unterschiedliche Laute. *Auffälligkeiten:* Extrem hohe Infektanfälligkeit

V. B. Alter 4 J.

V. ist ein uneheliches Kind einer debilen Mutter, der das Aufenthaltsbestimmungsrecht für ihr Kind entzogen wurde. V. wohnt seit seinem 4. Lebensmonat bei seiner Großmutter; im gleichen Haus wohnt seine leibliche Mutter, die inzwischen verheiratet ist und zwei weitere Kinder hat. Ihr Mann ist Alkoholiker und meistens arbeitslos,

Microcephlus Cerebrales Anfallsleiden Rindenblindheit

Lebenspraktische Bereiche: In allen Bereichen zeigt er Ansätze zur Mithilfe oder Selbständigkeit, ist aber dennoch auf vollständige Versorgung angewiesen. *Motorik:* Er kann allein laufen und hat viel Freude an Bewegung, besonders, wenn sie mit musikalischem Erleben einhergeht.

Analyse der Faktoren, die zum Abbruch der
Frühförderung geführt haben

gegen das Kind ab- und eine positive Beziehung zu ihm aufzubauen: »Ich kann mit meinem Kind nichts anfangen.«
Bei Familie S. darf Faktor 12 als hauptentscheidend für die mangelnde Kooperativität angesehen werden, er bedingt das Wirksamwerden von Faktor 15, während Faktor 18 ein zusätzliches Hindernis darstellte, um Frau S. für Vorgänge zwischen sich und ihrem Kind zu sensibilisieren.

Für den Abbruch der Frühförderung sind u. E. vornehmlich folgende Faktoren maßgebend:
Faktor 6 (wirtschaftliche Verhältnisse)
Faktor 8 (beschränkte Wohnverhältnisse)
Faktor 3 (Geschwisterzahl)
Faktor 5 (Krankheit)
Faktor 18 (Sprachbarrieren)
Faktor 9 (Schweregrad der Behinderung).
Faktoren, 6, 8, 3, 5:
Der Verdienst des Vaters, dessen Aufenthaltserlaubnis nicht klar geregelt scheint, ist sehr gering, häufig ist er arbeitslos. Da Frau C. wegen häufiger Krankheiten nicht mitverdienen kann, ist die Familie öfter echten Notsituationen ausgesetzt. Die Sorge um die Existenz der Familie nimmt Herrn und Frau C. vollkommen in Anspruch; die äußerst beengten Wohnverhältnisse und die 4 Kinder, von denen nur die älteste Tochter die Schule besucht, also alle anderen ständig zu Hause sind, schaffen überdies Bedingungen, unter denen die Früherziehung bei einem behinderten Kind kaum möglich ist.
Faktor 18
Die großen Verständigungsschwierigkeiten mit der türkischen Familie verunmöglichen es nahezu, selbst kleine Tips und Anregungen im Umgang mit M. zu vermitteln.
Faktor 9
Schließlich setzt der Schweregrad der Behinderung des Kindes einer Frühförderung selbst Grenzen: Aufgrund seiner massiven Schädigungen und seiner besonderen Infektanfälligkeit ist das Kind meist vollkommen apathisch, nicht ansprechbar. Ansatzpunkte zu Interventionen, die über pflegerische Tätigkeiten hinausgehen, sind daher kaum gegeben. Bei Fam. C. liegen also vorwiegend »äußere« Gründe vor, die eine sinnvolle Mitarbeit der Eltern verhindern.

Folgende Faktoren führten u. E. zum Abbruch der Frühförderung:
Faktor 1 (stark gestörte Familienverhältnisse)
Faktor 2 (Erzieher alleinstehend)
Faktor 6 (schlechte wirtschaftliche Verhältnisse)
Faktor 5 (Krankheit)
Alle Faktoren stehen in gleicher Wertigkeit nebeneinander und ergeben zusammengenommen ein Bündel von sozioökonomischen Bedingungen, die Hausfrühförderung unmöglich machen:

Faktor 1 und Faktor 6
Die Tatsache, daß ihre Tochter, die eine zerrüttete Ehe unter denkbar ungünstigen ökonomischen Bedingungen führt, im gleichen Haus wohnt, hat zur Folge, daß Frau G. sehr oft

Familiäre Situation	Medizinische Diagnose	Leistungsstand des Kindes
so daß V.'s Großmutter die Familie finanziell häufig unterstützen, bei Streitigkeiten eingreifen und auf die Kinder aufpassen muß.		*Spielverhalten:* V. interessiert sich hauptsächlich für Geräuschquellen, z. B. Musikinstrumente, wirft aber auch diese nach einigen Augenblicken wieder weg. *Sprache:* Ein Sprachverständnis kann nicht sicher angenommen werden, Reaktionen, etwa auf Aufforderungen, sind bisweilen zu beobachten. Sein sprachlicher Ausdruck bleibt beschränkt auf einige Laute.
U. D. Alter: 3 J. U. lebt mit ihrem kleinen Bruder und ihren Eltern in einer 3-Zimmer-Wohnung. Die türkische Familie ist seit etwa 7 Jahren in Deutschland. U. wurde hier geboren. Aufgrund der Arbeit mit ihren beiden kleinen Kindern und insbesondere aufgrund der spezifischen türkischen Sitten verläßt Frau D. das Haus niemals.	Cerebralparese Retrolentale Fibroplasie	*Lebenspraktische Bereiche:* U. ist auf vollständige Versorgung angewiesen. Sie zeigt in keinem Bereich Ansätze zur Selbständigkeit. *Motorik:* U. kann sitzen und sich robbend durch den Raum bewegen. *Sprache:* Geringe Lautproduktion. Ein Sprachverständnis ist nicht sicher festzustellen. *Auffälligkeiten:* Stereotypien. Auffällig sind stundenlanges hin- und herschaukeln und gelegentlich autoaggressives Verhalten (schlägt mit dem Kopf auf den Boden).
K. Z. Alter: 4 J. K. ist das einzige Kind sehr junger Eltern. (Bei der Geburt Mutter 18 Jahre, Vater 21 Jahre) Die Familie lebt mit den Großeltern väterlicherseits in einem abgelegenen Dorf. Der Vater	Hochgradige Hyperopie Cerebralparese Massiver Entwicklungsrückstand	*Lebenspraktische Bereiche:* Keinerlei Ansätze zur Selbständigkeit. K. wird mit Breikost gefüttert. *Grobmotorik:* Hier erreicht sie einen Entwicklungsstand von ca. 4 Monaten; im

---

Analyse der Faktoren, die zum Abbruch der
Frühförderung geführt haben

---

für Versorgungsdienste in Anspruch genommen wird, so daß von einer doppelten Haushaltsführung gesprochen werden kann.
Faktor 2 und Faktor 5
Der schlechte Gesundheitszustand der alleinstehenden Frau und die sehr beengten Wohnverhältnisse stellen eine zusätzliche Belastung dar. Frau G. ist kaum der leiblichen Versorgung des Kindes gewachsen; eine Mitarbeit bei unseren Maßnahmen ist ihr aus den genannten Gründen nicht möglich.

Unseres Erachtens verhindert vor allem das Einwirken folgender Faktoren eine hinreichende Kooperativitätsbereitschaft der Eltern.
Faktor 18 (Sprachbarrieren)
Faktor 12 (Subjektive Einschätzung) und
Faktor 13 (Irrationale Lösungsstrategien)

Faktor 12
Familie D. akzeptiert zwar eine medizinische Erklärung der Behinderung ihres Kindes, macht aber letztlich übernatürliche Mächte dafür verantwortlich: aus Gründen, die Menschen unerklärlich bleiben, wurde ihr Kind mit seiner Krankheit behaftet, was es zu einem ganz besonderen Wesen macht. Eingriffe in diesen übernatürlichen Willen sind unmöglich und sinnlos, lediglich eine andere übernatürliche Macht wäre in der Lage, dieses Schicksal aufzuheben, weswegen U. ständig ein Amulett trägt, das auf keinen Fall entfernt werden darf: die Auseinandersetzung mit der Problematik beschränkt sich also darauf, auf ein Wunder zu warten.
Eine derart mystisch religiös geprägte Interpretation der Behinderung verhindert eine Einsicht in Sinn und Notwendigkeit unserer Intervention und zieht oben geschilderte irrationale Lösungsstrategien nach sich – die mangelnde Kooperationsbereitschaft ist die logische Konsequenz. Aufgrund des Wirkens von Faktor 18 besteht im Rahmen unserer Arbeit keine Möglichkeit, die irrationale Interpretation und Lösungsstrategie aufzubrechen. Eine therapeutische Arbeit mit dem Kind im Sinne modellhaften Lernens für die Mutter schien ebenfalls wenig erfolgversprechend, da vorweg grundsätzliche Fragen zur Einstellung zum Kind geklärt werden müßten, was aufgrund der Sprachschwierigkeiten unmöglich ist.

Bestimmende Faktoren für den Abbruch der Frühförderung sind u. E.
Faktor 4 (Probleme mit den Nachbarn/Umwelt) und
Faktor 12 (Subjektive Einschätzung der Behinderung) zu nennen.
Auffällig bei den Besuchen war, daß Frau Z. niemals über die Behinderung ihres Kindes sprach, nie nach Einzelheiten des Schädigungsbildes, nach der Ätiologie oder nach der zu erwartenden Konsequenz fragte und Gesprächsangebote unsererseits nicht wahrnahm.

Familiäre Situation	Medizinische Diagnose	Leistungsstand des Kindes
arbeitet im elterlichen Betrieb, die Mutter hat nach K.'s Geburt ihren Beruf aufgegeben und betreibt jetzt etwas Heimarbeit. Die räumliche Situation der Familie ist gut. Schwierigkeiten finanzieller Art scheint es nicht zu geben.		Bereich Feinmotorik von ca. 3 Monaten; im Bereich Sensomotorik von ca. 6 Monaten. Auffälligkeiten im Sinne von Stereotypien oder Sekundärstörungen sind nicht zu beobachten.

7.4.2. Zusammenfassung der Ergebnisse

Bei einem Drittel der von uns beschriebenen Ausfälle waren die Ursachen primär sozio-ökonomischer Natur. Die Bedeutung dieses Faktors deckt sich mit den Ergebnissen der Untersuchung von *Innerhofer* und *Warnke* (1978). Es liegt auf der Hand, daß schlechte wirtschaftliche Verhältnisse und deren Auswirkungen auf das Familienleben alle Energien derart beanspruchen, daß ein weitergehendes Engagement für das behinderte Kind oft nicht möglich ist. Wo existentielle Sorgen das Leben bestimmen, bleibt kaum Raum für gezielte Beschäftigung mit dem behinderten Kind.

Wir versuchten in diesen Fällen, alle finanziellen Hilfen auszuschöpfen, indem wir etwa Blindengeld beantragten, Arbeits- und Sozialamt einschalteten, notwendige Behördengänge gemeinsam erledigten. Innerhalb der Familien bemühten wir uns, strukturierend einzugreifen, etwa durch die systematische Planung eines Tagesablaufs, durch Hinweise auf Möglichkeiten zur Erleichterung des pflegerischen Arbeitsaufwandes oder durch die Beschaffung technischer Hilfsmittel.

Analyse der Faktoren, die zum Abbruch der
Frühförderung geführt haben

Die Erklärung dieses scheinbaren Desinteresses lieferte sie selbst durch einen Brief an uns. Nachbarn seien durch die Aufschrift an unserem Dienstwagen (Spende Aktion Sorgenkind) auf unsere Besuche aufmerksam geworden, was sie selbst veranlaßt habe, sich genau über die von uns betreute Population zu informieren. Sie teilte uns hiermit mit, daß bei ihrem Kind keine geistige Behinderung vorliege, alle Entwicklungsrückstände sich aus dem eingeschränkten Sehvermögen ergäben und dieses eine Brille zukünftig verbessern würde, womit alle Probleme gelöst seien und unser Kommen sich künftig erübrige. U. E. liegt hier
Faktor 12,
also eine subjektive Einschätzung der Behinderung im Sinne eines Leugnens bzw. einer Verharmlosung der Behinderung vor. Frau Z. konzediert zwar eine eingeschränkte Sehfähigkeit, leitet jedoch die psychomotorischen und kognitiven Entwicklungsrückstände ausschließlich von ihr ab und schaltet so die Möglichkeit einer von der Sehschwäche unabhängigen Ätiologie des Entwicklungsrückstandes aus: Ihr Kind ist in ihren Augen lediglich sehbehindert (und diese Behinderung ist korrigierbar).
Der Abbruch einer Förderung durch eine Einrichtung, deren Population sich aus mehrfachbehinderten Kindern zusammensetzt, stellt eine logische Konsequenz dieses Gedankengangs dar. Die äußeren Lebensbedingungen der Familie Z., nämlich das winzige, abgelegene Dorf als Wohnort und das Geschäft der Schwiegereltern, durch das man besonders ins Blickfeld der Leute gerät, sind vermutlich stark an der Entstehung dieser Gedankengänge beteiligt, so daß
Faktor 4
in unmittelbarem Zusammenhang mit Faktor 12 gesehen werden muß: Die Tatsache, ein Kind zu haben, das »nur« eine starke Brille braucht, liefert der Neugierde der Leute weniger Nahrung, als die Tatsache eines mehrfachbehinderten Kindes, so daß der Druck der Umwelt, bzw. das Bestreben, nicht ins Gerede zu kommen, die oben beschriebene Interpretation der Behinderung beeinflußt, wenn nicht sogar bedingt.

Überraschend war die Bedeutsamkeit der Faktoren »Subjektive Einschätzung der Behinderung durch die Eltern« und »Irrationale Lösungsstrategien«. Unseres Wissens wurden diese Faktoren in der Literatur bislang nicht erwähnt. Bei der Hälfte der Familien war einer der beiden Faktoren wirksam. Bei 15 % der Familien war das gleichzeitige Auftreten beider Faktoren als alleiniger Grund für den Abbruch der Fördermaßnahmen anzusehen.
Die Unfähigkeit oder Weigerung, die Behinderung des Kindes als Realität anzuerkennen und objektiv zu betrachten, stellt also ein massives Hindernis für die Annahme rationaler Fördervorschläge dar: Das Spektrum solch subjektiver Einschätzungen umfaßt das Leugnen der Behinderung ebenso wie das Überschätzen des Schweregrades, beinhaltet den irrationalen Vergleich mit gesunden Kindern genauso wie die subjektive Interpretation der Krankheit. Eine derart verzerrte Sichtweise der Störung erklärt auch die Wahl irrationaler Lösungsstrategien.
Solche Sichtweisen und Lösungsstrategien treten nicht zufällig auf. Bereits im

Erstgespräch mit den Ärzten, zumeist der ersten Konfrontation mit der Behinderung, werden Weichen gestellt: Allzuoft hinterläßt sie die Eltern rat- und hilflos, ohne Perspektive und Hoffnung. Es verwundert nicht, daß sie, mit einem nur verschwommenen Bild der Behinderung, ihrer Ursachen und Konsequenzen, ohne Handlungsmuster, nur versehen mit der Empfehlung, ihr Kind bestmöglichst zu fördern, irrationale Einstellungen und Lösungsstrategien entwickeln.

Der Versuch, solch falsche Sichtweisen und Deutungen über detaillierte medizinische Aufklärung zu korrigieren, stößt in diesen Familien häufig auf massiven Widerstand. Die Einstellungen sind oft so verhärtet, daß sachliche Informationen abprallen und auch der Versuch, auf gesprächstherapeutischer Ebene die Problematik anzugehen, zumeist scheitert. Verschiedene Einflüsse soziokultureller Art oder ethisch-religiöser Wertvorstellungen, denen sich die Eltern nicht entziehen können, spielen hierbei ebenfalls eine gewichtige Rolle.

Bei beinahe der Hälfte unserer Ausfälle stellten wir fest, daß das emotionale Verhältnis zwischen Mutter und Kind beeinträchtigt war. (Faktor 15). Eine genaue Durchsicht der Daten zeigte jedoch, daß dieser Faktor allein in keinem Fall für den Abbruch verantwortlich war. Vielmehr wurde deutlich, daß das negative emotionale Verhältnis in Zusammenhang mit dem oben beschriebenen Faktor »Subjektive Einschätzung der Behinderung« gesehen werden muß. In diesen Familien sieht die Mutter die Fortschritte des Kindes nicht, oder sie wertet sie ab. So erlebt sie selten Freude im Umgang mit ihrem Kind – die emotionale Bindung verflacht notwendig.

Es handelt sich also nicht um primär »gefühlskalte« Mütter – dies wird schon im Umgang mit den gesunden Geschwistern deutlich – sondern die Verflachung der emotionalen Beziehung ist Ausdruck der geschilderten Hoffnungs- und Perspektivelosigkeit. Das Kind zeigt tatsächlich kaum Fortschritte, die Mutter erhält nur wenig positive Rückmeldung. Zudem werden ihre Bemühungen häufig durch eine verständnislose Umwelt abgewertet, Erfolge diskreditiert.

Insgesamt müssen wir feststellen, daß die uns gegebenen Möglichkeiten nicht immer ausreichen, einen Rahmen zu schaffen, in dem gezielte Förderarbeit möglich ist. Wirtschaftliche und motivationale Faktoren bauen Barrieren auf, die offensichtlich nicht zu überwinden sind. Unter solchen Bedingungen erscheint es notwendig, vom mediativen Ansatz abzugehen und Formen außerfamiliärer Betreuung, etwa teilstationäre Förderung oder Heimunterbringung zu empfehlen.

Literatur

Franke, B.: Frühförderung. In: Jahresbericht 1977 der Paritätischen Gesellschaft Behindertenhilfe Stadthagen, S. 129–131

Hall, V. R., et al.: Modification of behavior problems in the home with parents as observer and experimenter. Journal of Applied Behavior Analysis, 1972, S. 53–64

Heese, G.: Frühförderung behinderter Kinder als päd. Aufgabe. In: ders. (Hrsg.): Frühförderung behinderter und von Behinderung bedrohter Kinder. Berlin 1978, S. 3–25

Herbert, E. W. und *Baer, E. M.:* Training parents as behavior modifiers self recording of contingent attention. Jour. of Appl. Behav. Analysis, 1972, S. 139–149

Innerhofer, P., Warnke, A.: Eltern als Co-Therapeuten. Analyse der Bereitschaft von Müttern zur Mitarbeit bei der Durchführung therapeutischer Programme ihrer Kinder. Berlin/Heidelberg/New York 1978

Mira, M.: Results of behavior modification programs for parents and teachers. Beh. Res. Ther. 1970, 8, S. 309–311

Patterson, G. R.: Behavioral Intervention Procedures in the Classroom and in the Home. In: *Bergin, A. E., Garfield, S. L.:* Handbook of Psychotherapy and Behavior Change, New York 1971

Salzinger, K., Feldmann, R., Portnoy, S.: Training parents of brain inquired children in the use of operant conditioning techniques. Behavior Therapy, 1970, S, 4–32

Weiss, H.: Probleme elterlicher Kooperativität und Konsequenzen für die Eltern- und Familienarbeit (unveröff. Referat, 1979)

Dieser Beitrag wäre ohne die Mitarbeit von Frau Dorsch, Herrn Finke, Frau Fleischmann, Herrn Klingshirn, Frau Kraus-Bayer, Frau Langer, Herrn Melcher, Frau Pittroff, Frau Schlegel, Frau Sunviriya, Frau Thaler, *nicht möglich gewesen.*

Modelle und Formen der Elternarbeit
in der Praxis

---

8. Frühförderung in den USA – Erfahrungen in der Elternarbeit

Von John F. Kane

Der Begriff Frühförderung umfaßt in den Vereinigten Staaten ein komplexes pädagogisch-klinisches Angebot für Familien mit Kindern, bei denen ein Risiko für ihre körperliche, geistige, soziale und/oder emotionale Entwicklung besteht. Die Risiken können sowohl in der Umwelt des Kindes liegen, z. B. in besonders ungünstigen sozio-ökonomischen Bedingungen, als auch beim Kind selbst, z. B. durch angeborene Behinderungen oder durch frühe Traumata. Der Begriff des Risikokindes umfaßt demnach eine breite Palette von Ursachen und Erscheinungsformen, und entsprechend vielfältig sind auch die Förderungsangebote und die an der Förderung beteiligten Professionen. Angesichts der Komplexität der Bemühungen in der Frühförderung können an dieser Stelle nur einige wichtige Aspekte dieser Bewegung dargestellt werden.

8.1. Förderung von Kindern aus sozio-ökonomisch schwachen Familien

Ein wesentlicher Anstoß für die Bemühung um eine frühe Förderung von Kindern war der sogenannte »Krieg gegen Armut« (war on poverty). Es war offensichtlich geworden, daß Kinder aus armen Familien nicht imstande waren, voll von dem pädagogischen Angebot in den öffentlichen Schulen zu profitieren. Um ihnen eine bessere Chance zu geben, wurde ein Vorschulsystem aufgebaut, das »Headstart« (Vorsprung) genannt wurde. Die ersten »Headstart«-Programme wurden für 3- bis 5jährige Kinder entwickelt und waren den Kindergärten ähnlich, die Mittelklassen-Kindern ab 3 Jahren als private Einrichtungen zur Verfügung standen. Später wurden diese Programme dahingehend erweitert, daß auch für Säuglinge und Kleinkinder aus armen Familien Förderungsmöglichkeiten geschaffen wurden (*Bloom* 1964, *Hunt* 1964). Nach einer Schätzung von *Ackermann* und *Moore* (1977) nahmen im Jahre 1975 etwa 263 000 Kinder an öffentlichen oder privaten Frühförderungsmaßnahmen teil.

8.1.1. Erfolg dieser Programme

Seit etwa 1972 wird versucht, die Bedeutung von »Headstart« und anderen Frühförderprogrammen für die Entwicklung der Kinder zu überprüfen (*Stedman* 1977). Die Ergebnisse einer Reihe von Untersuchungen führten *Bronfenbrenner* (1975) schon früh zu folgenden Schlußfolgerungen: Eine Frühförderung von

Kindern aus finanziell sehr schlecht gestellten Familien führt zunächst zu deutlichen Entwicklungsfortschritten. Diese Fortschritte können aber nur dann aufrechterhalten werden, wenn auch in der Umwelt des Kindes, insbesondere bei seinen Eltern, langfristig anhaltende Änderungen stattfinden. Auch neuere Untersuchungen haben bestätigt, daß die Frühförderung von Kindern aus sehr armen Familien positive Auswirkungen haben dürfte. *Ramey* und *Campbell* (1981) fanden, daß Kinder, die an Frühförderungsprogrammen teilgenommen hatten, auch noch 6 Jahre nach Abschluß der Förderung bei Intelligenztests deutlich besser abschnitten als solche, die keine Förderung genossen hatten. Diesen dauerhaften Vorsprung erklären *Ramey* und *Campbell* damit, daß die Eltern, die in die Frühförderung einbezogen waren, ihre Kinder auch lange nach Beendigung der eigentlichen Förderung weiter unterstützt haben.

Von noch längerfristigen Erfolgen berichteten *Karnes, Teska, Stoneburner, Lee* und *Appelbaum* (1981). Diese Autoren untersuchten den Schulerfolg 14 Jahre nach Abschluß einer Frühförderung für Säuglinge und Kleinkinder. Sie fanden, daß 98 % der Kinder noch eine Schule besuchten und nur 2 % die Schule vorzeitig verlassen hatten. Dies ist beeindruckend, wenn man bedenkt, daß bei Kindern in Armutsgebieten die Abgangsrate bis zu 25 % beträgt. Andere Forscher haben in letzter Zeit ähnlich positive Ergebnisse veröffentlicht (*Ramey* und *Brownlee* 1980; *Heber* und *Garber* 1975; *Lazer, Hubbell, Murray, Rosche, Royce* 1977; *Darlington, Royce, Snipper, Murray, Lazer* 1980; *Darlington* 1981). Es sollte jedoch darauf hingewiesen werden, daß die Allgemeingültigkeit dieser Ergebnisse von einigen Autoren (*Clarke* und *Clarke* 1977, 1979; *Horn* 1981) angezweifelt worden ist.

8.2. Einbeziehung von Kindern mit körperlichen und geistigen Behinderungen

Die Erfolge in der Arbeit mit armen Kindern ermutigten dazu, auch eine frühe Förderung von Kindern mit angeborenen Behinderungen oder mit prä-, peri-, oder postnatalen Risiken anzustreben. Die legale Basis für diese Erweiterung wurde im wesentlichen durch drei Gesetze geschaffen. Zunächst wurde der Teilnehmerkreis der bereits etablierten Headstart-Programme erweitert. Das Gesetz Public Law 94-424 bestimmte, daß 10 % der Teilnehmer in den Headstart-Programmen Kinder mit angeborenen Behinderungen sein sollten. Ein zweites Gesetz (Public Law 91-230) sah die Einführung von neuen Frühförderungsprogrammen für Säuglinge und Kleinkinder mit angeborenen oder früh erworbenen Behinderungen vor. Diese Programme sollten neben der Förderung der Kinder auch Information und Hilfen für ihre Familien anbieten. Und ein drittes Gesetz (Public Law 86-1674) trug der Tatsache Rechnung, daß es wenig Erfahrung im Umgang mit Säuglingen und Kleinkindern mit schweren organischen Behinderungen gab. Es ermöglichte die Errichtung von großen Forschungszentren, die an Universitäten angeschlossen wurden. Ziel der Forschung war eine multidisziplinäre Untersuchung der Ursachen und der Lernmöglichkeiten bei Kindern mit schweren sensorischen, motorischen und geistigen Behinderungen. Außerdem sollten große Behandlungszentren errichtet werden, um auf der Grundlage dieser Forschung Behandlungsmöglichkeiten zu entwickeln und diese in multidisziplinären Trainingsprogrammen an Sonderschullehrer, Heilpädagogen, Psychologen und Mediziner, die direkt mit geistig behinderten Personen arbeiten, zu vermitteln.

Zusätzlich zu den staatlich finanzierten Programmen haben auch private Organisationen Gelder für die Förderung von Kindern mit angeborenen Behinderungen zur Verfügung gestellt, z. B. The American Association for the Education of Serverely and Profoundly Retarded Persons, The Easter Seal Society, The United Cerebral Palsy Society and The National Association of Retarded Citizens. So wurden im Jahre 1974 etwa ein Viertel aller behinderten Kinder in privaten Einrichtungen gefördert.

8.2.1. Zusammensetzung der Förderungsgruppen

Entsprechend der Gesetzgebung wurden die behinderten Kinder zum Teil in bereits bestehende Programme integriert, zum Teil wurden spezielle Programme für sie entwickelt und an bereits vorhandene Einrichtungen angeschlossenen, und zum Teil wurden neue Einrichtungen zu ihrer Förderung geschaffen. In der integrierten Förderung fanden *Ackerman* und *Moore* (1977) vor allem Kinder mit allgemeiner Entwicklungsverzögerung, Sprachbehinderung oder psychischer Störung, seltener Kinder mit sensorischer oder motorischer Behinderung und nur in Ausnahmefällen Kinder mit schwerer geistiger Behinderung. Letztere wurden eher in gesonderten, auf ihre Möglichkeiten abgestimmten Programmen gefördert. Ein Beispiel für die Differenzierung in der Förderung ist das Mailman-Institut in Miami (Florida), an dem es sechs verschiedene Förderungsprogramme gibt (*Bricker, Seibert, Casuso* 1980): eines für schwer – bis sehr schwer geistig behinderte Säuglinge und Kleinkinder, eines für schwer – bis sehr schwer geistig behinderte Kinder im Schulalter, eines für leicht geistig behinderte Kinder im Kindergartenalter und eines für leicht geistig behinderte Kinder im Schulalter, eines für verhaltensgestörte Kinder und ein Headstart-Programm, in dem behinderte Kinder zusammen mit Kindern aus sehr armen Familien gefördert werden. Es gibt keine allgemeingültigen Regeln, nach denen die Förderungsgruppen zusammengestellt werden. Hier spielen örtliche Gegebenheiten ebenso eine Rolle, wie unterschiedliche theoretische Konzepte. Doch findet man die integrierte Förderung eher bei Kindern mit Entwicklungsverzögerungen und leichterer Behinderung, die stark differenzierte Förderung vor allem bei Kindern mit schwerer und Mehrfachbehinderung.

8.2.2. Komponenten der Frühförderungseinrichtungen

Viele Frühförderungseinrichtungen sind sogenannte »Vielzweckprogramme« (»omnibus programs« *Caldwell, Bradley, Elardo* 1977), die ein breit gefächertes Spektrum an Hilfen für die Kinder und für ihre Familien anbieten. Dabei wird versucht, die Förderungsmaßnahmen auf die Situation des Kindes und seiner Familie abzustimmen.

Bei den Kindern entspricht der Vielfalt der Behinderungsformen und -grade eine Vielfalt an Förderungszielen und Methoden. Sie reichen von der Förderung von Muskeltonus und Wahrnehmung über die Entwicklung kognitiver Fähigkeiten und das Üben lebenspraktischer Fertigkeiten bis hin zur Anbahnung vorsprachlicher und sprachlicher Kommunikationsmöglichkeiten. Besondere Schwierigkeiten bereitet noch immer die Förderung von mehrfachbehinderten Kindern *(Bricker* et al. 1980). In diesem Bereich steckt die Entwicklung von Förderungsmaßnahmen noch in den Kinderschuhen *(Campbell, Green, Carlson* 1977; *Sontag, Smith, Certo* 1977). Auch Dauer und Intensität der Förderung können auf die individuelle Situation abgestimmt werden. So bieten die Einrichtungen gezielte Einzelförderung ebenso an, wie Gruppenförderung, und die Dauer reicht von einzelnen Stunden bis hin zur regelmäßigen ganztätigen Betreuung.

Die Eltern werden von den meisten Einrichtungen angesprochen, da ihre Mitarbeit die Wirksamkeit der Förderung wesentlich zu erhöhen scheint. Doch bilden auch die Eltern eine äußerst heterogene Gruppe: Bei fast 80 % liegt das Einkommen unter dem Existenzminimum, das Bildungsniveau reicht von abgebrochener Sonderschulausbildung bis zu akademischen Graden, und die Familien kommen aus verschiedenen ethnischen und kulturellen Gruppen (etwa 40 % schwarz, 30 % lateinamerikanisch und 27 % weiß). So muß die Elternarbeit oft zunächst eine Stabilisierung der Familiensituation anstreben, bevor die Eltern mit ihrem Kind arbeiten können.

Viele Einrichtungen haben einen Sozialdienst, der versucht, den Eltern Hilfen bei der Bewältigung ihrer Lebenssituation zu geben, um äußere Belastungen zu verringern. Ein Sozialarbeiter unterstützt die Familie beim Umgang mit Behörden und bei der Suche nach Wohnung, Ausbildungsmöglichkeiten, Arbeitsstelle und nach therapeutischen Hilfen für andere Familienmitglieder. Außerdem vermitteln einige Einrichtungen auch in Krisensituationen kurzfristige Entlastungsmöglichkeiten (respite care), indem entweder eine Hilfe ins Haus geschickt wird oder das Kind für eine kurze Zeit in eine Einrichtung eingewiesen wird und zwar besonders für alleinerziehende Eltern oder für Eltern von Kindern mit schweren Verhaltensstörungen.

Die Einbeziehung der Eltern in die Förderung geschieht meist zunächst dadurch, daß die Eltern eingeladen werden, ihr Kind in der Einrichtung zu beobachten. Haben die Eltern gesehen, wie ihr Kind gefördert wird, so wird als nächstes versucht, sie zum Mitmachen anzuleiten. Diese Anleitung wird häufig von anderen bereits ausgebildeten Eltern übernommen. Hierdurch wird nicht nur eine Grundlage für eine Mitarbeit der Eltern geschaffen, sondern zugleich auch der Kontakt der Eltern untereinander und zur Einrichtung erleichtert.

In den Anfängen der Frühförderung waren zusätzliche Hausbesuche Pflicht. Sie wurden aber häufig nur ungern gestattet, da die Familien schlechte Erfahrungen mit Hausbesuchen von amtlichen Stellen gemacht hatten. Später ging man dazu über, Besuche in der Familie erst nach längeren Kontakten mit den Eltern vorzuschlagen. Bei solchen Besuchen stand nicht mehr das Kennenlernen im Vordergrund, sondern die Suche nach Möglichkeiten, das Kind auch zu Hause zu fördern. Auch die Form häuslicher Förderung hat sich in den letzten Jahren gewandelt. Früher ging man davon aus, daß Eltern zu Hause regelmäßig in speziellen Sitzungen mit ihrem Kind arbeiten sollten, um es so möglichst intensiv in seiner Entwicklung zu unterstützen. In den letzten Jahren haben einige Untersuchungen gezeigt, daß dies häufig eine Überforderung der Familie bedeutet, die meist ohnehin durch das behinderte Kind besonders stark belastet ist. Deshalb sind heute viele Einrichtungen dazu übergegangen, eine unsystematischere und unregelmäßigere Förderung zu empfehlen, bei der Eltern nur dann mit dem Kind arbeiten, wenn es sich im normalen Tagesablauf ergibt (z. B. wird Anziehen am Morgen oder nach dem Bad geübt und selbständiges Essen bei Mahlzeiten, bei denen die Mutter mit dem Kind allein ist). Die Eltern üben dabei nur dann mit dem Kind, wenn der Tagesablauf sowieso eine intensive Beschäftigung mit dem Kind erforderlich macht.

Neben dieser individuellen Anleitung werden meist auch Elternkurse angeboten, um die Eltern über allgemeinere Themen zu informieren, wie die frühkindliche Entwicklung, Übungsmethoden bei behinderten Kindern, legale Aspekte der Behindertenförderung und Möglichkeiten der medizinischen Versorgung. Über die Information hinaus bieten solche Kurse meist ein Forum für Elternkontakte, aus denen heraus sich zum Teil größere Elterninitiativen entwickeln und auch Hilfen für einzelne besonders belastete Eltern gefunden werden können.

Diese Beschreibung ist eine Übersicht über die wichtigsten Komponenten von Frühförderungsprogrammen in den Vereinigten Staaten. Selbstverständlich bestehen große Unterschiede zwischen einzelnen Einrichtungen hinsichtlich der Zahl, der Art und der Qualität ihrer Angebote für Kind und Eltern. Außerdem gibt es kein flächendeckendes Versorgungsnetz. In dünn besiedelten Gebieten gibt es zu wenig Förderungsmöglichkeiten, und die großen Entfernungen erschweren den Kontakt zu den Familien. In einigen dicht bevölkerten Gebieten mit hoher Arbeitslosigkeit und weit verbreiteter Armut fehlen flankierende Maßnahmen für die Familien. Dadurch ist kaum zu erwarten, daß die Familien positive Ergebnisse, die in der Frühförderung erreicht wurden, aufrechterhalten können. Die Integration von Behinderten in bereits bestehende Programme ist vielerorts auf Widerstände gestoßen. Sie kamen sowohl von Erziehern, die sich der Arbeit mit schwer Behinderten nicht gewachsen fühlten, als auch von den Eltern nicht-behinderter Kinder, die hierdurch eine Benachteiligung ihrer eigenen Kinder fürchteten.

8.2.3. Erfolge der Frühförderung mit behinderten Kindern

Obwohl die Frühförderung von sinnesgeschädigten, geistig und mehrfachbehinderten Kindern noch ein relativ junger Ansatz ist, gibt es schon einige ermutigende Ergebnisse zu ihrer Effektivität. Die eindrucksvollsten Berichte stammen aus der Arbeit mit tauben und blinden Säuglingen. Die Kinder, die in Frühförderungsprogramme aufgenommen wurden, machten deutlich bessere Fortschritte als vergleichbare Kinder, die keine Frühförderung erhielten (*Abelson* und *Freiberg* 1975; *Horton* 1976; *Northcott* 1978). *Northcott* konnte sogar zeigen, daß früh geförderte taube Kinder später im regulären Schulsystem erfolgreich waren.

Auch für Kinder mit Down-Syndrom gibt es schon eine Reihe von ermutigenden Ergebnissen. Geförderte Kinder waren nicht geförderten im lebenspraktischen Bereich, der Sprachentwicklung und im Umgang mit vorschulischem Material deutlich überlegen (*Burkhalt, Rutherford* und *Goldberg* 1978; *Conolly* 1980; *Hayden* und *Haring* 1977). Die langfristige Auswirkung von Frühförderung bei Kindern mit Down-Syndrom untersuchten *Ludlow* und *Allen* (1979). Sie verglichen über zehn

Jahre hinweg die Entwicklung von Kindern, die keine Frühförderung erhalten hatten, mit der Entwicklung von Kindern mit mindestens 2jähriger Frühförderung. Die Gruppe der geförderten Kinder zeigte eine wesentlich bessere soziale, sprachliche und intellektuelle Entwicklung als die Vergleichsgruppe. Bei dieser Gruppe war der für Down-Syndrom Kinder als typisch geltende allmähliche Abfall des Intelligenzquotienten minimal, er schien durch die Förderung aufgefangen zu werden. Und von der Gruppe der früh geförderten Kinder konnten sehr viel mehr eine öffentliche oder private Schule besuchen als von der anderen Gruppe. Diese Untersuchung legt nahe, daß die Frühförderung von Kindern mit Down-Syndrom nicht nur momentane Fortschritte ermöglicht, sondern auch ihre langfristigen Entwicklungschancen wesentlich verbessert.

Für autistische und schwer geistig behinderte Kinder gibt es zwar ermutigende Darstellungen von einzelnen Behandlungsverläufen, aber noch wenig Vergleiche zwischen langfristig geförderten und nichtgeförderten Gruppen. Deshalb bleibt offen, inwieweit hier langfristig ähnlich günstige Ergebnisse erreicht werden können wie bei den anderen Gruppen. Sicherlich ist nicht zu erwarten, daß die Frühförderung zu einer Behebung schwerer geistiger Behinderung führt. Ihr Ziel kann vielmehr nur sein, dem Kind die Chance zur Entwicklung seiner individuellen Möglichkeiten zu geben und zu helfen, daß es eine positive Beziehung zu seinen Eltern und Betreuern findet.

Viele Frühförderungsprogramme sprechen nicht nur das behinderte Kind an, sondern sie versuchen auch, den Eltern durch Beratung und Kurse neue Möglichkeiten im Umgang mit dem Kind zu vermitteln. Dabei wird von den Eltern ein gewisses Mitmachen erwartet, sie sollen die Grundsätze und Methoden der Förderung im täglichen Umgang mit dem Kind berücksichtigen. Das bedeutet sicherlich zunächst eine zusätzliche Belastung für die Eltern, doch nehmen dies viele in Kauf, um ihrem Kind zu helfen. Lohnt sich eigentlich ein solcher Mehraufwand für die Eltern?

Um herauszufinden, wie die Eltern im nachhinein Frühförderungsmaßnahmen beurteilen, verschickten *Schopler, Meisbov, DeVellis* und *Short* (1981) Fragebögen an alle Eltern, deren autistische Kinder im Laufe von 11 Jahren an einem Frühförderprogramm teilgenommen hatten. Von den über 600 Fragebögen wurde etwa die Hälfte ausgefüllt. Die Eltern berichteten, daß die Frühförderung ihnen geholfen hatte, die Kinder besser zu verstehen und mehr Freude an ihnen zu haben, und sie außerdem auch gezielter in der motorischen, sozialen und Sprachentwicklung zu unterstützen. Einschränkend meinten einige Eltern, daß Hilfen zur Lösung organisatorischer Probleme oder familiärer Konflikte gefehlt hätten. Sicherlich hat das Programm vielen Familien geholfen, besser mit ihrem autistischen Kind auszukommen. Doch ist fraglich, wieweit man die Fragebogenantworten verallgemeinern kann. Immerhin wurde nur die Hälfte der Fragebögen beantwortet, und es ist denkbar, daß weniger zufriedene Eltern auch weniger bereit waren, bei der Befragung zu kooperieren. Außerdem aber ist wahrscheinlich, daß das Programm nur einen Teil der Eltern erreicht hat, die solche Hilfen für ihre Kinder brauchen.

Die Frage, welche Eltern die Frühförderung erreicht und welche erfolgreich mitmachen können, wurde von *Baker, Clarke* und *Yasuda* (1981) untersucht. Sie boten durch die Presse Hilfen für Eltern mit geistig behinderten Kindern an. Der sozioökonomische Status und der Ausbildungsstand der Eltern, die auf das Angebot reagierten, war etwas höher als durchschnittlich in der Gegend. Außerdem war bei den interessierten Familien insgesamt eine relativ hohe Bereitschaft zur Teilnahme an schulischen und gesellschaftlichen Aktivitäten festzustellen. So waren die Eltern schon bei der ersten Kontaktaufnahme nicht repräsentativ für alle angesprochenen Eltern. In regelmäßigen Gruppensitzungen wurden den Eltern Hilfen für den Umgang mit ihren Kindern sowie Anleitungen für gezielte Förderung angeboten. Dreizehn Prozent der Eltern verließen das Programm im Laufe der ersten vier Sitzungen. Bei genauerer Betrachtung schienen zwei Variablen die Eltern zu charakterisieren, die das Programm verließen: Zum einen überwogen deutlich alleinstehende Eltern, zum anderen waren es meist Eltern, die zu Projektbeginn als weniger geschickt im Umgang mit ihrem Kind beurteilt worden waren. Die Eltern, die bis zum Ende des Kurses teilnahmen, lernten alle recht gut, ihre eigenen Kinder entsprechend den Kursrichtlinien zu fördern. Sie wurden gebeten, die Arbeit mit dem Kind auch nach dem Ende des Trainingsprogramms fortzusetzen. Nach 6 Monaten wurde ein Abschlußinterview durchgeführt. Die Interviewangaben zeigten, daß vor allem die Eltern die regelmäßige Arbeit mit ihrem Kind fortsetzten, deren Kinder zu Beginn des Programms schon relativ weit entwickelt waren und während des Programmes relativ gute Fortschritte gemacht hatten.

Es ist sicher nicht möglich, diese Ergebnisse im einzelnen zu erklären. So kann das Ausbleiben der alleinerziehenden Eltern viele Ursachen haben, vom praktischen Problem der Versorgung des Kindes während des Kurses über die Überforderung durch die alleinige Verantwortung bis hin zur Belastung durch eigene Schwierigkeiten. Doch zeigen die Ergebnisse, daß Frühförderprogramme, die eine Mitarbeit der Eltern voraussetzen, am ehesten Eltern in relativ gesicherten finanziellen und persönlichen Verhältnissen erreichen. Und die Fortsetzung der Förderung nach Abschluß des Trainings scheint am wahrscheinlichsten bei solchen Kindern, die weniger stark behindert sind und gute Lernfortschritte machen.

Wie sieht nun die langfristige Förderung durch die Eltern aus, und über welchen Zeitraum hinweg kann man sie erwarten? Um dies zu erfassen, befragten *Baker, Heyfitz* und *Murphy* (1980) 95 Eltern, die unmittelbar im Anschluß an ein Elterntraining regelmäßige Übungssitzungen mit ihrem geistig behinderten Kind durchgeführt hatten, 14 Monate nach Beendigung des Trainings. Sie fanden, daß nur noch ein geringer Teil der Eltern regelmäßige Übungssitzungen durchführte. Die meisten Eltern waren zu einer unsystematischen Förderung übergegangen, bei der sie nur dann mit dem Kind übten, wenn sich dies aus der Alltagsroutine heraus ergab. Ein Sonderproblem stellten Kinder mit schweren Verhaltensstörungen dar. Nur etwa 10 % der betroffenen Eltern waren im Laufe der 14 Monate in der Lage gewesen Verhaltensstörungen so zu behandeln, daß sie in einem für die Familie erträglichen Rahmen blieben. Die anderen Eltern fühlten, daß ihre Förderungsversuche an diesen Schwierigkeiten gescheitert waren. Dieses Ergebnis ist sicher nicht überraschend, wenn man bedenkt, daß schwere Verhaltensstörungen bei geistig Behinderten auch für professionelle Therapeuten immer noch das größte Hindernis für fast jede Art der Förderung darstellen *(Kane* 1979).

Verhaltensstörungen erschweren nicht nur Förderungsmaßnahmen, sondern sie belasten auch das Zusammenleben in der Familie. Wie gravierend solche Belastungen sein dürften, läßt sich in einer Untersuchung von *Chess* (1980) erkennen, die die Entwicklung von leicht geistig behinderten Kindern verfolgte. Die Eltern dieser Kinder hatten sich früh gezielt um eine intensive Förderung bemüht und waren entschlossen gewesen, die Kinder in der Familie zu behalten. Bei der Nachbefragung nach 6 Jahren zeigte sich, daß die älteren Kinder fast alle eine stärkere Belastung für ihre Familien bedeuteten. So fehlten jetzt oft angemessene Freizeitaktivitäten, und die Eltern fühlten immer stärker, daß sie die gesunden Kinder um des behinderten Kindes willen vernachlässigten. Nur ⅔ der Eltern sahen sich nach den 6 Jahren noch in der Lage, ihr Kind in der Familie zu behalten, die übrigen Kinder waren entweder in einem Heim untergebracht oder zumindest angemeldet. *Chess* ging nun der Frage nach, ob sich die Kinder, die zu Hause bleiben konnten, von den anderen unterschieden. Sie fand, daß die Kinder, die zu Hause blieben, keine oder geringfügige Verhaltensstörungen zeigten, während für die Kinder, die in Heimen angemeldet wurden, neben einem etwas niedrigeren Intelligenzquotienten vor allem mehr und schwerere Verhaltensstörungen berichtet wurden. Zwar wurde über Verhaltensstörungen auch bei der ersten Untersuchung berichtet, doch hatten die Eltern bei den jüngeren Kindern noch den Eindruck gehabt, damit leben zu können. Im Laufe der 6 Jahre hatte sich dann anscheinend die Bedeutung der Schwierigkeiten geändert. Die Eltern berichteten, daß bei den älteren und stärkeren Kindern Auftritte in der Öffentlichkeit wesentlich unangenehmer wurden, und daß ursprünglich verständnisvolle Nachbarn zunehmend eine Gefährdung der eigenen Kinder befürchteten. Außerdem wurden die schwierigen Kinder mit zunehmendem Alter auch schneller von den ohnehin spärlichen Aktivitäten außer Hause ausgeschlossen. So waren die durch die Verhaltensauffälligkeiten verursachten Konflikte eine häufige Ursache für die Entscheidung, die Betreuung der Kinder an ein darauf eingestelltes Heim zu übergeben.

Zusammenfassend ergaben die Untersuchungen folgendes Bild: Viele Eltern waren in der Lage, in Trainingsprogrammen die theoretischen Grundlagen und die praktische Anwendung einer Vielzahl von Förderungsmaßnahmen zu lernen. Außerdem zeigten sich die Eltern im allgemeinen zufrieden mit den angebotenen Programmen und berichteten, daß sie ihnen halfen, ihre Kinder besser zu verstehen und zu fördern *(Schopler* et al. 1981, *Ludlow* und *Allen* 1979). Allerdings scheinen die Trainings am ehesten für intakte Familien in gesicherten finanziellen Verhältnissen geeignet. Es bleibt offen, ob umfassendere Programme, wie z. B. von *Bricker* et al. (1980) beschrieben, auch Familien mit emotionalen oder materiellen Schwierigkeiten erreichen können.

Fast alle Eltern, die an einem Training teilnahmen, haben ihre Kinder auch nach dessen Abschluß weitergefördert. Allerdings verschob sich der Schwerpunkt ihrer Arbeit mit dem Kind meist von speziellen Trainingssitzungen auf eine weniger systematische und regelmäßige, in den Familienalltag eingebettete Förderung (incidental training), bei der der Zeitaufwand wohl wesentlich geringer ist. Die Eltern wandten Fördermaßnahmen längerfristig und mit mehr Erfolg an, wenn das Ziel der Förderung Aufrechterhaltung oder Aufbau neuer Fertigkeiten war. Die Behandlung von Verhaltensstörungen war dagegen sehr schwierig *(Baker* et al. 1980), und Mißerfolge in diesem Bereich wurden häufig als Grund für eine Institutionalisierung der Kinder angegeben *(Chess* 1980).

8.3. Das behinderte Kind und seine Familie

In der Förderung geistig behinderter Kinder wurde schon früh die Bedeutung der Situation im Elternhaus für die Entwicklung des Kindes betont. Dies geschah zum einen aus der Überlegung, daß die Familie der natürliche Lebensraum und die natürliche Lernumgebung für diese Kinder sei. Zum anderen aber führten klinische Beobachtungen schon vor über 20 Jahren (*Farber* 1959) zu der Schlußfolgerung, daß ein enger Zusammenhang besteht zwischen dem Entwicklungsverlauf eines geistig behinderten Kindes und der Situation seiner Familie. Kinder bei interessierten und stabilen Eltern schienen sich wesentlich besser zu entwickeln als Kinder in emotional belasteten Familien. Und sehr schwierige Kinder schienen in instabilen Familien zu einer zusätzlichen Belastung zu führen.

Spätere systematische Untersuchungen fragten zunächst, in welchen Familien sich geistig behinderte Kinder optimal entwickelten. Dabei wurde die familiäre Situation meist mit einem standardisierten Interview erfaßt (*Bradley* und *Caldwell* 1977). Die Eltern wurden u. a. gefragt, wie intensiv sie sich mit dem Kind befassen, welches Spielmaterial sie ihm anbieten, wieweit sie seine Unabhängigkeit fördern und in welchem Maße der häusliche Alltag auf die Bedürfnisse des Kindes abgestimmt ist. Für Risikokinder und Kinder aus sozial benachteiligten Familien wurde ein deutlicher Zusammenhang zwischen ihrer sozialen und kognitiven Entwicklung und den Ergebnissen des Interviews gefunden. Intensive Beschäftigung mit dem Kind und seine Versorgung mit gutem Spielmaterial waren vorwiegend bei solchen Kindern zu finden, die eine gute soziale und kognitive Entwicklung zeigten. Der Zusammenhang der Entwicklung mit dem sozioökonomischen Status der Familie, dem Intelligenzniveau des Kindes oder mit einzelnen perinatalen Risikofaktoren war vergleichsweise gering (*Sameroff* 1979; *Bradley* und *Caldwell* 1979; *Siegel* 1981). Ein ähnlicher Zusammenhang zwischen der häuslichen Situation und den kindlichen Entwicklungsfortschritten wurde auch bei Kindern mit leichter geistiger Behinderung (*Nihara, Mink* und *Meyers* 1980, 1981) und bei Kindern mit Down-Syndrom (*Piper* und *Ramsay* 1980) gefunden.

Aus diesen Ergebnissen schlossen einige Untersucher, daß das elterliche Interesse die Ursache für den günstigeren Entwicklungsverlauf ihrer Kinder sei. Die Ergebnisse können aber auch umgekehrt gedeutet werden, nämlich daß das elterliche Interesse Reaktion auf die erfreulichere kindliche Entwicklung ist. Denn es ist auch denkbar, daß ein Kind, das auf Kontaktangebote gut reagiert und das bei intensiver Förderung deutliche Fortschritte macht, die Eltern besser zu intensiven Kontakten motiviert als ein Kind, das eher schlecht ansprechbar ist und extrem langsam lernt. Letztere These wird durch Beobachtungen von *Zeskind* und *Ramey* (1981) bei Kindern mit dem Risikofaktor einer Mangelgeburt gestützt. Sie fanden, daß die Kinder, die in Frühröderungsprogramme aufgenommen wurden, gute Entwicklungsfortschritte machten und auch viel Zuwendung von den Eltern erfuhren, während die Kinder, die keine gezielte Förderung erhielten, sich deutlich langsamer entwickelten und zunehmend weniger Zuwendung von den Eltern erfuhren. Aus diesen Ergebnissen schlossen *Zeskind* und *Ramey,* daß die stetigen Fortschritte, die die Kinder aufgrund der Frühförderung zeigten, das Interesse und die Zuwendung der Eltern besser aufrechterhalten konnten. Darüberhinaus könnten die Eltern durch das Wissen um die intensiven Förderungsbemühungen auch angeregt worden sein, sich selbst ebenfalls intensiver mit dem Kind zu befassen.

Erst in jüngster Zeit wurde untersucht, wie die Eltern-Kind-Beziehung vom Kind her beeinflußt und z. T. erschwert wird. Erste Ergebnisse legen nahe, daß dies schon in den ersten Lebensmonaten geschieht. Das erste Signal, mit dem ein Säugling mit seinen Eltern Kontakt aufnehmen kann, ist das Schreien. Beim gesunden Säugling führt das Schreien nicht nur zur Befriedigung seiner körperlichen Bedürfnisse, sondern es aktiviert die Eltern auch zum gemeinsamen Spiel, zur Interaktion mit dem. Kinde *(Zeskind* 1980; *Zeskind* und *Lester* 1981; *Lester* 1979). Bei einigen behinderten und Risikokindern scheint das Schreien eine andere, eher aversive Qualität zu haben. Schreie dieser Kinder wurden sowohl von ihren eigenen Eltern als auch von den Eltern gesunder Kinder als sehr unangenehm empfunden, und sie lösten bei den Erwachsenen statt der Bereitschaft zu positiven Interaktionen deutliche Streßreaktionen aus *(Frodi* 1981; *Frodi, Lamb, Leavitt, Donovan* und *Neff* 1978; *Frodi, Lamb* und *Wille* 1980; *Osterwald* 1973; *Wolff* 1969). Warum die Schreie dieser Kinder anders auf Erwachsene wirken, ist noch unbekannt. Möglicherweise sind sie Ausdruck von Schmerz oder Unbehagen *(Fraser* und *Ozols* 1981) und somit tatsächlich ein anderes Signal als das Schreien gesunder Kinder.

Nicht nur die Kontaktaufnahme scheint bei manchen behinderten Kindern erschwert, sondern auch der Interaktionsverlauf. Bei gesunden Säuglingen verläuft die Interaktion mit den Müttern schon in den ersten Wochen in festen Rhythmen von abwechselnder Aktivität und Ruhe *(Schaffer* 1979). Dabei scheinen sich die Mütter an das Kind anzupassen, indem sie aktiv werden, wenn beim Kind eine Pause eintritt und ihre Aktivität unterbrechen, wenn das Kind aktiv wird. Dieses Hin und Her wird als der erste Anfang eines Dialogs gesehen. Und schon dieser erste Dialog ist wohl bei behinderten Kindern erheblich erschwert. *Jones* (1977) fand, daß es für Mütter von Säuglingen mit Down-Syndrom sehr schwierig war, ihre eigene Aktivität an den Rhythmus des Kindes anzupassen. Er sah hierfür vor allem drei Gründe: Die Verhaltensweisen dieser Kinder waren für die Eltern schwer zu identifizieren, die Kinder zeigten sehr unregelmäßige Rhythmen, und sie reagierten nicht auf die Aktivität der Mutter. Solche Schwierigkeiten könnten dazu führen, daß sich die Eltern behinderter Kinder sehr viel intensiver bemühen, Interaktionen mit ihren Kindern aufrechtzuerhalten. Sie beginnen öfter Interaktionen, steuern sie stärker und reagieren seltener positiv auf ihr Kind *(Jones* 1977, 1979; *Cunningham* et al. 1981; *Marshall* et al. 1973; *Terdal* et al. 1976; *Cohen, Beckwith* und *Parmelee* 1978; *Wilton* und *Babour* 1978). Insgesamt dürften also häufig schon die ersten Interaktionen für die Eltern behinderter Kinder trotz vermehrten Einsatzes weniger erfreulich und befriedigend verlaufen als für Eltern gesunder Kinder.

Diese Untersuchungen zum Verhalten und den Interaktionen behinderter Säuglinge stehen noch ganz am Anfang. Doch schon jetzt helfen sie zu einem besseren Verständnis für die Eltern, die es schwierig finden, einen guten und entspannten Kontakt zu ihrem behinderten Kind aufzubauen. Andrerseits wecken sie die Hoffnung, daß Eltern trotz der größeren Unregelmäßigkeit und geringeren Verständlichkeit ihrer Kinder zu einer befriedigenderen Interaktion kommen können, wenn sie mehr über die besonderen Signale und Rhythmen ihrer Kinder wissen.

All diese Untersuchungen machen deutlich, daß eine ständige Wechselbeziehung zwischen dem behinderten Kind, seinen Eltern und auch ihrer Umgebung stattfindet. Fortschritte des Kindes scheinen die Anteilnahme der Eltern zu bestärken, und deren Interesse und Förderung ist die beste Voraussetzung für weitere Fortschritte. Schließlich dürften Eltern und Kind auch von außen beeinflußt werden, wobei Hindernisse wie verständnislose Nachbarn ebenso beide beeinträchtigen wie Hilfen z. B. durch Frühförderung beiden zugute kommen können.

8.4. Schlußfolgerungen und Ausblick

Die etwa 15jährige Bemühung um die Frühförderung hat in den Vereinigten Staaten eine große Zahl von Modellen und Programmen hervorgebracht, wobei sicher noch kein flächendeckendes Versorgungsnetz aufgebaut werden konnte. In den Regionen, in denen Frühförderung über einen längeren Zeitraum hinweg eingesetzt wurde, lassen sich deutliche Erfolge erkennen:

(1) Für sozial benachteiligte sowie für blinde und gehörlose Kinder konnte die Frühförderung oft den Weg zu einer relativ unauffälligen Entwicklung ebnen, so daß diesen Kindern oft sogar die normale Schullaufbahn offenstand.

(2) Bei mongoloiden Kindern konnten dauerhafte Erfolge erreicht werden, indem der übliche Intelligenzabfall weitgehend verhindert werden konnte.

(3) Die Frühförderung von autistischen sowie schwer und mehrfach behinderten Kindern steht noch in der Erprobungsphase. Die Modelle basieren auf sehr unterschiedlichen theoretischen und methodischen Grundlagen, und entsprechend vielfältig sind die Methoden zur Erfassung und Förderung der Entwicklung im lebenspraktischen, sozialen, kommunikativen und kognitiven Bereich. Dabei wird zunehmend darauf geachtet, ein umfassendes Bild vom Kind zu gewinnen, um eine zu einseitige Förderung zu vermeiden.

Häufig konnten auch Eltern in die Förderung ihrer Kinder einbezogen werden. Dabei lag früher der Schwerpunkt der Elternarbeit bei dem Versuch, sie zu Kotherapeuten zu gewinnen. Viele Eltern waren zwar in der Lage, Fördermaßnahmen selbständig zu Hause durchzuführen, doch schien dies oft zu einer zusätzlichen Belastung in der Familie zu führen. Deshalb wird heute stärker die Notwendigkeit gesehen, den Eltern Hilfen für ihr alltägliches Zusammenleben mit dem behinderten Kind zu geben und sie, soweit irgend möglich, zumindest zeitweise zu entlasten.

Nach den bisherigen Erfahrungen scheinen drei Faktoren besonders bedeutsam für die Entwicklung eines behinderten Kindes: zum einen die allgemeine Situation der Familie und ihre Anpassung an das Kind; zum anderen Art und Schweregrad der Behinderung des Kindes und seine individuellen Kompensationsmöglichkeiten und schließlich die Verfügbarkeit von institutionellen Hilfen für das Kind und seine Familie. Zur Verbesserung der institutionellen Möglichkeiten bemüht man sich in den letzten Jahren verstärkt um einen Erfahrungsaustausch zwischen den verschiedenen Einrichtungen. Beschreibungen von neu entwickelten Fördermaßnahmen werden in speziellen Informationszentren gesammelt und können von dort gezielt für bestimmte Fragestellungen abgerufen werden. Dadurch hofft man auch, ein etwas einheitlicheres Niveau in der Frühförderung erreichen zu können.

Diesen ermutigenden Ergebnissen steht ein breites Spektrum von ungelösten organisatorischen und inhaltlichen Problemen gegenüber. So ist man in den Vereinigten Staaten noch weit von einem flächendeckenden Versorgungsnetz entfernt, und die flankierenden Hilfen für die Eltern sind in Anbetracht stark gekürzter Sozialausgaben und hoher Arbeitslosigkeit erheblich erschwert. Schließlich gibt es zu wenig Möglichkeiten zu einer zeitweiligen Entlastung von überforderten Eltern.

Trotz der Vielzahl von Förderansätzen bleiben auch noch viele Fragen im Umgang mit schwer und mehrfach behinderten Kindern offen. So weiß man noch wenig über Besonderheiten in den Bedürfnissen, dem Erleben und den Reaktionen von schwer behinderten Säuglingen und Kleinkindern. Auch gibt es zwar Hinweise darauf, daß schon die frühesten Interaktionen mit diesen Kindern erschwert sein können, aber kaum Ansätze zur Erleichterung dieser Interaktionen. Dies scheint ein besonders gravierender Mangel, da die frühen Mutter-Kind-Interaktionen die Grundlage für die spätere Sozial- und Kommunikationsentwicklung bilden. Weiterhin gibt es noch immer wenig Hilfen für das Verständnis für und den Umgang mit Kindern mit schweren Verhaltensstörungen, obwohl diese die Entwicklungsmöglichkeiten wesentlich zu beeinträchtigen scheinen.

Als Ausklang folgt diesem eher optimistischen Bild der Gegenwart ein besorgter Blick in die Zukunft. Die Vereinigten Staaten befinden sich zur Zeit ähnlich wie andere industrialisierte Länder in einer ökonomischen und wirtschaftlichen Krise, die unmittelbare Auswirkungen auf Frühförderungsbestrebungen haben dürfte. Voraussichtlich wird dadurch der weitere Ausbau der Frühförderung erschwert, ja man muß sogar mit Einschränkungen bei bereits etablierten staatlichen Programmen rechnen. Darüberhinaus steht zu befürchten, daß auch die Gelder für die Forschungs- und Ausbildungszentren wesentlich reduziert werden. Dies würde nicht nur das Ausbildungsniveau der Mitarbeiter gefährden, sondern auch eine Weiterentwicklung neuer Förderungsansätze. In dieser Situation der Einschränkung auf nationaler Ebene bleibt nur die Hoffnung, daß ein Stillstand der Forschung und Programmentwicklung durch eine verstärkte internationale Kooperation verhindert werden kann.

Literatur

Abelson, E., Freiberg, S.: Gross motor development in infants blind from birth. In: *B. Freidlander, G. Sterritt, G. Kirk* (Eds.): Exceptional Infant, (Vol. 3), New York, Brunner/ Mazel 1975

Ackerman, P. R., Moore, M. G.: Delivery of educational services to preschool handicapped children. In: *T. D. Tjossem* (Ed.): Intervention strategies for high risk infants and young children. Baltimore, MA, University Park Press 1977

Baker, B. L., Clarke, D. B., Yasuda, P. M.: Predictors of success in parent training. In: *P. Mittler* (Ed.): Frontiers of Knowledge in Mental Retardation (Vol. 1), Social, educational, and Behavioral Aspects. Baltimore, MD, University Park Press 1981

Baker, B. L., Heyfitz, L. J., Murphy, D. M.: Behavioral training for parents of mentally retarded children: One-Year follow-up. American Journal of Mental Deficiency, 1980, 85, 31–38

Bloom, B. S.: Stability and change in human characteristics. New Cork, NY, John Wiley Sons 1964

Bradley, B. H., Caldwell, B. M.: Home observation for measurement of the environment: A validation study of screening efficiency. American Journal of Mental Deficiency. 1977, 81, 417–420

–, – Home observation for measurement of the environment: A revision of the preschool scale. American Journal of Mental Deficiency. 1979, 84, 235–244

Bricker, D., Seibert, J. M., Casuso, V.: Early Intervention. In: *J. Hogg, P. J. Mittler* (Eds.): Advances in mental Handicap Research. New York, NY, John Wiley Sons 1980

Bronfenbrenner, U.: Is early intervention effective? In: *B. Friedlander, G. Sterritt, G. Kirk* (Eds.): Exceptional Infant, (Vol. 3), New York, NY, Brunner/Mazel 1975

Burkhalt, J., Rutherford, R., Goldberg, K.: Verbal and nonverbal interaction of mothers with their Down's syndrome retarded infants. American Journal of Mental Deficiency, 1978, 82, 337–343

Caldwell, B. M., Bradley, R. H., Elardo, R.: Early Stimulation. In: *J. Wortis* (Ed.): Mental Retardation: A annual review (Vol. VII). New York, NY, Brunner/Mazel 1977.

Campbell, P. H., Green, K. M., Carlson, L. M.: Approximating the norm through environmental and child-centered prosthetics and adaptive equipment. In: *E. Sontag, J. Smith, N. Certo* (Eds.): Educational Programming for the Severely and Profoundly Handicapped, Council of Exceptional Children, Reston, VA, 1977

Chess, S.: The mildly mentally retarded child in the community: Success versus failure. In: *S. B. Sells, C. R. Crandall* (Eds.): Human functioning in longitudinal perspective. Baltimore, MD, Williams and Wilkins 1980

Clarke, A. D. H., Clarke, A. M.: Prospects for prevention and ammelioration of mental retardation: A guest editorial. American Journal of Mental Deficiency, 1977, 81, 523–533

Clarke, A. M., Clarke, A. D. H.: Early experience: Its limited effect upon later development. In: *D. Shaffer, J. Dunn* (Eds.): The first year of life: Psychological and medical implications of early experience. New York, NY, John Wiley Sons 1979

Cohen, S., Beckwith, L., Parmelee A.: Receptive language development in preterm children as related to caregiver-child interaction. Pediatrics 1978, 79, 61, 16–20

Conolly, B. et al: Early intervention with Down's syndrome: Follow-up report. Physical Therapy, 1980, 60, 1405–1408

Cunningham, C. E., Reuler, E., Blackwell, J., Deck, J.: Behavioral and Linguistic Developments in the interactions of normal and retarded children with their mothers. Child Development, 1981, 52, 62–70

Darlington, R. B.: Reply to Horn. Science, 1981, 213, 1145–1146

Darlington, R. B., Royce, J. M., Snipper, A. S., Murray, H. W., Lazer, I.: Preschool programs and later school competence of children from low income families. Science, 1980, 208, 202–204

Farber, B.: Effects of a severely mentally retarded child on family integration. Monographs of the Society for Research on Child Development. 1959, 24, (Series No. 71)

Fraser, W. I., Ozols, D.: Detecting pain and distress in the profoundly retarded. In: *P. Mittler* (Ed): Frontiers of knowledge in mental retardation, (Vol 1), Proceedings of the fifth congress of the international Association for the Scientific Study of Mental Deficiency, Baltimore, MD, University Park Press 1981

Frodi, A. M.: Contribution of infant characteristics to child abuse. American Journal of Mental Deficiency, 1981, 85, 341–349

Frodi, A. M., Lamb, M. E., Wille, D.: Mother's responses to the cries of normal and premature infants as a function of the birth status of their own child. Journal of Research in Personality, 1980, in press

Frodi, A. M., Lamb, M. E., Leavitt, L., Donovan, W., Neff., Sherry, D.: Father's and mother's responses to the appearance and cries of premature and normal infants. Developmental Psychology, 1978, 14, 490–498

Frodi, A. M., Lamb, M. E., Leavitt, L., Donovan, W.: Father's and mother's responses to infant smiles and cries. Infant Behavior and Development, 1978, 1, 187–198

Hayden, A. H., Haring, N. G.: The acceleration and maintainence of developmental gains in Down's syndrome school-age children. In: *P. Mittler* (Ed.): Research to practice in mental retardation: Care and intervention (Vol. 1), Baltimore, MD. University Park Press 1977

Heber, R., Garber, H.: The Milwaukee Project: A study of the use of family intervention to prenent cultural-familial mental retardation. In: *B. Friedlander, G. Sterritt, G. Kirk* (Eds.): Exceptional Infant, (Vol. 3), New York, NY, Brunner/Mazel 1975

Horn, J. M.: Duration of preschool effects on later school competence. Science, 1981, 203, 1145

Horton, K.: Early intervention for hearing impaired infants and young children. In: *T. Tjossem* (Ed.): Intervention strategies for high risk infants and young children. Baltimore, MD, University Park Press 1976

Hunt, J. Mc.V.: The psychological basis for using preschool as an antidote for cultural deprivation. Merill-Palmer Quarterly, 1964, 10, 209–248

Jones, O. H. M.: Mother-child communication with pre-linguistic Down's syndrome and normal infants. In: *H. R. Schaffer* (Ed.): Studies in mother-infant interaction. London, Academic Press 1977

– A comparative study of mother-child communication with Down's syndrome and normal infants. In: *D. Schaffer, J. Dunn* (Eds.): The first year of life: Psychological and medical implications of early experience. New York, NY, John Wiley Sons 1979

Kane, J. F.: Behandlung schwerer Verhaltensstörungen bei geistig Behinderten: Literaturübersicht. Heilpädagogische Forschung, 1979, 7, 143–175

Karnes, M. B., Teska, J. A., Stoneburner, R. L., Lee, R. C., Appelbaum, L.: Short-term and long-term effects of five preschool approaches to preventing mental retardation. In: *P. Mittler* (Ed.): Frontiers of Knowledge in Mental Retardation (Vol. 1), Social, Educational, and Behavioral Aspects. Baltimore, MD, University Park Press 1981

Lazer, I., Hubbell, V., Murray, H., Rosche, M., Royce, J.: The persistence of preschool effects: A long-term follow-up of fourteen infant and preschool experiments. Summary of final report, grant no. 18-76-7843, Office of Human Development Services, HEW, 1977

Lester, R. M.: A synergistic process approach to the study of prenatal malnutrition. International Journal of Behavioral Development, 1979, 2, 377–393

Ludlow, A. R. Allen, D.: The effect of early intervention and preschool stimulus on the development of Down's syndrome children. Journal of Mental Deficiency Research, 1979, 23, 29–44

Marshall, N. R., Hegrenes, J. R., Goldstein, S.: Verbal interactions: Mothers and their retarded children vs mothers and their non-retarded children. American Journal of Mental Deficiency, 1973, 77, 415–419

Nihara, K., Mink, I., Meyers, C. E.: Relationship between home environment and school adjustment of TMR children. American Journal of Mental Deficiency, 1981, 86, 8–15

Nihara, K., Meyers, E., Mink, I.: Home environment, familiy adjustment, and the development of mentally retarded children. Applied Research in Mental Retardation, 1980, 1, 5–24

Northcott, W.: Integrating the preprimary hearing-impaired child. In: *M. Guralnick* (Ed.): Early Intervention and the Integration of Handicapped and Non-handicapped Children. Baltimore, MD, University Park Press 1978

Ostwald, P.: The semiotics of human sounds. The Hague, Mouton 1973

Piper, M. C., Ramsay, M. K.: Effects of early home environment on the mental development of Downs syndrome infants. American Journal of Mental Deficiency. 1980, 85, 39–44

Ramey, C. T., Brownlee, J. R.: Improving the identification of high-risk infants. American Journal of Mental Deficiency, 1980, 85, 504–511

Ramey, C. T., Campbell, F. A.: Educational intervention for children at risk for mild retardation. In: *P. Mittler* (Ed.): Frontiers of Knowledge in Mental Retardation, (Vol. 1), Social, Educational, and Behavioral Aspects. Baltimore, MD, University Park Press 1981

Sameroff, A. J.: The etiology of cognitive competence: A systems perspective. In: *R. B. Kearsley, I. E. Sigel* (Eds.): Infants at risk: Assessment of cognitive functioning. Hillsdale, NJ, Lawrence Erlbaum Associates 1979

Schaffer, H. R.: Acquiring the concept of dialogue. In: *C. M. Bornstein, W. Kessen* (Eds.); Psychological development from infancy: Image to intention. Hillsdale, NJ, Lawrence Erlbaum Associates 1979

Schopler, E., Meisbov, G. B., DeVillis, R. F., Short, A.: Treatment outcome for autistic children and their families. In: *P. Mittler* (Ed.): Frontiers of Knowledge in Mental Retardation, (Vol. 1). Social Educational, and Behavioral Aspects. Baltimore, MD, University Park Press 1981

Siegel, L.: Infant tests as predictors of cognitive and language development at two years. Child Development, 1981, 532, 545–557

Sontag, E., Smith, J., Certo, N. (Eds.): Educational Programming for the Severely and Profoundly Handicapped. Reston, VA, Council of Exceptional Children, 1977

Stedman, D. J.: Important considerations in the review and evaluation of educational intervention programs. In: *P. Mittler* (Ed.): Research to practice in mental retardation: Care and intervention (Vol. 1). Baltimore, MD, University Park Press 1977

Terdal, L. E., Jackson, R. H., Garner, A. M.: Mother-child interactions: A comparison between normal and developmentally delayed groups. In: *E. J. Mash, L. A. Hammerlynck, L. C. Handy* (Eds.): Behavior modification and families. New York, NY, Brunner/Mazel 1976

Wilton, K., Barbour, A.: Mother-child interaction in high risk and contrast preschoolers of low socioeconomic status. Child Development, 1978, 49, 1136–1145

Wolff, P.: The natural history of crying and other vocalizations in early infancy. In: *B. Foss* (Ed.): Determinants of infant behavior, IV. London, Methuen 1969

Zeskind, P. S., Ramey, C.: Preventing intellectual and interactional sequelae of fetal malnutrition: A longitudinal, transactional and synergistic approach to development. Child Development, 1981, 52, 213–218

Zeskind, P. S., Lester, B. M.: Analysis of cry features in newborns with differential fetal growth. Child Development 1981, 52, 207–212

Zeskind, P. S.: Adult responses to cries of low-risk and high-risk infants. Infant Behavior and Development, 1980, 3, 167–177

9. Gegenwärtig praktizierte Formen der Elterngruppenarbeit in der Frühförderung

Von Claire-Lise Spörri

Vorwort

Hintergrund für diesen Bericht bildet ein Bund-Länderprojekt »Elternarbeit in der Frühförderung«, welches die Intention hatte, im Rahmen der wissenschaftlichen Begleitung der Frühförderung (Prof. O. Speck) die gegenwärtigen Formen der Zusammenarbeit mit Eltern in Erfahrung zu bringen und zu reflektieren. Schwerpunkt bildete der Versuch, einige Elterngruppen zu initiieren, um ihre Wirksamkeit für Eltern und Frühförderung zu ermitteln.

Kontakte zu den Frühförderdiensten im oberbayerischen Raum haben mir ermöglicht, dort an Elternveranstaltungen teilzunehmen und mit den Mitarbeitern gemeinsam Elterngruppen aufzubauen.

Um insgesamt einen Eindruck über elternbezogene Aktivitäten der Einrichtungen zu bekommen, wurde von mir ein Fragebogen an alle bayrischen Frühförderdienste verschickt.

Dieser Aufsatz ist zu verstehen als ein Versuch, einzelne Gesichtspunkte der Elterngruppenarbeit der Frühförderung darzustellen, zu erläutern und zu problematisieren. Er enthält Daten aus der Erhebung, Meinungen und Erfahrungen von Mitarbeitern und Eltern, eigene Gedanken und Hinweise aus der Literatur.

9.1. Zur Familienorientierung der Frühförderung: Anspruch und Wirklichkeit

Die Aufgabe der Frühförderung liegt darin, der Familie das Bewußtsein zurückzugeben, daß Entwicklungsfortschritte des behinderte Kindes nicht allein durch Behandlung und technische Übung erreicht werden kann, sondern durch ein Gesamt an familiärer menschlicher Umgebung, die gekennzeichnet ist durch offene Kommunikation, Spielraum zur Entfaltung und selbstwertfördernde Beziehungen. Der Konzeption und Intention nach möchte der Früherzieher *nicht behandeln, sondern die Familie zu einem bestimmten Handeln befähigen (Fragner* 1981, S. 9).

Tatsächlich ist Frühförderung aber gegenwärtig noch nicht in der Lage, »innerhalb der Familie durch die Familie wirksam zu werden« (vgl. Brief eines Vaters, in diesem Band S. 25). Oft überwältigt von einem – die beruflichen Handlungsmöglichkeiten sprengenden – Alltag der Familie, versucht sie vorerst vor allem, dem Kind durch eine an individuellen Lerngesetzen orientierte Vorstellung von Entwicklungshilfe Rechnung zu tragen.

Die gegenwärtigen Versuche der Frühförderung, sich mehr den Bedürfnissen der Eltern und Familien zuzuwenden, müssen jedoch im übrigen unter dem Gesichtspunkt betrachtet werden, daß familiäre Entlastungshilfe, beratender Kontakt und Elterngruppen für die Einrichtungen bisher noch keine abrechenbaren Leistungen darstellen. So verhindert eine Lücke im Finanzierungssystem, das Hauptaugenmerk mehr auf den Gesamtkontext der Familie zu richten, wo die wesentlichen diagnostischen Schritte im Erkennen von problematischen Erwartungshaltungen und entwicklungsblockierenden Rollenzuweisungen liegen würden, statt in kindlichen Entwicklungsanamnesen und Testuntersuchungen *(Mangold* u. *Obendorf* 1981, S. 16).

In Motiven der Fachleute, sich trotzdem mehr den Belangen einer Familie zu widmen, kommt deshalb vermutlich auch zum Ausdruck, daß eine nur förderungsbezogene Arbeit »am« Kind keine befriedigenden Entwicklungsfortschritte zeigen kann.

Während die gegenwärtige Zusammenarbeit mit Eltern laut Fragebogen bei fast allen Einrichtungen (in Prozent der Gesamtzeit der Tätigkeit inklusive Anleitung der Eltern) zwischen 10 und 30 % beträgt, wünschen sich die Einrichtungen einen Anteil an Eltern- und Familienarbeit zwischen 40 und 60 % der gesamten Frühfördertätigkeit. Außerhalb der Förderstunde stattfindende Gespräche mit Eltern werden von der überwiegenden Mehrzahl der Einrichtungen für notwendig erachtet. Die Früherzieher berichten im Fragebogen, daß es ihnen im Erstgespräch mit den Eltern zunächst weniger um allgemeine Informationen über das Kind und dessen Diagnosen und Untersuchungen geht, sondern vor allem wichtig ist, einen guten Kontakt zu den Eltern herzustellen, Erwartungen zu klären und die Befindlichkeit der Mutter wahrzunehmen.

Das sind Aussagen, die darauf hinweisen, wie wichtig den Fachleuten die so schwierige Familienarbeit ist. Der Fragebogen gibt auch einige Auskünfte darüber, inwieweit sich unter gegenwärtigen Bedingungen die Familienorientierung praktisch verwirklichen kann.

Nahezu alle Einrichtungen können Eltern rechtlich-finanziell beraten und die Hälfte ist auch zeitlich in der Lage, in Behördenangelegenheiten Hilfe zu leisten. Weniger als die Hälfte der Einrichtungen aber können Maßnahmen zur Entlastung der Familie anbieten. Am wenigsten erfüllt scheint der Bereich der Kontakt- und Integrationshilfen für Eltern und Familie. Nur 69 von 92 Einrichtungen machen Angaben darüber, ob sie Elternveranstaltungen im Sinne von Eltern- und Familienfesten, -nachmittagen, oder -wochenden, Elternabenden, -gruppen und -seminaren organisieren können. Kaum die Hälfte davon können im Durchschnitt 2–3 Elternabende im Jahr anbieten und noch weniger haben schon Erfahrungen mit einer Elterngruppe gemacht.

Früherzieher signalisieren im Fragebogen auch Unsicherheiten in der Haltung gegenüber den Eltern: die Hälfte der Einrichtungen halten sich in punkto Beratung der Eltern nur für bedingt genug ausgebildet. Die schwierigen Gespräche sind dabei diejenigen, in denen es um die Einstellung der Eltern gegenüber der Behinderung geht, um Schuldgefühle, Beziehungskonflikte zum behinderten Kind, seinen Geschwistern und um Partnerprobleme. Fortbildungswünsche der Mitarbeiter häufen sich bei Themen wie: »Orientierungshilfen in Mutter-Kind-Interaktionen und in familiendynamischen Problemen« und »Hilfen für die Gesprächsführung« (Erhebungsbogen zur Frühförderung in Bayern Teil I u. II 1981).

Der Ausdruck »Rollenprobleme der Therapeuten in der Frühförderung«, dem ich mehrfach in Fortbildungen und Teamgesprächen begegnet bin, könnte ein Hinweis darauf sein, daß doch vielfach noch ungeklärt ist, wie Fachleute den Eltern und Familien begegnen können, um diese zu einem entwicklungsfördernden Handeln gegenüber dem behinderten Kind anzuregen. Scheinbar wird durch die Intensivierung der Eltern- und Familienarbeit eine bislang klar abgegrenzte, auf das Kind bezogene Rollenverteilung zwischen Früherzieher und Eltern ins Wanken gebracht, ein Selbstverständnis der Fachleute erschüttert.

9.2. Erfordert die Zusammenarbeit mit den Eltern ein neues Selbstverständnis der Fachleute?

Durch seine Ausbildung, seine behindertenspezifischen Kenntnisse und therapeutischen Fertigkeiten, fühlt sich der Früherzieher vorrangig kompetent und begabt im Umgang mit dem Kind. Eine systematische berufliche Beschäftigung mit geeignetem Spielmaterial und Übungsmöglichkeiten, diagnostische Kenntnisse und Vergleichsmöglichkeiten kindlicher Entwicklungen geben dem Früherzieher gegenüber den Eltern des behinderten Kindes einen Vorsprung im unmittelbaren Handlungswissen. Dadurch werden Eltern oft nur in der Rolle des Lernenden, desjenigen, der sich in Frage stellen lassen muß, verändern muß, gesehen. Fachleute appellieren durch ihre Konzentration auf das Kind unwissentlich an das elterliche Gewissen. Solange die Zusammenarbeit den Eltern nur die Möglichkeit bietet, unter Anleitung pädagogische Übungen mit dem Kind als Hausaufgabe durchzuführen, besteht die Gefahr einer zusätzlichen Frustration für Familie und Kind (*Mangold* u. *Obendorf* 1981). Das Fördern des Kindes kann zu einem Kriterium für »gute Eltern« werden und Fachleute, die die Eltern nur in ihrer Funktion als Eltern anzusprechen vermögen, werden von diesen als »die besseren Eltern« empfunden. So beginnen sich die Eltern schnell überfordert zu fühlen, weil sie selten als Personen mit eigenen Bedürfnissen gesehen werden. Daraus kann auch das Gefühl resultieren, von den Fachleuten nie genug zu bekommen, nicht *wirklich* Anerkennung zu erhalten.

Das Bedeutungsumfeld des Elterndaseins von Familien behinderter Kinder ist in verstärktem Maße geprägt von Anforderungen und Erwartungen an Pflichtbewußtheit, Verantwortlichkeit, Fürsorglichkeit, Verzichtbereitschaft, Entscheidungs- und Planungsvermögen. Fehlende oder mangelhafte Informationen über die Ursachen der Behinderung, unreflektierte Verhaltensweisen von Ärzten und Fachleuten, aber auch Verhaltensweisen der Eltern selbst, die aus ungelösten Konflikten der eigenen Lebensgeschichte resultieren, können Schuldgefühle hervorrufen. Gesellschaftlicher Rückzug und hohe moralische Erwartungen bewirken dann oft, daß die Eltern sich in ihrer Verunsicherung in extremem Maße Gedanken darüber machen, ob sie genug für ihr Kind tun, ob sie es richtig machen, ob sie auch mit diesem Kind noch Anerkennung als Eltern und Familie finden können. Auch die Vorstellung, möglicherweise ein Leben lang zu einer fürsorgenden Elternschaft verpflichtet zu sein, bedroht die Eltern und je unmöglicher es scheint, dieses Schicksal wieder los zu werden, umso mehr muß der Wunsch danach im Keim erstickt werden. Es bleibt den Eltern in dieser Leidensgeschichte oft nur, dann wenigstens Eltern zu werden, denen man – vor allem von seiten der Fachleute – nichts vorwerfen kann, unterlassen zu haben.

Die Erweiterung des Blickfelds der Frühförderung vom Kind auf die Situation der Familie kann diesen Teufelskreis von Verunsicherung, Angst vor dem tatsächlich oft distanzierten Verhalten der Umwelt, Schuldgefühlen und wiedergutmachenden Leistungsversuchen der Eltern, durchbrechen helfen.

Ich sehe die *Aufgabe des Früherziehers gegenüber der Familie* auf drei Ebenen angesiedelt: Er versucht auf einer praktisch pädagogischen Handlungsebene den Eltern Kenntnisse, Übungsmöglichkeiten und therapeutische Fertigkeiten zur

Entwicklungsförderung zu vermitteln. Durch psychosoziale Hilfen möchte der Früherzieher im weiteren Bedingungen in der Familie schaffen helfen, durch die die Förderung zum Tragen kommen kann. Das können praktische Entlastungsangebote sein wie Kinderspielgruppen, Hilfe bei Behördengängen, Vermittlung von Kuraufenthalten. Es kann aber auch wichtig sein, psychologische Aufklärung zu geben, z. B. über die Bedeutung des Spiels für die kindliche Entwicklung, über die Wirkung taktiler Erfahrung und einfacher körperlicher Stimulation für die Sinneswahrnehmung. Und schließlich ermöglicht der Früherzieher den Eltern auf der Ebene der Beziehung im Beratungskontakt und der direkten Erfahrung in Gruppenkontakten, emotionale Haltungen und Belastungen offener zum Ausdruck zu bringen, die Behinderung realistisch wahrnehmen zu lernen und auch: die Gefahr des Leistungsdrucks durch Frühförderung zu sehen.

Diese Aufgaben sind die entscheidenden, »denn das Verbalisieren von bisher unausgesprochenen Ängsten und Erwartungen, von Gefühlen der Ablehnung, der Aggression, der Hilflosigkeit und des Überfordertseins ist die therapeutische Basis, auf der man eine gezielte Förderungstherapie aufbauen kann. . .« (*Mangold* u. *Obendorf* 1981, S. 14).

Die Familienorientierung erweitert die Aufgabe der Frühförderung folglich um Inhalte verschiedener anderer sozialer Berufe. Aber der Früherzieher ist weder Kindertherapeut noch Familientherapeut, ist kein Lehrer und auch nicht Erziehungsberater. Und er wird gut daran tun, seine Aufgabe nicht nach einem einzigen methodischen Konzept auszurichten. Stattdessen ist immer wieder eine Auseinandersetzung mit dem Aufgaben- und Selbstverständnis nötig, welches durch den Einsatz von Methoden wie z. B. Familientherapie nach *Satir,* Elternarbeit nach *Gordon* oder bestimmte Beratungskonzepte nicht zu ersetzen ist (*Hildisch* 1981). Das Selbstverständnis der Früherzieher erfährt durch die veränderte Aufgabenstellung der Frühförderung in der Familienarbeit eine Wandlung, denn nun kann es nicht mehr in erster Linie darum gehen, Eltern anzuspornen, ihr Kind zu fördern. Wenn das *Ziel der Familienarbeit* lautet, zu lernen, mit einem behinderten Kind zu leben, so muß die Frühförderung den Eltern eine Möglichkeit eröffnen, sich nicht nur in Pflichten des Elterndaseins zu erschöpfen. Frühförderung hat nicht die Aufgabe, durch Parteinahme für das behinderte Kind aus Eltern noch bessere Eltern zu machen.

Ergänzend kann gerade eine Einrichtung wie die Frühförderung den Eltern das Gefühl geben, daß es nicht nur um das Kind geht. Das erfordert von den Fachleuten die Fähigkeit, die Eltern als Personen anzusprechen, die nicht nur Pflichten haben. Je mehr Lebensperspektive die Eltern für sich persönlich wiedergewinnen können, trotz der Belastungen durch das Kind, desto freier können sie sich selbst als Eltern gegenüber werden. Ein Wiederaufbau von Lebensfreude verursacht dann leichter jene »gefühlshafte Umstimmung« (*Lehnhardt* 1965), die Basis für die Förderung und Entwicklungsfähigkeit des Kindes ist.

Einen Weg, den Eltern auf diese Weise zu begegnen, sehe ich *im Aufbau von Elterngruppen* in der Frühförderung. Ich habe die Erfahrung gemacht, daß Eltern in Gruppen deutlicher artikulieren, daß sie von Fachleuten oft persönlichere Stellungnahmen erwarten. Das unterstreicht mein Eindruck, daß die Zusammenarbeit häufig funktionsbezogen und auf dem Erziehungsfeld konkurrierend abläuft.

Den Eltern hilft der Kontakt zu anderen Eltern behinderter Kinder, den Stellenwert der Fachleute zu relativieren, sich aus einer Abhängigkeit zu befreien. Eltern können sich untereinander glaubhafter und effektiver helfen. Die Fachleute ihrerseits könnten in Elterngruppen und -veranstaltungen die Chance bekommen zu erfahren, daß sie nicht nur von den Eltern akzeptiert werden, wenn sie unmittelbare, umfassende und effektive Ratschläge und Lösungen anzubieten haben.

9.3. Der Stellenwert der Elterngruppenarbeit in der Frühförderung

In der wachsenden Literatur zum Thema Elternpädagogik, Elternbildung, Elternarbeit hat sich seit einigen Jahren schon eine Wandlung von mehr *inhalts- und informationsorientierten* Veranstaltungen zu einer *gruppendynamischen Arbeit* angezeigt. Inzwischen sind Methoden und Formen von Elternveranstaltungen erweitert worden um die *handlungsbezogenen* Elterntrainings und gemeindeorientierten Elternprojektgruppen. Im Unterschied zu den inhalts- und informationsorientierten Veranstaltungen setzen sich die meisten heutigen elternpädagogischen Veranstaltungen zum *Ziel*, den Eltern zu einer Veränderung ihrer pädagogischen Haltungen, zur Überprüfung eigener lebensgeschichtlicher Bedürfnisse und zur Einübung möglicher Alternativen zu verhelfen (*Ruppelt* 1979). *Canziani* nennt dies »prozeß- und verhaltensorientierte Elternbildung« (*Canziani* 1977, S. 20). Eltern werden zwar in ihrer Erzieherfunktion angesprochen, aber möglichst viele Lebensbereiche wie Erkennen, Fühlen und Sozialverhalten sollen mitbetroffen werden in einem gruppenbezogenen Lernen.

Holtmeyer berichtet von folgenden Motiven der Eltern zur Teilnahme an einer Volkshochschulveranstaltung: Eltern interessieren sich für diese Angebote, weil sie niemanden haben, mit dem sie reden können, oder weil sie unsicher sind über ihre Erziehungspraxis und vor allem kommen sie primär der Kommunikation wegen. (*Holtmeyer* 1979, S. 20).

Besonders für die Elternarbeit, die an soziale Einrichtungen gebunden ist, scheint mir die Bemerkung von *Holtmeyer* wichtig, daß wir die Frage, was die Eltern *lernen sollen* zurückstellen und die freiwillige Teilnahme ernst nehmen, indem wir abwarten, mit welchen Fragen und Erwartungen Eltern in die Einrichtung kommen. Für die Frühförderung gilt das meines Erachtens ganz ausdrücklich, denn die Eltern nehmen an dortigen Veranstaltungen nicht teil, weil sie sich als Eltern weiterbilden oder verändern wollen.

Ich möchte im folgenden *drei Formen* der Elterngruppenarbeit in der Frühförderung beschreiben.

(1) Fast die Hälfte der Einrichtungen geben im Fragebogen an, *Mutter-Kind-Gruppen* zu organisieren. Das scheint das gängigste Gruppenangebot der Frühförderung zu sein. Besonders Frühförderstellen, die noch im Aufbau begriffen sind, versuchen zuerst Erfahrungen mit Mutter-Kind-Gruppen zu sammeln, bevor sie andere Elternveranstaltungen anbieten. Gründe können darin liegen, daß die Anwesenheit der Kinder den Ablauf und Inhalt des Zusammenseins bestimmt und dadurch Fachleuten und Eltern die Chance gibt,

langsam aufeinanderzuzugehen. Eine gewisse Unverbindlichkeit, die dadurch entsteht, kann den Vorteil haben, daß Erwartungen und Wünsche der Mütter an die Frühförderung sich erst für sie selber deutlicher herausschälen und dann auch freier geäußert werden können.

(2) *Elternabende* werden von weniger als der Hälfte der Einrichtungen angeboten. Sie finden oft nur 1–2 Mal im Jahr statt und zwar selten kontinuierlich. Gründe derjenigen Einrichtungen, die weder Mutter-Kind-Gruppen noch Elternabende organisieren können, liegen im Rahmen der Bedingungen der Einrichtung: an erster Stelle werden weite Anfahrtswege der Eltern genannt; Zeitmangel und ungeeignete Räumlichkeiten sind weitere Hindernisse.

(3) 33 % der Frühförderdienste haben bereits eine oder mehrere *Elterngruppen* initiiert. Elterngruppen mit gleichbleibenden Teilnehmern, die sich für eine begrenzte Zeit möglichst regelmäßig treffen, bilden das Kernstück der Elterngruppenarbeit. Ihr Aufbau ist sicher mit mehr Schwierigkeiten und Anforderungen an Fachleute verbunden, als Mutter-Kind-Gruppen und Elternabende. Sie können nach meiner Erfahrung jedoch am einfachsten aus diesen beiden Kontaktgelegenheiten entstehen.

In fast der Hälfte aller Einrichtungen gibt es Mitarbeiter mit einer Ausbildung im *Münchner Elterntraining.* Aber nur 18 von 92 Einrichtungen haben das MTM bereits in der Frühförderung durchgeführt. Aus persönlichen Mitteilungen ist mir bekannt, daß die ausgebildeten Mitarbeiter entweder nicht den Mut haben, das Training als Gesamtes alleine durchzuführen und deswegen nur Teile verwenden, oft im Einzelkontakt mit Eltern, oder aber sie sind der Meinung, daß sich das Training für die Eltern der Frühförderung nicht eignet, weil es die *besondere* emotionale Belastungssituation der Eltern nicht berücksichtigt. Dies soll jedoch an anderer Stelle ausführlicher diskutiert werden.

Das Bedürfnis der Eltern, mit anderen Eltern behinderter Kinder in Gruppen Kontakt aufzunehmen, resultiert nach meiner Erfahrung in erster Linie aus der Tatsache, daß diese Familien immer noch relativ isoliert sind, sei es durch die diskriminierenden Erfahrungen mit der Umwelt oder aus persönlicher Unsicherheit und Verzweiflung. Viele Eltern brauchen eine lange Zeit, um von sich aus wieder den Wunsch nach Kontakt äußern zu können. Sobald sie aber in der Frühförderung die Erfahrung machen, daß auch ein behindertes Kind sich weiterentwickelt und vor allem wenn die alltagspraktischen Probleme durch die Behinderung immer größer werden und Schulentscheidungen sich nähern, entsteht ein Interesse zu sehen, wie andere Familien diese Probleme bewältigen und was für Familien das sind. Diesem Zeitpunkt geht meist die schmerzliche Auseinandersetzung voraus, wo die Familie die Behinderung des Kindes als eine Realität annehmen lernt und sich mit dieser Tatsache zu arrangieren beginnt.

Daraus ergeben sich *zwei Orientierungspunkte für den Aufbau von Elterngruppen in der Frühförderung:*

(1) Da die Eltern die Zeit für sich allein brauchen, um sich von dem Schock zu erholen und gerade in der ersten Zeit sehr an sich und ihren elterlichen Qualitäten zweifeln, sollte ein Angebot zu einem Treffen mit anderen Eltern

erstens niemals zu früh erfolgen und zweitens nicht den Charakter einer Aufforderung durch Fachleute erhalten.

Die Gefahr dabei ist, daß Eltern sich durch eine soziale Einrichtung moralisch gezwungen fühlen, sich zu ihrem Kind zu bekennen, indem sie sich zu Eltern behinderter Kinder gezählt sehen. Auch könnten die Eltern ihre Empfindung, »beschädigte Eltern« (*Häusler* 1979) zu sein, bestätigt sehen und die Gruppe als eine *Maßnahme* über sich ergehen lassen.

Stattdessen kann Frühförderung – und so findet es in der Regel statt – das Bedürfnis einiger Eltern nach einer Elterngruppe abwarten und dieses den anderen Eltern übermitteln.

(2) Gelingt es, daß die Elterntreffen in der Frühförderung *aus der Situation der Eltern heraus entstehen,* dann tragen sie auch meist den *Charakter von Selbsthilfegruppen:* Sind die Eltern in ihrer Befindlichkeit soweit wieder auf neue Kontakte eingestellt, ist es ihnen auch ein Bedürfnis, andere über ihre Erfahrungen und erworbenen Kenntnisse zu informieren. Das verhilft den Fachleuten auch leichter zu partnerschaftlichem, personenbezogenem Verhalten und eröffnet den Eltern dadurch den Weg, nicht immer nur an das Kind, sondern auch an ihr eigenes Wohlbefinden denken zu dürfen.

Durch eine abwartende, den Bedürfnissen der Eltern gegenüber hellhörige und offene Haltung, kommt die Frühförderung dem Ziel am nächsten, Eltern, Familien und Kinder nicht nur zu behandeln, sondern zum Handeln zu befähigen.

Für Fachleute kann es allerdings einen Verzicht bedeuten, über methodisch gezielte Gruppenarbeit, Sicherheit über die Wirkung ihres beruflichen Handelns zu erlangen.

9.4. Beschreibung und Besprechung der Mutter-Kind-Gruppen

Die Bezeichnung »Mutter-Kind-Gruppe« wird von den Frühförderstellen nicht einheitlich verwendet. Unter Mutter-Kind-Gruppen werden teilweise *pädagogische Spielgruppen* verstanden mit dem Ziel, eine anfängliche Beteiligung der Mütter langsam auszuschalten, um den Ablösungsprozeß zum Kind in Gang zu setzen und dieses auf eine soziale Kindergemeinschaft hin zu orientieren. Ein solcher Versuch bildet oft den ersten Anlaß, daß Mütter untereinander unbelastet ins Gespräch kommen. Mutter-Kind-Gruppen sind auch einfach *Treffen der Mütter mit Kindern zum Kennenlernen und Anschauen der Kinder.* Schließlich verstehen einige unter dieser Bezeichnung eine *therapeutische Hilfe für Mutter-Kind-Beziehungen.* Unter dieser Zielsetzung finden die Gruppen in der Frühförderung noch selten statt.

Ich möchte unter »Mutter-Kind-Gruppen« alle diese Formen zusammenfassen. Sobald es nämlich nicht um eine nur kindbezogene Fördermaßnahme geht, sind auch die Belange der Mütter angesprochen. Für die Mütter konkretisiert sich im Augenblick des Treffens durch den Anblick anderer behinderter Kinder die eigene Vergangenheit, Gegenwart und Zukunft sehr plastisch. Die Wirksamkeit dieser Treffen liegt darin, daß die Mütter in dieser Gruppe ihrer Betroffenheit durch Erzählungen endlich den Stellenwert und Ausdruck geben können, den das Kind für sie hatte, ohne Angst zu haben, unverstanden, belästigend und Außenseiter zu sein.

In diesem Kreis können auch sie über die Entwicklung der Kinder reden, wie es die Mütter mit gesunden Kindern tun.

a) Mutter-Kind-Spielgruppen

An der Frühförderstelle in R. bildete sich eine Mutter-Kind-Spielgruppe durch die Initiative einer Mutter. Sie trat mit dem Wunsch an die Frühförderung heran, daß ihr Kind mit anderen behinderten Kindern spielen lerne. Die Frühförderung vermittelte Adressen, so daß sich vier Mütter mit geistig und körperbehinderten Kindern selbst untereinander bekannt machen konnten. Als Starthilfe machte die Früherzieherin einen Vorschlag für den *Ablauf der Gruppe:* Sie bereitete für den ersten Teil der Gruppe ein Spiel vor, an dem sich Mütter, behinderte Kinder und deren Geschwister gemeinsam beteiligten. Im zweiten Teil bekamen die Kinder Material, mit dem sie frei spielen durften und schließlich versuchten die Mütter, die Kinder allein zu lassen, indem sie sich zum Kaffee in ein anderes Zimmer zurückzogen.

Folgende *Schwierigkeiten* sind im Verlauf der Gruppe aufgetaucht: Beim gemeinsamen Spiel reagierten die behinderten Kinder langsam und ermüdeten rasch. Das hatte zur Folge, daß die Mütter an die gesunden Geschwister hohe Anforderungen an Disziplin und Rücksicht stellten und mit drastischen Erziehungsmaßnahmen reagierten. Das freie Spiel und das Alleinelassen der Kinder war anfangs kaum zu verwirklichen. Das verhinderte natürlich jedes gemeinsame Gespräch der Mütter schon im Ansatz.

Anliegen der Früherzieherin, die sich möglichst bald von der Gruppe zurückziehen wollte, war, die erlebten Schwierigkeiten (z. B. das Verhalten der Mütter gegenüber den gesunden Geschwistern) anschließend mit den Müttern durchzuarbeiten. Das ließ sich jedoch vorerst nicht verwirklichen.

Im weiteren Verlauf der Gruppe, welche die Mütter in derselben Weise allein über fast 2 Jahre hinweg fortführten, entstand aber zunehmend, was anfangs pädagogisch beabsichtigt war: Je besser sich die Kinder an die Umgebung und aneinander gewöhnten, umso leichter ließen sie sich von den Müttern trennen. Und je weniger problematisch das Gruppengeschehen verlief, umso eher war es den Müttern möglich, die sie betreffenden Probleme anzusprechen und gemeinsam zu bearbeiten.

In einer anderen Mutter-Kind-Spielgruppe der Frühförderung in T. ging es ebenfalls um die Ablösung von entwicklungsverzögerten Kindern von ihren Müttern, um Sozialverhalten und gemeinsames Spielen. Die Früherzieherin befaßte sich zuerst nur mit den Kindern und ließ die Mütter zuschauen. Anschließend besprach sie mit diesen die Ziele ihres Spiels und machte Vorschläge, wie die Mütter zuhause weiterspielen könnten. Eines Tages ergab sich, daß die Früherzieherin eine direkte Hilfestellung einer Mutter brauchte. Das führte im weiteren zu der *Beteiligung aller Mütter,* jedoch jeweils *im Einsatz bei den fremden Kindern,* was ein besonders fruchtbares Erlebnis für die Mütter war. Hier entdeckten sie plötzlich Eigenarten ihres eigenen Verhaltens und dessen Wirkungen. Auf diese Weise entwickelte sich ein *gemeinsames Erarbeiten von Fördermöglichkeiten und Besprechen von persönlichen Problemen.* Durch das gemeinsame Spielen erlebte die

Früherzieherin viel deutlicher die einschneidende Wirkung, die das Zusammensein mit anderen Kindern auf die Mütter haben konnte. Manchmal versuchten sich Mütter nach einem Gespräch, was sie besonders betroffen gemacht hatte, zurückzuziehen. Die Früherzieherin konnte dann diese Erlebnisse und Kränkungen nur allein mit der Mutter in der Hausfrühförderung aufarbeiten.

b) Mutter-Kind-Treffen

Sehr intensiv verlaufen diejenigen Treffen von Müttern, deren Kinder von der gleichen Behinderung betroffen sind. An der Frühförderstelle in A. und E. finden diese Treffen *mehrmals mit den gleichen Müttern* statt, so daß ein angeregter Austausch über Entwicklungsfortschritte, über aktuelle Entscheidungen wie z. B. bei Down-Syndrom-Kindern die gesichtschirurgischen Operationen und Zukunftsprobleme mit Tagesstätten oder Schulen stattfinden kann. Bei diesen Zusammenkünften waren die Kinder das Hauptthema. Das Feststellen der großen Unterschiede zwischen den gleich behinderten Kindern, aber auch das Bemerken von Entwicklungsfortschritten des eigenen Kindes im Vergleich, ließ die Mütter Hoffnungen schöpfen und gab ihnen Orientierung für die Einzelförderung. Insbesondere das Zusammentreffen von Müttern mit Babys half den Müttern zu glauben, daß auch ihr Kind einmal sitzen und laufen wird.

Entwicklungs- und Leistungsvergleiche waren aber auch für manche Mütter kränkend und traumatisch. Auch unterschiedliches Erziehungsverhalten, das sich in der Situation aktualisierte, wirkte bedrohlich auf die anderen Mütter. Meist konnten solche Erlebnisse nicht offen zutagetreten. Oft wurden sie erst im nachhinein in der Hausfrühförderung den einzelnen Fachleuten gegenüber zum Ausdruck gebracht.

Während des Treffens verhielten sich die Fachleute eher zurückhaltend im Hintergrund, paßten auf die Kinder auf und bemühten sich, den Müttern ein ungestörtes Gespräch zu ermöglichen.

An der Frühförderstelle in C. wird derzeit aufgrund der vielen Down-Syndrom-Kinder eine *wöchentliche offene Gruppe* angeboten. Bevor eine neue Mutter zu dem Treffen kommen will, wird ihr der Kontakt zu einer Mutter mit einem älteren Down-Syndrom-Kind vermittelt, die sie dann einführt. Die Kinder sind dabei, werden aber in einem Nebenraum von Erzieherinnen betreut. Eine Früherzieherin versucht bei dem Zusammensein der Mütter gezielt, Gespräche und Erlebnisse zum Thema »Wie komme ich mit der Umwelt zurecht« zu initiieren und Mütter zu einem offensiven aufklärenden Kontaktverhalten gegenüber der Umwelt zu ermuntern.

c) Einige Gedanken zu den Mutter-Kind-Gruppen

Die Mutter-Kind-Gruppen sind von sehr unterschiedlicher Art, je nach Anzahl der Mütter, Art der Behinderungen und der Einrichtung. Manchmal liegt der Schwerpunkt wie erwähnt mehr auf der spielpädagogischen, manchmal mehr auf der kommunikativen Seite. Zweck der Treffen ist, den Müttern in einer von Anforderungen unbelasteten Atmosphäre den Kontakt zu Mitbetroffenen zu ermöglichen und den Einblick in die Entwicklung anderer Kinder zu erleichtern.

In der Diskussion mit den Mitarbeitern der Frühförderung kristallisierte sich häufig die *Intention* heraus, die Gespräche der Mütter schließlich weg von aktuellen Kinderproblemen auf sie selber zu bringen. Wie in den Beispielen ersichtlich war, ließ sich diese Zielsetzung nicht so einfach umsetzen. Z. T. hatte das seinen Grund in der Anwesenheit der Kinder, die doch immer wieder nach ihren Müttern verlangten, z. T. in der zu großen Teilnehmerzahl, die den Treffen keinen ausreichend vertrauten Rahmen gab.

Mitarbeiter berichten, daß sich die so wichtigen Gespräche der Mütter über ihre eigene Befindlichkeit am ehesten *ergeben,* wenn es nicht mehr als vier sind, die gut zusammenpassen und gleich behinderte Kinder haben.

Die Tendenz ist deutlich, daß Fachleute persönlich emotionale Gesprächsthemen nicht erzwingen wollen. So findet Einsicht in Ängste und Verarbeitung von Konflikten, die durch das Treffen hervorgerufen wurden, meist in einer Art *Nacharbeit* mit Fachleuten alleine statt.

Die größte Schwierigkeit für die Mütter an diesen Treffen ist vermutlich, den unumgänglichen Vergleich der Fähigkeiten der Kinder untereinander ohne persönliche Kränkung zu überstehen. Ich frage mich, ob nicht gerade diese Treffen, sofern sie mit geringer und gleichbleibender Teilnehmerzahl wiederholt stattfinden können, sich gut eignen würden, um einmal das Thema *Leistungsdruck* durch Förderung, Überforderung der Mütter, Leistungsvergleich mit anderen Kindern, gezielter durch die Frühförderung anzusprechen. Sicher ist es schwierig, in der Frühfördersituation allein mit der Mutter, diese für sie und das Kind so wichtigen Gefühle zur Sprache zu bringen. Was die Mutter dort wie eine Kritik an ihrem Bemühen erleben mag, erfährt sie im Kontext einer Müttergruppe als gemeinsames allgemeines Problem. Das könnte entlastend wirken und wäre ein guter Ausgleich zu diesen nachteiligen und oft unumgänglichen Wirkungen einer Einzelförderung.

9.5. Beschreibung und Besprechung einiger Elternabende in der Frühförderung

Über die Hälfte aller Einrichtungen hält den Elternabend für eine auch in der Frühförderung bedeutsame Veranstaltung. Dabei geht es u. a. darum, den Eltern Gelegenheit geben zu können, *sich kennenzulernen* – und zwar mit den Vätern – und *Informationen auszutauschen oder zu erhalten.* Die im Fragebogen genannten Themen, unter denen Elternabende stattgefunden haben, bestätigen die beiden genannten Funktionen dieser Veranstaltung.

a) Elternabende in der Frühförderung in S.

Die Frühförderung in S. ist noch im Aufbau begriffen. Ein Sozialarbeiter und eine Sonderschullehrerin betreuen mit ca. 20 Kindern ein vorwiegend ländliches Klientel. In der touristisch gut erschlossenen Gegend stehen viele Eltern aus der Frühförderung einer derart öffentlichen Veranstaltung wie dem Elternabend abweisend gegenüber. Da ganz im Gegenteil dazu die Eltern der Behindertentagesstätte den Wunsch nach einem Elterngesprächskreis schon mehrfach geäußert hatten, entschloß sich der Sozialarbeiter, einen *Elternabend als regelmäßige Kontaktmöglichkeit* einzurichten, der auch zu einem Gesprächskreis für Eltern aus der Frühförderung werden sollte. Eine Mutter aus der Frühförderung engagierte sich für das

Zustandekommen eines ersten Abends und benachrichtigte andere Mütter persönlich. Am ersten Abend sollte besprochen werden, ob man sich regelmäßig treffen wolle und unter welcher Themenstellung.

Der Elternabend fand im folgenden halben Jahr sechsmal statt. Es bildete sich ein Kern von fünf regelmäßig teilnehmenden *Müttern unterschiedlichen Alters* und mit *sehr unterschiedlich behinderten Kindern.* Mit der Zeit gesellten sich Eltern aus der Frühförderung dazu. Anfangs beteiligten sich auch einige Väter an dem Kreis. Zu Beginn waren die Abende geprägt von den Eltern mit älteren z. Teil schwerstbehinderten Kindern. Diese Berichte hatten vermutlich nachhaltigen Eindruck auf Eltern aus der Frühförderung, enthielten aber auch eine Reihe von bedeutsamen Erfahrungen und Informationen. Je besser sich die Teilnehmer kannten, umso persönlicher wurde das Gespräch.

Folgende *Themen* bildeten immer wieder zentrale Diskussionspunkte: Zuerst ging es um Ansprüche und Kritik der Eltern an der Tagesstätte, um Erfahrungen mit klinischen Großeinrichtungen aus München, Ärzten und Behindertenverbänden. Die Eltern brachten manchmal sehr aufgebracht ihre Ohnmacht gegenüber diesen Einrichtungen zum Ausdruck. Schwierig war für die Frühförderung, sich bei diesen Gesprächen nicht sofort als Anwalt der Eltern zu sehen und in eine Auseinandersetzung mit anderen Einrichtungen zu geraten. Wichtig war aber, daß die Eltern endlich Gehör fanden und sich verstanden fühlten. Langsam rückten die Gespräche von objektiv realen Gegebenheiten ab und wurden persönlicher: es ging um Förderung, um Geschwisterprobleme, um Behinderung allgemein und das Leid, das für Eltern daraus entstehen kann und schließlich dominierten Erziehungsprobleme.

Der Sozialarbeiter leitete die Gespräche durch einige Stichpunkte zum Thema ein. Da die Abende, mangels geeigneter Räume in der Einrichtung, in der Wohnung des Sozialarbeiters stattfanden, erhielt die Runde einen gemütlichen und vertrauten Rahmen.

Die Eltern äußerten, daß es ihnen an den Abenden darauf ankam, von anderen Eltern und ihrem Alltag etwas zu erfahren, Informationen und Ratschläge auszutauschen, durch die Begegnung zum Nachdenken angeregt zu werden und vor allem *ein Forum zu haben, wo man sich darstellen kann, ohne sich als Außenseiter fühlen zu müssen.*

Nicht jede Mutter vermochte sich in gleicher Weise am Gespräch zu beteiligen. Manchmal schienen die Lebensverhältnisse zwischen den Müttern durch die unterschiedlichen Behinderungen zu verschieden. Wenn es um Erziehungsprobleme ging, gab es oft Ratlosigkeiten und die Mütter überstürzten sich in assoziativen Beiträgen. Es war oft erst im nachhinein zu erfahren, wie einzelne Gespräche auf die Beteiligten gewirkt hatten. So berichtete eine Mutter aus der Frühförderung, daß sie nach dem ersten Abend eine schlechte Nacht verbracht hätte, weil sie die »Krankheit« ihres Kindes plötzlich in ganz anderem Licht habe sehen müssen.

b) *Elternabende an der Frühförderstelle in D.*

An der Frühförderstelle in D. entstand das Bedürfnis nach einem Elternabend aus dem Problem, daß einige Eltern sich über ihre Entscheidung zum Übertritt der

Kinder in schulvorbereitende Einrichtungen nicht sicher waren. Die Eltern verlangten nach Informationen einesteils über die SVE der Sonderschule, an die die Frühförderung angegliedert ist, andererseits über Alternativen oder Möglichkeiten, die entwicklungsverzögerten, beziehungsweise geistig-behinderten Kinder im Regelkindergarten unterzubringen, was zum Teil schon der Fall war, aber die Eltern nicht zufriedenstellte.

Zwei kritische Punkte machten die Einladung zu einem Elternabend besonders schwierig:

Auf der Seite der Frühförderung bestand von der Sonderschule her die Erwartung, ausreichend Kinder aus der Frühförderung für eine neue SVE-Gruppe zusammenzustellen. Die Frühförderung wollte aber ihre Aufgabe gegenüber den Eltern nicht darin sehen, diese für die SVE zu werben.

Die Eltern andererseits waren sich zum Teil nicht im klaren über das Ausmaß der Behinderung ihrer Kinder, hofften auf ein Aufholen des Entwicklungsrückstandes durch die Vorschule und suchten nach Alternativen zum Kindergartgen, wo ihre Kinder nicht genügend gefördert werden konnten.

Da nun aber die Frühförderung die Fördergruppe der SVE von einer qualifizierten Kraft geleitet wußte und sie außerdem fast alle Kinder dieser Eltern als geistigbehinderte einschätzte, gerieten die Fachleute in Konflikt, einen ihrem Anspruch nach neutralen Informationsabend zu gestalten.

Obwohl sich die Fachleute unter Druck sahen, den Erwartungen der Eltern nach Informationen und Entscheidungshilfe sofort nachzukommen, konnten sie sich dazu entschließen, *den Eltern an einem ersten Abend erst die Gelegenheit zu geben, sich kennenzulernen,* um dann zusammen darüber zu reden, ob Interesse besteht, an weiteren Abenden in derselben Runde gewisse gemeinsame Probleme zu diskutieren. Daraus entstand ein *zweiter Abend, an dem ein Vater die anderen Eltern über rechtliche und steuerliche Vergünstigungen informierte* und die Beantragung eines Behindertenausweises diskutiert wurde. Dieser Abend verlief sehr sachlich und für einige Eltern vermutlich auch bedrohlich, da sie die Notwendigkeit eines Behindertenausweises für ihr Kind nicht sahen. Anschließend an die Informationen entspann sich aber ein Geplauder, in dem die Eltern zum Ausdruck brachten, sich bald wieder zu treffen, um die *Kindergartenprobleme* auszutauschen.

Auch dieser Abend verlief nicht ohne Spannung, obwohl die Fachleute sich bemühten, in gleich unparteiischer Weise über Ziele, Arbeitsweise und Inhalte der Kindergärten, der Waldorfvorschulen und der SVE der Sonderschule zu berichten. Es war zu spüren, mit welcher Angst die Eltern bei der Darstellung von Zielvorstellungen kindlicher Fertigkeiten der einzelnen Einrichtungen an ihre eigenen Kinder dachten und deren Normalität abzuschätzen versuchten. An der Diskussionsoberfläche ging es dagegen um Vor- und Nachteile der Integration in den Regelkindergarten, wovon schon einige Eltern berichten konnten. Trotz oder vielleicht gerade wegen der neutralen Zurückhaltung der Fachleute waren die Eltern mißtrauisch geworden, die Frühförderung wolle ihre Kinder vielleicht doch in den Sonderkindergarten einweisen. Es war schwierig, den Eltern zu verstehen zu geben, daß es nur *ihre* Entscheidung sein könne, was mit dem Kind geschehe und sie sich dabei wohl fühlen müßten.

c) *Einige Gedanken zu diesen Elternabenden*

Aufgrund des Fragebogens nehme ich an, daß doch an vielen Frühfördereinrichtungen Elternabende nach dem Muster von Elternabenden an Schulen und Kindergärten organisiert werden: dort sind es jährliche Veranstaltungen, in die alle Eltern einbezogen werden und wo über grundlegende kindbezogene Angelegenheiten informiert wird.

Demgegenüber sind *die angeführten Beispiele auf bestimmte Anliegen der Eltern ausgerichtet* und wiederholen sich mehrmals mit den gleichen Teilnehmern. Die Einrichtung entgeht mit dieser Art von Elternabenden der Gefahr, daß sie Alleinveranstalter und Informator wird und macht es den Eltern möglich, in einem vertrauteren Rahmen aktiv zu werden und sich zu holen oder in Gang zu setzen, was sie benötigen.

Die Elternabende in S. könnten ein Hinweis sein, daß es wohl für Eltern umso fruchtbarer und einfacher ist, eigene Bedürfnisse einzubringen, je ähnlicher ihre Alltagssituationen durch eine gleichartige Behinderung ihrer Kinder sind; ein schwerstbehindertes Kind erfordert doch noch eine ganz andere Einstellung der Familie als ein entwicklungsverzögertes oder sprachbehindertes. Der Einrichtung fällt in gewisser Hinsicht die Aufgabe zu, zu überlegen, was die Eltern aneinander interessieren könnte.

Sehr spannungsgeladen und schwierig gestaltet sich ein Elternabend, wenn *Eltern dabei sind, die der Behinderung ihres Kindes noch nicht realistisch gegenüberstehen* können. Sie fühlen sich nicht zugehörig, zeigen Zurückhaltung und Mißtrauen gegenüber den anderen, die diese Signale nicht verstehen können. Eine offene Atmosphäre wird auch dadurch verunmöglicht, daß Fachleute im Verlauf des Abends um das Befinden dieser Eltern bangen, beschwichtigend und harmonisierend in das Gespräch eingreifen und nicht zuletzt mit Schuldgefühlen reagieren, wenn es zu Kränkungen kommt.

Ein weiteres Problem bestand z. B. in D. darin, daß Fachleute aus Angst, die Eltern zu überreden oder vorschnell von einer Sache zu überzeugen, sich mit ihrer Meinung über diese Sachverhalte zurückhielten. Das hatte möglicherweise die Eltern mißtrauisch gemacht. Eigentlich erscheint aber gerade der Elternabend als ein geeigneter Ort, Meinungsverschiedenheiten zwischen Eltern und Fachleuten zur Sprache zu bringen und zu bearbeiten: Die Eltern sind hier in der Mehrzahl und können sich gegenseitig stützen. Unter diesen Umständen lassen sie sich vielleicht nicht so ohne weiteres von Fachleuten beeindrucken, was die Befürchtung der Frühförderung war. Meines Erachtens sind diese Schwierigkeiten Beziehungs- und Interaktionsprobleme beider Beteiligten, die im Alltag der Frühförderung sehr häufig auftreten. Durch begleitende Supervision oder Besprechung dieser Probleme im Team wäre den Fachleuten eine Gelegenheit gegeben, *solche inhaltlich zentralen Schwierigkeiten in der Zusammenarbeit* zwischen Eltern und Frühförderung zu erarbeiten. Denn gerade auf diese *Offenheit und Echtheit im Gespräch* – die natürlich etwas Mut von seiten der Fachleute erfordert – kommt es wesentlich an, daß beide Seiten voneinander profitieren können. Durch Zurückhaltung von Meinungen erhält die Frühförderung im Empfinden der Eltern eine Macht, der sie ausgeliefert sind.

Zusammenfassend möchte ich einige *Funktionen* nennen, die der Elternabend bei gezielter Anwendung in der Frühförderung haben könnte:

– Der Elternabend ist vor allem Informationsquelle für die Eltern
– Der Elternabend ist die einfachste Möglichkeit, Elternpaare miteinander bekanntzumachen und Väter in Probleme der Frühförderung einzubeziehen.
– Der Elternabend kann Eltern ein Forum sein, über Erfahrungen mit anderen Einrichtungen und Fachleuten zu berichten und sie in ihrem Selbstbewußtsein gegenüber einer Übermacht von Fachleuten stärken
– Der Elternabend kann bewußt dazu verwendet werden, Meinungsverschiedenheiten mit den Eltern zu klären.
– Der Elternabend kann auch Ort des emotionalen Austausches und der ungezwungenen Darstellung von Alltagsproblemen sein.

9.6. Beschreibung und Besprechung einiger Elterngruppen

Elterngruppen sind geschlossene Gruppen, die sich für eine bestimmte Zeit mit gleichbleibenden Teilnehmern regelmäßig treffen, um persönliche Probleme im Zusammenhang mit dem behinderten Kind zu besprechen. Manchmal bestehen auch diese Gruppen nur aus den Müttern, oft sind sie gemischt, seltener nehmen Paare teil. Aufgrund der außerordentlichen Familienbelastungen durch das Kind können die meisten Gruppen nur 14tägig bis monatlich stattfinden. Laut Fragebogen bestehen die Gruppen zwischen 6 Monaten und 2 Jahren.

In überwiegender Weise *charakterisieren die Einrichtungen ihre Elterngruppen mit* »Gesprächskreis über alle möglichen die Eltern betreffenden persönlichen Probleme« und »Gesprächskreis im Sinne eines geselligen Zusammenseins, Planung gemeinsamer Aktivitäten und Freizeiten«. Auch eine Kombination dieser beiden Möglichkeiten wird noch sehr häufig angekreuzt: »Gesprächskreis mit unterschiedlicher Akzentsetzung: teilweise Problembearbeitung mit emotionaler Beteiligung, aber auch reiner Informationsaustausch und einfaches Zusammensein«.

Ganz auffallend selten werden die Elterngruppen als »Selbsterfahrung rund um das Thema ›Ich habe ein behindertes Kind‹ mit methodisch gezielter Strukturierung durch Rollenspiel, Übungen aus der Gestalttherapie, Kommunikationsspielen« angeboten. Und gar keine Nennung fand »Selbsterfahrung mit Berücksichtigung der Gruppendynamik ohne bestimmte thematische Festlegung«.

Die Fachleute erklären sich auf einer Skala von 0–5 mit 3,5 im Durchschnitt als *eher sehr zufrieden mit dem Verlauf und der Wirkung der Elterngruppen.* An 9 Einrichtungen sind aus den angeleiteten Elterngruppen später *Selbsthilfeaktivitäten* entstanden, z. B. Freundschaften mit gegenseitiger Hilfe, weiterführende Kontaktgruppen und gemeinsame Organisation von Freizeiten.

a) Drei Beispiele von Elterngruppen

(1) Die Frühförderung in G. hatte einige Eltern in einem Brief aufgefordert, ihr Interesse an einer kontinuierlichen Elterngruppe und Wünsche bezüglich der Themen rückzumelden. Es wurden dabei vor allem Eltern angeschrieben, die eine gewisse Bereitschaft zeigten, Probleme anzusprechen oder aber einen

Kontakt zu anderen Eltern besonders wünschten. Es kam eine Gruppe von 12 Elternteilen zusammen, darunter waren drei Väter. Alle Eltern hatten eindeutig behinderte Kinder und konnten sich nur im 4-wöchigen Abstand treffen. *Leitfaden für die Abende* waren die von den Eltern gewünschten *Themen:* Entwicklungsprobleme des Kindes; Wahrnehmung durch Sinne: die Bedeutung von Körperempfindungen und taktilen Erfahrungen; die Behinderung meines Kindes, wie erfuhr ich davon und wie ging ich damit um; Umgang mit Erziehungsproblemen, Lob und Strafe, Über- und Unterforderung des Kindes; Geschwisterkonflikte; Außenkontakte der Eltern; Informationen über Spielmaterial und Literatur. Eine Sozialpädagogin und eine Psychologin leiteten die Gruppe gemeinsam. *Ziel* der Gruppe war, den Eltern zu helfen, sich innerhalb einer Gruppe Mitbetroffener offen und gefühlsmäßig über die Probleme mit der Behinderung des Kindes aussprechen zu lernen. Die beteiligten Fachleute sahen ihre Aufgabe darin, die gewünschten Themen einzuleiten, indem gleichzeitig den Eltern Informationen und entwicklungspsychologische Kenntnisse vermittelt wurden.

(2) Ein ähnliches Beispiel einer *Müttergruppe* erfuhr ich von der Frühförderung in P. Die Psychologin initiierte dort eine Gruppe von vier Müttern mit Down-Sydrom-Kindern im Kleinkindalter.

Auch diese Gruppe gestaltete sich als eine Mischung von Informationsvermittlung und Problembearbeitung. Da die Mütter in ihrer Art sehr unterschiedlich waren, kamen sie nicht unmittelbar und persönlich ins Gespräch. Die Tatsache, daß alle behinderten Kinder noch sehr klein waren, machte es notwendig, die Mütter über verschiedene kommende Probleme aufzuklären. So war auf Wunsch der Mütter an den ersten Abenden Thema: Vor- und Nachteile der gesichtschirurgischen Operationen, Entwicklungs- und Sprachprobleme der Kinder, ohne daß eventuell dahinterliegende Ängste und Konflikte der Mütter mit der Behinderung zur Sprache kamen. Erst im Verlauf der Gruppe und besonders durch die Einladung einer anderen Mutter, die bereits ein älteres Down-Syndrom-Kind hatte, begannen die Mütter von sich zu erzählen und ihrer Betroffenheit über das Kind.

Daraufhin konnte die Psychologin auch Gespräche initiieren über Probleme mit der Frühförderung: Die Mütter äußerten Schuldgefühle und Leistungsängste, nicht genug für das Kind tun zu können. Durch Aufklärung über die Wichtigkeit des spielerischen Umgangs mit dem Kind und einer gelösten Befindlichkeit der Mutter, konnte die Psychologin ein Stück weiterhelfen, die Mütter von ihrem Druck zu befreien.

(3) In E. wünschten einige Eltern, mit anderen Elternpaaren abends in einer Gruppe zusammenzutreffen. Die Heilpädagogin und eine Psychologin arrangierten eine Gruppe von fünf Elternpaaren, die sich alle nach und nach bereit erklärten, gemeinsam teilzunehmen. Mit Ausnahme von einem Ehepaar waren alle ungefähr im gleichen Alter und führten ähnliche Lebensverhältnisse. Ihre Kinder waren unterschiedlich behindert. Die Gruppe traf sich alle 4–6 Wochen während 9 Monaten zunächst in der Einrichtung, bald auf Wunsch der Eltern im gemütlicheren Rahmen abwechselnd bei den Eltern zuhause.

Die Intention von den Fachleuten war, bei den Eltern eine Art *gruppendynamische Selbsterfahrung auszulösen,* ohne die Gruppe durch Vorgaben von Themen oder andere methodische Strukturierung zu bestimmen. Anlaß der Gruppe bildete lediglich das Leben mit einem behinderten Kind.

Die ersten Gruppensitzungen waren geprägt durch die Unsicherheit der Eltern über die Zurückhaltung der Fachleute bei der Führung der Gruppe. Vor allem die Männer erwarteten von den Leitern zu erfahren, was nun in der Gruppe geschehen solle. Die für die Eltern ungewisse Situation hatte zur Folge, daß einige schon zu Anfang mit dem Bericht sehr persönlicher und auch belastender Probleme ihre Angst zu überwinden versuchten. Während andere deutlich zum Ausdruck brachten, daß ihre Teilnahme an der Gruppe nicht auf persönliche oder Eheprobleme zurückzuführen sei, sondern der Grund nur in der Tatsache des behinderten Kindes zu sehen sei.

Das wiederholte *Ansprechen der Erwartungen der Eltern* brachte zwei konträre Anliegen der Eltern hervor:

Einige Eltern sahen in der Gruppe eine Möglichkeit, persönliche und Familienprobleme im Zusammenhang mit dem behinderten Kind auszusprechen. Andere erhofften sich gerade mit dieser Gruppe, diese Probleme eine Zeitlang vergessen zu können, sich zu erholen im geselligen Beisammensein und auch mal wieder über etwas anderes zu reden als nur über Behinderung.

Da die Fachleute nicht den Mut hatten, ihre eigenen Erwartungen an die Gruppe deutlicher zu machen, den Bedürfnissen der Eltern aber auch entsprechen wollten, war der weitere Verlauf der Gruppe oft gekennzeichnet durch Unsicherheit über den Zweck der Gruppe: manchmal waren die Abende geselliger Natur, häufig ging es um Informationsaustausch, aber auch um gravierende Probleme der Eltern.

Folgende Themen wurden von den Eltern selbst in die Gruppe eingebracht: Erlebnisse mit der Umwelt, Auswirkungen der Probleme mit dem behinderten Kind auf die Arbeitsplatzsituation der Väter, Umgang mit den Anfällen des Kindes, Erfahrungen mit Geburtskliniken, Ärzten und anderen Fachleuten, Einstellung der Schwiegereltern zur Tatsache des behinderten Kindes, Freizeitprobleme der Eltern durch ständige Schuldgefühle, Erziehung, Zukunft der Familie.

Bedrückende und *belastende Augenblicke in der Gruppe* ergaben sich aus drei Quellen:

Erstens unterschied sich der Schweregrad der Behinderung unter den Kindern sehr. Die Eltern mit schwerstbehinderten Kindern erlebten die Gruppe als die Möglichkeit, endlich in aller Konkretheit ihre Alltagsbelastungen darstellen zu können. Sie erwarteten emotionales Echo und Verstehen. Ein Elternpaar erwähnte Gedanken an einen möglichen Tod ihres Kindes, der die Familie vor dem Auseinanderbrechen bewahren könnte. Das führte zu starken Widerständen der übrigen Eltern. Sie versuchten die depressive Gruppenstimmung mit Tröstungen, Hinweisen auf Entwicklungsveränderungen und positive Erlebnisse mit dem Kind zum Verschwinden zu bringen. Andere Eltern reagierten mit Schuldgefühlen und fühlten sich zu der Gruppe mit ihrem weniger stark behinderten Kind nicht zugehörig.

Zweitens gab es in dieser Gruppe Eltern, deren Babys noch kein Jahr alt waren und ihnen aus diesem Grund ihre Situation erst langsam bewußt wurde. Ein Elternpaar schätzte auch die Entwicklungsverzögerung ihres Kindes sehr optimistisch ein und lebte von der Vorstellung, daß ein Entwicklungsrückstand bis zur Einschulung aufgeholt werden kann. Besonders auf diese Mütter machte die Gruppe einen emotional starken Eindruck, den sie in der Gruppe unterschiedlich durch Protest, Zurückhaltung oder Ausdruck ihrer Gefühle verarbeiteten.

Drittens konnte ein Elternpaar den Zugang zur Gruppe nicht finden. Ihre Integration war nicht nur erschwert durch ein intellektuell wirkendes Verhalten des Mannes, während die Frau sich nie äußerte, sondern auch durch die ungeklärte Diagnose ihres Kindes, was jedoch durch das Schweigen der Frau nicht Thema werden konnte.

Am Ende der Gruppe äußerten die Eltern rückblickend, *die Funktion der Fachleute* hätte darin bestanden, Themen vorzugeben, dafür zu sorgen, daß nicht vom Thema abgewichen wird, zu ermöglichen, daß die Eltern sich emotional einbringen können und persönliche Gespräche geführt werden können, was auch in gleicher Weise von den Fachleuten selbst erwartet und offen kritisiert wurde.

b) Einige Gedanken zu den Elterngruppen

Meine eigenen Erfahrungen und die angeführten Beispiele bestätigen die Ergebnisse des Fragebogens, daß die Elterngruppen sich in der Regel als *Gesprächskreise* gestalten, in denen sowohl das gesellige Moment, als auch der Informationsaustausch und die emotionale Darstellung der Familienprobleme eine wichtige Rolle spielt.

Diese Charaktersierung von Elterngruppen möchte ich im folgenden etwas erläutern:

Vermutlich haben die wenigsten Mitarbeiter aus der Frühförderung in ihrer Ausbildung und Praxis Erfahrungen in der Gruppenarbeit erwerben können. Bisher hatte speziell zu diesem Bereich in der Frühförderung auch noch keine Fortbildung stattgefunden. Manche Früherzieher halten sich aus diesen Gründen für ungenügend ausgebildet, Elterngruppen zu leiten. Verstärkt werden diese Unsicherheiten durch ein fehlendes Team oder Kollegen, mit denen gemeinsam man sich das Wagnis einer Elterngruppe vorstellen könnte.

Mir scheint, langjährige Erfahrung mit Eltern, eine gewisse Selbsterfahrung und die Fähigkeit, diese im Umgang mit einer Gruppe einzubringen und ein Team im Hintergrund sind ausreichende Voraussetzungen, eine Elterngruppe zu leiten. Ich halte es für sinnvoll, daß bei einer Gruppenstärke von 6–8 Elternteilen zwei Mitarbeiter aus der Frühförderung beteiligt sind. Das erleichtert, ihre Aufgabe und Stellung in der Gruppe kritisch zu reflektieren.

In den beiden ersten *Beispielen* von Elterngruppen, die beschrieben wurden, versuchen die Fachleute die Gruppe vorsichtig entlang der Bedürfnisse der Eltern zu lenken: die Eltern werden nicht gedrängt, sich persönlicher zu äußern oder bestimmte Probleme durchzuarbeiten. Die Fachleute richten sich fast ganz nach den Bedürfnissen der Eltern.

Diese treten jedoch niemals direkt und spontan zutage, vielmehr gehört es zum Gruppenprozeß, emotionale Erwartungen an die Gruppe bewußt machen zu helfen. Dies kann nur gelingen – wie im dritten Beispiel deutlich wurde – wenn *auch* Fachleute ihre Erwartungen an die Gruppe mitteilen. So empfiehlt z. B. auch *Zwack* aus ihren Erfahrungen mit Elterngruppen in der Frühförderung heraus, die Eltern zu Anfang darauf hinzuweisen, daß es das Ziel der gemeinsamen Treffen ist, über sich selber oder von sich selber zu sprechen und nicht so sehr über die Kinder. Eine solche Vorstrukturierung scheint meiner Meinung nach auch sinnvoll, »da sich nach dem ersten Sich-Aussprechen schnell die Frage stellt, was denn nun mit den geschilderten Tatbeständen angefangen werden soll« (*Zwack* 1979, S. 31). Der Methode des »Blitzlichtes«, die *Zwack* als Regel in ihre Elterngruppen nach dem zweiten Treffen einführt, entspricht das wiederholte Nachfragen nach Erwartungen, erleichtert den Eltern jedoch eine Antwort. Dabei geht es darum, daß vor dem Gruppenbeginn jeder kurz erzählt, ob er gerne und wenn nicht, warum er ungern oder in welchem Zusammenhang er gerade kommt. Auch nach Abschluß des Treffens sollte die Möglichkeit angeboten werden, Zufriedenheit wie Unzufriedenheit oder Wünsche für das nächste Treffen zu äußern (*Zwack* 1979, S. 32).

Die Intention, in den Elterngruppen eine möglichst persönlich emotionale Beteiligung zu erreichen, beruht auf der Ansicht, daß unter den Verhältnissen einer Leistungsgesellschaft das Leben mit einem behinderten Kind eine völlig andere Einstellung der Eltern gegenüber diesem Kind erfordert. Für Fachleute besteht die Schwierigkeit, den Eltern zu helfen, sich emotional anders auf dieses Kind einzustellen, darin, diese Intention durchzuhalten, ohne daraus eine Lernzielbestimmung oder moralische Aufforderung für Eltern zu machen. Daß dazu manchmal Umwege beschritten werden müssen, beschreibt *Lenhardt* in seinem Aufsatz über praktische Erfahrungen mit Elterngruppen in der Erziehungsberatung: »Das Verständnis für das Kind setzt ein *Selbstverständnis* voraus, und es ist unter Umständen notwendig, eine Mutter dafür zu gewinnen, sich selbst etwas zu gönnen und sich für die Kinder nicht aufzuopfern. Die neurotische Opferhaltung führt zu Erschöpfungszuständen und erschwert die gesunde Opferbereitschaft in Notsituationen. Überhaupt ist die Vermittlung von Lebensfreude bzw. die Ermunterung zur Genußfähigkeit, zur Daseinslust, auch in der Elterngruppe eine der wirksamsten und wichtigsten Möglichkeiten zur ‹gefühlshaften Umstimmung›« (*Lenhardt* 1965, S. 130).

9.7. Abschließende Bemerkungen zur Zusammenarbeit von Eltern und Fachleuten

Ganz ohne Zweifel steht die Frühförderung mit ihrer Gruppenarbeit noch am Anfang der Erfahrungen. Elternveranstaltungen tragen Versuchscharakter und produzieren deshalb eine Vielfalt von Möglichkeiten. Ich habe versucht, Charakteristisches herauszuarbeiten und sich abzeichnende Tendenzen zu erläutern und begründen.

An einer Stelle habe ich die Elterngruppen als *ergänzend* zur Familienarbeit und Einzelförderung des Kindes bezeichnet. Ergänzend vor allem im Hinblick auf Einzelförderung, wo Eltern noch häufig einseitig unter Anleitung der Fachleute arbeiten, wo es um Instruktionen und Erziehungshilfe geht. Wie ich in den ersten beiden Kapiteln angeführt habe, sind für diese Einseitigkeit verschiedene Faktoren verantwortlich. Es bedarf jedenfalls eines beiderseitigen Lernprozesses, um diejenigen Haltungen und Einstellungen zu finden, die zu einer wirklichen Zusammenarbeit führen. Den Eltern kann das Zusammentreffen mit anderen Eltern ein Zurückgewinnen ihres Selbstverständnisses bringen, was unter den Lern-Bedingungen der Hausfrühförderung vielleicht schwieriger ist. Elterngruppen können umgekehrt der Frühförderung neue Aspekte eröffnen, die es nicht mehr so leicht machen, Eltern nur in ihrer Rolle als Eltern behinderter Kinder zu sehen.

Aus diesem Gedanken heraus befürworte ich eine Elterngruppenarbeit, die sowohl am Informationsbedürfnis, als auch an Kontaktwünschen und emotionalem Erfahrungsaustausch orientiert ist und unterstreiche, was auch *Wahl* in seinem Aufsatz 1973 schon bemerkte: ». . .Elternarbeit (darf). . .nicht auf ein bloßes isoliertes Training erzieherischer Funktionen bei sonstiger Systemblindheit. . . hinauslaufen«. (*Wahl 1973, S. 308*).

Literatur

Arbeitsstelle Frühförderung am Institut f. Sonderpädagogik München (Hrsg.): Erhebungsbogen zur Frühförderung in Bayern, Teil I u. II, unveröff. Manuskript, München 1981
Bundesvereinigung Lebenshilfe e. V. (Hrsg.): Ein Leitfaden für Elterngruppen. Sonderdruck. Marburg 1981
Canziani, W.: Die Elterngruppe. Zürich 1977
Fragner, J.: Eltern als Co-Therapeuten. In: Behinderte 1/1981
Häusler I.: Kein Kind zum Vorzeigen? Bericht über eine Behinderung. Hamburg 1979
Hildisch, R.: Erziehungsberatung: Aufgaben und Selbstverständnis. In: Wege zum Menschen, März 1981
Holtmeyer, G.: Sozialpädagogische Perspektiven der Elternbildung. In: Soziolpädagogische Blätter 1/1979
Horn, G.: Über die Erfahrungen mit offenen Elternseminaren in der Erziehungsberatung. In: Praxis der Kinderpsychologie u. -psychiatrie 28/1979/3
Lehnhardt, K.: Praktische Erfahrungen mit offenen Elterngruppen in einer Erziehungsberatungsstelle. In: Praxis der Kinderpsychologie u. -psychiatrie 14/1965/1
Mangold, B., Obendorf, W.: Bedeutung der familiären Beziehungsdynamik in der Förderungsarbeit und Therapie mit behinderten Kindern. In: Praxis der Kinderpsychologie u. -psychiatrie 1981/1
Purzer, M.: Frühbehandlung und Frühförderung aus Elternsicht. In: Psychosozial 2/1981
Ruppelt, H.: Elternbildung im Kleinkindalter durch Eltern-Kinder-Gruppen. In: Zeitschrift für Sozialarbeit 1979
Schreiner, E., Seyl, K., Strubel, W.: Elternarbeit in Einrichtungen der Behindertenhilfe. In: Jugendwohl 1979/2
Schulz, G.: Frühbehandlung und Frühförderung aus Elternsicht. In: Psychosozial 2/1981
Schuster, G., Rabus, G.: Erfahrungen mit dem Münchner Trainingsmodell in der Frühpädagigischen Praxis. In: Rundbrief Frühförderung 26/1981

Speck, O.: Die Stellung der Eltern im Rahmen der Frühförderung. In: Geistige Behinderung 2/ 1981

Wahl, K.: Kleinkindererziehung und Elternarbeit. In: Neue Praxis 3/1973

Webster, E. J.: Entwicklungsgestörte Kinder. Was können Eltern zur Therapie beitragen? Stuttgart 1980

Weiß, H.: Familie und Frühförderung. (In diesem Band)

Zwack, M.: Frühberatung, aber wie? Thema eines Vortrages zum Kongreß »Hilfen für blinde und sehbehinderte Kinder«, Hamburg 1979

10. Die Zusammenarbeit mit Eltern nach dem Münchner Trainings-Modell in der Praxis der Frühförderung

Von Paul Innerhofer und Andreas Warnke

Das Münchner Trainings-Modell *(Innerhofer* 1977) wird bereits in vielen Institutionen als Methode der Eltern-Kind-Therapie eingesetzt und als Kooperationsmodell zur Einbeziehung von Bezugspersonen des Kindes (Eltern, Lehrer, Psychologen, Ärzte, Krankengymnasten, Ergotherapeuten, Logopäden, Erzieher u. a.) in seiner Therapie und speziellen Erziehung verwandt. Das Modell ist uns in der Entwicklungsförderung des Kindes immer dann eine Hilfe, wo erzieherisch beeinflußbare Schwierigkeiten in der Familie oder in der institutionellen Erziehung und Therapie zu überwinden sind. Der Elternkurs ermöglicht eine kurzfristige und vor allem auch langfristige Zusammenarbeit mit Eltern auch sogenannter »bildungsferner« und sozioökonomisch belasteter Familien. Das Modell ist uns zudem ein bewährtes Mittel interdisziplinärer Hilfe, Verständigung und Fortbildung zur Therapie und Förderung des entwicklungsgefährdeten oder behinderten und verhaltensschwierigen Kindes geworden.

Nach der Intention des Autors sollte das Modell gleich einem Beispiel eine Idee vermitteln, die in der Praxis bei verschiedenen Familien und bei verschiedenen Möglichkeiten des Therapeuten stets individuell und variabel verwirklicht werden kann. Häufig jedoch ist die konkret-beispielhafte Darstellungsweise mißverstanden worden und hat zu einer sterilen Nachahmung verführt. In diesem Beitrag möchten wir im ersten Abschnitt solchem Mißverstehen begegnen und versuchen, – idealtypisch – die Haltung des Therapeuten zu beschreiben, der eine Eltern-Kind-Therapie nach dem Münchner Trainings-Modell durchführt. Im zweiten Teil werden wir das Modell für den Aufgabenbereich der Frühförderung spezifizieren und ergänzen.

10.1. Die allgemeinen Grundsätze und Aspekte der Zusammenarbeit mit Eltern

Bevor man sich einer Aufgabe nähert, lohnt es sich, den Gesamtzusammenhang, in dem sich die Aufgabe stellt, anzuschauen.

Den *Eltern* ist die Zusammenarbeit mit den Fachleuten ein wichtiger Teil in der frühen Förderung des entwicklungsgefährdeten Kindes. Die Eltern suchen dabei Hilfe zur Förderung des Kindes und für das Gedeihen der Familie. Die Verantwortung der Eltern für die Entwicklung des Kindes ist *umfassend und andauernd.* Die Verantwortung der Eltern geht über die Sorge um das behinderte Kind hinaus, sie gilt der Gesamtfamilie.

Dem *Fachmann* stellt sich der Gesamtzusammenhang anders dar. Ihm ist eine Familie mit einem behinderten Kind vorgegeben. Die Behinderung ist in der Regel organisch begründet und kann nicht geheilt, sie kann gewöhnlich in ihren Folgen gemildert und in ihrem Fortschreiten gehemmt werden. Von dieser Tatsache ist der Fachmann in ganz anderer Weise betroffen als die Eltern. Er ist *emotional* anders betroffen – es ist nicht sein Kind. Er ist *sachlich* anders betroffen – er ist spezialisierter

Fachmann. Seine Bemühung um das Kind ist zeitlich meist auf eine bis zwei Wochenstunden begrenzt und dies nur für eine relativ kurze Spanne seines Berufslebens, während die Fürsorge der Eltern für das behinderte Kind lebenslang andauern kann. Die Verantwortung des Fachmanns ist beruflich *spezialisiert*, also *begrenzt*. Ihm ist das Kind zur Behandlung übergeben, er soll es qualifiziert fördern. Der so eingeengte Auftrag verführt ihn leicht zu der irrigen Ansicht, daß die Rolle der Eltern der des Therapeuten ähnlich oder ähnlich zu machen sei. – Der Fachmann ist der Familie zunächst ein Fremder. Da er selbst familiär nicht betroffen ist, muß er sich in die Lage des Kindes und dessen Familie hineinversetzen. Erst aus der umfassenden fachlichen und familiären Kenntnis der Problemlage wird er seine Hilfsmöglichkeiten zu verwirklichen suchen. Die Zusammenarbeit der Fachleute mit den Eltern ist nur eine unter anderen Möglichkeiten der Hilfe für das behinderte Kind.

Aus den benannten Eigenschaften des Gesamtzusammenhangs erwachsen zunächst folgende Aufgaben für den professionellen Mitarbeiter in der Frühförderung:

(1) Er ist der Familie fremd, also wird er sie *kennenlernen* und ihr *Vertrauen gewinnen* müssen.
(2) Er muß *Kenntnisse* des Sachverhalts *gewinnen,* also wird er beobachten, testen und Informationsgespräche führen.
(3) Er muß Entscheidungen treffen, also wird er Beobachtungsdaten, Testergebnisse und Gesprächsinformationen *interpretieren*.
(4) Seine Entscheidungen muß die Familie annehmen und mittragen, also wird er seine *Erkenntnisse an die Familie weitergeben* und gemeinsam mit ihr die *Ziele* der Zusammenarbeit *festlegen*.
(5) Er soll Leid lindern und Entwicklungen fördern, also wird er therapeutisch oder pädagogisch aktiv werden, er wird *verändern*.

Damit läßt sich die Gesamtaufgabe der professionellen Frühförderung in der Zusammenarbeit mit Eltern in fünf Schritte gliedern, die wir zugleich zum Leitfaden unserer Erörterung machen:

(1) Das Vertrauen der Familie gewinnen.
(2) Informationen über die Familie und das behinderte Kind sammeln.
(3) Die Informationen in bezug auf das therapeutische Handeln interpretieren und bewerten.
(4) Orten der Entwicklungsmöglichkeiten und Festlegung der Therapieziele.
(5) Verändern der Umwelt, Beeinflussung von Verhaltensweisen.

Vier Aspekte fassen wir bei jedem der fünf Schritte ins Auge. Wir haben sie vereinfachend als *Sehen, Verstehen, Annehmen* und *Verändern* bezeichnet. Die begriffliche Verwandtschaft der vier Aspekte mit den fünf Schritten wird noch deutlich werden, was zeigt, daß die Schritte nicht unabhängig voneinander gesehen werden können, daß sie aufeinander aufbauen und daß sie sich gegenseitig beeinflussen. Der erste Schritt wäre ohne die Vollendung des letzten sinnlos, der letzte ohne die ersten nicht möglich. Die vier Aspekte sind eine Reflexion auf diese wechselseitige Bezogenheit.

10.1.1. Der 1. Schritt: Das Vertrauen der Familie gewinnen

Sehen bedeutet in diesem ersten Schritt, die Grundeinstellung zu haben, »*ich weiß nicht,* was und wie die Familie ist, ich muß sie erst wahrnehmen«. Sehen heißt, die innere Ruhe zu haben, sich alles erzählen zu lassen, *zuzuhören,* auch wenn wir die Information für irrelevant halten und meinen, vieles schon aus unserer Erfahrung antizipieren zu können. Sehen meint auch, zu *beobachten* und zu beschreiben, ohne schon werten und ändern zu wollen.

Verstehen bedeutet in der Phase des Kennenlernens, die *Informationen* so zu *ordnen,* daß wir unser weiteres Handeln darauf beziehen können. Es geht hierbei nicht darum, Ursachen abzuleiten und innere Zustände der Familienmitglieder zu postulieren. Hier gilt der Leitsatz: »*Ich verstehe nicht,* was die Familie ist, ich muß erst die Information aufnehmen und ordnen«. Die Information, die wir ordnen, hilft uns, nach der Information zu forschen, die uns fehlt, um zu verstehen. Ziel der Informationsgewinnung ist das Vertrautwerden mit den vorgegebenen Ordnungen in der Familie, so daß sie uns nicht mehr fremd ist.

Annehmen meint in diesem ersten Zusammenhang, das Familienleben, die Gestaltung des Tages in der Familie, die familiäre Wertung von Haltungen, Zuständen und Ereignissen oder auch die Einrichtung der Wohnung und die Verwendung des Einkommens *nicht funktional,* etwa therapiebezogen, als Anlaß für eine Veränderung zu betrachten, sondern als etwas Gegebenes, zu Beachtendes, das von uns anerkannt ist, und das wir uns zunächst einmal aneignen müssen. Annehmen meint methodisch hier, die Informationsaufnahme zunächst abzukoppeln von dem Zugpferd der Therapie oder der pädagogischen Absicht. Leitsatz ist: »*Ich will nichts anderes,* als wahrzunehmen, was die Familie lebt und worin sie lebt.«

Diese *bewußte Aufnahmebereitschaft* muß sein, um offenzubleiben. Jede therapeutische Absicht wird unseren Blick so einengen, daß wir die Ereignisse, die nicht so auffällig sind, daß sie uns beim ersten Blick ins Auge stechen, übersehen. Wir müssen auch deshalb offenbleiben, weil Eltern mehr als nur ein fachliches Interesse haben, sie haben zudem persönliche und familiäre Bedürfnisse, die teilweise den therapeutischen widersprechen und dennoch wichtig und berechtigt sind. Diese familienrelevanten Belange übersehen wir leicht, wenn sie nicht unmittelbar im uns gewohnten, therapeutischen und damit eingeschränkten Gesichtsfeld liegen – selbst wenn sie für die Familie wichtig sind. Die annehmende Haltung bewahrt vor der Gefahr, nur unsere fachmännischen Interessen zu sehen und an den Bedürfnissen der Familie vorbeizuzielen. Annehmen ist im ersten Schritt immer auch ein *Abwarten,* das davor schützt, selektiv wahrzunehmen, noch bevor wir uns ein Bild von der Gesamtfamilie haben machen können.

Ändern, wie kann dies beim ersten Schritt schon möglich sein? Tatsächlich werden wir bereits bei der ersten Begegnung nicht umhinkönnen, auch etwas verändern zu sollen. Die Eltern tragen an den Fachmann bestimmte Erwartungen heran, z. B. die Erwartung, die Behinderung müsse geheilt werden. Wir werden diese Erwartung in der ersten Begegnung ändern, wenn wir – aufgrund fachlichen Wissens – da nicht von Heilung zu sprechen vermögen. Die Eltern haben unter Umständen die Erwartung, die Fachleute übernähmen die ganze Verantwortung und alle therapeutische

Initiative. Diese Eltern werden ihre passive Haltung vertauschen müssen mit der Erwartung, daß sie die Verantwortlichen bleiben, sie aktiv werden müssen, und der Fachmann nur dazu beitragen wird. Wir verändern Eltern allein *dadurch, daß wir einen beruflichen Standpunkt vertreten.* Ändern nicht auch *wir uns?* Müssen wir es nicht in gleicher Aufmerksamkeit vom Therapeuten fordern wie von den Eltern, sich zu ändern, von Anfang an? Sehen, Verstehen und Annehmen sind Haltungen, die den Fachmann zwingen, sich zu ändern. Ja, auch die Veränderung im Sinne des vierten Aspekts, daß nämlich Eltern direkt eine Verhaltensänderung des Fachmanns in Gang setzen, ereignet sich. Eltern zwingen uns, auf bestimmte Ratschläge zu verzichten, andere fordern sie uns ab; Eltern sind beruflich gebunden, und wir müssen unsere Termine und Hausaufgaben danach abstimmen usw. Tatsächlich ist in der Zusammenarbeit eine stetige *Wechselbeziehung* im Sehen, Annehmen, Verstehen und Ändern zwischen Fachmann und Eltern wirksam. Wir wählen in dieser Erörterung bewußt aus didaktischen Gründen eine einseitige Sicht: die *Betrachtung des therapeutischen Verhaltens,* das auf das familiäre Leben, das elterliche Verhalten, die Entwicklung des Kindes einwirkt – und wir vernachlässigen die Rückwirkung des therapeutischen Handelns auf den Therapeuten selbst. Erst der letzte Abschnitt dieser Erörterung mündet in eine Reflexion über die eigene Veränderung des Fachmanns durch seine berufliche Tätigkeit des Veränderns.

10.1.2. Der 2. Schritt:
Informationen über die Familie und das behinderte Kind sammeln

Diagnostik umfaßt zwei Schritte: Sehen, was vorliegt, objektives Sammeln von Informationen und Ordnen dieser Informationen, damit Zusammenhänge sichtbar werden und Entwicklungsmöglichkeiten erkannt werden können. Zunächst der erste Schritt, das Sammeln von Informationen.

Sehen bedeutet in diesem Zusammenhang, das Kind *systematisch und gemeinsam mit den Eltern zu beobachten.* Die Familie und das Kind werden nicht mehr in beliebigen, sondern ausgewählten, repräsentativen Szenen beobachtet. Die Systematik der Informationserhebung führt der Fachmann ein, die Sichtweise und Sprache ist anfangs oft noch die der Eltern, aber nicht nur die der Eltern. Das Sehen, das der Fachmann gebraucht, kann – jedenfalls im psychologisch-therapeutischen, im pädagogischen Bereich und in Bereichen der Diagnostik der verschiedenen geistigen, sprachlichen und motorischen Entwicklungsstörungen, aber auch in manch anderen klinischen Belangen chronischer Erkrankungen (z. B. die Charakteristika cerebraler Anfallsleiden) – mehr und mehr durch gemeinsames Sehen auch die Sichtweise der Eltern werden, die dann diagnostischen Wert für den Fachmann erhält. So läßt sich der bewegungsgestörte Säugling grundsätzlich nicht anders als das verhaltensgestörte Kleinkind gemeinsam mit den Eltern beobachten, und wir können in beiden Fällen unser diagnostisches Sehen den Eltern beschreiben, also in nicht-wertender Alltagssprache mitteilen, so daß sie in einer Weise sehen lernen, wie es zur Therapie oder speziellen Erziehung des Kindes relevant ist.

Sehen heißt hier aber auch, in Gesprächen vergangene Ereignisse, aktuelle

Vorkommnisse, Werthaltungen, Pläne und das Wissen der Eltern um die Störung des Kindes *systematisch zu erfragen.* Wohnungseinrichtung, Spielmaterial, Bewegungs- und Kontaktmöglichkeiten des Kindes, seine Fähigkeiten der Motorik, der Sprache, der Sinne, der Wahrnehmung werden – je nach Fragestellung – erfaßt. Soweit es die Zeit erlaubt, wird auch das gesunde Umfeld berücksichtigt: die Eltern mit ihren wirtschaftlichen und beruflichen Bedingungen, die Geschwister und andere Bezugspersonen des Kindes innerhalb und außerhalb der Familie. Beachtet werden schließlich die Befunde anderer Disziplinen.

Verstehen geht der Informationsaufnahme immer schon voraus. Nur *der* Beobachter wird aus der Fülle von beobachtbaren Ereignissen die für die Fragestellung relevanten erkennen, der über präzise Kenntnisse der Störung und der therapeutischen Aufgabe verfügt und der imstande ist, die Teilaufgabe der Therapie in den Gesamtlebenszusammenhang der Familie zu integrieren. Verstehen bedeutet ferner, jede Einzelinformation am Hintergrund von übergreifenden Handlungszusammenhängen aufzunehmen und sie so zu beschreiben, daß dieser Sinnzusammenhang immer sichtbar bleibt. Die Information muß relevant sein, dies ist wichtiger als daß sie objektiv ist. Der Fehler der Subjektivität mag beim teilnehmenden Beobachter größer sein, aber zu befürchten ist, daß der distanzierte und »standardisierte« Interviewer erst gar nicht die Informationen bekommt, die eine begründete Diagnose zulassen. Verstehen meint in diesem Fall z. B., sich des *Fehlers* bewußt zu sein, daß wir zugunsten der Relevanz der Information andere Aspekte der Informationserhebung vernachlässigen.

Annehmen von Informationen fällt oft nicht nur den Eltern eines behinderten oder von Behinderung bedrohten Kindes schwer, sondern kann auch dem Fachmann Schwierigkeiten bereiten, wenn er mit einer bestimmten Information schon bestimmte, ihn vielleicht überfordernde Aufgaben voraussieht, wie z. B. die Aufklärung der Eltern. Die *angemessene* Scheu des Fachmanns, Eltern mitzuteilen, ihr Kind sei behindert, ist dann gegeben, wenn diese Scheu ihn immer wieder motiviert, sorgfältig und vorsichtig im diagnostischen Urteil zu sein, um dann umso bedachter, wissend und taktvoll die Eltern über die Störung des Kindes und eventuell auch über die Prognose aufzuklären. Diese Scheu wird es auch ermöglichen, daß man Eltern, die die Behinderung des Kindes zunächst nicht wahrhaben wollen, darin annimmt: das heißt, daß wir nicht verübeln, wenn Eltern von uns weggehend andere Fachleute zu Rate ziehen, sie Zeit und eigene Erfahrung benötigen sowie das Urteil mehrerer unabhängiger Experten in Anspruch nehmen, bevor sie das Kind in seiner besonderen Entwicklung annehmen. Wenn diese Eltern manchmal nach großen Umwegen – weitgestreuten Expertenvisiten, Befragungen von Wahrsagern, heilpraktischen Maßnahmen, Wallfahrten – zu uns zurückkehren, so heißt Diagnose annehmen in solchem Moment, daß wir solche elterlichen Versuche als Bemühungen, die gute Gründe hatten, akzeptieren und uns der Hilfe zuwenden.

Eine *unangemessene Scheu* liegt dann vor, wenn wir uns gehindert sehen, eine gewußte Diagnose offen und rechtzeitig zu äußern. Wir geben unter Umständen vor, Angst vor der schmerzhaften Betroffenheit der Eltern sei Grund genug, die Wahrheit zurückzuhalten. Hier müssen wir prüfen, ob es nicht unsere eigene Angst vor dem Urteil ist, weniger der Schmerz der Eltern, der uns zurückhält. Sicher ist, daß Eltern eine Diagnose schwerer annehmen, wenn wir uns scheuen, offen und eindeutig über die Behinderung zu sprechen, sobald wir darum wissen. *Ändern* wird sich im Schritt der Diagnostik wiederum manche Erwartung, z. B. die Erwartung, die Diagnostik sei eine alleinige Angelegenheit der Fachleute, die nun überlegen und aktiv auftreten müßten, während sich die Eltern unterlegen und passiv zu fügen hätten. Diagnostik, soweit es Sehenlernen des Kindes ist, kann mit den Eltern gemeinsam geschehen: gemeinsam beobachten und gemeinsam beschreiben. Eltern erlernen dabei nicht nur die diagnostischen Begriffe des Fachmanns, sondern vor allem auch, die Behinderung bzw. die Fähigkeiten des Kindes zu sehen. Mit der beschreibenden Beobachtung verlieren diagnostische Urteile ihre oft angstmachende Wirkung, weil die beschreibende Definition die abstrakten Begriffe von den sie belastenden Wertungen und Vorurteilen befreit. Eltern haben weniger Schwierigkeiten, anzuerkennen, daß ihr dreijähriges Kind im Test keine Farben zu unterscheiden vermag. Sie haben mehr Schwierigkeiten, nur das abstrakte Urteil aus dem Testergebnis »Ihr Kind ist geistig behindert« anzunehmen, wenn jede beschreibbare Kenntnis von den kindlichen Leistungen, die solches Urteil begründet haben, fehlt. Die gemeinsame Beobachtung des Kindes ermöglicht es den Eltern selbst, diagnostisch zu sehen.

Entwicklungsdiagnostik ist Beobachtung des Kindes nicht nur in einem Augenblick, sondern in einem Zeitraum seines Lebens. Gerade deshalb sind hier die Beobachtungen der Eltern, die sie alltäglich und andauernd mit dem Kind machen, wesentliche Hilfen für die diagnostische Urteilsfindung des Fachmanns. Wenn zudem diagnostische Beobachtung in einer Weise geschieht, daß sich daraus therapeutische oder spezielle erzieherische Schlüsse ziehen lassen, so erwerben Eltern mit dem diagnostischen Sehen unter Umständen ein Mittel therapeutischer oder erzieherischer Selbsthilfemöglichkeit. *Zu ändern ist die passive Rolle der Eltern,* damit sie diagnostisch aktiv mitarbeiten.

10.1.3. Der 3. Schritt: Die Information in bezug auf das therapeutische Handeln interpretieren und bewerten

Interpretation meint das Herausarbeiten von Zusammenhängen; Wertung ist die Aussage darüber, inwieweit der interpretierte Zusammenhang für die anstehenden Aufgaben wichtig ist.

Sehen meint im Zusammenhang mit Interpretation zunächst, sich dessen *bewußt zu sein, daß wir interpretieren,* daß wir nicht mehr allein mit objektiv beschreibbaren Fakten umgehen, sondern Zusammenhänge hergestellt haben, die sich auf Normen stützen und sich von Werthaltungen oder Theorien ableiten. Interpretationen werden leicht mißverstanden und sind stets mit einem Risiko belastet. Sehen bedeutet hier also auch, wahrzunehmen, wo Eltern oder andere Fachleute einen interpretativ hergestellten Zusammenhang anders verstehen.

Verstehen muß durch Interpretation erleichtert werden. Doch nirgendwo mehr ist die Gefahr des Mißverstehens größer als bei der Verständigung durch wertende Begriffe. Zum Verstehen beizutragen bedeutet daher, nicht *mehr* zu interpretieren als notwendig und in einer Weise zu interpretieren, daß das Wahrgenommene sichtbar bleibt. Ein Beispiel dazu ist die beschreibende Definition: Wenn wir einer Mutter sagen, daß ihr Kind »unkonzentriert« sei, so läßt sich das Wahrgenommene durch beschreibende Worte sichtbar machen: »Norbert springt auf, ehe er mit der Aufgabe begonnen hat, auch wenn die Aufgabe leicht für ihn ist und anregend. Beim Puzzle arbeitet er mit den Händen, schaut aber woanders hin, so daß er nicht im Auge hat, was er tut. . .«. Wenn Mißverständnisse sichtbar werden, so meint Verstehen, nicht rechthaben zu wollen, sondern durch Beobachtung oder Selbsterfahrung neu zu vermitteln, was man gemeint hat. Verstehen meint hier auch, beim Mißverständnis nicht Vorwürfe zu erheben, sondern zuzuhören und dem Gesprächspartner reflektierend rückzumelden, wie ich seine Interpretation verstanden habe.

Annehmen ist im Zusammenhang mit Interpretation die Selbstbeherrschung darin, daß ich den Zweifel, das noch nicht Entscheidbare, stehen und offene Fragen unbeantwortet lasse. Es ist die Bescheidung, nicht etwas als sicherer behaupten zu wollen, als man es wirklich weiß, und *Unsicherheiten* zu *tolerieren*. In der Frühdiagnose, in der endgültige Urteile oft ohnehin nicht möglich sind, da die Entwicklung des Kindes in der Zeit und unter bestimmten Lernbedingungen abgewartet werden muß, ist die Zurückhaltung mit einer für die Eltern befriedigend sicheren Antwort nicht immer leicht durchzuhalten. Und zwar dann, wenn Eltern die Vorstellung mitbringen, daß eine schnelle, eindeutige, selbstsicher vorgetragene Antwort mit Rezeptcharakter für eine bessere fachliche Qualifikation des Experten spräche und beruhigender wirke als eine Antwort, die Zweifel beläßt und Eltern unter Umständen zu angstvoll erlebter Geduld zwingt, bis daß eine fundierte Antwort möglich ist. Annehmen heißt dann, die Ungeduld der Eltern im Bedürfnis nach einer sicheren Antwort, wenn sie noch nicht möglich ist, auszuhalten.

Ändern kann hier bedeuten, dahin zu wirken, daß Eltern ihre Meinung relativieren, wo es von der Sache her notwendig ist. Uns begegnen manchmal absurde Vorstellungen der Eltern, die wir übergehen, weil es vielleicht zu mühsam gewesen wäre, sie zu ändern. Die Folge davon aber ist, daß man sich generalisierend auf eine reduzierte Zurechnungsfähigkeit der Eltern einstellt.

10.1.4. Der 4. Schritt:
Orten der Entwicklungsmöglichkeiten und Festlegung der Therapieziele

Sehen ist im vierten Schritt die Aufgabe, mit Rücksicht auf die Behinderung die *Entwicklungsmöglichkeiten des Kindes* auszumachen, die Ansätze für die Förderung bieten. In der Therapie und speziellen Erziehung kommt es darauf an, die jeweils nächstmögliche Entwicklung des Kindes zu erkennen und nach dem nächsten Entwicklungsschritt, der im Vermögen des Kindes liegt, die realisierbaren therapeutischen und speziellen erzieherischen Hilfen ins Auge zu fassen. Damit ergibt sich das jeweils nächstliegende Förderungsziel.

Verstehen ist hier der Anspruch an den Therapeuten, davon auszugehen, daß Eltern die Ziele des Therapeuten nicht von sich aus erkennen und auch nicht selbstverständlich akzeptieren, oder daß Eltern nicht nur andere, sondern auch weniger oder mehr Ziele als der Therapeut verfolgen können. Konflikte haben sehr häufig ihre Ursache nicht in blockierenden Charaktereigenschaften der Partner, vielmehr stehen am Anfang Unstimmigkeiten in den *Zielvorstellungen,* nach denen Eltern und Fachleute handeln. Verstehen meint hier auch, sich im Verlaufe der doch meist langfristigen Entwicklungsförderung dessen zu versichern, ob wir noch die Ziele verfolgen, die den Eltern wichtig sind.

Annehmen ist im Zusammenhang der Bestimmung der Förderungsziele ein zentraler Punkt und soll hier in Verknüpfung mit dem Aspekt des *Änderns* etwas ausführlicher betrachtet werden. Denn Annehmen der Entwicklungsmöglichkeiten des Kindes und Annehmen von Zielen der Förderung impliziert die Bejahung der Absicht, etwas zu ändern. Damit verbunden ist die Einwilligung in die Methoden der Änderung. Tatsächlich liegt in der Entscheidung zu den Förderungszielen der *kritischste Punkt.* Wenn Eltern diesen Schritt bejaht haben, so ist der fünfte Schritt der Therapie selbst oft nur noch der Vollzug einer bereits angenommenen Entscheidung. Dies wird in der Praxis leicht verkannt. In der Zusammenarbeit mit Eltern ist es vorrangig und genauso wie die Verständigung über die Art der Therapie selbst wichtig, sich Klarheit über die aktuellen Möglichkeiten der kindlichen Entwicklung und über die aktuell möglichen, realisierbaren und gewollten Ziele der Förderung zu verschaffen. Aus unserer Erfahrung akzeptieren Eltern sehr einschneidende therapeutische Maßnahmen erst dann, wenn sie Einsicht in die Erscheinungsweise der Behinderung und in die möglichen Förderungsziele gewonnen haben.

Der *doppelte Anspruch,* anzunehmen und zu verändern, erscheint auf den ersten Blick widersprüchlich: Wir müssen uns einerseits darum bemühen, die Behinderung anzunehmen, und andererseits vieles, was man am Kind ändern wollte, weil es uns stört, zu belassen, damit das Kind erlebt, auch so sein zu dürfen, wie es ist, und so angenommen zu sein; andererseits aber geht es darum, mit ganzer Entschiedenheit und Konzentration etwas zu verändern, das Kind zu fördern: zu therapieren, zu bilden und zu erziehen. Beide Haltungen sollten bei Eltern und Therapeuten im Übermaß vorhanden sein: *die Bereitschaft, etwas als gegeben und unveränderbar hinzunehmen, und die Bereitschaft, etwas als veränderbar anzuerkennen und auch aktiv zu ändern.* Jede dieser Haltungen ist für sich alleine leichter zu realisieren. So beobachten wir, daß Eltern von lernbehinderten oder teilleistungsgestörten Kindern viel Mühe aufwenden, um ihre Kinder zu verändern, aber es will ihnen kaum gelingen, das Kind in seiner eingeschränkten Leistungsfähigkeit ganz anzunehmen. Ein gegenteiliges Bild zeigen häufig Eltern schwer retardierter Kinder. Es ist erstaunlich, wie gut Eltern diese Kinder in ihrer Behinderung annehmen können; ihnen aber fällt es schwer, diese Kinder nicht nur zu pflegen, sondern sie auch entsprechend ihren Möglichkeiten zu fördern, also zu verändern.

Wir sprechen hier eine *Dialektik* zwischen zwei Haltungen an, die im Gegensatz und in Spannung zueinander stehen. Sie tritt ein, wenn es z. B. beim schwer geistig behinderten Kind gilt, die Behinderung anzunehmen, und wir es gleichzeitig ernst meinen mit dem Versuch, das Kind zu ändern. Umgekehrt verhält es sich beim leicht lernbehinderten Kind, wo man in jedem Fall die Veränderung anstrebt und doch geneigt ist anzunehmen, daß die Behinderung selbst nicht änderbar ist. Um mit dieser Dialektik der Haltungen umgehen zu können, müssen wir bewußt wissen, daß sich jede Haltung für sich allein leicht verwirklichen läßt, es aber kaum gelingen kann, beide Haltungen gleichzeitig zu realisieren. Das Wort Dialektik soll auch ausdrükken, daß man diese Haltungen nie ein für allemal besitzt, sondern daß man sie in einem ständigen Balanceakt zwischen ihren Extremen immer wieder neu für sich gewinnen muß.

Den unterschiedlichen Haltungen entsprechen unterschiedliche *Handlungstendenzen:* Wer viel akzeptiert, steht in Gefahr, eine fatalistische Haltung anzunehmen und überhaupt nichts mehr zu tun. Demgegenüber steht das Bedürfnis, daß das Wenige, was konzipiert wird, auch wirklich verändert wird, ein Bedürfnis, das ausarten kann zu einer das Kind zerbrechenden Forderung, aus ihm etwas „zu machen". In der ersten Tendenz werden Entwicklungsmöglichkeiten verkannt, in der zweiten wird das Kind sich selbst entfremdet, es wird zum Objekt von Therapie. Die *Grenze* zwischen dem Veränderbaren und Unveränderbaren ist niemals scharf zu bestimmen. Und mit dem Heranwachsen des Kindes verschieben sich die Grenzen, alte werden hinfällig und neue Grenzen prägen sich aus. Daher ist das Annehmen der „Behinderung" des Kindes und das Annehmen der Förderungsmöglichkeiten und Förderungsziele kein einmaliger Akt, sondern ein bleibender und wechselwirkender Prozeß zwischen Eltern, Kind und Therapeut/Pädagoge.

Annehmen schließt im Zusammenhang des vierten Schrittes für die Eltern das Ziel mit ein, *sich selbst zu verändern.* Wenn eine Mutter annimmt, daß eine bestimmte Erziehungsmaßnahme ineffektiv ist, dann ergibt sich daraus, daß sie ihren Erziehungsstil ändern muß. Wenn Eltern angenommen haben, daß ihr Kind geistig behindert ist, dann folgt etwas daraus, was ihr Verhalten ändert: Vielleicht hören sie auf, von Arzt zu Arzt zu gehen; bestimmte Ansprüche werden an das Kind nicht mehr gestellt, und dem Kind werden daher keine Vorwürfe mehr gemacht. Annehmen bedeutet also, daß Ziele aufgegeben werden und Eltern sich neu orientieren.

10.1.5. Der 5. Schritt:
Verändern der Umwelt, Beeinflussung von Verhaltensweisen

Sehen im Prozeß der Änderung – was Frühförderung letztendlich besagt – meint zusätzlich, die *Ausgangssituation* richtig wahrzunehmen. Bei alltäglichen Handlungen versuchen wir in der Regel vorauszuschauen, und wir schätzen die Ausgangssituation so ab, daß wir unser Ziel erreichen und erfolgreich sind. In speziellen Situationen jedoch, wo Unsicherheit, Angst und eine starke Ich-Einbezogenheit wirksam sind, besteht die Gefahr, die Ausgangssituation verzerrt und unwirklich wahrzunehmen. Diese Erfahrung läßt uns betonen, daß das *Sehen* der Wirklichkeit in diesem Schritt besonders bedeutsam ist. Der Therapeut muß das behinderte Kind sehen, wie es ist, denn nur so kann er sein Handeln therapeutisch zweckmäßig ableiten.

Auch im Moment der Therapie ist das Sehen die unmittelbarste *Kontrolle und Hilfe zum rechten therapeutischen Handgriff.* Die Bobath-Therapeutin beobachtet in jedem Moment der krankengymnastischen Behandlung den Effekt der Übung auf das pathologische Bewegungsmuster, und wenn sie erkennt, daß z. B. die Manipulation im Schulter-Arm-Bereich die Spastizität der Mundmotorik verstärkt, so wird sie einen neuen Ausgangspunkt suchen, so daß die erwünschte Bewegung gebahnt, die pathologische gehemmt wird, ohne daß an anderer Stelle wiederum eine pathologische Reaktion ausgelöst wird. Hieran zeigt sich das unmittelbare Wechselspiel zwischen Sehen und Veränderung.

Das Kind ändert sich, es wächst, es reift, und es lernt. Weil sich das Kind entwickelt, ist es immer wieder heute das nicht mehr, was es gestern noch war. Diese Entwicklung muß wach registriert werden, weil sich aus ihr unter Umständen neue Möglichkeiten oder Schwerpunkte für die Förderung ergeben. Auch können zuvor bewährte Methoden nicht mehr greifen, weil sie nicht mehr altersgemäß, funktionsgerecht oder nicht mehr motivierend genug sind. Das Sehen ist die entscheidende *Hilfe zur Anpassung der Förderungsmaßnahmen an das sich entwickelnde Kind.*

Das Sehen fortschrittlicher Veränderungen des Kindes hat *motivationale Bedeutung* für Eltern und Fachmann, und zwar umso mehr, je geringer, je langsamer sie sich einstellen. Teil der beruflichen Förderung ist es, besonders beim schwerst behinderten Kind, die Eltern mit sehen zu lassen, in welcher Weise wir auch geringste Fortschritte des Kindes registrieren. Dabei kommt es nicht darauf an, daß wir die Eltern dazu überreden, den Fortschritt anzuerkennen, es genügt, sie miterleben zu lassen, daß *wir* ihn sehen und erleben.

Verstehen von Veränderungen im Rahmen der Frühförderung, das Verstehen von *Therapieerfolgen* also, vollzieht sich nicht so einfach, wie es zunächst dem Professionellen erscheint. Die Ergotherapeutin vergoß Tränen, und der Arzt schwankte zwischen Enttäuschung und Ärger, als ihnen die Mutter eines lernbehinderten und hyperaktiven Kindes die Freude des Erfolges einjähriger, sehr engagierter therapeutischer Bemühung und Elternarbeit mit nur einem Satz stahl: „Ja, er ist einfach ein Jahr älter geworden, und das hat ihn verändert, und jetzt sind wieder ganz neue Probleme". Das Kind hatte sich gewandelt. Ein gutes Stück »Therapieziel« schien uns damit erreicht – die Mutter verstand es anders. Wir meinten, die Früchte unseres Engagements zu sehen, die Mutter verband sie weniger mit uns als mit dem Älterwerden des Kindes. Sicher war ihr Satz auch eine Antwort darauf, daß wir nicht genug zu erkennen gaben, daß die Veränderung des Kindes vor allen Dingen die Frucht des aufopferungsvollen mütterlichen Engagements war, ihrer Bereitschaft und ihres Vermögens, das Kind neu zu sehen, besser zu verstehen und sich selbst zugunsten der Entwicklung des Kindes zu verändern. Wir sind geneigt – und oft ist es eine wichtige Quelle unserer Arbeitsfreude – Fortschritte des Kindes »unseren« therapeutischen Erfolgen zuzuschreiben. Verstehen meint hier, in solcher Selbstzuweisung des Erfolges bescheidener zu sein und großzügiger darin, den Bemühungen der Eltern, des Kindes, der Familie und auch dem Reifen des Kindes den »Therapieerfolg« zuzugestehen.

Annehmen bleibt auch im Schritt der Therapie und der speziellen Erziehung ein Konflikt zwischen dem Annehmen des Veränderbaren und dem Annehmen des Unveränderbaren. Wir möchten uns hier auf Bemerkungen zur Rolle des Fachmanns in diesem Konflikt der Haltungen beschränken.

Der Therapeut ist geschult, das Änderbare zu sehen, und er wird dort sein Wissen, Können und Engagement investieren, um eine Normalisierung zu fördern. Am Erfolg der erreichten Veränderung wird seine berufliche Legitimität gemessen – damit wird die Veränderung seine zentrale Sichtweise. Die Eltern dagegen leben nicht allein mit dem Auftrag zu verändern, sie haben auch die Haltung zu gewinnen, mit dem Unveränderlichen der Behinderung ihres Kindes sich abzufinden. Sie sollen z. B. verlernen, das geistig behinderte Kind, wenn es sabbert, ständig zu korrigieren oder darüber zu klagen. In diesem *Unterschied im Schwerpunkt der Haltungen* zwischen Therapeut und Eltern liegt eine Quelle von Spannungen zwischen Fachmann und Eltern. Es kommt z. B. zu dem Fehler, daß u. U. der Therapeut versucht, die Eltern auf seine Sicht umzupolen und zu reduzieren, Eltern also nicht mehr Eltern, sondern Therapeuten sein zu lassen. Spannungen ergeben sich, wenn Eltern sich gegen solche Einschränkung wehren. Diese Spannungen sind informativ, sie helfen, sich auf die therapieübergreifenden Aufgaben der Eltern zu besinnen. Die keimende Unzufriedenheit von Eltern gerade auch gegenüber dem erfolgreich therapierenden Spezialisten ist u. U. verständlich. Der Spezialist hilft ihnen, das Änderbare zu sehen, zu verstehen und zu verändern, während er seinen zweiten, nicht minder wichtigen Auftrag u. U. vernachlässigt: zu helfen, das Unabänderliche zu sehen, zu verstehen, anzunehmen und zu lehren, damit zu leben.

Die gezielte *Einschränkung der Aufmerksamkeit auf das Veränderbare* am Kind hat Folgen. In der Regel gilt es, zu verändern, was krank, nicht entwicklungsgerecht ist. Dies verleitet dazu, daß der Fachmann nur noch die Funktionsstörung sieht. Das *Intakte* der Person des Kindes und seiner Familie *wird übersehen,* gar nicht gesucht.

Die eingeschränkte Sicht auf das, was am Kind verändert werden soll, hat auch die Folge, nur noch auf ein Ziel hin zu leben, nur von einer möglichen besseren Zukunft aus die Entwicklung des Kindes zu verfolgen. Die *Gegenwart wird vergessen* oder abgewertet oder als eine Funktion einer Fähigkeit von morgen angesehen, so daß keine Zufriedenheit aufkommen kann.

Die Sicht einzig auf das Veränderbare hat ferner die Folge, daß das *behinderte Kind eine dominante Stelle* in der Familie bekommt, die anderen Familienmitglieder nicht mehr gesehen werden, und daß übersehen wird, daß die Familie auch als Ganzes leben muß. Auch fördert solche Sichtweise die Möglichkeit, daß der Wert des elterlichen Umgangs mit dem behinderten Kind mit allen seinen Eigenarten nicht mehr reflektiert wird. Die Unbeholfenheit des Säuglings, der der Pflege bedarf, wird von Eltern beglückt erlebt. Warum gilt dies nicht auch so selbstverständlich für die Pflege des älteren, ebenso unbeholfenen Kindes? Zweifellos ist es etwas anderes, einen Säugling zu pflegen, auch wenn er derselben Pflege bedarf wie ein älteres behindertes Kind. So müssen wir verstehen und annehmen, daß für manche Mütter die Pflege des behinderten Kindes eine Erfüllung ist und sie sich die Freiheit nehmen, manches untherapiert zu belassen.

Daher ist es falsch, unter der alleinigen Prämisse an die therapeutische Arbeit zu gehen, verändern zu müssen. *Vorstufe zur Veränderung ist die Aufgabe, zu sehen, zu verstehen und anzunehmen.* Damit beginnt sich der Kreis unserer Betrachtung zu schließen. Wir gingen von dem Anspruch aus, die Gesamtsituation im Auge zu halten. In unserer Bemühung um das Verstehen im Prozeß der Veränderung durch Frühförderung sehen wir uns nun im Therapieraum wieder, mit dem Auftrag konfrontiert, ändern zu müssen, die Funktionsstörung des Kindes zu beheben. Dafür sind wir ausgebildet, und für den Erfolg in unserer Bemühung zu verändern werden wir mit Berufstiteln versehen und bezahlt. Und schon sehen wir uns der Gefahr ausgeliefert, nur noch mit den Augen des Spezialisten die Familie zu sehen und nicht mehr zu verstehen, daß es auch darum geht, anzunehmen, daß Förderung, also Änderung, nur die eine Seite unserer Auseinandersetzung mit der Behinderung sein kann. Die andere Seite ist es, anzunehmen, daß Frühförderung auch bedeuten kann, Dinge zu belassen, das Unveränderbare ins Auge zu fassen.

Verändern im Prozeß der Veränderung? Die Frage bedeutet eine *Reflexion über die eigene Veränderung* des Fachmanns in seiner Tätigkeit, in der er andere verändert. Die Aspekte Sehen, Verstehen, Annehmen und Verändern haben wir bisher so behandelt, daß die Betrachtung auf den Umgang mit dem behinderten Kind und seine Familie gerichtet war. Verstehen wir die Arbeit mit dem behinderten Kind und seinen Eltern allein aus der Sicht des Kindes und seiner Familie, so werden wir mit fortschreitender Berufserfahrung zu Technikern erstarren. Wir werden nicht wahrnehmen, daß wir uns infolge der Berufsarbeit auch ändern und vielleicht gar nichts mehr persönlich gemein haben mit dem therapeutischen Konzept, das wir handhaben und den Eltern weitervermitteln. *Da wir uns selbst verändern, müssen wir auch unsere Therapie verändern.* Der Anfänger tut gut daran, die Therapie gut zu strukturieren, auch wenn dabei die Eltern sich nicht immer angemessen einbringen können; der erfahrene Therapeut hingegen muß sich in ganz anderer Weise zurücknehmen, die Eltern aktiv werden lassen, und muß sich davor hüten, seine Routine so einzusetzen, daß er als der große Könner dasteht. Auch Fehler sind anders zu bewerten. Manches, das beim Anfänger als mangelnde Erfahrung entschuldbar ist, muß beim erfahrenen Therapeuten mangelndem beruflichem Ethos zugeschrieben werden.

Wenn wir als Fachleute nicht immer bereit sind, beruflich ein Stück zu gehen, Vorurteile aufzugeben, werden wir bald steril sein und schematisch werden. Mit der eigenen Veränderung, die leidvoll sein kann, werden wir an uns selber erfahren und verstehen lernen, was uns oft an den Eltern unverständlich geblieben ist. Ihre Neigung zu Ungeduld, ihre Unmotiviertheit, ihre einseitige Sicht eines Problems, die Tendenz zur Parteinahme und das Bestreben, sich selber in ein gutes oder ein nur schlechtes Licht zu stellen. Sich selber zu ändern beginnt vielleicht damit, daß wir unsere Hilflosigkeit gegenüber einer Behinderung annehmen, den Unwillen spüren, es mit einem Kind immer wieder aufs neue versuchen zu müssen, und die Unsicherheit über den weiteren Verlauf zulassen. Es beginnt vielleicht auch damit, daß ich meine eigenen Fähigkeiten, meine früheren Erlebnisse oder meine aktuelle berufliche Situation im Zusammenhang mit meiner beruflichen Arbeit betrachte.

Wenn wir uns nicht anders sehen als die Bezugsperson des Kindes, mit der wir zusammenarbeiten (Eltern, Erzieher, Lehrer usw.), wird es uns gelingen, den Menschen anzunehmen, wie er ist, und dadurch werden wir frei, ihm zu sagen, was *uns* wichtig ist, um die frühe Förderung des Kindes zu stützen. Respekt gegenüber der Person, emotionale Verbindung und Verantwortlichkeit sind wichtiger als die Technik, die verändern soll. Menschlichkeit und Liebe anderen zu geben, gibt Kraft, sich selber zu verändern. In dieser Haltung erst verliert die therapeutische Arbeit das Funktional-Technische und wird zur menschlichen Begegnung, ohne daß die sachliche Hilfe fehlt. Mit diesen Sätzen möchten wir nicht nur einer einfühlsamen und humaneren Therapie das Wort reden, sondern wir sind zuallererst aus einer *sachlichen Einstellung,* nämlich einer Familie gerecht zu werden und das Kind angemessen zu fördern, zu dieser Aussage gekommen, deren Gehalt das Ergebnis kontrollierter therapeutischer Praxis mit den Mitteln des hier vorgestellten Modells ist. Es ist also der Sachverhalt selbst, der uns diese Haltung aufdrängt.

Am Ende dieser allgemeinen Erörterung möchten wir eine wichtige Bemerkung anfügen. Die Betrachtung ist immer wieder an Idealen ausgerichtet, die sich bei jedem von uns an der mühevollen, steinigen Wirklichkeit therapeutischer Praxis stoßen werden. Erfüllen können wir die idealen Anforderungen des Sehens, Verstehens, Annehmens und Veränderns nicht, wir vermögen nur unser Handeln danach auszurichten, ohne den Ehrgeiz zu haben, „das Ziel zu erreichen".

10.2. Die Praxis der Zusammenarbeit mit Eltern

Dem Teil über die Einstellung des Therapeuten soll nun der praktische Teil folgen: ein Abriß des Münchner Trainings-Modells mit Anmerkungen zur Durchführung dieser systematisierten Form der Elternarbeit im Rahmen der Frühförderung. Das Trainingskonzept versucht, die Schritte des Sichkennenlernens, der Informationssammlung, der Interpretation, der Zielanalyse und Verhaltensänderung für Belange spezieller erzieherischer und verhaltenstherapeutischer Schwierigkeiten zu verwirklichen und in der Durchführung das Verhalten des Therapeuten nach den Aspekten des Sehens, Verstehens, Annehmens und Veränderns auszurichten. Die folgende *Gliederung* jedoch wird sich nicht an diesen Schritten und Aspekten orientieren, wenn diese auch mal mehr oder mal weniger den Phasen des Elternprogramms zugrundeliegen. Gemäß der Zielsetzung des praktischen Teils richtet sich die Gliederung ganz nach dem praktischen Vorgehen, so daß mit ihr zugleich die zeitliche Aufeinanderfolge der therapeutischen Handlung in Zusammenarbeit mit den Eltern ersichtlich wird.

Der Handlungsablauf wird im folgenden skizziert, um dem Praktiker Starthilfen zu geben. Vorab möchten wir auf *zwei Gefahren* hinweisen. Die Konzeption der einzelnen Schritte und ihre Durchführung sollen nur beispielhaft die Grundideen konkretisieren. Die Vorschläge stehen nicht da, um sklavisch nachgeahmt zu werden, sondern um zur Verwirklichung eigener Möglichkeiten anzuregen. In der sklavischen Imitation sehen wir die erste Gefahr. Die zweite Gefahr läge darin, zu übersehen, daß das Handeln sich aus einer bestimmten Haltung ableitet. Wenn wir nun Handlungen beschreiben, so entsteht leicht der Eindruck, daß der technische Ablauf das Wichtigste ist, und man vergißt, auf die Haltung zu achten, die jede Teilhandlung in einen Gesamtzusammenhang einbezieht. Hier möge der Leser den ersten Teil dieser Abhandlung vor Augen haben, in dem wir ausführlich über die Grundhaltungen gesprochen haben.

Das Münchner Trainings-Modell in seiner standardisierten Form wurde von *Innerhofer* (1977) beschrieben. Ein zusammenfassender Erfahrungsbericht wurde von *Innerhofer* und *Warnke* 1980 veröffentlicht. Das standardisierte Programm ist nur ein ausgearbeitetes Beispiel für die Anwendung der psychologischen und pädagogischen Prinzipien und Techniken, nach denen in Zusammenarbeit mit den Eltern Hilfen für erzieherische Schwierigkeiten gewonnen werden. Man muß nicht mit einer Elterngruppe arbeiten, wie es bei *Innerhofer* 1977 beschrieben wird, man

kann auch nur mit *einer Familie* arbeiten *(Innerhofer* et al., 1981); es ist nicht nur ein
»2-Tage-Training«, vielmehr erleichtert das Vorgehen entscheidend eine langfristige motivierte Zusammenarbeit mit den Eltern *(Peterander* 1978; *Warnke* 1977).
Dennoch werden wir uns auch in der folgenden Darstellung an das standardisierte
Konzept anlehnen, da sich hier didaktisch am einfachsten die praktische Umsetzung
der Prinzipien des Modells veranschaulichen läßt.

10.2.1. Die Vorbereitung des Elternkurses

Dieser Abschnitt umfaßt die Zeit von der ersten Kenntnisnahme bis zum Zusammen-
treten der Elterngruppe im Kurs. Die Vorbereitungszeit enthält folgende Schritte:

- Kontaktaufnahme
- Anamnese mit den Eltern
- Aufsuchen der wichtigsten Bezugspersonen und Lebensorte des Kindes
- Videoaufzeichnungen
- Ordnen der Informationen und ihre vorläufige Bewertung
- Feststellen von Inhalt und Zielen des Kurses
- Organisation des Elternkurses.
   In Kürze sei bezeichnet, was wir damit meinen.

Die Kontaktaufnahme

Sie entscheidet, ob Eltern am Kurs teilnehmen oder nein sagen. Gemeint ist also das
erste Ansprechen der Eltern darauf, ob sie im Elternkurs mitwirken möchten. Im
Rahmen der Frühförderung sollte die Anfrage über den fachlichen Mitarbeiter
erfolgen, der die engste fachliche Bezugsperson der Eltern ist, das kann also im Team
z. B. die Krankengymnastin des Kindes sein. Damit wird klargestellt, daß der
Elternkurs in das bisherige Bemühen integriert ist. Auch haben Eltern geringere
Ängste einzuwilligen, wenn die Anfrage zur Teilnahme über eine Person des
Vertrauens erfolgt. Ergebnis der Kontaktaufnahme sollte *erstens* sein, daß Eltern
knapp vorinformiert sind über *Dauer* (Vorbereitung, Kurs, Nachbereitung), *Metho-
dik* (Rollenspiel, Video, Gruppe gleichartig betroffener Eltern) und *Zielsetzung* der
Zusammenarbeit im Kurs (Kurs zu einem konkreten, von den Eltern selbst zu
bestimmenden erzieherischen Problem; Ziel ist nicht die Aufdeckung elterlicher
Erziehungsfehler, sondern die Erarbeitung erzieherischer Hilfen und die Gewin-
nung von Anregungen zur Lösung des angeschnittenen erzieherischen Problems).
Eine patentierte Vorinformation gibt es nicht, denn die Ängste und Fragen der
Eltern sind sehr unterschiedlich, so daß immer differenziert vorgegangen werden
muß. Zu lange Vorreden nützen nichts. Entscheidend wichtig aber ist, daß der
Kursleiter selbst von der Form der Zusammenarbeit und ihrer Wichtigkeit überzeugt
ist und er tatsächlich die innere *Einstellung* mitbringt, die Eltern nicht deshalb zur
Mitarbeit einzuladen, weil sie unfähig sind, sondern weil Eltern befähigte Partner in
der Aufgabe sind, dem Kind erzieherisch hilfreich zu sein.
   Ergebnis sollte *zweitens* sein, daß ein *Zeitplan* festgelegt wird. Termine für
Vorgespräche, für eventuelle Videoaufzeichnungen und für den Kurs selbst werden

nicht immer im Erstgespräch, aber sicher im zweiten Gesprächstermin bestimmt. Für die Teilnahmebereitschaft der Eltern sind zwei Dinge wichtig: Der *Zeitraum* zwischen der Einwilligung der Eltern zum Kurs und der Durchführung des Elternkurses sollte so knapp wie möglich (nicht länger als 3–4 Wochen), aber auch nicht zu kurzfristig sein (nicht kürzer als 1–2 Wochen). Die Eltern sollten danach befragt werden, welche Hindernisse zur Teilnahme bestehen (Berufstätigkeit, Versorgung von Haushalt und Kindern), und gegebenenfalls müssen wir sagen, wie wir dazu beitragen könnten, den *Hindernissen* abzuhelfen (Termin- und Zeitplanung; Organisation und Kinderbetreuung; Fahrtkostenerstattung usw.). Immer sollten die organisatorischen Probleme vom Kursleiter angesprochen werden, denn er ist es, der aus seiner Erfahrung um diese Probleme weiß. Eine Mutter kann die Belastung unter Umständen nicht absehen, oder sie scheut sich, offen darüber zu sprechen – einen Babysitter zu finden, das Verständnis des Ehepartners zu gewinnen usw. – und sagt schließlich aus einem unklaren, unguten Gefühl ab. Die Kursleiter – nicht die Eltern – haben die Verantwortung dafür, Eltern für die Teilnahme zu gewinnen. Zweckmäßig ist es, davon auszugehen, daß es Eltern immer schwerfallen muß, manchmal auch eine Zumutung darstellt, am Kurs teilzunehmen. Wenn wir von vornherein die Schwierigkeiten der Eltern, unseren Wünschen nachzugeben, anerkennen, so wird es wahrscheinlich, daß Eltern sich auch um die Schwierigkeiten sorgen, die wir mit der Durchsetzung ihrer Bedürfnisse haben.

Wir haben für uns selbst immer die Gefahr gespürt, die Eltern zur Teilnahme zu überreden. *Überreden* verführt dazu, Probleme des Kindes und der Familie stärker zu betonen als die Probleme es verdienen, die Eltern zu bedrängen und sie in Gewissensnöte zu ziehen; aber auch, daß man Erfolge in Aussicht stellt und von der »großen Freude« der Kursteilnahme spricht – was ist, wenn beides ausbleibt? Dann haben wir die Verantwortung – sie muß immer aber auch die der Eltern bleiben. Wir müssen die Haltung entwickeln, die den Eltern sagt: »Der Kurs ist ein Angebot. Wir sind nicht beleidigt, wenn Sie ablehnen, und Sie dürfen trotzdem morgen wiederkommen.«

Die Kontaktaufnahme ist hier so ausführlich dargelegt, weil sie darüber entscheidet, ob Eltern am Kurs teilnehmen oder nicht. Für die Zusage der Eltern und das Gelingen des Kurses ist in einer Frühförderstelle, in der ein Team zusammenarbeitet, auch die Vorbereitung und *Gewinnung des Teams* außerordentlich wichtig. Die Mitarbeiter sollten über das Elternprogramm informiert sein und seine Durchführung grundsätzlich bejahen, bevor die Eltern angesprochen werden. Die Auswahl der Eltern, die terminliche Planung, die Zielsetzung und Organisation des Kurses sind mit allen Mitarbeitern zu besprechen. Frühzeitig sollte klar sein, welche Mitarbeiter am Kurs teilnehmen. Die Kooperation der Mitarbeiter und ihre Einbeziehung ist wichtige Voraussetzung für eine kontinuierliche Zusammenarbeit mit den Eltern.

Anamnese mit den Eltern

Hier sei auf wenige formale Hilfen für das Interview hingewiesen. Zwei Gefahren bestehen: Erstens, daß Eltern zu wenig Information preisgeben, sich Widerstände regen und Spannungen zwischen den Eltern und dem befragenden Mitarbeiter keimen, und zweitens, daß der partnerschaftliche Ansatz mißlingt, wenn der Therapeut nur fragt, die Eltern nur antworten. Damit begibt sich der Therapeut auf einen Weg, an dessen Ende er als der Alleskönner, Macher und Überlegene erscheint, die Eltern aber als die Unterlegenen, Hilfebedürftigen und Abhängigen. Beide Gefahren lassen sich mindern. Denn viele anamnestische und sozioökonomische Daten, die abgefragt werden müssen und die mit Ja und Nein beantwortbar sind, können durch einen Fragebogen erhoben werden. Dies entlastet das Gespräch (s. *Innerhofer* 1977). Hilfreich ist es auch, das Gespräch mit der *Betrachtung einer Videoaufzeichnung* zu verbinden, die das Kind in einer erzieherisch relevanten Situation mit einem Elternteil zeigt *(Ebert* 1979). Im Videointerview hat man durch den Bildschirm ein Medium, über das man sich unterhalten kann. Das *Gespräch im Elternhaus* verläuft, wenn es ungestört geführt werden kann, in der Regel ungezwungener und spontaner als in einem den Eltern fremden Raum. Grundsätzlich ist eine informelle, nicht ritualisierte Anamnesesituation (z. B. auch ein Spaziergang) und der Wechsel der Gesprächssituation (im Elternhaus, im Therapieraum, vor dem Videoschirm usw.) für die Ergiebigkeit der Informationserhebung und auch für die kooperative Gestaltung der Beziehung vorteilhaft.

Aufsuchen der wichtigsten Bezugspersonen und Lebensorte des Kindes

Nichtfamiliäre Bezugspersonen des Kindes (etwa Ergotherapeutin, Erzieherin der Tagesstätte) sind wichtige Informationsquellen. Sind diese Bezugspersonen an der Förderung des Kindes wesentlich beteiligt, so empfiehlt es sich, sie über den Elternkurs zu informieren und – wenn möglich – sie in den Kurs einzubeziehen.

Wohnungsbeschreibungen und Schilderungen des Familienlebens sind ergiebige Informationen. Allerdings wird ein Wohnungssuchender eine Wohnung nicht mieten wollen, bevor er die Räume in Augenschein genommen hat, denn erst so gewinnt er entscheidenden Aufschluß über die Lebensqualität des Wohnraumes. So ist auch der Hausbesuch und die persönliche Begegnung mit der Familie im familiären Wohnbereich eine Hilfe zum Verständnis der Möglichkeiten und Behinderungen einer Familie, die durch keine Beschreibung durch die Familie, sondern nur durch einen eigenen Besuch in der Wohnung gewonnen werden kann. Es sind die Eltern selbst, die helfen, die mögliche Befangenheit des darin u. U. unerfahrenen beruflichen Mitarbeiters zu überwinden.

Videoaufnahme

Aufgezeichnet werden etwa in der Woche vor dem Elternkurs Situationen, in denen das Kind mit dem Elternteil, der am Kurs teilnimmt, etwas gemeinsam tut: frei spielt, ein Puzzle, Mini-Lück oder eine Testaufgabe löst. Es empfiehlt sich, bereits vor den Aufnahmen in etwa zu überlegen, wonach wir suchen wollen. Wenn wir Fähigkeiten einer Mutter kennenlernen möchten, wie sie etwa dem Kind, wenn es überfordert ist, Hilfen zu geben pflegt, so ist die Aufzeichnung einer freien Spielsituation weniger ergiebig als die eines mit Leistungsregeln verbundenen Spiels, wo Fehler des Kindes möglich sind (Puzzle, Mini-Lück usw.).

Beispiel für den geplanten Einsatz der Videoaufnahme

Bei einem Kind mit einer Entwicklungsverzögerung zeigen die verschiedenen Befunde ein uneinheitliches Bild. Der behandelnde Therapeut äußert den Verdacht, daß das Kind normal begabt sei, aber in seiner Entwicklung durch die Art seiner Interaktion mit der Mutter blockiert werde. Der erste Schritt besteht in der Präzisierung dieser globalen Fragestellung zu einer entscheidbaren Hypothese.

a) Formulierung einer entscheidbaren Hypothese

Die Aussage, »Die Art der Interaktion zwischen Mutter und Kind blockiert die Entwicklung des Kindes«, ist eine Interpretation und als solche nicht beobachtbar. Wir müssen uns überlegen, welche Argumente diesen Schluß rechtfertigen, was an Beobachtbarem der Fall sein muß, daß wir die Hypothese begründet annehmen können.

Der Therapeut – nach den Argumenten seines Verdachtes gefragt – schildert folgende anekdotischen Beobachtungen:

(1) Bei Anforderungen bleibt das Kind lange inaktiv, und die Mutter kommt dem Kind mit Hilfe entgegen.
(2) Häufig handelt die Mutter präventiv, räumt Schwierigkeiten beiseite, bevor sich das Kind mit ihnen auseinandersetzt. Das Kind nimmt die Hilfe der Mutter an und fordert die Unterstützung, u. a. indem es passiv bleibt.
(3) Die Hilfe der Mutter führt dazu, daß die Aufgabe schnell und für beide kurzfristig befriedigend gelöst wird; aber die Mutter löst sie, nicht das Kind.

Nach diesen interpretativen Beobachtungen formulieren wir folgende Arbeitshypothese:
»Die Mutter setzt ihre Hilfe so ein, daß das Kind Anforderungen nicht ausgesetzt wird: Sie kommt Aufgaben mit präventiver Hilfe zuvor; sie löst für das Kind Aufgaben; es fehlen Hilfestellungen vom Typ ›Gliederung der Aufgabe‹, ›Vorgabe von Lernschritten‹, ›Konzentrations- und Motivationshilfen‹, ›Ausblenden von Hilfestellungen‹. Die Mutter blockiert die selbständige Aktivität des Kindes, und umgekehrt provoziert das Kind mit passivem und forderndem Verhalten überfürsorgliches mütterliches Verhalten.«

b) Festlegung eines Entscheidungskriteriums

Es ist in keinem Falle zu erwarten, daß nur Beobachtungen gemacht werden, die die Hypothese stützen oder verneinen. Zu einem kontrollierten Vorgehen gehört aber daher, daß wir uns vor der Datenaufnahme festlegen, wann wir die Hypothese annehmen wollen. Wir haben uns in dem erwähnten Falle entschieden, die Hypothese anzunehmen, wenn mehr als ein Viertel der Ereignisse für die Annahme der Hypothese sprechen. Annehmen der Hypothese bedeutet:
»Wir halten die Art der Mutter-Kind-Interaktion im Hinblick auf die registrierten Defizite des Kindes für so gravierend, daß eine Veränderung des Erzieherverhaltens gegenüber der Verhaltenstendenz des Kindes gerechtfertigt erscheint.«

c) *Festlegung der Aufnahmebedingungen* (Situationsgestaltung, Ereignisselektion, Aufnahmeplan)

Die nächste Überlegung gilt der Aufnahmesituation. Wann und unter welchen Bedingungen müssen wir Mutter und Kind beobachten, damit die Hypothese entscheidbar wird? Würden wir z. B. einen Vormittag lang in der Familie filmen, wäre u. U. kein einziges kritisches Ereignis unter den Aufnahmen, das uns im Hinblick auf die gestellte Frage eine Antwort geben könnte. Die gesuchten kritischen Ereignisse haben folgende Struktur:

Anforderung an das Kind

Beispiele

> Das Kind soll sich am Morgen anziehen, die Schuhe binden, die Jackenknöpfe zumachen usw.; es soll im Regelspiel (z. B.»Mensch ärgere dich nicht«) die Regeln selbständig beachten; es soll intellektuelle Aufgaben (Bilderzuordnen, Gedächtnisaufgaben usw.) lösen; der Ball ist ihm unter den Schrank gerollt und nun soll er wieder hervorgeholt werden.

Reaktion des Kindes

Beispiel

> Es schickt sich an, die Aufgabe zu lösen; es fängt an zu weinen; es bittet die Mutter um Hilfe; es bleibt passiv usw.

Reaktion der Mutter

Beispiel

> Sie wartet nicht ab und sie beobachtet nicht, ob das Kind die Aufgabe zu lösen versucht oder gar alleine lösen kann, sondern greift sogleich helfend ein, sobald die Anforderung erkennbar wird; sie wartet ab, bis das Kind Hilfe sucht, zu weinen beginnt oder die Tätigkeit wechselt; ihr Eingreifen zielt darauf ab, daß das Kind die Anforderung selber bewältigen kann usw.

Drei Regeln sollen uns helfen, geeignete Situationen für Videoaufnahmen zu finden:

a) Diejenige Situation ist zu bevorzugen, in der die kritischen Ereignisse in größerer Zahl auftreten als in einer anderen Situation.

b) Diejenige Situation ist zu bevorzugen, in der Störvariablen eine geringere Rolle spielen als in einer anderen Situation, so daß die beobachteten Zusammenhänge eindeutig als für oder gegen die Hypothese sprechend interpretiert werden können.

c) Diejenige Situation ist zu bevorzugen, die für den gestörten Verhaltensbereich repräsentativer ist als eine andere Situation.

Im erwähnten Fallbeispiel haben wir uns entschlossen, Mutter und Kind ein Spiel vorzugeben, in dem Aufgaben vom Typ des Bilderzuordnens zu lösen waren. Diese

Aufgaben stellten zwar eine Anforderung an das Kind dar, aber das Kind war in der Mehrzahl der Fälle mit den Aufgaben nicht überfordert. Das Spiel bietet somit eine Vielzahl von kritischen Ereignissen – Anforderungen – (Regel a); für die Mutter bestand sachlich – wegen Überforderung des Kindes – keine Notwendigkeit, gleich einzugreifen (Regel b); die Entwicklungsverzögerung betraf den Verhaltensbereich »Aufgabenlösen« (Regel c). In einer Filmaufnahme von 20 Minuten registrierten wir 34 kritische Ereignisse, und in 23 Fällen verhielten sich Mutter und Kind im Sinne der Hypothese.

Filmausschnitte, die eine problem- oder lösungsrelevante erzieherische Handlung der Eltern beinhalten, können als *Beobachtungsmaterial und Bestärkung im Elternkurs* eingesetzt werden – allerdings nur, wenn für alle teilnehmenden Eltern solche Modellszenen vorliegen. Man braucht auch den ungünstigen Ausschnitt nicht zu scheuen, wenn man im Kontrast eine Lösungsfähigkeit umso wirkungsvoller zeigen kann. Die Voraufnahmen sind schließlich auch Mittel der *Therapiekontrolle* und zur *Motivierung* der Beteiligten brauchbar, wenn auch Nachaufnahmen in vergleichbarer Situation bei gleichen Aufnahmebedingungen (gleiches Spiel- oder Arbeitsmaterial, gleiche Sitzordnung, gleicher Abstand der Kamera von der aufgenommenen Szene) angefertigt werden. Motivierend wirkt es, wenn man den Eltern zeigen kann, wie sie im Kontrast zu vorher nun erfolgreich sind in einer bestimmten Bemühung um das Kind.

Ordnen der Information und ihre vorläufige Interpretation

Es ist die schwierigste Aufgabe in der Kursvorbereitung, die, weil so komplex, hier nicht abgehandelt werden kann. Dazu sei auf die Arbeiten von *Innerhofer* (1977, 1980 und 1981) verwiesen. Eine Kenntnis von Verhaltenstheorien und Fähigkeiten zur rationalen Analyse sind vorausgesetzt. Diese mündet in die Entscheidung darüber, welche Maßnahmen wir konzipieren, um den Eltern zu helfen. Die Maßnahmen sind bestimmt von der Sicht, mit der wir die Zusammenhänge des spezifischen Problems, das im Kurs angesprochen wird, vorläufig verstehen. Die Interpretation wird als Arbeitshypothese dienen, nach der sich Inhalt, Vorgehen und Zielsetzung für den Kurs ableiten. Leitsatz ist: Nicht *mehr* behaupten, als wir für die therapeutische Entscheidung zum Handeln benötigen (zum praktischen Vorgehen s. auch Abschnitte 10.2.2.3. und 10.2.2.4.).

Feststellen von Inhalt und Zielen des Elternkurses

Informationssammlung und Analyse dienen neben der Begegnung mit der Familie, ihrem Sehen und Kennenlernen letztendlich der Vorbereitung von Therapieent-scheidungen. Folgende Punkte sind festzulegen:

– Das *Problemereignis,* an dem die Eltern einen Lösungsansatz erarbeiten;
– die vorläufig anzunehmenden *Veränderungen* in wohnlicher Einrichtung, Tages-plan und Lebensgewohnheiten;
– die *Reihenfolge,* in der die Veränderungen vorgenommen werden sollen;
– die *Methode* der Veränderung.

Diese Entscheidungen sind nicht nur nach dem Kriterium der Veränderbarkeit auszurichten, sondern nach weiteren Gesichtspunkten zu reflektieren. Dazu gehören:

- Die Dringlichkeit und Wichtigkeit, die das Problem für den am Kurs teilnehmenden Elternteil hat;
- die Bedeutsamkeit der Maßnahme für die Entwicklung des Kindes;
- der Aufwand, das heißt, das leicht Änderbare wird eher angegangen als das schwer Änderbare;
- die Angepaßtheit an das bestehende Familiensystem.

Wie eine Fertigkeit den Eltern vermittelt wird, ist durch die im Trainingsmodell festgelegte Methodik bestimmt *(Innerhofer* 1977; s. folgende Abschnitte). Die *Entscheidungen* sind gemeinsam mit Mitarbeitern und den Eltern zu erarbeiten. Die Entscheidungen haben für den Kurs selbst den Charakter von Vorschlägen, Annahmen, Arbeitshypothesen, Entscheidungshilfen. In jedem Fall haben die Eltern – wenn nicht bereits zuvor – im Kurs sichergestellte Möglichkeiten, den Entscheidungsprozeß mitzubestimmen. Der Therapeut sollte seine Kenntnisse von der Familie dazu nutzen, von vornherein Vorschläge zu vermeiden, die den Lebensgewohnheiten und ethischen Auffassungen der Familie widersprechen oder die Familie überfordern (Angepaßtheit).

Organisation des Elternkurses

Die *Auswahl der Teilnehmer* an einem gemeinsamen Kurs ist für das Gelingen des Kurses von größter Bedeutung. Schließlich arbeiten wir ja nicht zufällig mit einer *Gruppe,* sondern verwenden die Gruppe als Lernmedium.

Die Teilnehmer sind so zusammenzustellen, daß sie voneinander lernen können. Es ist hier nicht möglich, dieses Thema erschöpfend zu behandeln, und wir möchten daher nur an einem Beispiel die therapeutischen Möglichkeiten aufzeigen, die in der Zusammenstellung der Gruppe liegen.

Gegeben war uns eine Mutter mit zwei Kindern, die ein Kind stark bevorzugte und das Geschwister entsprechend stark benachteiligte. Dieses Ungleichgewicht in der Aufmerksamkeitsverteilung war ein zentrales Problem dieser Familie. Wegen des geringen Selbstwertgefühls und der großen Unsicherheit der Mutter schien es uns jedoch nicht vertretbar, die Mutter mit diesem Problem zu konfrontieren. Daher suchten wir nach einer zweiten Familie, in der das Problem der ungleichen Aufmerksamkeitszuwendung ebenfalls aktuell, aber nicht in diesem Maße als bedrohlich empfunden wurde. Mit dieser Familie spielten und analysierten wir das Problem Bevorzugung–Benachteiligung und gaben der anderen Mutter damit die Gelegenheit, sich langsam ihrem zentralen Problem zu nähern. Tatsächlich nahm sie regen Anteil am Problem- und Lösungsspiel und brachte zum Schluß ihr eigenes Problem selber ein. So war es möglich geworden, ein emotional sehr belastendes Problem behutsam anzugehen, ohne daß die Mutter überfordert worden ist.

Eine Gruppe umfaßt 3–4 Familien. Dem noch unerfahrenen Gruppenleiter sei empfohlen, die Gruppe nicht mit Ehepaaren zu bestücken (dies muß im Anschluß an den Kurs geschehen oder bleibt erfahrenen Therapeuten vorbehalten), sondern mit einzelnen Elternteilen, Vätern und Müttern, die nicht in persönlicher Beziehung zueinander stehen, und wenn möglich, sich nicht kennen sollten. Die *Aufgabenverteilung* zwischen den beiden Kursleitern sollte zu Beginn ihrer Zusammenarbeit genauestens und schriftlich vorgenommen werden. Im Kursablauf steht also fest, wer die Einführung übernimmt, wer zu welchem Zeitpunkt die Geräte bedient, die Gruppe instruiert, das Spiel leitet, die Auswertung bestreitet, die Lösungsarbeit führt. Die Zusammenarbeit soll so gestaltet sein, daß den Eltern jederzeit klar ist, wer die Gruppe führt.

Abschließend sei daran erinnert, daß in der Vorbereitungszeit die sachliche Arbeit von den Haltungen geprägt ist, die wir in den ersten vier Schritten des allgemeinen Teils – Kennenlernen, Diagnostik, Interpretation und Zielbestimmung – ausgeführt haben.

10.2.2.   Die Durchführung des Elternkurses

10.2.2.1.   Einführung in die Zusammenarbeit

Der *Beginn des Kurses* gilt dem Wohlbefinden und Sich-Bekanntmachen der Teilnehmer. Den Anfang mit gemeinsamer Kaffee- und Teerunde, das Sich-Vorstellen und die Hinweise über den Kursablauf hat *Innerhofer* (1977) beschrieben. Diese Phase soll kurz sein. Möglichst schnell soll es zur Spielhandlung kommen.

Anstelle einer mündlichen Einführung in Technik und Ablauf des Kurses hat sich ein *Anfangsspiel,* an dem alle teilnehmen, bewährt. Als Spielthemen kommen bekannte Gruppenereignisse in Frage, die ein lebhaftes Spiel erwarten lassen: »Kindergruppe im Sandkasten«, »frontaler Schulunterricht«, »gemeinsames Mittagessen« usw. Der Kursleiter übernimmt dabei meist eine Rolle, die zum Mitspielen provoziert, so daß es etwa zu lautstarkem »Streit« zwischen den »Kindern« und zu herzhaftem Lachen kommt. Dieses »belanglose« Spiel, das kurzzeitig im Videofilm betrachtet wird, so daß die Beteiligten sich im Film sehen können, führt alle Teilnehmer gleichzeitig in das Rollenspiel ein, macht mit der Technik bekannt, schafft eine gemeinsame, verbindende Erfahrung. Danach lassen sich die Regeln für den nächsten Handlungsschritt einführen. Dies sind zunächst die *Regeln für die Durchführung der Rollenspiele:*

- kurze Spiele (2–3 Minuten)
- dort, wo gespielt wird (Spielraum), wird nicht diskutiert
- dort, wo die Gruppe miteinander spricht (Diskussionsraum), wird nicht gespielt
- jeder darf jederzeit das Rollenspiel abbrechen
- jeder darf sagen, wann er sich eine Pause wünscht
- jeder ist für die Einhaltung der Regeln mitverantwortlich.

Als Leitsatz zur Führung des ganzen Kurses gilt: Der Leiter hat die Gruppe während jeder Phase zu führen, und er soll sich nicht scheuen, diese Rolle voll zu übernehmen. Gleichzeitig aber sollte er äußerste Zurückhaltung üben, denn sie ist eine Voraussetzung, um die Führungsrolle ausführen zu können.

10.2.2.2. Der 1. Kursschritt: Lernen zu sehen

In einem Kurs wird mit jeder teilnehmenden Familie ein Problem behandelt (dargestellt, beobachtet, analysiert, gelöst). Dieses Ereignis, das in der Zusammenarbeit während des Kurses einer Lösung zugeführt werden soll, ist mit den Eltern vorbesprochen. Es wird im Rollenspiel dargestellt und auf Video aufgezeichnet *(Innerhofer* 1977, S. 15 ff.). Aus diesem Spiel werden kurze Ausschnitte Sekunde um Sekunde beschrieben. Die Beschreibung des Sachverhalts ist der erste und wichtigste Schritt in der Zusammenarbeit.

Was heißt »beschreiben«?

Beschreiben meint, Ausschnitte des Problemereignisses schriftlich so festzuhalten, daß folgende Fragen beantwortet sind:

– Welche Situation liegt vor? (Raum, Gegenstände, Personen, räumliche Position der Personen zueinander)
– Pausen
– Was wird gesagt? (Sprache)
– Was wird getan? (Grobmotorik)
– Wohin wird geschaut? (Blickkontakt)
– Wie ist der Ausdruck in Stimme und Gesicht? (Mimik, Sprechverhalten)
– Wie ist die zeitliche Folge?

(Gefühle, Empfindungen, Wertungen, die sich der Beobachtung entziehen, die aber allen Teilnehmern als eindeutig erscheinen, werden in Klammern ( ) gesetzt, um klarzumachen, daß es sich um Interpretationen handelt.)

Die Beschreibung der *Situation* wird oft vernachlässigt, obwohl sie für den weiteren Verlauf eine wichtige Rolle spielt. Ein Beispiel von einem Mittagessen einer fünfköpfigen Familie mag den Einfluß situativer Variablen auf familiäres Miteinander-Umgehen verdeutlichen:

Hören der Nachrichten während des Mittagessens regte das Gespräch der Eltern an, die dafür aber die Erzählfreude der Kinder unterdrückten, so daß es zu Konflikten kam; nachdem der Vater noch während des Essens zur Zeitung gegriffen hatte, änderte sich das Familiengespräch abrupt, und die Unterhaltung zwischen Mutter und den drei Kindern schloß den Vater aus – was in jenem Fall der erzieherischen Rollenverteilung in der Familie entsprach.

Situationen haben unmittelbaren Einfluß auf zwischenmenschliches, familiäres Verhalten und sind oft Ausdruck von Lebensgewohnheiten, deren Änderung allein manchmal schon erzieherische Konflikte zu lösen vermag.

Nicht interpretieren

Wichtig ist auch, die Regel streng zu beachten, daß beschrieben wird und nicht interpretiert. Bei Interpretationen lassen sich Bestrafungen nicht vermeiden. *Die Enthaltung von jeglicher Interpretation zu diesem Zeitpunkt halten wir für unabdingbar,* denn nur wenn die Beschreibung straffrei ist, werden sich Eltern auch emotional schwierige Bilder anschauen können.

Die Eltern sind es, die beschreiben

Man sollte sich nicht verleiten lassen, den Film »für« die Eltern auszuwerten, wenn das Gefühl aufkommt, daß sie sich schwertun und nichts vorwärtsgeht. Stattdessen sind vermehrt *Beobachtungshilfen* zu geben (kleinste Beschreibungseinheiten wählen, Fingerzeige geben, Ton wegnehmen und auf das Bild konzentrieren, das Bild wegnehmen, um das Gesagte deutlich zu machen usw.).

   »Von den Erfahrungen, Beobachtungen und Ansichten anderer lebend, ist das Vertrauen zu sich selbst so sehr verlorengegangen, daß man nicht mehr aus eigener Perspektive sehen will«, wußte *Korczak* bereits vor Jahrzehnten von solcher elterlichen Haltung zu sagen *(Korczak* 1974, S. 18). Diese passive, sich selbst aufgebende Haltung, wenn Eltern eines Fachmannes ansichtig werden, muß von Anfang an durchbrochen werden, also muß die Beschreibung von den Eltern geleistet werden. Diese Forderung entspricht auch dem das Programm prägenden Grundsatz, *»die Eltern aktiv sein lassen«*.

Wenn wir beschreiben, wo bleibt das Unbeschreibbare?

Die Frage stellt sich schließlich, was eine Beschreibung ohne Emotion, ohne Gefühl und Wertung noch aussagt. Es fehlen die Ängste, die Vorurteile, die Unsicherheiten, die Wort und Bewegung bestimmen. Tatsächlich ist das, was wir zu beschreiben vermögen, gleich einem geronnenen Lavafluß, der nur ahnen läßt, wie es im Innern des Berges heiß brodelt. *Die Beschreibung zeigt das von der Person des Menschen relativ Unwesentliche. – Und doch ist sie uns der entscheidende Zugang zum Verständnis dessen, was wir überhaupt zu ändern vermögen.* Zunächst verhindert die Beschreibung, alles Mögliche in die Ereignisse hineinzuprojizieren. Die Gefühle werden nicht erfaßt, aber ihr Ausdruck wird gerade durch genaues Sehen greifbar: Man hört das Zittern der Stimme der erregten Mutter, sieht die Unsicherheit in der Geste der Hand, die zittert und mal hier, mal dort ohne Ziel greift. Durch die Enthaltsamkeit in der Interpretation werden die Gesten erfahrbar und können Gefühle nachempfunden werden. So verhindert die Beschreibung, daß dieser Ausdruck von Gefühl und Erregung unter den Tisch fällt, sie ermahnt also den Beobachter, das subjektive Erleben nicht zu übersehen. Doch häufig fehlen die Worte, um eine Geste, Mimik, Körperhaltung zu beschreiben. Das ist kein Übel, sondern eine Chance, das leibhaftige Bild einzuprägen, unverfälscht ins Auge zu fassen, anstatt es in unzutreffende Worte zu zwingen. Es ist Teil der Beobachtungsübung, wichtige, u. U. nicht beschreibbare Episoden – manchmal der Bruchteil einer Sekundenlänge – wiederholt am Videoschirm abzuspielen, damit sich die Geste – uninterpretiert – einprägt. Keine Beschreibung kann das *Erlebnis,* das vom Rollenspiel subjektiv nachwirkt, noch das *intuitiv* empfundene Videobild wiedergeben – und dennoch ist beides in der Beschreibung enthalten, wenn die Betroffenen (die Familie etwa, die die beschriebene Szene angeht) die Beschreibung lesen, die sie selbst geleistet haben.
   Da wir nicht alles zu beschreiben vermögen, kommt es darauf an, auszuwählen. Tatsächlich liegt der entscheidende Wert des Beobachtungsverfahrens darin, daß es uns von dem Zwang befreit, alles sehen zu müssen oder Irrelevantes zu sehen; es

liefert vielmehr nur das Minimum an Information, das für eine zweckdienliche therapeutisch-erzieherische Entscheidung ausreicht. Daher die Frage:

Welche Ausschnitte werden beschrieben?

– Ausschnitte des erzieherischen Ereignisses, in denen Fertigkeiten der Eltern sichtbar sind, die zur Lösung des Problems brauchbar erscheinen
– Ausschnitte unzweckmäßigen erzieherischen Verhaltens werden in geringerem Maße beschrieben als Ausschnitte mit zweckmäßigem erzieherischem Verhalten
– Ausschnitte unzweckmäßigen elterlichen Verhaltens werden, wenn überhaupt, zu dem Zweck beschrieben, um damit die Erwartungen, Ziele und Bedürfnisse der Eltern und des Kindes im Augenblick des Konflikts herauszuarbeiten. Ausschnitte unzweckmäßigen elterlichen Verhaltens werden u. U. auch beschrieben, wenn sich darin eine elterliche Fähigkeit zeigt, die an anderer Stelle zur Problemlösung zweckmäßig werden kann.

Wichtig ist es, sich folgender *Haltung* bewußt zu sein: Die Beschreibung dient dazu, daß die Eltern ihre erzieherischen Fähigkeiten sehen, die zur Lösung der Problematik zweckmäßig erscheinen.

Eine Betrachtung der Konfliktereignisse nach den hier bezeichneten Richtlinien macht das *Rollenspiel* zu einer von den Eltern sehr bereitwillig praktizierten Arbeitsform, die Selbsterfahrung vermittelt und äußerst ergiebig bezüglich lösungsrelevanter, die Eltern bestärkender Information ist. Das Rollenspiel läßt wohl Ängste und unangenehme Gefühle aufkommen. Sie werden jedoch gerade durch strenge Beachtung der Beschreibungsregeln aufgefangen. Der weitere Kursaufbau läßt ihre Verarbeitung zu.

10.2.2.3. Der 2. Kursschritt: Interpretieren und Werten

Gleiches Sehen heißt noch nicht, die Zusammenhänge gleich zu verstehen und über ihre Wichtigkeit einer Meinung zu sein. Nach der Beschreibung bleibt also die Aufgabe, Zusammenhänge zwischen den beobachteten Handlungsabläufen herzustellen, so daß uns eine Ordnung der Daten gelingt, die uns den Ereignisablauf verständlich macht: *Interpretation*. Nach ihr stellt sich sofort die Frage, wieweit das Beschriebene und Interpretierte für die Erreichung des angestrebten Zieles wichtig ist: *Wertung*.

Die Demonstrationsspiele

Wie werden die *Regeln* zur Interpretation und Wertung vermittelt? Die Handlungsfolge sei hier skizziert. Das Problemereignis einer jeden Familie ist im 1. Kursschritt dargestellt und beschrieben worden. Im nächsten Schritt, den *Demonstrationsspielen,* gilt es, die Grundlagen dafür zu schaffen, das Problem zu verstehen und Verhaltensweisen zu bewerten bezüglich ihrer zwischenmenschlichen Wirksamkeit. Im Münchner Trainings-Modell ist eine Reihe von Demonstrationsbeispielen geschildert, die geeignet sind, Hausaufgabenprobleme zwischen Eltern und Kind und ähnliche Leistungskonflikte abzubilden. Andere Demonstrationsbeispiele provozieren das Nacherleben von Belohnungs- und Bestrafungssituationen. Die Eindrücklichkeit und »Einfachheit« dieser Modellspiele haben wohl dazu geführt, daß sie in der Elternarbeit nach dem standardisierten Modell stereotyp durchgeführt werden, gleichgültig, ob sie der Problemlage einer Elterngruppe angemessen sind oder nicht. Wir empfehlen dagegen folgendes Vorgehen:

(1) Der Kursleiter analysiert, welche Verhaltensprinzipien entscheidend sind, um das Problem zu verstehen, oder welche elterlichen oder kindlichen Verhaltensweisen den Konflikt prägen bzw. für dessen Auflösung tauglich sind.

(2) Er überlegt sich, unter welchen Bedingungen die Eltern die Verhaltensprinzipien erfahren und beobachten können.

(3) Er entwirft nach dem Beispiel der Demonstrationsexperimente des standardisierten Modells ein Spiel, in dem das Verhaltensprinzip verwirklicht und auf Videoband aufgezeichnet werden kann.

Das Belohnungs- und Bestrafungsspiel sowie das Hilfestellungsspiel sind, wie im Buch beschrieben, sehr bewährt, sollten aber immer wieder auf ihre Angemessenheit für die Lernziele der hier, an diesem bestimmten Kurs teilnehmenden Familien hin reflektiert und u. U. variiert werden. Dazu ein Beispiel zu einer wichtigen *Variation des Belohnungs- und Bestrafungsspiels:*

Wir beobachten bei einer Mutter, daß sie in sehr strafender Form das Kind zu einer Leistung antreibt. Gleichzeitig sehen wir, wie das Kind unter solcher Strafe die Arbeitsfreude verliert und verunsichert ist. Der Gedanke liegt nahe: Diese Mutter wäre geeignet, an sich selbst zu erfahren, was sie dem Kind antut, und erhält die Rolle der bestraften Mutter im Bestrafungsexperiment. – Dieser Gedanke würde dem Lernziel bei dieser Mutter wenig dienen: Sie wäre diejenige, die bestraft würde und, infolge der erlebten Strafe verunsichert, u. U. die Lust am Mitmachen verlöre. Ist dies vorherzusehen, so ließe sich das Bestrafungsspiel in folgender Form durchführen, die der Demonstration zwar etwas von der didaktischen Eindrücklichkeit nimmt, andererseits aber das Risiko einer psychischen Überlastung der Teilnehmer entscheidend mindert: Es wird nicht mehr nur jeweils eine Mutter belohnt, eine andere bestraft, sondern die gesamte Teilnehmergruppe ist in das Spiel mit einbezogen. Im Spielraum geht an die Elterngruppe (nicht mehr nur an eine einzelne Person) die Anregung und Bitte, über ein bestimmtes Thema zu sprechen und zu diskutieren. Der Kursleiter verhält sich ihnen gegenüber zunächst belohnend, so daß das Gespräch in Gang kommt, danach wirkt er etwa 1–2 Minuten bestrafend auf eine Gruppe ein, um anschließend in belohnender Zuwendung die Unterhaltung der Gruppe zu bestärken und zu beenden. Die Auswertung erfolgt nach den von *Innerhofer* (1977) geschilderten Prinzipien.

Wir haben das Bestrafungsspiel zuweilen auch eingesetzt, um den Eltern ihre Situation, wenn sie mit dem behinderten Kind in der Straßenbahn fahren oder sich sonst in der Öffentlichkeit zeigen, begreiflich und reflektierbar zu machen. Viele Eltern sagten uns nach dem Spiel, nun würden sie verstehen, warum sie so oft die Ruhe verlören oder nicht imstande sind, das zu tun, was sie tun möchten. Je genauer wir die Manipulation durch Belohnung und Bestrafung erkennen, desto eher ist es möglich, sich ihr zu entziehen. Auch das kann Ziel eines Kurses sein.

Variation des Hilfestellungsspiels

Grundsätzlich ist im Bereich der Frühförderung des behinderten Kindes das Hilfestellungsspiel den Eltern in der Regel die eindrücklichere Erfahrung, die als unmittelbar relevant für die alltägliche Förderung des Kindes erlebt wird. Tatsächlich ist es in der Förderung entscheidend, über pädagogische Techniken zu verfügen, die dem Kinde helfen, mit seinen individuellen Fähigkeiten selbständig neue Fertigkeiten zu erlernen – diese Techniken lassen sich durch das Hilfestellungsspiel vermitteln. Gerade für die Vermittlung der Hilfestellung bieten sich Variationen an. Ob eine Handlung hilfreich ist oder nicht, hängt von der Zielsetzung ab. Die Hilfe in der Hausaufgabensituation sieht anders aus als beim chirurgischen Notfall. Was also dem verzagenden Schüler helfen kann (z. B. Abwarten, Hilfe zur Selbsthilfe), kann beim verblutenden, bewußtlosen Unfallpatienten höchst unzweckmäßig und tödlich sein (nämlich abzuwarten, ob der bewußtlos Verblutende sich selbst zu helfen vermag). Daher kommt es gerade bei den Hilfeexperimenten darauf an, sich als Kursleiter zu fragen:

– Was ist die eigentliche, alltägliche Schwierigkeit des Kindes, über die die Eltern hinweghelfen sollen? Und wie kann diese Aufgabensituation der Eltern am besten im Rollenspiel-Experiment nachgebildet werden?

Beispiel

Eltern intelligenter Kinder verstehen nur sehr schwer, daß ihr Kind das Lesen nicht erlernt, »a« von »b« nicht zu unterscheiden vermag, wenn es doch mit Fischer-Technik komplizierte Geräte konstruieren kann. Wie läßt sich Verständnis der Eltern für die so unsichtbare Teilleistungsschwierigkeit des legasthenen Kindes vermitteln? Wie läßt sich gleichzeitig zeigen, daß dieses Kind für das Lesenlernen geduldige, bestärkende Hilfe benötigt, die es zum Erkennen des Buchstabens führt, ihm aber nicht das Lesen abnimmt? – Wir könnten die Eltern vor eine schwer lösbare Rechenaufgabe setzen und erfahren lassen, welche unserer Maßnahmen ihnen zur Lösung hilft und welche sie verhindert. Aber, was hat diese Rechenaufgabe mit dem Leseproblem des Kindes zu tun? Geeigneter ist jene Aufgabe (die eine Sonderschullehrerin, Frau Monika Weiss, herstellte), die den Eltern einen sinnvollen Text in »sinnlosen« Schriftzeichen vorgibt, zu denen Buchstaben als Schlüssel zugeordnet sind. Haben Eltern das Schriftzeichen eines Buchstabens erkannt, so können sie immer noch daran scheitern, das Schriftzeichen im Wort zu erkennen, da sich im Wort die Gestalt des einzelnen Schriftzeichens sehr verändert. Sie sind auf Hilfe angewiesen und lernen doch nur langsam zu entziffern. So erfahren Eltern sehr problemnah die Schwierigkeit ihres Kindes und durch entsprechende Hilfestellung des Leiters, was dem Kind in der Leseübung eher hilft oder es hindert.

Ein zweites Beispiel

Eltern eines Kindes mit Teilleistungsschwäche und Verhaltensschwierigkeiten hatten die Gewohnheit, in Anwesenheit des Kindes miteinander *über* das Kind, insbesondere *wertend* über seine *Schwierigkeiten* zu sprechen, ohne das Kind mit einzubeziehen, ohne mit ihm zu reden, ohne beschreibend zu sein, so daß das Kind darunter litt, unruhig reagierte und mißtrauisch wurde, wenn die Eltern sich besprachen. Um den Eltern Verständnis für ein kindorientiertes Gespräch *mit* dem Kind zu vermitteln, wurde folgendes Demonstrationsspiel entworfen: Ein Elternteil der Kursgruppe übernahm die Rolle eines Kindes, dem im Testraum eine für das »Kind« schwierige Aufgabe vorgelegt wurde. Ein zweiter Elternteil der Gruppe erhielt die Rolle der Kindesmutter, während der Kursleiter die Rolle des Testers spielte. Was immer nun das »Kind« tat, um die Aufgabe zu lösen, kommentierte der »Tester« gegenüber der »Mutter« anfänglich in einer Weise, daß er ständig wertend auf die »Schwierigkeiten« und »Schwächen« des Kindes hinwies (»Sie sehen, auch bei einer leichten Aufgabe muß das Kind schon überlegen; das ist, was Sie als begriffsstutzig an ihm erleben«, »Sie sehen, er hört mir zu, anstatt sich auf die Aufgabe zu konzentrieren, das kennzeichnet seine Aufmerksamkeitsschwäche« usw.). Im zweiten Spielabschnitt verzichtete der »Tester« auf wertende Kommentierung, wandte sich helfend dem »Kind« zu und gab, beschreibend mit dem »Kind« sprechend, zugleich Beobachtungsinformation an die »Mutter«. Die vergleichende Auswertung der beiden kontrastierenden Spielabschnitte bringt schnell zutage, wie im ersten Abschnitt das »Kind«, zunehmend verunsichert, sich gar nicht erst in die Aufgabe einfindet, während im kindorientierten, beschreibend unterstützenden Abschnitt die Selbstsicherheit des »Kindes« in die eigene Fähigkeit, mit der Aufgabe fertigzuwerden, wächst und die Aufgabe, die zunächst unlösbar schien, gelöst wird.

Welche Interpretationsregeln und Werte werden vermittelt?

Die Frage fällt uns schwer zu beantworten. Sicher ist das, was die Eltern hierzu im Kurs lernen, durch die grundlegenden Inhalte der Demonstrationsexperimente bestimmt. Doch auch – wir meinen, ganz entscheidend – vermittelt die Beobachtung selbst mitmenschliches Verständnis. Die Selbsterfahrung gerade in den Lösungsspielen trägt dazu bei, Prinzipien erzieherischer Wirkungszusammenhänge zu erleben, ohne daß sie im Kurs einer formalen Beschreibung zugänglich sind. Eltern lernen also auch Prinzipien des Verstehens, die uns nicht erkennbar werden. Sie lernen auch Prinzipien, die wir nicht in der Lage sind, in Worte zu fassen, weil sie durch Worte nicht mitteilbar sind. Anstatt einer systematisierten Antwort möchten wir schlicht auflisten, welche Prinzipien der Interpretation und Wertung im Kurs potentiell angestrebt werden:

– Lernen, Absicht und Wirkung der erzieherischen Handlung zu trennen. So stellen wir manchmal bei Müttern fest, daß ihre Hilfe aufopferungsvoll und gut gemeint ist, daß sie in ihrer Wirkung aber, entgegen dem eigenen Wunsch, das Kind abhängig macht. Dies nur sichtbar zu machen, kann für manche Mutter Hilfe genug sein, das Kind selbständiger sein zu lassen.
– Lernen, den funktionalen Wert einer erzieherischen Handlung zu sehen: Ob eine Handlung die erwünschte Wirkung hat, ist nicht durch den Begriff der Handlung bestimmbar, sondern durch die Beobachtung der regelmäßigen Auswirkung meiner Handlung auf das Kindverhalten. »Ich kann mein Kind loben, wie ich will, es tut dann genau das Gegenteil!« Wie ist solche widersprüchliche Aussage der

Mutter erklärbar? Nicht entscheidend ist, daß »gut« oder »schön gemacht« als Belobigungen gelten. Entscheidend für die Bewertung ist, ob die Worte, dem Kind gesagt, ihm auch wirklich angenehm sind, und wir beobachten können, daß es freudig lächelt, phantasievoller spielt usw., wenn wir so loben. Wie leicht wehrt ein Kind in der Therapie der Frühförderung ein Lob ab, wenn es spürt, daß die Belobigungen nur immer wieder einer vom Erwachsenen dem Kind aufgezwungenen Leistung gelten, aber nicht mehr Ausdruck der wirklichen Freude an der Person und den Bedürfnissen des Kindes sind, auch nicht Anerkennung einer völlig eigenständig gewollten Handlung des Kindes.

– Lernen, Verhalten danach zu differenzieren, ob es veränderbar ist oder nicht.
– Lernen, daß es Gesetze des Verhaltens gibt, wie sie in »Lerngesetzen« beschrieben sind.
– Lernen, daß es Regeln der sprachlichen Verständigung, Kommunikationsregeln, gibt.
– Lernen, daß Umweltbedingungen zwischenmenschliches Verhalten beeinflussen und wir durch deren systematische Änderung auch dem Kind zu helfen vermögen.
– Lernen, daß Handlungsziele und Handlungsschemata unseren erzieherischen Umgang prägen.
– Lernen, sich selbst in seiner erzieherischen Wirksamkeit und Abhängigkeit vom Kind wahrzunehmen.
– Lernen, davon abzusehen, Seelenchirurgie zu treiben, das Verhalten des Kindes also tiefsinnigen Eigenschaften von mehr oder weniger verborgenen Seelenschichten zuzuweisen.

Alle theoretischen Begriffe sind Ordnungs- und Merkhilfen, im konkreten erzieherischen und therapeutischen Alltag hilft uns jedoch nur die Fähigkeit, Wirkungszusammenhänge zu sehen.

10.2.2.4. Der 3. Kursschritt: Anwendung des Gelernten und Lösung

Der letzte Schritt ist ein Stück Erfüllung der gesamten Zusammenarbeit im Kurs: Es geht um die Lösung angeschnittener erzieherischer Problemereignisse. Es kann nicht um die Lösung des Problems der Behinderung gehen, was immer darunter verstanden sei.

Was heißt ein »Problem lösen«?

Lösen im allgemeinen Sinn meint hier, den Eltern Möglichkeiten eröffnen, die ihr familiäres Wohl betreffenden Fähigkeiten und Möglichkeiten selbst zu sehen und zu nutzen. Lösen meint im Bereich der Behindertenhilfe, auf die nächste Hürde gefaßt zu sein und, wenn sie kommt, über eine Haltung und über erzieherisch-therapeutisches Werkzeug zu verfügen, sich selbst hinreichend zu behelfen. Lösen innerhalb des Elternkurses bedeutet zudem:

– Sehen und verstehen, wie das Kind ist, und das Unveränderbare annehmen.
– Das Änderbare sehen und bei Schwierigkeiten über erzieherisch-therapeutische

Mittel verfügen, hilfreich zu verändern. Häufig heißt hilfreich verändern, die Einstellung aufzugeben, alles Veränderbare auch verändern zu können.
– Das Vermeidbare sehen, so daß Vorbeugung möglich wird.
– Das Wissen haben, daß man als Eltern fähig ist, Aufgaben der frühen Förderung des eigenen Kindes zu leisten.

Und für den Fachmann heißt lösen noch dazu:

– Hilfen bereitstellen dort, wo Eltern bereit sind, sie anzunehmen, und wo Eltern zugleich nicht in der Lage sind, sich selbst zu helfen.

Schließlich ist ein Stück Lösung für Fachmann und Eltern das

– Wissen, daß wir in allen Eigenschaften nicht vollkommen sein können, daß auch nur wenige Ziele mitmenschlicher Hilfe wohl nie auf idealem Weg und kaum jemals ganz erreicht werden. Dieses Wissen soll uns nicht dazu verführen, resigniert die Hände in den Schoß zu legen, sondern Ermutigung sein dazu, auch dann hilfreich fortzufahren, wenn wir meinen, versagt zu haben und uns Erfolge zu gering erscheinen.

Wie wird eine Lösung erarbeitet?

Im Elternkurs geht es um die Lösung eines eng umgrenzten erzieherisch angehbaren Problems. Wie wird im Kurs die Lösung erarbeitet?
   Zunächst sei die Aufeinanderfolge der praktischen Schritte der Lösungsarbeit, wie sie im Kurs geschieht, skizziert.

Kurze Analyse des Problemereignisses

Das im Kurs dargestellte und beschriebene Ereignis wird auf wesentliche Zusammenhänge hin untersucht. Vorrangig ist es, das Problem eindeutig und handlungsnah zu benennen, die Ziele der beteiligten Personen herauszuarbeiten und die Handlungszusammenhänge festzustellen, die – auch wenn sie im Konfliktereignis eingebettet sind – für die Lösung geeignet erscheinen.

Ideensammlung (brain storming)

Die Gruppe stellt sich die Frage, was sich ändern und was sich tun ließe – bei Eltern, Kind und Situation –, um die erwünschten Einflüsse zu fördern und die unerwünschten zu hemmen. Wir nehmen dabei nicht an, denkerisch eine vollständige Lösung zu finden. Wir fragen nicht danach, was erzwingt, daß das Problem so geworden ist, wie es sich darstellt. Zu fragen ist danach, was die Erreichung des angestrebten Ziels erleichtern könnte oder auch wahrscheinlich erschweren würde. Die Eltern müssen lernen, nach vorne, also zur Lösung hin, und von den Unmöglichkeiten weg zu denken; lernen, erleichternde und erschwerende Bedingungen auszumachen und aufzuhören, in Alles- oder Nichts, in Immer- oder Nie- oder in Gut- oder Schlecht-Kategorien u. ä. zu denken.

Lösungsebenen

Die Lösungen werden auf vier Ebenen angestrebt:

(1) Die präventive Lösung

Wir fragen: Ist es möglich, die Situation, den Zeitplan etc. so zu ändern, daß das Problem erst gar nicht auftritt? Ein Beispiel: Die Essensituation wird entschärft, indem das Kind einen geeigneten Stuhl und geeigneteres Geschirr erhält.

(2) Die Zeit-Lösung

Manche Tätigkeiten werden konfliktreich, weil der Zeitpunkt ungünstig ist. Zu fragen ist: Läßt sich die Arbeit zu einem späteren Zeitpunkt besser erledigen? Ein Beispiel: Die Mutter soll das Kind nicht anziehen, weil es sonst nicht lernt, sich allmählich ohne fremde Hilfe anzuziehen. Doch in der Früh, wenn die Zeit drängt, hat die Mutter nicht die Ruhe, dem Kind die richtige Hilfe zu geben. So wird beschlossen, daß die Mutter das Kind in der Früh anzieht und daß sie den Lernprozeß am Nachmittag, wenn sie Zeit hat, mit dem Kind nachholt.

(3) Die Ziel-Lösung

Manche Konflikte können nur gelöst werden, wenn die Beteiligten ihre Ziele/ Erwartungen ändern. In diesem Falle wird das Problem also nicht direkt angegangen, sondern es wird versucht, ein Defizit, eine Störung als unveränderbar oder als noch nicht veränderbar anzunehmen.

(4) Die interaktive Lösung

Manche Probleme wiederum werden gelöst, indem der Erzieher in der Konfliktsituation sein Verhalten ändert, anders im Konflikt mit dem Kind interagiert. Hier wären alle die Beispiele zu nennen, die schlechte Hilfestellung bedeuten, oder das viele Strafverhalten bei Versagen etc.

Die Gliederung hilft den Eltern, eine Lösung in systematischer Weise zu erarbeiten, und vor allem: zu sehen, daß es zur Lösung eines Problems viele Ansätze gibt.

Die Beurteilung der Vorschläge

Jeder in der Gruppe soll zu einem gestellten Problem Vorschläge vorbringen. Jeder Vorschlag wird zunächst akzeptiert. Er wird dann besprochen und, wenn möglich, im Rollenspiel ausprobiert, um ihn auf seine Tauglichkeit zu prüfen.

Dabei machen wir die Erfahrung, daß die verschiedenen Vorschläge von unterschiedlicher Qualität sind. Folgende Möglichkeiten haben wir immer wieder erfahren:

– Ein Vorschlag löst das Problem.
– Ein Vorschlag löst das Problem, bedingt aber ein anderes Problem, hat also unerwünschte Nebenwirkungen.
– Eine Lösungsvorstellung erscheint effektiv, wird aber aus ethischen Gründen nicht angenommen oder läßt sich für die Familie nicht realisieren.
– Ein Vorschlag ist eine Teillösung.

- Ein Vorschlag ist ineffektiv, führt aber dazu, das Problem besser zu verstehen und andere lösungsrelevante Ideen zu gewinnen.
- Ein Vorschlag löst das Problem gut, kann aber von den Eltern aufgrund ihrer Persönlichkeit oder anderer Umstände nicht verwirklicht werden.

Alle diese Möglichkeiten des Lösungsvorschlags werden wir im Rollenspiel darstellen. Nur eine letzte Möglichkeit versuchen wir zu übergehen oder in veränderter Form zu spielen:

- Einen widersinnigen Vorschlag, der zeigen würde, daß ein Teilnehmer die Sachlage noch nicht verstanden hat.

Praktisches Versuchen im Rollenspiel

Die Eltern bringen – oft nach langem Zögern – Vorschläge, die die Lösung eines Teils oder des Gesamtproblems betreffen. Jeder dieser Vorschläge wird gespielt. Manchmal führt alles Denken zu keiner erleuchtenden Idee – gerade auch dann wird das Problem gespielt, in Handlung und Selbsterfahrung umgesetzt. Auch geschieht das Dilemma, daß ein guter Lösungsvorschlag schlecht gespielt wird oder ganz anders als geplant. Das kann durch Wiederholung, u. U. mit Rollenwechsel, korrigiert werden.

Problematisch kann auch sein, wenn verschiedene Lösungsansätze vermischt gespielt werden. Hier kann klärend wirken, einen Lösungsvorschlag u. U. überzeichnet darzustellen und dazu Personen auszuwählen, die die bestimmte Rolle sehr gut spielen können. Das führt nicht nur dazu, daß mehr Spiel, Heiterkeit und Gelöstheit in die Gruppe kommt, man schärft damit auch den Blick dafür, was zu einer Person paßt und was nicht. Es paßt nicht jedes Verhalten zu uns, und man entwickelt ein Gespür für die eigene Art.

Auswertung der Lösungsspiele
(Das lösungsrelevante Sehen und Zur-Lösung-Finden)

Die Lösungsspiele werden auf Video aufgenommen und anschließend betrachtet. Folgende Gesichtspunkte sind zu beachten:

- Hat das Spiel die *Gesamtlösung* ergeben, so wird der Film insgesamt betrachtet und das, was zur Lösung beigetragen hat, ins Auge gefaßt und aufgeschrieben. Letztlich bewertet wird sie vom betroffenen Teilnehmer, er muß die Lösung für sich bejahen.
- Das Spiel enthält *Teillösungen,* also Handlungselemente, die zu einer Gesamtlösung beizutragen vermögen. Die meisten auch noch so mißraten erscheinenden Spiele enthalten auch lösungsrelevante Momente. Der Film wird, u. U. in Ausschnitten, betrachtet, und nur diese lösungstauglichen Handlungsereignisse werden ins Bild gerückt und notiert.

Alle Lösungen und erst recht solche, die nur Teillösungen enthalten, sind gefüllt mit »Fehlern«, mit Bewegungen, die besser unterblieben wären, mit Worten, die besser nicht gefallen wären, mit Mimik und Gestik, die ungünstig erscheinen. Diese lösungszugehörigen, aber eher überflüssigen oder hinderlichen Ereignisabschnitte sind nicht Gegenstand der Lösungsarbeit. Sie werden unbedingt solange völlig übergangen, bis eine Teil- oder gar Gesamtlösung gefunden wurde (entweder unmittelbar aus der Wahrnehmung des »Fehlers« oder durch alleinige Konzentration auf die lösungsträchtigen Ausschnitte).

Es kann als nahezu gesetzmäßige Erfahrung der *Leitsatz* formuliert werden: *Die Konzentration auf das, was zur Lösung beiträgt, beschleunigt die Lösungsfindung und motiviert zur Zusammenarbeit.* Die Konzentration auf das, was die Lösung erschwert und den Konflikt nährt, behindert die Lösungsfindung, entmutigt schnell, macht abhängig oder entzweit die Gruppe.

Es kommt darauf an, daß Eltern lernen, den Blick für erzieherische Vorgänge zu schulen, die Informationen zur Bewältigung einer Aufgabe enthalten. Solche Information ist auch gelegentlich aus der Betrachtung von Fehlhandlungen zu gewinnen – doch kaum dann, wenn es mein persönlicher Konflikt ist, der mich trifft, in dem meine Wahrnehmung befangen ist. Aus Schaden werden wir klug, doch wohl nur dann, wenn wir gelernt haben, ihn durch Erkennen zweckmäßigeren Verhaltens zu vermeiden oder abzuwenden und alternative Möglichkeiten zu leben. Wir müssen die erschwerenden Bedingungen kennen, um sie zu vermeiden, wir können sie aber nur erkennen und vermeiden, wenn wir bessere, erleichternde, zweckmäßigere Bedingungen wissen. Wir müssen manchmal Fehler oder Entwicklungen durchleiden, um von Hemmnissen, falsch gewordenen Werten und Leid freizukommen. Doch freikommen werden wir nur dann, wenn wir neue Werte finden und einen Blick für das Hilfreiche neu gewonnen haben. Und darauf kommt es an, wenn wir mit Eltern nach Lösungen suchen: *gemeinsam einen Blick für alternative, hilfreiche Möglichkeiten und Fähigkeiten zu gewinnen.*

Die Rückkehr in die Familie

Oft ist es wichtig, für ein Problem mehrere Lösungen zu haben. Im letzten Schritt der Lösungsarbeit werden daher *die besten Lösungen schriftlich skizziert,* eventuell auch mit Angabe von Vorsichtsmaßregeln und unter Anführung von Gefahren einer Lösung für sich, das Kind oder die Familie.

Wenn alle Ereignisse, die im Kurs beschrieben wurden, in dieser Weise der Lösungsarbeit unterzogen sind, ist der Kurs beendet, und es beginnt die Phase der Nachbetreuung. Sie wird noch im Kurs vorbereitet. *Erstens* wird der Termin festgelegt, an dem sich die Gruppe – nun mit den Ehepartnern! – wieder zusammenfindet; *zweitens* die Frage angeschnitten, was tue ich, wenn ich vom Kurs nach Hause komme? Es wird mit jedem Teilnehmer besprochen, wie er die Kurserfahrung zuhause einbringen wird. Wir spielen mit den Teilnehmern das Gespräch, das stattfinden kann, wenn man nach Hause kommt. Nicht, daß wir mit ihnen das tatsächliche Gespräch einüben, sondern damit sie in der Übung die wichtigen Momente erkennen, die zu beachten sind, wenn man die anderen Familienmitglieder für die Verwirklichung der erarbeiteten Änderung gewinnen will:

– klare Information;
– achten auf Mißverständnisse;

- die anderen zu Wort kommen lassen;
- keine Frage und keinen Einwand abschmettern;
- alternative Vorstellungen akzeptieren;
- sich Zeit nehmen für ein Gespräch;
- die eigenen Wünsche äußern.

Die Nacharbeit ist die Gelegenheit, Fehlversuchen neue Möglichkeiten anzufügen, sich neuen Schwierigkeiten gemeinsam zu stellen, um schließlich nicht nur Leid, sondern auch die Freude an Erfolgen zu teilen.

10.2.3. Die Nachbetreuung

Hier kann nicht auf die vielen möglichen Formen der Nacharbeit eingegangen werden *(Innerhofer* 1977). Für den Rahmen der Frühförderung sei eine praktische Anregung angeführt.

Die Nacharbeit, ein Wiedersehen der Eltern, die am Kurs teilgenommen haben, ist notwendig. Notwendig – wenn der Kurs mehr als eine beliebige erzieherische Fortbildung für einen Elternteil sein soll – ist es, daß mehrere Treffen sich dem Kurs anschließen, an denen auch die Ehepartner der Eltern, die am Kurs teilgenommen haben, aktiv teilhaben sollen. Die Ehepartner werden möglichst anschaulich über das im Kurs Erarbeitete informiert. Dafür hat sich z. B. bewährt, die einzelnen Kursabschnitte – Sehen lernen, Zusammenhänge verstehen und lösen – in der großen Elterngruppe (Teilnehmer und Ehepartner) gemeinsam neu zu vollziehen. An einem *ersten Elternabend* – ca. 2–3 Stunden dauernd – werden die Beschreibungsübungen eingeführt. Beschrieben werden Ausschnitte aus den Lösungsspielen des Kurses, die als Lösungsrelevant erkannt wurden und mit denen allenBeteiligten die Lösungsstrategien vor Augen geführt werden, über die jedes Elternteil, das am Kurs teilnahm, verfügen konnte.

An einem *zweiten Elternabend* nach dem Kurs lassen sich mit den Ehepartnern, die am Kurs selbst nicht teilgenommen haben, die Erklärungs-Spiele durchführen.

Der *dritte Elternabend* – die ersten drei Elternabende nach dem Kurs sollten innerhalb von 6–8 Wochen durchgeführt werden – gilt der Lösungsarbeit. Beliebige erzieherische Alltagsprobleme, die die Eltern selbst einbringen, werden im Rollenspiel dargestellt und daran Lösungsmöglichkeiten erarbeitet. Dabei ist besonders streng die Regel zu beachten, daß es bei der Lösungssuche darum geht, die Fähigkeiten der Eltern zu sehen, die für eine Lösung zweckmäßig erscheinen. Es darf nicht darum gehen, daß sich etwa Ehepaare oder die Eltern untereinander belehren, was sie schlecht machten; vielmehr wird geübt, lösungsrelevante Zusammenhänge zu sehen und sich gegenseitig die erzieherischen Stärken mitzuteilen.

Sowohl im ambulanten wie auch im stationären Bereich der Frühförderung hat es sich bewährt, daß etwa der betreuende Arzt des Kindes, ein Sozialpädagoge, die Ergotherapeutin und Krankengymnastin, der Pädagoge, die Logopädin usw., also die fachlichen Bezugspersonen des Kindes, wenn nicht am Kurs selbst, so doch an den Elternabenden zur Nachbetreuung teilnehmen.

Behinderung haben wir erlebt als Anspruch, sie zu ändern und sie zu belassen. Solch polarer Widerspruch erzeugt Spannungen, und in solchem Spannungsfeld geschieht unsere Arbeit in der Frühförderung. Die Aufforderung zu ändern gibt uns den Willen, Not zu lindern, zu beseitigen, zu vermeiden. Die Aufforderung zu belassen gibt uns die Geduld, Not zu sehen, zu verstehen und anzunehmen und auch dann Mut und Freude zur Hilfe zu bewahren, wenn wir vielleicht Änderbares nicht zu ändern vermögen, weil es unsere oder die Kräfte der Familie übersteigt. Und so wird diese Spanne zwischen Ändern und Belassen zu einer Wegstrecke, deren letztes und oft ideales, nicht realisierbares Ziel die Heilung wäre. Eine Wegstrecke, auf der wir die Familien ein Stück lang begleiten, indem wir ein Teil ihres Schicksals mit ihnen zu sehen, zu verstehen, anzunehmen und auch zu ändern versuchen. Den Weg mit solcher Orientierung zu gehen, ist unser Anliegen.

Literatur

Ebert B.: Videointerview – Zur Methodologie der Anwendung von Videoaufnahmen in verhaltenstherapeutischen Interviews mit Müttern. Diplomarbeit, München 1979
Innerhofer, P.: Das Münchner Trainingsmodell (MTM). Verhaltensänderung – Beobachtung – Interaktionsanalyse. Heidelberg/Berlin, Springer 1977
– Soziale Interaktion Mutter-Kind. In: *J. C. Brengelmann* (Hrsg.): Entwicklung der Verhaltenstherapie in der Praxis, München, Röttger 1980, S. 165–191
– Strukturen im Ereignisstrom. Unveröffentlichtes Manuskript. 1981
Innerhofer, P., G. Gröller, G. Kreppold: Einzeltherapie versus Familientherapie. Z. Sozialpsychologie und Gruppendynamik. 1981. Heft 1, 1. Jahrgang.
Innerhofer, P., A. Warnke: Elterntrainingsprogramm nach dem Münchner Trainingsmodell – ein Erfahrungsbericht. In: *H. Lukesch, M. Perrez, K. Schneewind* (Hrg.): Familiäre Sozialisation und Intervention. Bern/Stuttgart/Wien, Huber 1980
Korczak, J.: Wie man ein Kind lieben soll. Göttingen, Vandenhoek & Rupprecht 1974
Peterander, F.: Therapeutische Intervention in der Familie und Analyse von Mutter-Kind-Beziehungen. Dissertation, München 1978

11. Arzt und Eltern in der Frühförderung

Von Barbara Ohrt

11.1. Entwicklungsstörungen bei einem Kind – die Situation von Eltern und Arzt

Wenn bei einem Kind Zweifel an dem Verlauf seiner Entwicklung aufkommen oder wenn es sicher behindert ist, stellt das für seine Familie eine neue Situation dar und möglicherweise eine völlige Verunsicherung ihres Lebenskonzeptes. Zeigt sich die Entwicklungsstörung des Kindes schon in den ersten Lebensjahren, so wird in der überwiegenden Zahl der Fälle zunächst der Kinderarzt aufgesucht und um Rat gefragt werden. Die Eltern kommen mit bestimmten Erwartungen zu ihm.

11.1.1. Erwartungen der Eltern an den Arzt

Der Arzt soll das Kind genau untersuchen mit den modernsten Techniken. Er soll ein klares Urteil fällen. Er soll sagen, wie es mit dem Kind weitergehen wird, ob es sich normal entwickeln, laufen und sprechen lernen und eine normale Schule besuchen wird. Er soll die Ursache der Auffälligkeit bzw. Behinderung erkennen.

Diese Erwartungen sind den Eltern bewußt. Sie werden klar vorgetragen und sind sehr verständlich. Weitere Erwartungen stehen dahinter, werden weniger sicher ausgedrückt und sind ev. nicht bewußt:

Dem Arzt soll ein großer Wissensvorsprung und das Vertrauen, das man zu ihm hat, möglich machen, alles zum Guten zu wenden. Eine Mutter kam mit ihrem Kind und schilderte realistisch sein Verhalten. Ihrem eigenen Urteil, das Kind sei geistig behindert, konnte ich nur noch zustimmen. Und doch sagte sie dann: »Ich war eigentlich zu Ihnen gekommen, um etwas Gutes zu hören«. Jeder der einmal gefährlich krank war oder ein chronisches Leiden hat, kennt diese – wie er selbst weiß – nicht sachlich begründete aber sehr intensive Hoffnung, der Arzt könnte Fakten wegzaubern, wenn man ihm vertraut. So eine Hoffnung kommt aus einer Lebensangst, und eine Lebensangst befällt die Eltern, wenn sie ihr Kind als behindert sehen müssen.

11.1.2. Die Situation des Arztes

Der Arzt ist daran gewöhnt, eine Krankheit zu erkennen, die geeignete Hilfe zu wissen, so daß er dem Patienten die Stütze, derer er bedarf, geben kann. Die Entwicklungsstörung oder unheilbare Behinderung eines Kindes konfrontiert ihn mit einer völlig anderen Erfahrung. Im Falle der Entwicklungsstörung des Säuglings kann der Arzt anfangs häufig nicht sicher voraussagen, ob eine bleibende Behinderung zu befürchten ist, und wie sich diese genau äußern wird. Im Falle der sicheren Behinderung weiß er, daß er selbst nur begrenzt heilend eingreifen kann, aber daß er sehr viel Verantwortung darin erhält, Therapien durch andere Berufsgruppen zu verordnen und überwachend zu begleiten. Außerdem: Die Angst vor der Andersartigkeit eines Menschen, vor Krankem, vor Unnormalem, vor Fremdem ist auch dem

Arzt nicht erspart. Es lassen sich die verschiedensten Reaktionen von Ärzten auf die Konfrontation mit einem behinderten Kind beobachten. Sie müssen jeweils von den ohnehin belasteten, empfindlichen und Halt suchenden Eltern ertragen werden:

- Ein Kind, das bei der Geburt nur 800 g gewogen hatte und viele perinatale Komplikationen überstehen mußte, blieb geistig behindert. Die Mutter wandte sich über Jahre immer wieder ratsuchend und vertrauend an den Neugeborenenarzt. Dieser aber vermochte die Behinderung bei seinem »Vizekind« nicht zu sehen. Eine fatale Bindung! Die wirkliche Situation blieb dadurch verstellt.
- Mancher Arzt, der ein sicher behindertes Neugeborenes sieht, klärt die Eltern »voll« auf. Er beurteilt die Prognose des acht Tage alten Kindes als total aussichtslos: Es werde nie laufen, nie sprechen lernen. Die Eltern können mit solchen Aussagen in den allermeisten Fällen nichts anfangen und fühlen sich allein gelassen.
- Ein anderer Arzt wird ohne lange Diskussion den Eltern zu einer raschen Heimunterbringung raten. Wieder werden sich die Eltern, wenn sie selbst noch keine Überlegungen dazu angestellt hatten, allein gelassen und unverstanden fühlen. Eventuell werden sie den Gedanken an eine Heimunterbringung wegen dieser Konfrontation zu einem für sie unpassenden Zeitpunkt tabuisieren und ihrer eigenen Auseinandersetzung mit dieser Frage möglicherweise ausweichen.
- Mancher Arzt wird das Kind möglichst schnell zu einem Spezialisten vermitteln und einer eigenen Auseinandersetzung mit dem kaum beeinflußbaren Leid aus dem Wegen gehen.

Es steht außer Zweifel, daß ein Arzt so sehr mit den Eltern mitfühlen wird, daß er unter allen Umständen das tut, was in seinen Kräften steht. Nur die Quelle seiner Reaktionen und deren Folge kann ihm ev. verborgen bleiben.

Fachliche Gründe sind es schließlich, die es dem Arzt schwer machen, den elterlichen Erwartungen immer gerecht zu werden: Das Gehirn steht zur Zeit der Geburt noch mitten in einem intensiven *Reifungsprozeß*. Welche Hirnzentren letztendlich geschädigt wurden und wie stark, kann erst erkannt werden, wenn die einzelnen Zentren ihre Funktion übernehmen und dann das neurologische Verhalten des Kindes ihre Unversehrtheit oder aber Mitbetroffenheit erkennen läßt. Weiter: Das *Repertoire des neurologischen Verhaltens* beim jungen Kind ist noch nicht sehr groß. Hinter ähnlichen Symptomen im frühen Säuglingsalter können sehr unterschiedliche Hirnschäden verborgen sein, die sich erst im Laufe des ersten Lebensjahres ausdifferenzieren.

Der Arzt sieht nun einen entwicklungsgestörten Säugling in der Sprechstunde. Er weiß, daß vor ihm und vor den Eltern eine lange Zeit der Unsicherheit über die endgültige Entwicklung dieses Kindes steht, die zu ertragen oft menschliche Kraft übersteigt. Für eine genaue Diagnosestellung muß ev. eine lange Zeit der Entwicklung des Säuglings abgewartet werden. Diagnose heißt nämlich endgültige Feststellung von Art und Ausmaß einer Störung und nach Möglichkeit Aufschluß über den genauen Ort der zugrundeliegenden Schädigung. Der Arzt weiß, daß den Eltern in dieser Zeit von Unsicherheit und Angst ein großer Einsatz für die Förderung ihres Kindes zugemutet wird, denn die Feststellung einer Entwicklungsgefährdung und damit die Veranlassung für eine Behandlung des Kindes ist sehr wohl möglich. Der Arzt wird in vielen Stunden die Entwicklung des Kindes mit *wiederholten Untersuchungen* und mit Gesprächen zwischen allen anderen, die an der Förderung des Kindes beteiligt sind, begleiten. Er hat zur Messung der Hirnleistung und zur Objektivierung seiner Untersuchungsergebnisse keine Apparate, denn die komplexe Hirnleistung ist nur in der *Beobachtung* des kindlichen Verhaltens und nicht mit technischen Untersuchungen zu erfassen. Das ist anders als in den meisten anderen Gebieten der Medizin. Der Arzt muß mögliche körperliche Komplikationen voraussehen und die *Hilfen* für wichtige Entwicklungsschritte mitplanen. Er muß viel wissen über die Möglichkeiten und die Form von Behandlung zur Förderung der Entwicklung, er muß die Qualität der Therapeuten kennen, die er empfiehlt, aber das eigentliche Tun liegt nicht in seiner Hand. Er selbst hat wenig Gelegenheit, den *Erfolg* seiner Arbeit, auch wenn er sie mit großem Einsatz tut, zu genießen. Weil ihm selten die Freude einer großen entscheidenden Wende durch seine ärztliche Bemühung beschieden ist, ist auch der Arzt auf das Vertrauen der Eltern angewiesen, und er wünscht sich unter Umständen unbewußt Dank für seinen Einsatz gerade eben dann, wenn der Lohn seiner Bemühung nur schwer sichtbar wird.

Dieselben subjektiven und fachlichen Erschwernisse auf seiten des Arztes sind es auch, die die Eltern belasten.

11.1.3. Die Situation der Eltern

Die Eltern kommen zum Arzt, weil sie sich um die Entwicklung ihres Kindes sorgen. Eventuell haben sie lange gebraucht, bis sie einander diesen Zweifel zugeben konnten. Vielleicht werden sie gar von Nachbarn oder der Mütterberatung zu diesem Schritt gedrängt. Wenn sie von der Untersuchung zurückkommen, werden sie unter Umständen folgendermaßen berichten:

– Der Arzt hat viel gefragt.
– Richtig untersucht hat er das Kind eigentlich nicht. Nur lange zugeguckt und mit ihm gespielt. Natürlich hat unser Kind gar nicht das gezeigt, was es zu Hause kann.
– Was unser Kind eigentlich hat, hat der Arzt nicht gesagt. Er meint, Genaues könne man erst im Laufe der Zeit feststellen, auch über die Zukunft von unserem Kind.

Nach Jahren werden manche Eltern sagen: Eine richtige Diagnose habe ich nie gehört, ich wurde über das, was auf mich zukommt, nie oder viel zu spät aufgeklärt. Der Arzt hatte nie genug Zeit. Jeder Arzt, den ich aufsuchte, sagte etwas anderes. Aber daß ich zu vielen gehe, muß man verstehen, wo so wenig Bestimmtes gesagt wird und mein Kind immer noch behindert ist. Über die besten Therapiemöglichkeiten herrscht offenbar überhaupt keine Einigkeit, warum wird das nicht erforscht? Es ist zum Teil die Art der Störung selbst, die diese gegenseitige *Enttäuschung* bewirkt: Wie in unserem technischen Zeitalter fast alles machbar wird, soll auch hier der Fachmann schnell und sicher das Richtige tun. Er soll die Familie von dem Makel und die Eltern von dem Kummer um ihr armes Kind befreien. Die Enttäuschung darüber, daß das nicht geschieht, formt sich in Ärger und Anschuldigungen um. Der

Arzt wird sich zu verteidigen suchen, wird sich zu klaren Aussagen drängen lassen, die nicht realistisch sind, wird seinerseits die Eltern anschuldigen, ihm nicht vertraut oder seinen Rat nicht befolgt zu haben, ihre Mithilfe an der Therapie vernachlässigt zu haben. Damit wird er bei den Eltern das Gefühl von Schuld und Alleingelassensein nur verstärken.

Beide müssen lernen, die Wurzel ihrer enttäuschten Erwartungen kennenzulernen und miteinander den Druck der Gesellschaft und die menschlichen Grenzen zu ertragen und sich in Geduld gegenseitig zu verständigen.

11.2. Die Untersuchung des Kindes und die Diagnosestellung

Der Arzt »fragt viel – er schaut dem Kind zu, aber untersucht wenig – er macht keine endgültigen Aussagen«.

11.2.1. »Die vielen Fragen« – die Vorgeschichte

Die Untersuchungen eines Kindes mit fraglicher oder sicher gestörter Entwicklung beginnt für den Arzt mit einer gründlichen und viel fragenden Unterhaltung mit den Eltern. Seine Interessen sind folgende:

(1) Was stört die Eltern oder oft nicht sie, sondern Kindergärtnerin und Nachbarn an der Entwicklung? Was stört den Arzt selbst nach dem, was er von der Geschichte des Kindes hört?

(2) Wann kann der Grund für diese Entwicklungsstörung gesetzt worden sein, d. h. wie war der Entwicklungsverlauf? (»zunächst gut, dann plötzlich abfallend.« Gab es Ereignisse im Zusammenhang damit?)

(3) Wichtige Perioden, in denen die Störung verursacht worden sein könnte, werden besprochen, denn eine Fülle von Ursachen kommt in Frage:

Erbanlagen
Einige *Fehlbildungen* kommen familiär gehäuft vor, wie z. B. Myelomeningozele, Lippen-Kiefer-Gaumenspalte u. a. Verschiedene fortschreitende Erkrankungen, die zu einem Abbau von Gehirn- oder Muskelgewebe führen, sind erblich. Die Erkrankungen – obgleich genetisch bedingt – treten zu unterschiedlichen Zeiten in der Entwicklung zutage.

Die ersten Monate der Schwangerschaft
Infektionskrankheiten in der Frühschwangerschaft können Störungen des Aufbaues der Organe, auch des Gehirns, beim Kind hervorrufen. Dazu gehören z. B. Röteln, aber auch Masern und ev. andere, scheinbar harmlose Virusinfekte (»Grippe«).
Toxische Schäden in der Frühschwangerschaft werden ebenso vor allem Organbildungsstörungen zur Folge haben. Als toxisch wirksam kommen in Frage: einige Medikamente, andere chemische Substanzen, Alkohol, Strahlen.

Das letzte Drittel der Schwangerschaft
Infektionskrankheiten der Mutter, die häufig gar nicht als Krankheit deutlich werden, wie Toxoplasmose und Zytomegalie, treffen das Kind nun nach

Abschluß seiner Organbildung. Die Krankheitserreger können jetzt die Gebärmutter passieren und beim Kind z. B. eine Entzündung des Hirngewebes oder andere Organschäden verursachen. Eine Hirnschädigung nach Schwangerschaftsinfektionen solcher Art äußert sich meist als geistige Entwicklungsstörung, ev. mit Hydrozephalus, Krämpfen und anderen neurologischen Zeichen. *Ernährungs- bzw. Entschlackungsstörungen* des Kindes infolge Erkrankung der Mutter, ungenügender Funktion der Gebärmutter oder Organschäden des Kindes selbst kommen weiterhin als schädigende Faktoren in Frage.

Die Perinatalperiode
Es sind dies die letzten drei Monate der Schwangerschaft, die Geburt und die ersten vier Lebenswochen. In dieser Zeit befindet sich das Gehirn in einer besonders intensiven Reifungsphase und ist wie alle intensiv reifenden Organe besonders schädigungsanfällig. Störungen dieser Periode, z. B. durch Frühgeburt, unzureichende Zirkulation von sauerstoffreichem Blut infolge mütterlicher oder kindlicher Komplikationen, werden die Strukturen und die Funktion des Gehirns besonders empfindlich treffen. Die meisten mit deutlicher Körperbehinderung einhergehenden frühkindlichen Hirnschäden sind perinatal bedingt, während reine geistige Störungen ihre Ursache eher vor der Perinatalperiode haben.

Die ersten Lebensjahre
Sehr bedeutsam für die Entwicklung eines Kindes ist auch das, was es in den ersten Lebensjahren erlebt. Seine *körperliche Gesundheit* und die *Umgebung* in der es aufwächst. In einer Umgebung, in der das Kind sich sicher und gleichmäßig in Liebe aufgehoben fühlt, und in der sein Lernen liebend unterstützt wird, kann ein gesundes Kind alle seine angelegten Möglichkeiten entfalten, und ein behindertes Kind wird in einer solchen Umgebung die bestmöglichen Bedingungen für seine Entwicklung finden.

In der Unterhaltung über die Vorgeschichte wird der Arzt versuchen, zusammen mit den Eltern die verschiedenen Umstände, die die Entwicklung des Kindes beeinflußt haben könnten, sorgfältig zu durchleuchten. So können Schritte für etwa weitere diagnostische Maßnahmen, für die Art der Entwicklungsförderung und vor allem für die Unterstützung der Eltern gerade da, wo sie sie brauchen, damit sie ihrem Kind zu einer guten Entwicklung verhelfen können, von Anfang an sinnvoll geplant werden.

11.2.2. »Zuschauen statt untersuchen« – die Untersuchung
Eine gründliche kinderärztliche Untersuchung ist unerläßlich, auch wenn das Kind körperlich zunächst unauffällig wirkt und »nur« neurologisch oder auch »nur« in seinem Verhalten und seiner Entwicklung auffällig scheint. Denn es gibt viele körperliche Erkrankungen, die hinter einer Entwicklungsstörung liegen können.

Ein Beispiel: Ein Säugling oder ein Kleinkind ist unlustig, spielt nicht, bleibt in seiner Entwicklung deutlich zurück. Seine Muskulatur ist schlaff. Die sehr sorgfältige *Überlegung, was dahinterstecken könnte,* kann für Kind und Familie von lebenswichtiger Bedeutung sein:

Ist die schlaffe Muskulatur Ausdruck einer *Muskelerkrankung* oder einer *fortschreitenden Stoffwechselerkrankung des Gehirns?* Für die meisten dieser Erkrankungen gibt es keine eigentliche Behandlung. Sie sollten aber als erbliche Krankheiten für die weitere Familienplanung dringend diagnostiziert werden. Ist die Muskelschwäche Ausdruck einer *cerebralen Bewegungsstörung,* die sich in ihrem Vollbild erst im Laufe der ersten Lebensjahre entwickeln wird, aber frühestmöglich gezielt behandelt werden muß? Ist sie der erste Ausdruck einer *geistigen Entwicklungsstörung?* Für diese würde die krankengymnastische und später zusätzlich pädagogische Förderung ganz andere Schwerpunkte haben müssen als für eine motorische Störung. Oder ist die Muskelschlaffheit der erste Ausdruck einer *Zöliakie,* einer schweren Nahrungsaufnahmestörung, die zu frühestmöglichem Zeitpunkt mit einer spezifischen Kost zu behandeln ist?

Muskelschlaffheit und zunächst häufig übersehene Entwicklungsstörungen sind auch für die *Schilddrüsenunterfunktion* und die *Phenylketonurie* erste und entscheidende Symptome. Beides sind Erkrankungen, die zu schwersten unwiderruflichen geistigen Behinderungen führen, wenn sie nicht bereits in den ersten Lebenswochen behandelt werden. Einige der in diesem Beispiel genannten Erkrankungen können mit einer einmaligen Untersuchung erkannt und müssen sehr rasch ausgeschlossen werden. Andere Krankheitsformen lassen sich erst in einer Verlaufsbeobachtung feststellen. Die Frage, ob es sich um eine Beeinträchtigung der Hirnleistung handelt, die sich letztlich mehr in der körperlichen oder in der geistigen Entwicklung des Kindes äußern wird, oder die Frage, ob eine fortschreitende, d. h. schlimmer werdende Hirnschädigung vorliegt, läßt sich meist nicht in einer einzelnen Untersuchung sichern. Der Arzt muß dann wiederholte Untersuchungen vornehmen und muß manchmal den Erfolg einer therapeutischen Bemühung abwarten, um Klarheit über die Diagnose zu gewinnen. Er braucht daher den anhaltenden Kontakt mit Kind, Eltern und Förderern über längere Zeit, allein schon für die Sicherung der Diagnose. Die Eltern wünschen sich demgegenüber natürlich schnellstens eine sichere Antwort. Wo dies dem Arzt nicht möglich ist, da die Diagnose einen Beobachtungs- und Erfahrungszeitraum voraussetzt, wird er im Bewußtsein ihrer Erwartungen *die Eltern über den Ablauf und die voraussichtliche Dauer der Diagnostik informieren.* Damit gibt er ihnen eine zeitliche und sachliche Orientierung und die Gewißheit, daß hinter der ärztlichen diagnostischen Vorsicht ein überlegtes fachgerechtes Handeln steht.

Die neurologische Untersuchung

Das kindliche Gehirn braucht gegenüber dem des Erwachsenen eine ganz eigene Form der Untersuchung. Während man beim Erwachsenen aus einzelnen neurologischen Zeichen ziemlich gute Rückschlüsse auf die zugrundeliegende Erkrankung und ihren Sitz im Zentralnervensystem ziehen kann, ist man beim nicht voll ausgereiften Gehirn des Kindes darauf angewiesen, ganze Funktionssysteme zu prüfen, indem man *das Kind in seinem gesamten Verhalten beobachtet.* Diese Untersuchung braucht viel Zeit. Die Aktivität des Kindes, seine Bewegungen, sein Interesse an Menschen und Gegenständen, sein Verarbeiten und Beantworten von dem, was es fühlt, schmeckt, riecht, hört und sieht – all dies muß in einer Weise beobachtet werden, die für das Alter des Kindes spezifisch ist und Auskunft über alle Teilbereiche der Hirnleistung gibt. Die Beobachtung von einzelnen Zeichen oder Reflexen beim Kind erlaubt kein Urteil. Ein Test mit wenigen, wenn auch gut standardisierten Handgriffen kann das komplizierte Nervensystem nicht erfassen, filtert üblicherweise eine viel zu hohe Zahl von Kindern als auffällig heraus und richtet damit Schaden an, indem viele Familien unnötig beunruhigt und irrtümlich zu belastenden Therapien verpflichtet werden.

Entwicklungstests bzw. die Feststellung von »Meilensteinen der Entwicklung« werden oft als neurologische Untersuchung mißverstanden. Sie sagen aber nur, was das Kind kann oder nicht kann. Die neurologische Untersuchung will aber mehr herausfinden: Was kann das Kind? Warum kann es etwas nicht, d. h. welche Teilarbeit wird vom Gehirn nicht wie erwartet geleistet? Wie tut das Kind das, was es kann?

Entwicklung und Qualität dessen, was das Kind tut, geben Aufschluß über Reife und Intaktheit des Gehirns. Darum geht es in der medizinisch-neurologischen Diagnostik.

Sehr häufig werden zur Ergänzung der klinisch-neurologischen Diagnostik noch *augenärztliche Untersuchungen* oder *Hörprüfungen* notwendig sein. Technische Hilfen zur Beurteilung der Hirntätigkeit sind äußerst begrenzt. Weder ein EEG noch ein Computer-Tomogramm kann zeigen, ob ein Kind laufen lernen wird und wie seine geistige Entwicklung sein wird.

Jenseits des Säuglingsalters und je mehr es gilt, die psychosoziale bzw. geistige Entwicklung des Kindes genau zu erfassen, werden außer Kinderärzten bzw. Entwicklungsneurologen und ev. anderen Fachärzten vor allen Dingen Psychologen und Pädagogen an der Diagnostik beteiligt sein.

11.2.3. »Die Aussagen nach der Untersuchung« – die Diagnose

Je jünger das Kind ist, desto weniger wird man erwarten dürfen, früh eine definitive Diagnose stellen zu können. Wie bereits gesagt, entwickelt sich das Gehirn und damit – im Falle einer Schädigung – auch die Störung erst.

Ein Untersuchungsergebnis in sehr frühem Alter kann darum immer nur eine Bestimmung des *augenblicklichen Funktionszustandes* sein. Es kann sehr wohl daraus eine genaue Entscheidung zur weiteren Behandlung getroffen werden – aber nur für einen sehr begrenzten Zeitraum. Damit ist klar: Es gibt in der Frühförderung bzw. in der Entwicklungsneurologie keine Anfangsuntersuchung des Arztes als einmalige Maßnahme zur Verordnung der Frühförderung, sondern nur *wiederholte Untersuchungen* in Begleitung der Entwicklung des Kindes. *Die Diagnostik bei einer kindlichen Entwicklungsstörung* ist ein Prozeß. Die Beobachtung der Eltern im Laufe der Entwicklung liefert dazu einen entscheidenden Beitrag, ebenso die der Therapeuten, deren Arbeit mit dem Kind sehr häufig schon vor der endgültigen Diagnosestellung beginnt.

Alle Instanzen und Personen, die ihren Teil zu der Untersuchung eines Kindes beisteuern, werden am Ende, oder wenn die Diagnose erst im Laufe der weiteren Entwicklung gesichert werden kann, in regelmäßigen Abständen ihre Beobachtungsergebnisse miteinander und mit den Eltern besprechen. Dann können die Eltern sicher sein, daß die verschiedenen Spezialisten alle Belange ihres Kindes kennen und gemeinsam ein sinnvoller Weg für das weitere Vorgehen gefunden wird.

11.3.   Frühe Förderung der Entwicklung – Therapien bei Entwicklungsstörungen

Eine Fülle von Konzepten und Methoden für die Behandlung von Kindern mit Entwicklungsstörungen und eine Fülle von Berufsgrupen mit immer neuen Bezeichnungen, die sich der Förderung entwicklungsgestörter Kinder widmen, könnten den Anschein erwecken, als seien heute die Probleme dieser Kinder bereits gelöst. Eine Familie, in der ein entwicklungsgestörtes Kind aufwächst, sieht sich wie bei keiner anderen Gesundheitsstörung einem verwirrenden Hilfsangebot verschiedener Fachleute gegenüber. In Wirklichkeit gibt es *keine einzige Therapie, von der bewiesen wäre, daß sie einen Hirnschaden heilen kann*, es gibt nur teilweise wirksame Maßnahmen, die eine durch Vorschädigung des Gehirns oder durch äußere Bedingungen erschwerte Entwicklung des Kindes günstig zu beeinflussen vermögen.

11.3.1.   Was kennzeichnet eine Entwicklungsstörung des Gehirns?

Die Aufgabe des Gehirns liegt darin, Aktivität zur Erhaltung des Lebens zu erzeugen und die Verarbeitung der Sinneswahrnehmungen aus der Umwelt und aus dem eigenen Körper zu regulieren. Die Reifung der Hirntätigkeit, die wir bei einem Kind beobachten, liegt in seiner zunehmenden Fähigkeit, sich selbständig zu bewegen, das eigene Handeln zu bemerken und willentlich zu steuern. Das Kind lernt, sich in seiner Umgebung zu orientieren und es erfährt und vermehrt seine eigene Fähigkeit, handelnd und spielend mit den Personen und den Gegenständen seiner Umwelt in Kontakt zu treten.

Wie *Piaget* herausgestellt hat, lernt das Kind in den ersten Lebensjahren nicht vorwiegend über Sprache und Abstraktion, sondern weitgehend über seine eigene Sensomotorik, d. h. über das Erleben des eigenen Körpers, wenn es berührt wird (taktile Wahrnehmung), wenn es sich bewegt oder aufgenommen und geschaukelt wird (taktilkinästhetische Wahrnehmung). Es gewinnt aus dem Erfühlen der eigenen Aktivität und Reaktivität Erfahrungen, die für seine Intelligenzentwicklung, seine Orientierung in Raum und Zeit, seine Werkzeugvorstellungen und vor allem für die eigene Fähigkeit, Interaktion auszulösen und zu unterhalten, grundlegend sind. Es lernt z. B., daß Schreien, Augen aufmachen, Strampeln, die Mutter herlockt. Es lernt, wie seine eigenen Körperbewegungen einen gewünschten Gegenstand erreichbar machen, lernt, wie es Bedürfnisse ausdrücken und befriedigen kann. Ein Kind mit Entwicklungsstörungen des Gehirns ist in diesem Lernen behindert. Wenn es eine Störung der Bewegungskontrolle (Cerebralparese) hat, sind seine Bewegungen eingeschränkt und nicht angepaßt an die durch Sinneswahrnehmung übermittelte Situation der Umgebung. Reizwahrnehmung (z. B. Hören der Mutter) und die motorische Antwort des eigenen Körpers darauf (z. B. Kopfwenden dorthin) wirken nicht zusammen. Der eigene Kopf wendet sich nicht zur Geräuschquelle, sondern drückt sich evtl. bei jeder Aktivität nach hinten in die Kissen. Das Kind kann in seinen Reaktionen keinen Erfolg sehen, es kann seiner Wahrnehmung nicht trauen, es wird seine Sinnesreize nicht mehr beachten, seinen Bewegungswunsch verlieren.

Ein Kind mit Störungen der geistigen Entwicklung hat nur mangelhafte Möglichkeiten, Schemata der Informationsverarbeitung zu entwickeln. Das heißt, die Verbindung eigener Körperbewegungen und damit erreichte Bedürfnisbefriedigung (z. B. Armheben bewirkt, daß die Mutter mich aufnimmt) kann nicht als Erfahrung gespeichert werden. Es bleibt Zufall, was bei einer motorischen Äußerung herauskommt. Erinnerungen an Reaktionen bzw. Handlungsabläufe, die irgendetwas bewirken, können nicht gespeichert und abrufbar gemacht werden.

Das sensomotorische und das psychosoziale Lernen ist für diese beiden Gruppen entwicklungsgestörter Kinder erschwert, obgleich nur Teile des Gehirns eigentlich in ihrer Funktion gestört sind. Die Möglichkeit des Kindes, Kontakt aufzunehmen, zu reagieren, zu zeigen, was es will und wie es sich fühlt, sind eingeschränkt. Die Mutter bleibt ohne Antwort, wird verunsichert.

11.3.2. Welche Ziele hat eine Entwicklungsförderung und wie wird sie geplant?

Aus dem Gesagten ergeben sich für den, der dem Kind in seiner Entwicklung helfen will, folgende Ziele:

– Die Entwicklung des Kindes darin fördern, *daß es seinen eigenen Körper in normaler Bewegung erfährt* und normale Erfahrungen über den Erfolg seiner eigenen Aktivität erlebt. So können sinnvolle Lernprozesse angebahnt werden.
– Sekundäre Störungen, z. B. körperlicher Art bei Cerebralparesen und auch psychischer bzw. geistiger Art, voraussehen und vermeiden.
– Die Eltern unterstützen und darin bestärken, daß sie sehr wohl kompetent sind, das Kind zu verstehen, und seine Bedürfnisse zu befriedigen. Vor allen Dingen gemeinsames Beobachten des Verhaltens und der Reaktionen des Kindes geben ihnen dafür Hilfe.

Therapieplanung

Etwas Wichtiges haben wir in langen Jahren der Entwicklungsförderung sehr junger Kinder gelernt: Zuerst wird es darum gehen, die *Bedürfnisse der Eltern,* denen wir helfen wollen, mit den eigenen *fachlichen Vorstellungen* von dem, was nötig ist, zu vergleichen. Es kann sein, daß die Eltern vor allem besorgt sind, daß ihr Kind noch nicht läuft, während der Behandelnde diese motorische Retardation vielleicht als Ausdruck einer Störung der Verarbeitung von Sinnesreizen erkennt und einer vornehmlich geistigen Förderung der Entwicklung das Hauptaugenmerk widmen möchte.

Es kann sein, daß zeitweise die Nahrungsaufnahme die größten Schwierigkeiten macht und die Familie verzweifeln läßt. Der Behandelnde wird dann nicht sagen dürfen:»Ja, aber erst einmal muß die grobe Körpermotorik gefördert werden«, sondern er wird – je nach der Art der Störung – die Mundmotorik oder die Interaktion ev. mit Hilfe der Logopädin oder der psychologischen und pädagogischen Kollegin zu beeinflussen suchen. Das bedeutet: *Jede Behandlung muß damit beginnen, daß die Bedürfnisse des Kindes, der Eltern und der an Diagnostik und Förderung Beteiligten aus ihrer Fachkenntnis heraus besprochen und die nächsten Therapieziele gemeinsam geplant werden.*

11.3.3. Wer wird die Behandlung übernehmen?

Das wird vom Alter des Kindes und von der Art seiner Beeinträchtigung abhängen. Zum Beispiel: Ein Säugling wird wegen mangelnder Kontaktaufnahme, wegen verzögerter motorischer Entwicklung oder wegen Trinkstörungen vorgestellt. Zumindest im ersten Lebensjahr wird nach sorgfältiger und interdisziplinärer Diagnostik die Krankengymnastin die Entwicklung am besten fördern können, vorausgesetzt, daß sie mit der Physiologie der normalen und abnormen motorischen und kognitiven Entwicklung des Kindes speziell vertraut ist, denn das Kind lernt in dieser Zeit entscheidend über die Erfahrung, die es mit seinen eigenen Bewegungen macht.

Krankengymnastische Methoden

In Deutschland haben von einer Reihe verschiedener krankengymnastischer Methoden zur Behandlung »auf neurophysiologischer Grundlage« zwei Konzepte vor allem Verbreitung gefunden, das von *Bobath* und das von *Vojta*. Beide basieren auf der Kenntnis der Entwicklung der sensomotorischen Hirnleistung.

Die Methode von *Vojta* ist eine rein motorische. Die früheste Form der Fortbewegung, das Reflexkriechen und das Reflexumdrehen, werden über gezielte Außenreize angebahnt und *Vojta* hofft, damit die Grundlage der gesamten motorischen Hirnentwicklung zu vermitteln, auf die sich die kognitive Entwicklung dann von allein aufbauen soll. *Vojta* lehnt ausdrücklich die gleichzeitige Förderung der Verarbeitung von Sinnesreizen und der psychosozialen Interaktion ab.

Die Methode von *Bobath* beruht ebenfalls auf der genauen Kenntnis der Physiologie der motorischen Reizung und ihrer Störungen im Falle von Cerebralparesen und mentalen Entwicklungsverzögerungen. Das *Bobath*-Konzept unterscheidet sich grundsätzlich von dem von *Vojta:* Man läßt das Kind über Verdeutlichung taktiler, proprioceptiver und kinästhetischer Reize, d. h. über deutliche Berührungs- und Bewegungsreize seinen eigenen Körper in der Stellung seiner Gliedmaßen zueinander und in seiner Bewegung im Raum erfahren. Das heißt: Wissend, in welchen Stellungen der einzelnen Körperteile zueinander und im Schwerefeld pathologisch fixierende Haltungsmuster vermieden werden können, werden Bewegungen der normalen Entwicklung, wie Aufrichtung, Umdrehen, Greifen, Zuwenden usw., so geführt, daß das Kind seine eigenen, möglichst physiologischen Bewegungsabläufe erlebt und möglichst dann automatisch übernehmen kann. Das *Bobath*-Konzept geht dabei von den allgemeinen Grundsätzen des Lernens aus, daß nämlich funktionelle Bewegungen die einen Erfolg haben (z. B. Erreichen eines ergriffenen Gegenstandes, Erreichen einer zum Spielen erwünschten Position) leichter erlernt und selbst angestrebt werden als passiv aufgezwungene. »Reine Bewegungsstörungen – Cerebralparesen« sind nie isolierte Bewegungsstörungen; sie gehen primär oder sekundär mit Störungen der Verarbeitung von Sinnesreizen und Störungen der psychosozialen Entwicklung einher. Eine umfassende Förderung der sensomotorischen Entwicklung, der zentralen Wahrnehmung und die Förderung eigener Aktivität und sozialer Interaktion sind darum unbedingt notwendig, weil außer Fällen von leichtester, meist auch spontan verschwindender motorischer

Störungen eine wirkliche Cerebralparese nicht geheilt wird, sondern das Kind lernen muß, trotz der Beeinträchtigung seine Bedürfnisse zu befriedigen.

Heute sind – dank der Fortschritte in Geburtshilfe und Neugeborenen-Intensivpflege – reine Bewegungsstörungen selten geworden. Störungen der geistigen Entwicklung allgemein oder einzelner Leistungen der zentralen Wahrnehmungsverarbeitung gewinnen an Bedeutung. Für diese beiden Gruppen, die sich im Säuglingsalter bereits mit verschiedenen Symptomen ankündigen, gilt ganz besonders, daß eine reine Förderung der motorischen Reaktivität nicht helfen kann. Immer deutlicher wird, daß das Angebot grundlegender Sinnesreize und das Erfahrenlassen einer sinnvollen Antwort darauf das frühkindliche Lernen am wirksamsten fördern kann, besonders wenn es um Wahrnehmungs- oder mentale Störungen geht:

– Töne, wie sie das Kind in utero erreichen, sollen allgemein aktivierend auf die Hirntätigkeit wirken,
– Berührung und Interaktion über Hautkontakt hat sich als primäre Form einer Kommunikation als wirksamer zur Anbahnung der Sprachentwicklung auch eines älteren Kindes erwiesen, als immer wieder deutliche Sprachstimulation in der logopädischen Behandlung. Es geht offensichtlich darum, das Bedürfnis zur Kommunikation in einer sehr frühen Entwicklungsform zu wecken, wenn das Kind noch nicht in der Lage ist, die Sprache selbst, die es ja überall hört, als Stimulanz zu eigener Sprachäußerung zu benutzen,
– Berühren, Schaukeln, Beschleunigen, Drehen, d. h. taktilkinästhetische bzw. labyrinthäre Stimulation, scheinen zur Reifung einzelner wichtiger Funktionen des Zentralnervensystems brauchbar zu sein. Aus diesen Erfahrungen und weithin ungeprüften Hypothesen werden immer neue Spezialtherapien mit missionarischem Eifer entwickelt. Im Grunde folgen sie dem gleichen Prinzip: Über die Vermittlung primärer, d. h. in der Entwicklung normalerweise sehr früh gewonnener Erfahrungen mit Sinnesreizen und Reaktionen des eigenen Körpers vollzieht sich die Anbahnung des Lernens. Sie sollte nie isoliert, sondern in Verbindung verschiedener Funktionen gesehen werden entsprechend der sehr komplexen Arbeit, die das Gehirn leistet.

Allgemeine Entwicklungsförderung oder spezialisierte Behandlung?

Aus dem Gesagten könnte geschlossen werden, daß eine allgemein unspezifische und mehrdimensionale sensorische Stimulation, etwa vorgenommen durch einen allgemein ausgebildeten »Entwicklungstherapeuten«, die adäquate Form der Förderung sei. Das ist sicher falsch. Die Spezialisierung einer Krankengymnastin, Beschäftigungstherapeutin oder Logopädin für bestimmte Funktionsbereiche ist unbedingt sinnvoll.

Die Logopädin

Ein Kind hat den Mund immer offen und lernt nicht sprechen, weil es nicht gelernt hat, die Berührungs- und Bewegungsreize von Gesicht, Mund und Zunge zu verarbeiten. Das andere zeigt dieselben Symptome, aber dahinter steht eine zentrale

Störung der Sprachbildung. Das dritte hält den Mund offen und lernt nicht sprechen, weil es eine zentrale Störung der motorischen Kontrolle (Cerebralparese) hat. Die Logopädin erwirbt sich für den Umgang mit entwicklungsgestörten Kindern das Spezialwissen und die Erfahrung, die ihr erlauben, ihr Vorgehen in der Therapie genau dem anzupassen, was das Kind an Hilfe für seine spezifische Behinderung braucht.

Die Krankengymnastin

Die Krankengymnastin mit einer Zusatzausbildung für die Behandlung entwicklungsgestörter Kinder »auf neurophysiologischer Grundlage« weiß die Bewegung des Kindes und seine motorischen Reaktionen genau zu beobachten. Sie kennt die zugrundeliegenden physiologischen Vorgänge im Gehirn, nämlich die sensorische Afferenz, die zentrale Verarbeitung und die motorische Efferenz in ihrer ständigen rückkoppelnden Kontrolle. Mit diesem Rüstzeug kann sie dann dem Kind wirklich genau da helfen, wo es in seiner sensomotorischen Entwicklung steht, und wo es lernend aufbauen kann. Sie wird ein Kind, das wegen mentaler Retardation noch nicht sitzen oder laufen kann, ganz anders behandeln als dasjenige, das wegen einer Cerebralparese motorisch retardiert ist, und dieses wieder anders als das mit isolierten Teilleistungsstörungen und daraus resultierenden motorischen Problemen. Ebenso werden ihre Hilfen, die sie den Eltern für die tägliche Pflege gibt (das Handhaben des Kindes, seine Lagerung im Bett, seine Haltung beim Sitzen) so gezielt sein können, daß dabei wichtige Entwicklungsanbahnung geschieht, vor allem aber schwerste sekundäre Körperschäden wie Wirbelsäulenverbiegungen und Gelenksluxationen vermieden werden. Dazu gibt ihr eine Zusatzausbildung nach *Bobath* das Rüstzeug.

Die Beschäftigungstherapeutin

Die Beschäftigungstherapeutin hat in ihrer Ausbildung ebenfalls Grundlegendes über die Arbeitsweise des Zentralnervensystems gelernt. Sie wird z. B. wissen, wie Berührungsreize, visuelle, akustische und wiederum besonders auch Bewegungsreize im Gehirn verarbeitet werden, und wie grundlegende Erfahrungen über Raum, Zeit, Material etc. sehr früh mit Hilfe dieser Reizverarbeitung gewonnen werden. Auf dieser Basis wird die Beschäftigungstherapeutin im Spiel dem Kind gezielt helfen können. Sie wird nicht mit ihm einen Turm bauen, weil es noch nicht Turm bauen kann. Sie wird mit ihm hochklettern, herunterspringen oder durch etwas hindurchrutschen, oder aber noch fundamentalere sensomotorische Erfahrungen sammeln helfen, bis seine Raumwahrnehmung als eine der Voraussetzungen für ein Zueinanderordnen und Aufeinanderordnen gereift ist.

Genauso verhält es sich mit den *Berufsgruppen der Pädagogen und Psychologen,* deren Arbeit an anderer Stelle beschrieben wird. Sie alle haben ihre eigene *Fachkenntnis.* Diese und die *Erfahrung,* die jeder einzelne in der Arbeit sammelt, erlauben einen spezifischen Beitrag zur Förderung des Kindes.

Wenn die Vertreter verschiedener Berufsrichtungen das Glück haben, über lange Zeit zusammenzuarbeiten und gegenseitig voneinander zu lernen, wird es gelingen, daß Eltern und Kinder nicht einer Vielzahl unterschiedlich denkender und arbeitender Förderer ausgesetzt sind, sondern wenigen mit *gleichen Grundvorstellungen.* Die Betonung der Bedeutung, die Wissen und Erfahrung von Spezialisten für die Förderung eines entwicklungsgestörten Kindes hat, erscheint dem, der jahrelang Diagnostik und Therapie behinderter Kinder begleitet, sehr wichtig. Aber etwas anderes ist von gleichem Gewicht und kann nicht wachsam genug beachtet werden: die Beziehung zwischen dem Kind und seiner Mutter/seinen Eltern/seiner Familie. *Die natürliche Interaktion zwischen den Eltern und ihrem Kind* bildet die Grundlage für die primären Erfahrungen, die die Basis des Lernens darstellen. Weil das behinderte Kind die Eltern in ihrem natürlichen Wissen verunsichert, brauchen sie die Verstärkung ihrer elterlichen Kompetenz durch die Fachleute. Was aus dieser Unterweisung der Eltern einerseits und vor allem aus der wichtigen Betonung ihrer eigenen selbstverständlichen Fähigkeit andererseits erwächst, kann für das Kind und alle Beteiligten von hohem Gewinn sein.

11.3.4. Gibt es eine medikamentöse Therapie für geistige oder motorische Störungen?

Für keines der immer wieder angebotenen Medikamente (meist Vitaminpräparate), vor allem aber auch nicht für die Behandlung mit Frischzellen, konnte bis heute ein Therapieerfolg objektiviert werden. Die erfreuliche Entwicklung besonders einiger mongoloider Kinder nach Frischzellen-Behandlung erscheint viel eher der intensiven allgemeinen Entwicklungsförderung im Sinne der hier beschriebenen Lernhilfe zuzuschreiben zu sein, die diese Kinder in allen Fällen neben der medikamentösen Behandlung erhalten.

Wirksam ist aber zur Sicherung der geistigen Entwicklung die Gabe von Schilddrüsenhormon, wenn ein Mangel körpereigener Produktion vorliegt, ebenso wie die strikte Einhaltung einer speziellen Diät bei Phenylketonurie (Störung des Aminosäurestoffwechsels).

Wichtig ist weiter die sorgfältige medikamentöse Behandlung von Krampfanfällen (Epilepsie).

11.3.5. Der Behandlungserfolg

Der Erfolg von therapeutischen Bemühungen *kann nicht von vornherein vorausgesagt werden.* Wenn die Entwicklung eines Kindes unter einer Behandlung günstig verläuft, kann das auch *nicht allein dieser Behandlung zugeschrieben werden.*

Die Schwere der primären Hirnschädigung, die individuell sehr unterschiedliche Fähigkeit des Gehirns, Störungen auch ohne äußeren Eingriff zu kompensieren, die Persönlichkeit des Kindes und die Umgebung, in der es aufwächst, die körperliche Gesundheit des Kindes in den wichtigen ersten Jahren, sind Faktoren, die den Ausgang entscheidend mitbestimmen. Darum ist es unverantwortlich, sehr früh im Säuglingsalter definitive Diagnosen zu stellen und bei einer Normalisierung des Befundes zu behaupten, dies sei der Erfolg der Therapie, wenn es sich vielleicht nur um eine der sehr *häufigen passageren Hirnfunktionsstörungen* gehandelt hat.

Die Abnahme schwerer dauernder körperlicher und geistiger Sekundärschäden bei cerebralparetischen Kindern und die subjektive Entlastung, die die Familien behinderter Kinder durch die Behandlung zum großen Teil empfinden, sind andererseits sichere Zeichen für den Wert der Bemühung um frühe Entwicklungsförderung von Kindern. *Das, was die Eltern selbst in ihrem täglichen Einsatz für das Kind tun, bleibt immer das Entscheidende für seine Entwicklung, ganz unabhängig davon, wieviel Therapie im landläufigen Sinne sie selbst übernehmen.* Der Fachmann wird es als Ziel seiner Arbeit sehen, die Eltern durch Rat und klare Information in ihrem Bemühen zu unterstützen.

11.4. Möglichkeiten der Vorbeugung von angeborenen Hirnschäden beim Kind

Das Vorkommen schwerer cerebraler Bewegungsstörungen (Cerebralparesen) konnte in den letzten 15 Jahren deutlich gesenkt werden. Sie waren in den meisten Fällen durch Komplikationen in den letzten Wochen der Schwangerschaft und während oder kurz nach der Geburt verursacht. Sehr sorgfältige *Vorsorgeuntersuchungen* während der Schwangerschaft sowie Fortschritte in der *Geburtshilfe* und *Neugeborenen-Intensivpflege* konnten diese erfreuliche Entwicklung bewirken. Die Ursache von vornehmlich geistiger Hirnschädigung ist eher in Störungen der frühen Schwangerschaftsperiode oder in genetischen Defekten zu suchen. Diese Schädigungen entziehen sich weitgehend dem Zugriff vorbeugender Maßnahmen.

Impfungen gegen Röteln beim Mädchen vor dem gebärfähigen Alter sind zur Regel geworden und lassen die Rötelnembryopathie mit den schweren Hirnbildungsstörungen vermeiden. Für eine andere Viruserkrankung, die Zytomegalie, mit der Mütter ohne erkennbar zu erkranken, infiziert werden können und die zur Hirnschädigung der Foeten führen, ist die vorbeugende Impfung nicht so sicher wirksam.

Schließlich kommt der sogenannten *genetischen Beratung* eine große vorbeugende Bedeutung zu. Mehrere Stoffwechselerkrankungen des Gehirns, die auf Störungen des Fermentsystems beruhen und zu einem fortschreitenden Abbau des Gehirns führen, werden autosomal rezessiv vererbt. Das bedeutet, daß die Eltern, ohne selbst krank zu sein, Anlageträger (Heterozygoten) sind. Erst die Geburt eines kranken Kindes weist in der Regel auf die familiäre Belastung hin. Darum ist es so wichtig, daß die Ursache einer Hirnschädigung oder auch z. B. einer Muskelschwäche bei einem Kind, das vielleicht in der Frühförderung behandelt wird, durch laufende ärztliche Untersuchungen erkannt wird, damit die Familie für die weitere Familienplanung entsprechend beraten werden kann.

Die Geschwister der Eltern eines Kindes mit einer erblichen Stoffwechselstörung haben ein 50 %iges Risiko, selbst Anlageträger zu sein. Für Geschwister des kranken Kindes selbst besteht ein Risiko von 25 %, ebenfalls zu erkranken. Für die noch nicht geborenen Geschwister eines kranken Kindes gibt es in manchen Fällen die Möglichkeit, schon vor der Geburt festzustellen, ob sie selbst krank, d. h. Anlageträger sind. Das geschieht in der sogenannten *pränatalen Diagnostik* (der Punktion und Untersuchung des Fruchtwassers in der 15.–16. Schwangerschaftswoche). Von 50 bekannten Formen von Hirnstoffwechselstörungen sind etwa 20 pränatal nachweisbar. Auch einige andere schwere neurologische Erkrankungen lassen sich pränatal diagnostizieren und eine Schwangerschaftsunterbrechung kann dann erwogen werden.

Folgende Umstände lassen eine *Fruchtwasseruntersuchung* empfehlenswert erscheinen:

(1) Höheres Alter der Eltern (ab 40. Lebensjahr, ev. ab 35. Lebensjahr)
(2) Chromosomale Abweichungen bei einem Elternteil
(3) Ein Kind mit freier Trisomie 21 in der Familie
(4) Ein Kind mit Myelomeningozele in der Familie
(5) Geschlechtsdiagnose des Foeten bei x-chromosomal rezessiver Erkrankung in der Familie
(6) Bestimmte Stoffwechselerkrankungen in der Familie

11.5. Die Zusammenarbeit zwischen den Eltern und dem Arzt im Rahmen der Frühförderung

Die Eltern, denen für ihr Kind eine Frühförderung angeboten wird, finden es häufig schwer zu erkennen, welches die Rolle oder Zuständigkeit eines bestimmten Spezialisten ist. Innerhalb einer rein medizinischen Betreuung wissen sie oft nicht, an welchen Facharzt sie sich mit einer besonderen Frage wenden sollen, und wie die Arbeit der verschiedenen Fachrichtungen zusammenläuft. Wenn ihr Kind zum Beispiel nicht richtig läuft – wer ist zuständig? Der Orthopäde? Der Kinderarzt? Ein Kinderneurologe? Es ist die Aufgabe der Ärzte, den Informationsfluß zwischen den Spezialisten so zu sichern, daß die Eltern die Zusammenhänge sehen und der umfassenden Betreuung ihres Kindes sicher sein können. In höherem Maße noch gilt das für die mehrdisziplinäre Förderung der Entwicklung eines Kindes. Die Eltern haben es schwer, Ausrichtung und Charakterisierung einer Berufsrichtung zu erkennen. Sie haben evtl. folgende Fragen, die sie sich aber oft nicht zu stellen trauen: Warum bekommt mein Kind Krankengymnastik und keine Beschäftigungstherapie? Brauchte es nicht eine logopädische Behandlung? Was ist der Unterschied zwischen Heilpädagogik und Beschäftigungstherapie? Wer bestimmt, was es für eine Förderung an meinem Kind gibt, und kann ich sicher sein, daß mein Kind genau das bekommt, was ihm am meisten hilft? Alle diejenigen, die an der Betreuung eines Kindes beteiligt sind, werden es sich darum zur Aufgabe machen, das *System der Frühförderung, die Ziele für den nächsten Zeitabschnitt und die Rolle, die dabei jeder einzelne* spielt, so *durchsichtig zu machen,* daß für die Eltern das beruhigende Gefühl entsteht: Alle Beteiligten wissen, wie es in unserer Familie aussieht, was unser Kind in seinem augenblicklichen Entwicklungsstand leisten kann, was unser nächstes Ziel sein soll, wie wir mit ihm spielen wollen, wie es dabei z. B. liegen oder sitzen soll usw.

Am wichtigsten ist es wohl, daß wir in der Frühförderung einen gemeinsamen Lernprozeß sehen und uns darin bestärken, daß die Eltern-Kind-Beziehung eine entscheidende Bedeutung für die Entwicklung des Kindes hat. Der einzelne Fachmann, sei es der Arzt, der bestimmte Maßnahmen empfiehlt, sei es Therapeut oder Heilpädagoge, die direkt mit Kind und Eltern arbeiten, sei es der Psychologe, der nach Hilfen für die Erziehung sucht – jeder kann das Seine nur über die Eltern bewirken. Dies bedeutet, daß jeder sein Fachwissen und seine persönliche Kraft den Eltern so zur Verfügung stellt, daß sie in ihrem eigenen Handeln mit dem Kind unterstützt und sicherer werden und ihr Kind zusammen mit der fachlich-therapeutischen Hilfe selbst am besten fördern können.

Was den Arzt angeht, so sollte er selbstverständlich mit seinen Beobachtungen und Maßnahmen *die ganze Kindheit* begleiten. In der Entwicklung des Kindes sind organische (neurologische) und seelisch-geistige Bereiche und Funktionen so eng verknüpft, daß *in allen Fragen der pädagogische, der psychologische und der ärztliche Rat zusammenfließen müssen.* Dazu ist die permanente Verständigung zwischen den verschiedenen Disziplinen wichtig. Sie wird zum Nutzen von Eltern und Kind dann eher zustandekommen, wenn jeder beteiligte Spezialist seine Aufgabe nicht so sehr in eingefahrenen Begriffen und starren Methoden sieht als vielmehr um Flexibilität und offene Beobachtung des Kindes bemüht ist. In einem *gemeinsamen Beobachten* des Kindes sehen wir die Grundlage einer sinnvollen Förderung von Gesundheit und geistigem Wachstum des Kindes, aber auch die Chance, daß sich die daran Beteiligten gegenseitig besser verständigen und verstärken.

12. Das Gespräch zwischen Therapeut und Eltern in der Frühförderung des behinderten Kindes

Von Andreas Warnke[1]

Das Gespräch des Therapeuten mit den Eltern des entwicklungsgefährdeten Kindes beginnt am ersten Tag der Zusammenarbeit und begleitet andauernd die Behandlung des Kindes. Das Elterngespräch ist Teil der beruflichen Tätigkeit des Therapeuten. Die Zusammenarbeit mit den Eltern ist fester Bestandteil der Frühförderung und Voraussetzung dafür, daß die Behandlung des Kindes von den Eltern z. T. erlernt und zuhause durchgeführt werden kann. Da für einen Teil dieser Elternarbeit die Gesprächsform gewählt werden muß, könnte man daraus mit letzter Konsequenz folgern, daß jeder Therapeut alle Gesprächstechniken beherrschen müßte – Interview, Beratung, Beurteilung, Fachgespräch usw. Das ist in der Praxis nicht erforderlich. Wir gehen davon aus, daß das Gespräch mit den Eltern kein Gerede als Vermeidungsverhalten bei therapeutischem Unvermögen ist, kein Ersatz ist für die qualifizierte therapeutische Arbeit mit dem Kind, auch keine Belehrung und keine Beichtstunde und schon gar nicht eine Gesprächspsychotherapie, für die ganz andere Forderungen gestellt werden müßten.

Für den Therapeuten ist das Gespräch ein Mittel, das in bestimmten Momenten der Behandlung zur Verbesserung, Sicherung und Begründung der Frühförderung des Kindes beiträgt und mit ausschlaggebend ist für die Beziehung des Therapeuten zu den Eltern. Eine gewisse Gesprächstechnik muß dazu erlernt und eingeübt werden. Dieses Kapitel soll ein Anstoß sein, sich der Vielschichtigkeit und Bedeutung des Gesprächs mit den Eltern in der Frühförderung bewußt zu werden und will dazu anregen, sich in den Methoden des Gesprächs fortzubilden.

Wenn wir hier von *Therapeut* sprechen, so meinen wir in erster Linie die am Kind unmittelbar tätigen Krankengymnasten, Logopäden, Ergotherapeuten und Musiktherapeuten. Dies schließt nicht aus, daß die Erörterung nicht auch die Situation des mit dem Kind arbeitenden Arzt, Psychologen und Pädagogen in der Frühförderung trifft. *Thematische Schwerpunkte* des Kapitels sind: 1. Abschnitt: die Zusammenhänge, in denen das Gespräch im Bereich der Frühförderung steht; 2. Abschnitt: die Einstellungen und Erwartungen, die das Gespräch in der Frühförderung beeinflussen; 3. Abschnitt: die situativen Voraussetzungen eines Gesprächs und Gespräche unter bestimmten situativen Bedingungen; 4. Abschnitt: einige praktische Hinweise zu verschiedenen Methoden der Gesprächsführung.

12.1. Der Zusammenhang, in dem das Gespräch steht

Das Gespräch des Therapeuten mit den Eltern steht in einem bestimmten Handlungszusammenhang: nämlich der frühen Förderung des entwicklungsgefährdeten Kindes. Aus diesem besonderen Zusammenhang ergeben sich besondere Anlässe, Situationen, Inhalte, Erwartungen und Ziele des Gesprächs zwischen Eltern und Therapeut. Für die Eltern ist das Gespräch eingebettet in das alltägliche Familienleben mit dem behinderten Kind. Dieser Lebenszusammenhang ist ein völlig anderer als der des Therapeuten: für ihn ist das Elterngespräch Teil seiner beruflichen

[1] Frau Astrid Hasse, Diplompsychologin an der Entwicklungsneurologischen Abteilung der Haunerschen Kinderklinik München und insbesondere auch meiner Frau möchte ich für die vielfältigen Hinweise und Unterstützung danken.

Schema 1:
Zusammenhänge, die Inhalt, Methode und Zielsetzung des Gesprächs zwischen Eltern und
Therapeut beeinflussen.

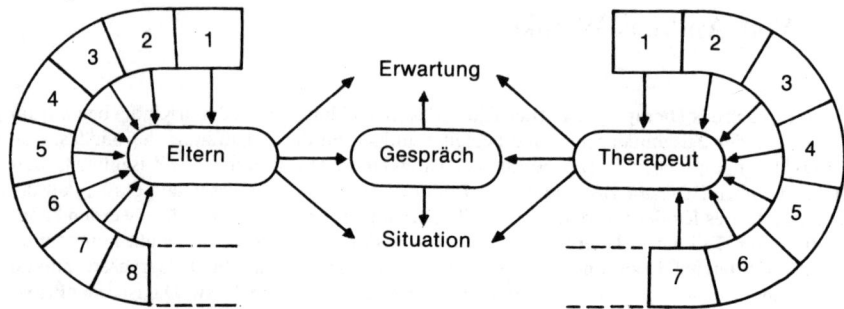

Zu 1.: Zusammenhänge auf seiten der Eltern, die für das Gespräch mit dem Therapeuten eine
Rolle spielen.

1. Das behinderte Kind und seine Entwicklung (Fragen der Diagnostik, Therapie, Erziehung;
   Fragen der Kindergarten- und Schulreife)
2. Die Familienmitglieder und ihre Beziehungen zueinander (Fragen der Ehe- und Geschwi-
   sterbeziehungen, die Zukunft von Kind und Familie, Entlastung der Eltern).
3. Persönliche Eigenschaften und Erwartungen der Eltern (psychische und physische Verfassung, Hoffnungen, Befürchtungen, Einstellung zum behinderten Kind, Suche nach
   Ursachen, Schuldgefühle)
4. Sozio-ökonomische Familienverhältnisse (Fragen der beruflichen Belastung, der Wohnverhältnisse und Familienplanung, finanziellen Verhältnisse)
5. Verwandschafts- und Nachbarschaftsbeziehungen (Fragen der Eingliederung und Diskriminierung)
6. Bürokratische Angelegenheiten von Verbänden, Behörden, Krankenkassen (Freizeiten,
   Heimunterbringung, Bescheinigungen, Gutachten)
7. Erfahrungen mit Beratungsstellen, Ambulanzen, Kliniken, Heim- und Tageseinrichtun-
   gen, Frühförderstellen (Verschiedenheit diagnostischer und therapeutischer Urteile)
8. Medieninformationen (populärwissenschaftliche Artikel, Rundfunk- und Fernsehsendun-
   gen, Tagungen)

Zu 1.2.: Zusammenhänge auf seiten des Therapeuten, die für das Gespräch mit den Eltern eine
Rolle spielen.

1. Arbeitsverhältnisse (angestellt, freiberuflich, freier Mitarbeiter)
2. Arbeitsbedingungen (mobil, stationär; in Familie, Ambulanz, Klinik, Heim, Tageseinrichtung; Arbeit alleine oder im Team; Zeitdruck; materielle Ausstattung).
3. Berufliche Bildung und Berufsverständnis (Therapiemethode, Behandlungsziele, Stellung
   im Team, Konkurrenzdruck, Engagement)
4. Persönliche Eigenschaften und Verhältnisse (psychische und physische Verfassung, eigene
   Familienerfahrung).
5. Bürokratische Angelegenheiten, Berufsverbände, Kassen, Behörden (Zahl der möglichen
   Therapieeinheiten, Vergütung der Elternarbeit, Bescheinigungen).
6. Wissenschaftliche und populärwissenschaftliche Medieninformation und Angebote der
   Industrie (Hilfsmittel, neue Methoden, Medikamente).
7. Erfahrungen mit Eltern (elterliche Erwartungen, Bestärkung oder Kritik).

Tätigkeit. Schema 1 will skizzenhaft dazu anregen, sich bewußt zu machen, aus welch unterschiedlichen Zusammenhängen sich Fragen und Antworten im Gespräch zwischen Therapeut und Eltern ergeben.

12.1.1. Der Gesprächszusammenhang auf seiten der Eltern

Folgende beliebig ausgewählte Beispiele zu Schema 1 sollen erkennen lassen, wie sich ein und dieselbe Frage aus dem Lebenszusammenhang der Eltern in seiner Bedeutung ganz anders darstellen kann als auf seiten des Therapeuten.

- Eine Mutter kam stark erregt zur Behandlung des Kindes und beklagte:»Im Attest für die Kasse, das mir das letztemal Dr. . . . . mitgegeben hat, steht als Diagnose›Tetra-Spastik‹. Das hat mir noch keiner gesagt, ich war erst mal fix und fertig«. (Anlaß eine »bürokratische Angelegenheit«, Schema 1.1, Nr. 6.)
- Die Mutter eines schwer geistig und motorisch behinderten Kindes fragte die Krankengymnastin vorwurfsvoll-ängstlich:»Mir sagte Dr. . . . in der letzen Kontrolluntersuchung, das Kind macht gute Fortschritte. Mein Hausarzt hat mir jetzt den Arztbrief vorgelesen und dort steht, die Fortschritte sind gering. Jetzt weiß ich gar nichts mehr.« (Erfahrungen in einer Ambulanz, Schema 1.1 Nr. 7). Die Therapeutin hatte im Gespräch zu vermitteln zwischen Mutter und Arzt, den widersprüchlichen Aussagen über den Behandlungserfolg.
- »Zur Zeit habe ich mehr Probleme mit dem gesunden Kind, ein ständiger Störenfried« (»Familiäre Verhältnisse«, Schema 1.1, Nr. 2). Solche Äußerungen können anzeigen, daß die Beanspruchung der Mutter für die Behandlung des behinderten Kindes zu einer Vernachlässigung und Überforderung eines gesunden Familienmitgliedes geführt hat. Ein fataler Nebeneffekt der therapeutischen Bemühung um das behinderte Kind? Das Gespräch kann zu einem neuen, grundsätzlichen Überdenken des bisherigen Therapieansatzes leiten.

In den Beispielen waren die Mütter von den angesprochenen Ereignissen tief betroffen, es berührte ihr persönliches und familiäres Schicksal. Der Therapeut stand in völlig anderen Zusammenhängen – z. B. in einer Vermittlerrolle zwischen Mutter und Arzt –, das Anliegen der Mutter bedeutete für ihn etwas anderes.

12.1.2. Der Gesprächszusammenhang auf seiten des Therapeuten

Auf seiten des Therapeuten stellen sich obige Fragen u. U. völlig anders dar: In den ersten beiden Beispielen könnten ihn die elterlichen Fragen in Verlegenheit bringen, so daß er das Gespräch abblockt; er kann die Mutter für überempfindlich halten und sie mit der einfachen Antwort abspeisen, daß sie lernen müßte, die Behinderung des Kindes zu akzeptieren; bei der Aussage des dritten Beispiels könnte er den Standpunkt vertreten, daß das Wohlergehen des gesunden Kindes das therapeutische Konzept nicht berühre; er kann sich aber auch die Zeit nehmen zuzuhören, die mütterliche Frage aus ihrem Lebenszusammenhang zu sehen versuchen und die Angelegenheit einer Lösung zuführen.

Die Sichtweise und Bewertung von Ereignissen und Fragen ist also zwischen Eltern und Therapeut zunächst unterschiedlich, da sie ihre Situation jeweils aus unterschiedlichen Lebens- und Arbeitsverhältnissen heraus betrachten und beurteilen. Daher ist das Gespräch, das dem Verstehen und Verstandenwerden dient, von Anfang an grundlegend für eine verständnisvolle Zusammenarbeit zwischen Therapeut und Eltern.

12.2. Einstellungen und Erwartungen im Gespräch

Aus den Zusammenhängen des Gesprächs, wie sie im ersten Abschnitt skizziert wurden, ergeben sich dem Therapeuten besondere Einstellungen und Erwartungen, die das Elterngespräch von vornherein bestimmen.

12.2.1. Die Einstellung zu den Eltern

Eine positive Einstellung gegenüber den Eltern und ein Interesse an ihren Fragen ist eine tragende Voraussetzung des Gesprächs. Daher wird auch eine um Verstehen bemühte Grundhaltung und der kritische Umgang mit Urteilen und eigenen Ratschlägen das Gespräch mit Eltern kennzeichnen (siehe Abschnitt 13.4.1., 13.4.2., 13.4.3.). Verständnis und positive Grundeinstellung bedeuten nicht vorbehaltloses »Ja-Sagen« und Akzeptieren elterlichen Handelns. Elterliches Verhalten, das den Auffassungen des Therapeuten nicht entspricht, kann er versuchen zu verstehen, er wird es nicht verurteilen (verstehendes Gespräch 13.4.3.); zugleich aber wird er sein eigenes Handeln begründen und sachlich vertreten und persönlich dazu stehen müssen (informierendes Gespräch 13.4.4.). Je unsicherer man Eltern gegenüber fühlt, je verletzter man empfindet, umso größer wird die Versuchung, Ursachen für den Konflikt im Fehlverhalten der Eltern zu sehen. Unsere Unmutsgefühle und negativen Urteile über Kind oder Eltern sind ein zwingender Anlaß, das vorwurfsfreie Gespräch mit den Eltern zu suchen. In der Regel sind hinter den negativen Vorurteilen gegenüber den Eltern falsche Wahrnehmungen, unklare Regelungen, sich widersprechende Erwartungen und unterschiedliche bzw. nicht-aufgedeckte Zielsetzungen verborgen, sowie situative Gegebenheiten, die einer Erfüllung gegenseitiger Erwartungen im Wege standen.

Positive Anlässe zum Gespräch sind durchaus nicht selten. In der Regel sind es Schwierigkeiten, Sorgen, Beschwerden, Nöte oder fachlich-sachliche Themen, die das Elterngespräch veranlassen. Positive Ereignisse sind indessen sehr lohnender Anlaß zu Gesprächen. Sie geben neuen Ansporn, gerade in den so mühsamen Therapien schwerer Behinderungen.

Der Tag, an dem das bewegungsgestörte Kind nach vielleicht jahrelanger Krankengymnastik die ersten spontanen Schritte tut, sollte auch in der Therapie besonders hervorgehoben werden – vielleicht auch einmal durch ein Gespräch mit der Familie bei Kaffee und Kuchen.

12.2.2. Erwartungsbereiche im Gespräch

Anlaß und Ziel der Gespräche, emotionale Grundeinstellung und Vorgehensweise sind wesentlich beeinflußt von den gegenseitigen Erwartungen. *Die Erwartungen von Eltern und Therapeuten sind nicht immer identisch.* Die Kenntnis der eigenen Bedürfnisse und der elterlichen Erwartungen in der Zusammenarbeit erleichtert die Verständigung im Gespräch. Folgende Erwartungsbereiche begleiten unseres Erachtens die Zusammenarbeit mit den Eltern.

Therapeutische Erwartungen

Eltern erwarten vom Therapeuten Hilfe und Entlastung bei der Förderung des Kindes. Der Therapeut übernimmt einen Arbeitsauftrag mit großer Verantwortung. Die Vorstellung über Art und Ausmaß des Engagements der Therapeuten ist bei den Eltern sehr verschieden. Der Therapeut andererseits erwartet Mitarbeit der Eltern, ihre Bereitschaft, sich therapeutische Fertigkeiten anzueignen und u. U. entscheidende Veränderungen in ihrem Leben vorzunehmen. Diese Anforderungen an die elterliche Mitarbeit wechseln von Therapeut zu Therapeut und sind unterschiedlich in den einzelnen therapeutischen Disziplinen.

Erfolgserwartung

Die Therapie soll sichtbare Fortschritte zeigen, woraus nicht zuletzt die Qualifiziertheit des Therapeuten abgeleitet wird. Der Therapeut steht unter Erfolgszwang und Qualifikationsdruck. Umgekehrt lastet es auf den Eltern als Druck, wenn ihre »co-therapeutische« Funktion und elterliche Fürsorge für die Entwicklung des Kindes mitverantwortlich gemacht werden.

Diagnostische und prognostische Erwartungen

Obwohl das diagnostische Urteil nicht in den Verantwortungsbereich des Therapeuten gehört, wünschen sich Eltern besonders zu Behandlungsbeginn diagnostische und prognostische Stellungnahmen des Therapeuten. Die Eltern hingegen sollen die Diagnose nicht nur verstehen, sie müssen die oft statistisch oder gesellschaftlich bestimmten Normen einer Behinderung akzeptieren, mit allen vorgeschriebenen Konsequenzen für den Lebensweg des behinderten Kindes (Frühförderung, Sonderschule usw.). Die Diagnose ist nicht mehr nur eine Aussage zum Kind, sie ist oft zugleich eine Handlungsanweisung an die Eltern: Nämlich das eigene Leben in die Dienste der therapeutischen Förderung dieses Kindes zu stellen.

Kooperationserwartungen

Eltern haben bestimmte Erwartungen, ob überhaupt und in welchem Maße ihre eigene Mitarbeit an der Behandlung nötig und möglich ist. Sie haben auch Vorstellungen über den Grad des Engagements des Therapeuten. Auf seiten der Therapie ist der Anspruch an die Eltern gewachsen, da die interdisziplinäre Förderung ohne elterliche Kooperation nur schwer praktizierbar ist, solange das Kind in der Familie lebt.

Psychologische Erwartungen

Bei Beginn der Behandlung vor allem sind die Eltern voller Ungewißheit, Sorge und Hoffnung. Der Therapeut soll helfen, die Ungewißheit zu verringern, die Ängste zu schwächen und die Hoffnungen zu erfüllen. Der Therapeut erhofft psychische Stabilität, elterliches Lernvermögen und die Fähigkeit, daß Eltern den außerordentlichen erzieherischen Aufgaben und familiären Belastungen gewachsen sind.

Zeiterwartung

Eltern erwarten, daß der Therapeut Zeit hat. Für den Therapeuten stellt sich andererseits immer wieder die Frage, wie in einer Behandlungsstunde Untersuchung, Behandlung des Kindes, Unterweisung der Eltern, Gespräch usw. überhaupt Platz haben[2].

12.2.3. Umgang mit belastenden Erwartungen der Eltern

Elterliche Erwartungen bezüglich *Therapie und Qualifiziertheit* des Therapeuten können besonders belastend werden. So gibt es Eltern, die immer wieder von anderen erfolgreichen Methoden berichten, die »einzigartig« waren oder sein sollen. Andere Eltern deuten an, daß sich ihr Kind beim »ersten Therapeuten« viel wohler gefühlt habe, oder daß man »von der ganzen Therapie nichts halte«, und wenn sich etwas getan habe, dann nur, weil das Kind »eben älter geworden« sei. Die Versuchung des Therapeuten ist nun sehr groß, sich zu rechtfertigen und zu verteidigen, die Eltern vom Gegenteil zu überzeugen, den Spieß umzukehren, die Eltern zu beschuldigen, ihre Liebe zum Kind anzuzweifeln und ihre Kooperativität total in Frage zu stellen. Allen Seiten hilft es, vorwurfsfrei und ohne Selbstrechtfertigung zu reagieren, zuzuhören, zu verstehen versuchen und notwendige Konsequenzen zu ziehen. Dies ist leicht gesagt, aber schwer getan. Die erste Antwort auf einen elterlichen Vorwurf könnte reflektierend lauten: »Sie sind nicht zufrieden mit dem Ablauf oder dem Erfolg der Behandlung . . .« Und es wird im folgenden Gespräch dem Therapeuten nützen, einige *Regeln* anzuwenden, die im Abschnitt 12.4. zumindest andeutungsweise beschrieben werden. Es mag dabei zudem hilfreich sein, (1) in beschreibender Weise den bisherigen *Behandlungsweg* ins Gedächtnis zurückzurufen, (2) den augenblicklichen *Behandlungsstand* festzustellen und (3) *Erwartungen, Methoden und Ziele* neu aufeinander abzustimmen.

Schließlich kommt es gerade bei unzufriedenen Eltern darauf an, sie erkennen zu lassen, wie und wo sie stark sind. Es kommt *nicht* darauf an, ihnen Schwächen und Versäumnisse vorzuhalten.

Manchmal verbirgt sich hinter dem elterlichen Vorwurf, die Behandlung sei unbefriedigend, schlicht die bittere Erfahrung der Mutter, daß es ihr zuhause nicht gelingt, Therapieanweisungen umzusetzen, sie also nicht mit der Behandlung zurechtkommt. Auch kann ein Vorwurf Ausdruck sein dafür, daß die Eltern die oft unvermeidlich langsamen und geringen Fortschritte des Kindes nicht akzeptieren können, da sie ganz andere Erfolgserwartungen haben. Sie vergleichen auch mit den Ergebnissen bei anderen Kindern, deren Behinderung aber häufig ganz anders gelagert ist. Das Zuhören des Therapeuten (Abschnitt 13.4.3.) wird die Gründe erleuchten können und das kann entscheidend sein für den Fortgang oder Neubeginn einer Therapie.

Die Erwartung hinsichtlich einer genauen Diagnose äußern Eltern häufig auch dem Therapeuten gegenüber. Gerade in den ersten Wochen und Monaten, in denen

---

[2] Diesem Dilemma kann nur dann ausreichend begegnet werden, wenn die Kostenträger den Bereich der Elternarbeit als einen zeitintensiven Faktor einkalkulieren!

Eltern die sichere Befürchtung haben, »mein Kind ist behindert« und sie doch nach der Gewißheit suchen, »mein Kind ist nicht behindert«, gehen sie manchmal von Arzt zu Arzt und eben auch zum Therapeuten mit der Frage: »Sagen Sie, was hat mein Kind nun? Und sind Sie sich mit der Diagnose sicher? Und kann man nicht noch etwas zusätzlich tun?« Überall hören sie eine etwas andere Antwort, erfahren oft auch schmerzlich, daß unter Fachleuten durchaus nicht immer Einigkeit besteht und Klarheit, Antworten werden häufig nur als Ausflüchte verstanden.

Beispiel:

Mutter: »Der Arzt hat mich zu Ihnen überwiesen, weil Norbert mit seinen 11 Monaten noch nicht sitzen kann.«

Therapeut: »Na, so schlimm wird es nicht sein. Glauben Sie nicht, daß Sie bei Ihrem ersten Kind auch manchmal Dinge festgestellt haben, die anders waren und trotzdem ist es gesund?«

Mutter: »Ja, schon, ich mein' . . Der Arzt muß es ja besser wissen.« (beunruhigt)

Therapeut: »Ja, wobei Sie Ihr Kind jeden Tag beobachten und wissen, daß es ganz viel gelernt hat.«

Mutter: »Ja, schon, aber er kann noch nicht sitzen.« (hilflos, abwehrend).

Das Gespräch dreht sich im Kreise. Beschönigende Ausflüchte helfen der besorgten Mutter nicht. »Ja, ja, schon, aber . . .« – Diese Wortfolge ist ein Zeichen, daß die Verständigung nicht stimmt. Ein *Zuhören,* eine gründliche *Untersuchung* vor jeder wertenden Stellungnahme wird dem Therapeuten eine beschreibende Information der Eltern ermöglichen und nötigenfalls eine korrigierende Rücksprache mit dem Arzt erleichtern.

Die Kooperationserwartung ist bei Eltern verschieden. Vor allem sind nicht alle Eltern darauf gefaßt, daß die Behandlung von ihnen teilweise erlernt und selbst zuhause durchgeführt werden muß. Und nicht alle Eltern, die gleich in der ersten Minute betonen, daß ihnen nichts wichtiger sei als die Mitarbeit in der Behandlung, sind auch automatisch in der Lage und in der Verfassung, ihren Willen zur Mitarbeit zu verwirklichen.

Beispiel:

Über sieben Jahre wurde der Arzt eines an Mucoviscidose erkrankten Kindes von den Eltern im Glauben darin bestärkt, daß der Patient zuhause unter dem Nebelzelt schlafe. Als die Sozialpädagogin beim Hausbesuch die Apparatur im Keller vorfand, wagten die Eltern zu gestehen, das Nebelzelt seit Jahren dort ungenutzt zu lagern.

Mitarbeit der Eltern kann unter keinen Umständen als selbstverständliche Leistung der Eltern vorausgesetzt werden. *Die Befähigung der Eltern für ihre Mitarbeit ist Teil der Frühförderung.* Bereitschaft und Fähigkeit zur Mitarbeit sind nicht zuletzt auch ein Ergebnis des Erstgesprächs. Manche Eltern rechnen damit, daß Therapie Entlastung bedeutet, und sie können sich zunächst noch äußerst schwer darauf umstellen, daß sie häufig Mehrbelastung ist. Mitarbeit der Eltern kann oft nicht von heute auf morgen seitens der Eltern bewerkstelligt werden: Tagespläne müssen umorganisiert werden, die Eltern müssen sich über die Arbeitsteilung absprechen und sich allmählich in die neue Aufgabe einfinden. Die Versorgung der

Geschwister während der Therapiezeit bedarf einer Regelung, manchmal müssen berufliche Tätigkeiten umorganisiert oder aufgegeben werden. Dies alles bedarf der Zeit. Aus diesem Grund allein hat es sich bewährt, die Eltern zunächst nicht mit einem Katalog von *Hausaufgaben* zu überfallen, sondern im Gespräch zu klären, inwieweit sich die Eltern in der Lage sehen, Übungen zuhause täglich durchzuführen, ohne sie zu überfordern. *Psychologische und pädagogische Erwartungen* der Eltern werden sehr unterschiedlich geäußert. Unproblematisch sind die ganz therapiebezogenen Fragen, oder etwa die nach geeignetem Spielzeug. Elterliche Bitten um Erziehungshilfe, Klagen über Eheprobleme u. a. m. berühren nicht mehr unmittelbar das Arbeitsfeld des Ergotherapeuten, Logopäden oder Krankengymnasten, so daß man sich hier auf Zuhören (Abschnitt 13.4.3.) und auf eine Vermittlung zu entsprechen Beratungsstellen beschränken wird.

Die Zeit des Therapeuten ist eng bemessen. Unsere Erfahrung in der ambulanten Behandlung des behinderten Kindes ist: Gerade dort, wo die Zeitdauer therapeutischer Zuwendung durch verrechenbare »Behandlungseinheiten« zwingend vorgeschrieben ist, hat sich das gezielte, konzentrierte, therapiebezogene Gespräch mit den Eltern als Möglichkeit bewährt, den Eltern zu vermitteln, daß wir Zeit für sie haben.

12.3. Situative Bedingungen des Gesprächs

Im Vorfeld des Gesprächs fanden wir Zusammenhänge, in denen Therapeut und Eltern in unterschiedlicher Weise stehen und die u. a. Einstellungen und Erwartungen im Gespräch bestimmen. Eine dritte Voraussetzung des Gesprächs sind die räumlichen, zeitlichen und personellen Umstände, unter denen es stattfindet.

12.3.1. Der Raum und die Sitzordnung

Schönheit des Raumes und Bequemlichkeit der Stühle spielen keine entscheidende Rolle für die Fruchtbarkeit des Gesprächs. Der Raum muß die *Ruhe* zur Unterhaltung gewähren. Die *Lichtverhältnisse* sollten so sein, daß kein Gesprächspartner gegen das Licht (etwa gegen das Fenster oder in das Licht der Lampe) schauen muß und geblendet wird, wenn er seinen Gesprächspartner anblickt.

Wenn der Therapeut auf der Matte das Kind behandelt und der Mutter den Rücken zukehrt, dann können nicht wichtige Dinge miteinander besprochen werden. Das Kind an der Hand der Mutter, während die Erwachsenen sich stehend unterhalten – diese Position verrät leicht, daß die Unterhaltung buchstäblich »über den Kopf des Kindes hinweggeht«, oder man »an ihm vorbeiredet«. Sitzt der Therapeut den Eltern gegenüber, mit dem Gesicht *zugewandt*, so daß Blickkontakt möglich ist, so sind gute Voraussetzungen für die Unterhaltung geschaffen.

12.3.2. Die zeitlichen Bedingungen des Gesprächs

Der Zeitpunkt eines Gesprächs ergibt sich oft zufällig und unerwartet, andere Gespräche sind geplant und vorbereitet. Es gibt die Stunde des Gesprächs, die Sprechstunde. Viel häufiger sind die Sekunden des Gesprächs, die sich in jeder

Behandlungsstunde ergeben. Zeitpunkt und Dauer der Unterhaltung sind verschieden und dies hat Konsequenzen für die Art der möglichen Gesprächsführung.

12.3.2.1. Die Begrüßung: die ersten Sekunden jeder Behandlung

Die Begrüßung ist das Gespräch, das sich in jeder Behandlungsstunde zwischen Therapeut, Eltern und Kind wiederholt. Es sind die ersten Sekunden der Begegnung und doch ungeahnt wichtig. Weil es alltäglich ist, sich zu begrüßen, ahnt man kaum, daß die Begrüßung prägende Bedeutung für eine Beziehung haben kann und Ausdruck menschlicher Wertschätzung ist. Und damit ist sie bedeutsam in der Zusammenarbeit mit den Eltern.

Folgender Bericht der Mutter eines autistischen Kindes vermag die Bedeutung der Begrüßung begreiflich zu machen:

»Als wir kurz vor Mittag endlich im Sprechzimmer waren, saß uns ein jüngerer Arzt gegenüber und schaute kaum auf. Der Lehrer überreichte ihm höflich den Ordner mit den Attesten über Frank, und dann sagte der Arzt: ›Tja, was machen wir denn da, daß Ihnen das nicht nochmal passiert? (!)‹ Diese taktlose Bemerkung traf mich so unvorbereitet, daß ich ganz sprachlos und erstarrt war. Drückte sie doch nichts anderes als tiefe Verachtung für das dabeistehende Kind aus. Meine Enttäuschung war grenzenlos« (*Häusler* 1979).

Diese Mutter beschreibt Zeilen später eine andere Begegnung:

»Wir kamen pünktlich an und wurden von einer freundlichen Psychologin begrüßt. Die 2-stündige Beratung, die dann folgte, war für mich wie ›der Himmel auf Erden‹ (*Häusler* 1979).

In beiden Fällen war es die gleiche Mutter mit dem gleichen autistischen Kind. Doch in zwei Begrüßungen und Gesprächen erfuhr sie zwei andere Welten von dem, was eine Mutter als »Behinderung des Kindes« erleben kann. Nicht nur in der ersten Begegnung, auch in der jahrelangen gemeinsamen Therapiearbeit mit Eltern bleibt die Begrüßung Ausdruck der Beziehung zur Familie.

In der täglichen Hast von der einen zur nächsten Behandlungsstunde und nach jahrelanger Bekanntschaft kommt es leicht dazu, die Begrüßung zu vernachlässigen: Man sagt sich »Grüß Gott«, schaut sich aber nicht an (als begrüße man nicht mehr Personen, sondern läute eine Behandlungsstunde ein); man geht nicht auf Eltern und Kind zu, sondern macht schriftliche Notizen zum Fall vorher, erledigt noch schnell ein Telefongespräch, führt ein Kollegengespräch zu Ende – Möglichkeiten, gute Gründe und Versuchungen gibt es viele, den Augenblick der Begrüßung zu versäumen, wenn Eltern und Kind den Behandlungsraum betreten, uns begrüßen und auf den Behandlungsbeginn warten.

Wichtige Elemente der Begrüßung lassen sich aus folgendem Beispiel ablesen.

Mutter:»Guten Tag, Singer ist mein Name« (lächelt, schaut Therapeuten an, hält Säugling im Arm).
Therapeut: geht auf Mutter zu, lächelt, blickt kurz zur Mutter, zum Kind und wieder zur Mutter:»Guten Tag, Frau Singer. Ich bin Fräulein Weber, die Krankengymnastin« (reicht Mutter die Hand).
Mutter: gibt die Hand.
Therapeut: dem Säugling im Arm der Mutter zugewandt: »Und du bist Karin?« (kurzen Blick zur Mutter, die nickt) »Guten Tag, Karin« (freundlich, greift das Kind nicht an).

Mutter:»Sie ist noch ganz verschlafen, sie ist eben gerade aufgewacht«.
Therapeut:»Ja, Karin, die Mutti sagt, du hast geschlafen auf der langen Fahrt zu mir«. Zur Mutter gewandt:»Bitte, Frau Singer, nehmen Sie doch Platz« (zeigt auf Stuhl).

Im Beispiel finden sich folgende Elemente einer Begrüßung im Therapieraum:

- Eltern und Kind anschauen, sich ihnen zuwenden und aufeinander zugehen,
- »Guten Tag« sagen (zu Eltern und Kind)
- namentlich ansprechen, auch wenn Eltern und Kind uns jahrelang bekannt sind
- bei der Erstbegegnung den eigenen Namen und Beruf (nicht Titel) sagen, auch wenn man annehmen darf, daß der eigene Name den Eltern durch die Überweisung bekannt ist,
- den Eltern Zeit lassen zur Antwort und die Antwort registrieren (nicken, Blickkontakt, Gruß wiederholen),
- die Hand geben; bei Säuglingen und Kindern mit körperlicher Berührung sehr zurückhaltend sein und das Kind zunächst bei den Eltern belassen,
- Platz anbieten und selbst Platz nehmen.

Die Begrüßung ist so Einladung für Zusammenarbeit und Gespräch mit Eltern und Kind.

12.3.2.2. Das Gespräch zwischen »Tür und Angel«: die »nebensächlichen« und oft »letzten« Sekunden der Behandlungsstunde

Im Verlauf der Behandlungsstunde flechten sich ganz nebenbei Gespräche ein und auch beim Abschied ist die Zeit kurz. Diese zufälligen, unerwarteten Wortwechsel sind oft wichtig, aber riskant. Wichtig, weil Eltern hier oft akute, bedrängende Fragen zur Sprache bringen. Riskant, weil die Situation dem Therapeuten eine konzentrierte, überlegte und geduldige Gesprächsführung meist nicht ermöglicht. Der Zeitdruck und die Unruhe des gelangweilten Kindes verleitet den Therapeuten zu voreiligen Kommentaren und Ratschlägen, die sich im nachhinein meist als unbefriedigend erweisen. Darüber hinaus aber ist das Gespräch »zwischen Tür und Angel« oder während der gleichzeitigen Behandlung des Kindes ein pädagogisches Problem. Die Kinder werden in der therapeutischen Mitarbeit unkonzentriert, unruhig und unlustig, die Therapie wird zum erzieherischen Problem und unexakt, wenn der Therapeut nebenbei das Gespräch mit der Mutter führt. Dürfen die Kinder nebenher frei spielen, stören sie bald das Gespräch, fragen dazwischen, wollen nach Hause und werden dann meist unqualifiziert besänftigt. Wichtige Gespräche unter Zeitdruck und Kindergeschrei oder während der Behandlung nur so nebenbei sind in der Regel nicht erfolgreich.

Hilfreich in dieser Situation ist eine einfache, festgelegte Zielsetzung und eine »kindorientierte Terminabsprache«.

Drei Ziele beschränken das Gespräch zwischen »Tür und Angel«:

- das Gespräch kurz halten (2–5 Minuten)
- die Frage der Eltern in Erfahrung bringen
- einen baldigen Gesprächstermin vereinbaren, an dem eine vorbereitete Besprechung der Frage möglich ist.

Eine »kindorientierte Terminabsprache« empfiehlt sich dann, wenn beim Gespräch »zwischen Tür und Angel« das Kind anwesend ist und es um wichtige Belange des Kindes geht.

Beispiel:

> Mutter: Beim Abschied am Schluß der logopädischen Behandlungsstunde, das dreijährige, sprachentwicklungsgestörte Kind an der Hand: »Ich wollte Sie schon lange fragen, ob wir Michael nicht für den Kindergarten anmelden sollten«.
>
> Therapeut:»Michael, Deine Mutter fragt mich, ob Du in den Kindergarten kommen wirst. Im Kindergarten sind andere Kinder. Mit denen kannst Du spielen. Ich schlage vor, daß wir einmal in Ruhe darüber sprechen. Das könnten wir z. B. tun, wenn Du das nächste Mal kommst.«
>
> Mutter: »Ja, das wäre mir sehr recht.«

Damit ist die Frage der Mutter zwar nicht beantwortet, aber sie weiß, daß ihr Anliegen zur Sprache kommen wird. Das Kind nickt oder antwortet nicht immer zu der Regelung, doch es bleibt in einer Frage einbezogen, die es selbst unmittelbar angeht. Der Therapeut hat Zeit zur Überlegung, welcher Kindergarten sich bei den gegebenen Schwierigkeiten des Kindes empfiehlt. Solche kindorientierte Terminabsprache beinhaltet folgende Hilfen *(Schaar* 1976):

– das Kind namentlich ansprechen,
– mit dem Kind und durch das Kind zu den Eltern sprechen,
– keine Fragen an das Kind stellen,
– in kurzen, einfachen, beschreibenden Sätzen sprechen,
– zum Terminvorschlag die Zustimmung der Eltern und, wenn möglich, die des Kindes abwarten.

Ist das kindorientierte Gespräch wegen des Alters oder der Schwere der geistigen Behinderung des Kindes nicht möglich, so empfiehlt sich eine knappe Verständigung der Mutter darüber, daß man ihr Anliegen verstanden hat, und vereinbart einen geeigneten Gesprächstermin mit den Eltern, zu dem das Kind nicht anwesend ist.

12.3.2.3. Das vereinbarte und geplante Gespräch: die Stunde für das Gespräch

Das gründliche Gespräch beansprucht Zeit. Es ist aber auch anstrengend, so daß es nicht überzogen lang sein darf. In unserer Praxis bewährt hat sich eine Gesprächsdauer zwischen ¾ bis maximal 1½ Stunden. Die vereinbarte und geplante Sprechstunde ist umso mehr angezeigt, je wichtiger die Fragestellung der Eltern bzw. des Therapeuten ist, und je dringlicher eine fundierte Reflexion ist. Die Vorbereitung des geplanten Gesprächs ist möglich, und man kann folgende Punkte berücksichtigen:

– der geeignete Raum zum Gespräch kann ausgesucht werden,
– während der Sprechstunde lassen sich Telefonate und andere Störungen ausschalten,
– Thema und Inhalt des Gesprächs sind den Gesprächspartnern vorher bekannt.

Daher werden möglich:

- die fachliche Vorbereitung,
- die interdisziplinäre Absprache im Team,
- die Zielsetzung,
- die Zeitplanung.

Erfolgt das Gespräch zusammen mit Mitarbeitern des Teams, so empfehlen sich dringend eine Absprache über das gemeinsame Vorgehen, die Fragestellung und Zielsetzung und Vorüberlegungen zu möglichen inhaltlichen Aussagen. So wird verhindert, daß die knappe Zeit des Elterngesprächs damit verstreicht, daß sich das Personal erst in der Sprechstunde zu verständigen beginnt, wodurch die Eltern zu kurz kämen. Auch wird vermieden, daß man sich in Widersprüche verstrickt, wo eine eindeutige Aussage wichtig wäre.

Eine *Nachbesprechung* von einer Viertelstunde ist zweckmäßig. Man verständigt sich über die gegenseitige Zufriedenheit mit dem Gesprächsverlauf und das Ergebnis, versichert sich darüber, ob die eigene Gesprächswahrnehmung zutrifft und legt fest, welche praktischen Konsequenzen sich ergeben haben.

12.3.3.   Die Personen, die am Gespräch teilnehmen

12.3.3.1.   Die Eltern

Je mehr die Thematik Grundsätze des Familienlebens, der Diagnose und Therapie des Kindes berührt, desto dringlicher ist die Teilnahme beider Elternteile am Gespräch. Bei der ersten Therapieentscheidung und Therapieplanung und bei allen einschneidenden Fragen der Behandlung (Änderung der Methode, Wechsel des Therapeuten, Hilfsmittelauswahl, Beendigung der Behandlung) ist ein Termin mit beiden Eltern wünschenswert.

12.3.3.2.   Das Kind

Das Kind in das Gespräch miteinzubeziehen, erschwert zweifellos die Gesprächsführung, kann aber andererseits den Eltern zu einem Modell werden, wie sie persönliche Angelegenheiten des Kindes mit dem Kind besprechen können. Das Gespräch mit dem Kind, wo immer möglich, hat den Vorteil, daß 1) die Ansicht des Betroffenen berücksichtigt wird, 2) das Kind nicht ängstlich davor sein muß, was über es gesprochen und entschieden wurde, und 3) ist die Gefahr gebannt, daß das Kind u. U. verzerrte Gesprächsinformation aus zweiter Hand (von Therapeut oder Eltern) erhält, was sein Vertrauen zu dem Therapeuten bzw. zu den Eltern belasten könnte.

Eine erste Voraussetzung für eine Beteiligung des Kindes am Gespräch ist ein gewisses Verständnis sowie Verhaltens- und Gesprächsreife des Kindes, ohne daß sich dazu allgemeingültige Richtlinien und Altersnormen angeben ließen. In der Frühförderung wird das Kind, das meist vor dem Kindergartenalter steht, eher selten aktiv in das Gespräch miteinbezogen. Intelligente Kinder beginnen im Schulalter selbst zu ihrer Behinderung und Therapie auch im Gespräch Stellung zu nehmen, so daß gerade bei der Frage der Therapieplanung die Beteiligung des Kindes am

Gespräch lohnend sein kann, zumal die mit Wissen und der Mitarbeit des Kindes beschlossenen Ziele von allen leichter angenommen werden. Kontraindiziert ist die Anwesenheit des Kindes, wenn zu befürchten ist, daß Eltern nur negativ wertend über das Kind reden, es anklagen, eheliche Spannungen aufbrechen usw., so daß der Therapeut sich nicht nur auf das Gespräch selbst konzentrieren kann, sondern auch psychodynamische Vorgänge im Zaum halten muß. Denn dann wird die Beteiligung des Kindes leicht zu einer Überforderung. Eine zweite und die wichtigste Voraussetzung für die Einbeziehung des Kindes ist die Fähigkeit von Therapeut und Eltern, das Gespräch *mit* dem Kind zu führen. Dabei gelten die Regeln des »kindorientierten« Gesprächs: mit und durch das Kind zu den Eltern in einfachen, beschreibenden Sätzen sprechen; wertende Äußerungen der Eltern über das Kind mittels Beispielen auf eine beschreibende Ebene übersetzen. Anstatt abstrakt über die Leistungen des Kindes zu reden, kann man gemeinsam mit dem Kind z. B. die Testantworten den Eltern vorzeigen, sie beschreiben. Grundsätzlich ist das Gespräch mit dem Kind gemeinsam mit den Eltern schwierig.

Die passive Anwesenheit des Kindes beim Gespräch des Therapeuten mit den Eltern in Angelegenheiten des Kindes ist für das Kind unangenehm. Wird in seiner Anwesenheit *über* das Kind geredet, ohne daß es mitzureden vermag, so lassen sich – bereits im Säuglingsalter und auch bei geistig Behinderten – Zeichen des Unwohlseins erkennen: das Kind wird unruhig, quengelig, wirkt störend, senkt bedrückt den Kopf und lutscht am Daumen oder drängt, wenn es älter ist, aus dem Raum und es tut gern das, worüber sich die Mutter gerade beklagt. Dies sind Alarmzeichen, die dazu auffordern, ein kindorientiertes Gespräch in Gang zu bringen und gegebenenfalls einen Sprechstundentermin ohne Teilnahme des Kindes zu vereinbaren. Therapeut und Eltern können sich dann darüber absprechen, wer dem Kind berichtet, was in der Sprechstunde beredet wurde.

12.3.3.3. Das Team

Im Team, das sich der Behandlung des Kindes angenommen hat, stellt sich gelegentlich die Frage, wer das Gespräch mit den Eltern führen soll. Die Zahl der Gesprächsteilnehmer kann nur begrenzt sein. Eine Mutter, die mit ihrem Mann unvermittelt fünf professionellen Mitarbeitern unseres Teams (Ergotherapeut, Krankengymnastin, Logopädin, Sozialarbeiterin und Arzt) im Gespräch zur weiteren Förderung des Kindes gegenübersaß, sagte dazu später, daß dieser »Aufwand« *Ängste* auslöste und dem Gespräch »das Gewicht vom Jüngsten Gericht« gab. Bewährt hat sich nach unserer Erfahrung das Beratungsgespräch mit zwei Mitarbeitern (wobei ein dritter später hinzugezogen werden kann, wenn es sich aus dem Gespräch ergibt), die das Kind vorwiegend betreuen oder die für die jeweils anstehende Fragestellung kompetent sind.

12.4. Das Gespräch: Hinweise zu einigen Formen der Gesprächsführung

Die Zusammenhänge, in denen das Gespräch steht (Abschnitt 1), die Einstellungen und Erwartungen im Gespräch (Abschnitt 2) und die situativen Umstände (Abschnitt 3) sind dem Gespräch vorausgesetzt – das Gespräch kann nun beginnen und geführt werden (Abschnitt 4).

Auf vier Gesprächsformen, die uns im Rahmen des Elterngesprächs in der Frühförderung besonders relevant erscheinen, möchten wir uns beschränken:

(1) das beurteilende Gespräch
(2) das beschreibende Gespräch
(3) das verstehende Gespräch
(4) das informierende Gespräch

12.4.1. Das beurteilende Gespräch

12.4.1.1. Problematik und Notwendigkeit der Beurteilung

Beurteilen ist problematisch. Das Beurteilungsgespräch ist alltägliches Brot des Therapeuten. Es sind Unterhaltungen, in denen das Kind, seine Leistung und sein Entwicklungsstand an Normen gemessen werden. Oft ist es die Wertung von Verhaltensweisen in Tests und in Übungssituationen. Die Gesprächsform ist zwar alltäglich aber problematisch, wie folgendes Beispiel zeigt:

> Mutter:»Was auch meinen Mann so beunruhigt, ist, daß Sylvia uns nicht normal anschaut.«
> Therapeut:»Es ist aber ein niedliches Kind, sehr liebes Kind« (tröstende Stimme).
> Mutter: Im Stuhl zurückweichend, den Säugling fester an sich drückend, mit leiser Stimme: »Na ja, aber wenn sie was hat?« (abwehrend, ängstlich).

Na ja, aber . . .« die Mutter wehrt den Trost des Therapeuten ab, denn er trifft nicht ihr Anliegen, wie es so leicht im beurteilenden Gespräch geschieht. Ein Konflikt bahnt sich an. Im Konflikt wiederum blockieren wertende Äußerungen die Gesprächsbereitschaft und gegenseitige Verständigung, so daß dann folgende Aussagen riskant und eher unzweckmäßig sind:
Beurteilungen, vor allem wenn sie der Meinung der Eltern widersprechen, oder das Anliegen der Eltern verfehlen.»Gut entwickelt, liebes, süßes, eigentlich normales Kind«, wenn die Eltern eine berechtigte Sorge haben. *Beschönigungen,* auch wenn sie als Trost gemeint sind:»Das ist alles nicht so schlimm«,»das Kind ist wohl behindert, aber es hat doch etwas gelernt«,»das schaffen Sie schon und das wird schon werden«; *Belehrungen,* die allgemein und moralisch sind:»Sie sollten als Eltern wissen, daß das Kind Sie immer braucht«,»auf Ihre Liebe und Mitarbeit wird es ankommen«; *Allgemeine Ratschläge* an hilflose Eltern:»Auf Ihren Willen kommt es an«,»Sie müssen sich konzentrieren, systematisch vorgehen, ruhig bleiben«(siehe »Kommunikationssperren« nach *Gordon* 1972;»unzweckmäßige Hilfe« und »Strafe« nach *Innerhofer* 1977; und»nicht-einfühlendes Verstehen« nach *Tausch* und *Tausch* 1979). Sind die Bewertungen von Therapeut und Eltern verschieden, so kommt es zu Mißverständnissen, Ängsten, Verärgerung, Hemmung, Rechtfertigung, Widersprüchen, Überredungsversuchen und Abwehr; erschwert ist das gegenseitige Verstehen, so daß besonders in Konfliktfällen das beschreibende und verstehende oder, wenn der Therapeut das Anliegen hat – das informierende Gespräch – angezeigt sind (Abschnitte 13.4.2.–13.4.4.).
Beurteilung ist notwendig, daher hat auch das beurteilende Gespräch seinen Platz. Es ist Teil unserer Alltagssprache, daher läßt es sich nicht vermeiden. Es ist Teil

unserer Fachsprache und dient *allgemeiner* Verständigung. So sind z. B. die diagnostischen Begriffe (»Spastik«) und Fachbegriffe (wie »Frühförderung«, »Lebenshilfe«, »heilpädagogische Tagesstätte«, »Sonderschule«) gesellschaftlich eingeführt und definiert. Schließlich ist die Beurteilung notwendig, da erst sie eine Entscheidung zum Handeln ermöglicht. Das Problematische an der Beurteilung ist – von der Normgebundenheit abgesehen – die Gefahr des Mißverständnisses. Positiv gesagt: Das beurteilende Gespräch funktioniert, solange wir sicher sein können, daß die gegenseitigen Meinungen verstanden sind und man das gleiche Anliegen hat. So wird es hier darauf ankommen, in das beurteilende Gespräch »Sicherungen zum Verständnis« einzubauen.

12.4.1.2. Sicherungen zum Verständnis im beurteilenden Gespräch

Die beschreibende Definition ist eine erste Sicherung zum Verständnis. Die Beschreibung macht wertende Begriffe begreiflich: Das Urteil über das Kind wird durch konkrete, beobachtbare oder meßbare Verhaltensweisen und Leistungsnachweise des Kindes veranschaulicht.

Beispiel:

> Vater: »Sie sagten ›visuelle Wahrnehmungsstörung‹?«
> Therapeut: »Sie möchten wissen, was das für Robert bedeutet.«
> Vater: »Ja, was das heißt.«
> Therapeut: »Sehen wir uns einige Aufgaben dazu an . . .« Die Figuren aus dem Frostig-Test zur visuellen Wahrnehmung werden dem Vater vorgelegt und die zugehörigen Leistungen des Kindes gezeigt.

Die Unterhaltung mit den Eltern orientiert sich an Aufgaben standardisierter Beobachtungsverfahren (z. B. Frostig-Testaufgaben; Intelligenz-Test-Aufgaben – nicht IQ-Werte, Entwicklungs-Tests,) an Dingen, die das Kind hergestellt hat (Bilder, Bastelarbeiten) oder an beobachtbaren Bewegungen oder Reaktionsweisen (Videoaufzeichnungen des Gangbildes eines bewegungsgestörten Kindes, Tonbandaufzeichnung eines sprachgestörten Kindes, Videoaufzeichnungen von Eltern-Kind oder Therapeut-Kind Interaktion).
Die Rückversicherung darüber, verstanden zu sein (verstehendes Gespräch), ist eine zweite vorbeugende Maßnahme gegen Mißverständnisse. Ist eine wichtige Beurteilung erfolgt, so wird der Therapeut feststellen müssen, ob die Eltern verstanden haben. Er kann und muß den Eltern Fachbegriffe nicht vorenthalten, und er wird ihnen z. B. sagen müssen: »Norbert hat eine spastische Bewegungsstörung«, »Für Bettina empfehle ich einen heilpädagogischen Kindergarten«. Diese Beurteilungen werden die Eltern belasten, was auch immer wir tun und sagen. Aber wir müssen sicherstellen, daß sie uns verstehen, wenn wir es sagen. Dazu gehört, daß der Therapeut sich in seinem Urteil selbst sicher ist – und zugleich bedenkt, daß sich die Eltern zunächst nicht sicher sein können im Verständnis und der Annahme einer eventuell unangnenehmen Mitteilung. Er wird also auch ein Stück lang den Eltern im Gespräch zuhören und sich rückversichern, was die Beurteilung für die Eltern bedeutet: es ist ein Stück verstehendes Gespräch (siehe Abschnitt 12.4.3.).

Die Feststellung von Anliegen oder Ziel der Eltern im Gespräch ist eine dritte
Sicherung, um Mißverständnissen im beurteilenden Gespräch vorzubeugen. Die
Bedürfnisse oder Ziele der Gesprächspartner sind oft unklar und ein häufiger Anlaß
zu Mißverständnissen im beurteilenden Gespräch, die Unwissenheit darüber eine
Quelle von Konflikten.

Beispiel:

Mutter:»Ich bin zur Zeit nicht zufrieden mit dem, was wir therapeutisch bei Michael
erreichen.«
Therapeut:»Sie haben zu hohe Erwartungen. So schnell können sich Fortschritte nicht
zeigen, dafür ist Michael zu stark behindert.«
Mutter:»Ich glaube nicht, daß meine Erwartungen falsch sind. Ich frage mich, ob die
Behandlung nicht gezielter sein sollte.«
Therapeut:»Ich habe den Eindruck, daß Sie die Behinderung Ihres Kindes noch nicht
genug akzeptieren. Das müssen Sie lernen.«

Die Mutter hat Zweifel an der Effektivität der Therapie, der Therapeut Zweifel am
Kindverständnis der Mutter. Solange sie sich nicht einig sind, worüber man eigentlich
reden will, – über die Effektivität der Therapie oder über das Akzeptieren der
Behinderung – werden Therapeut und Mutter aneinander vorbeireden.
Ein Reflektieren der Aussage der Mutter hilft, ihr Anliegen zu erhellen.

Beispiel:

Mutter:»Ich bin zur Zeit nicht zufrieden mit dem, was wir therapeutisch bei Michael
erreichen.«
Therapeut:»Sie meinen, Sie sehen nicht genug Fortschritte durch die Behandlung«.
Mutter:»Ich denke, er müßte schon laufen lernen.«
Therapeut:»Ihnen ist wichtig, daß Michael laufen lernt. Das ist Ihr Anliegen.«
Mutter:»Ja, das ist meine große Hoffnung.«

Der Therapeut reflektiert die Bedeutung der mütterlichen Aussage und erfährt auf
beschreibende Ebene das Anliegen der Mutter in der Behandlung:»Laufen lernen!«
Nachdem das Anliegen klar ist, läßt sich ein *gezieltes* Gespräch führen. So verbirgt
sich oft hinter den abstraktesten Streitgesprächen ein Mißverständnis über die Ziele,
die sich oft in einem beschreibenden Wort einfach fassen lassen. Kommt es zu einem
»Kurzschluß« im beurteilenden Gespräch, so ist es zweckmäßig, folgende Sicherungen wieder einzusetzen: (1) Die Beschreibung, (2) das verstehende Gespräch und
(3) die Feststellung des Anliegens im Gespräch.

12.4.1.3. Die Beurteilung von zukünftigem Verhalten des Kindes (Prognose)

Die Frage nach der Prognose, nach der weiteren Entwicklungsmöglichkeit des
Kindes, ist eine erste und andauernde Frage der Eltern. Wird die Frage im Verlauf
einer längerfristigen Therapie gestellt, so erscheint es günstig, die Leistungen zu
beschreiben, die das Kind u. U. nicht gelernt hätte, wenn keine Behandlung erfolgt
wäre. Zusätzlich läßt sich sagen, mit welchen nächsten Behandlungsschritten
welches Förderungsziel angestrebt wird. Auch hat es sich bewährt, den nächsten

Gesprächstermin baldmöglichst festzulegen, an dem Aussagen zur weiteren Entwicklung und Behandlung des Kindes möglich sein könnten.

Wenn Eltern nicht ablassen, nach der Prognose zu fragen, wo es eine endgültige Antwort nicht gibt, so bleibt uns kaum Besseres zu tun, als die Sorge, die hinter der prognostischen Frage steht, zu hören und in einem verstehenden Gespräch den Eltern zu vermitteln, daß wir sie verstanden haben. Manchmal neige ich dazu, zu sagen:»Es gehört zu der Art der Schwierigkeiten, die Ihr Kind in seiner Entwicklung hat, daß Sie immer wieder neu zu der Frage gedrängt werden: ›Wie wird sich mein Kind entwickeln?‹ Und wie Sie die Frage mir stellen, so werden Sie die Frage auch an andere stellen. Eltern, die in gleicher Lage sind, tun dies auch. Und Sie werden wahrscheinlich sehr unterschiedliche Antworten hören, so daß Sie vielleicht an allen Antworten zu zweifeln beginnen. Dies ist der Augenblick, wo Sie sich selbst zu einer Antwort durchringen oder wissen, daß wir Grenzen haben in unserer Fähigkeit, Fragen zu beantworten.«

Eine Mutter, deren Kind an einem Tumor des Gehirns operiert wurde, sagte im Gespräch zur Prognose:»Ja, da haben wir immer verschiedene Antworten bekommen. Ich weiß, es gibt keine Antwort, aber es läßt uns nicht los. Und selbst mein Mann, der sonst gar nicht so dafür ist, hat gesagt, ob wir nicht einmal nach Altötting (Wallfahrtsort) gehen sollten«. Die Eltern haben eine Wallfahrt unternommen. Und es war gut so. Unsere Wissenschaft hat Grenzen.

Als später die Frage nach Tumorwachstum und Lebenszeit des Kindes sich wiederholte, blieb der Versuch, zu verstehen:»Sie möchten wissen, wie schnell der Tumor wächst, wie lange Werner leben kann. Und keiner hat es Ihnen sagen können.« Worauf die Mutter antwortete:»Ja, aber es hilft, darüber zu sprechen«. Nun wird mancher noch sagen wollen:»Hier muß man der Mutter helfen, die postoperative Behinderung des Kindes und seine Lebenserwartung zu akzeptieren«. Das habe ich versucht, ich habe es mit meinem Vermögen versucht, manch anderer könnte dieser Mutter hilfreicher beistehen. Unser eigenes Vermögen hat eine Grenze, jeder Therapeut seine eigene.

12.4.2. Das beschreibende Gespräch

Die Beschreibung umgeht das Risiko beurteilender Gespräche. Die Verständigung gelingt unmittelbar dadurch, daß man sich einander sagt, was man hört und sieht, was getan und gesagt wird.

Beispiel:

Therapeut:»Werner ist jetzt 11 Monate alt. Sie sagten, er verschluckt sich sehr häufig und er sitzt noch nicht.«

Mutter:»Ja, ich kann ihm nur Flaschennahrung geben, wenn ich mit dem Löffel füttere, verschluckt er sich. Nein, selber kann er sich gar nicht aufsetzen und wenn ich ihn hinsetze, fällt er einfach zur Seite.«

Im beschreibenden Gespräch werden wahrnehmbare Verhaltensweisen (Schlukken, Verschlucken) des Kindes in bestimmten Situationen (Essen mit Flasche, mit Löffel) beschrieben. Äußerungen der Mutter, die das Kindverhalten beschreiben, werden vom Therapeuten aufgegriffen und verstärkt (»Sie sagten, daß . . .«). Die Aufzählung konkreter, für jedermann wahrnehmbarer Verhaltensweisen erleichtert die Verständigung: Die Worte sind anschaulich und aus der *Alltagssprache,* also einfach, der Therapeut wird auch von Eltern anderen Sprachmilieus verstanden. Das Beschriebene bleibt den Eltern durch eigene Beobachtung kontrollierbar, wirkt damit glaubwürdig und Mißverständnisse werden vermieden.

Sprechen Eltern interpretierend, kann der Therapeut die Wertung übergehen und die Eltern bitten, eine entsprechende Beobachtung zu beschreiben, so daß die Eltern im *Beispiel* veranschaulichen, was das Kind tut, wann und in welcher Situation es das tut.

Beispiel:

> Mutter:»Robert kann sich beim Essen nicht benehmen. Es ist furchtbar.« (Wertung)
> Therapeut:»Ihnen ist unangenehm, wie Robert ißt. Könnten Sie mir ein Beispiel schildern, wie er sich beim Essen verhält?«
> Mutter:»Ja, gerade gestern beim Mittagessen. Es gab Suppe. Robert sitzt direkt neben mir am Tisch. Wir essen alleine, da mein Mann im Betrieb zu Mittag ißt (Situation). Bis er den vollen Löffel in den Mund brachte, war fast alles versabbert (Verhaltensweise). Ich sagte ihm: ›Paß auf, du mußt auch hinsehen und die Hand ruhig halten‹ (erzieherische Konsequenz). Da schaut er mich groß an und im gleichen Moment hat er seinen Becher mit Saft umgestoßen.«

Die Beschreibung der Mutter gibt uns Einblick in die Situation des Essens, veranschaulicht das Kindverhalten und gibt Aufschluß über die erzieherischen Maßnahmen.

Die wertenden Äußerungen zu übergehen und die ersten *beschreibenden Äußerungen der Eltern zu bekräftigen,* hilft ebenfalls, ein beschreibendes Gespräch einzuleiten.

Beispiel:

> Mutter:»Ich bin vom Arzt zu Ihnen überwiesen worden. Werner soll Krankengymnastik bekommen. Ich weiß allerdings nicht, warum; ich finde alles normal.«
> Therapeut:»Ja«
> Mutter:»Er ißt gut, trinkt gut, hält die Flasche dabei selbst. Er ist überhaupt ein sehr braves Baby.«
> Therapeut:»Er kann selbst die Flasche mit beiden Händen halten.«
> Mutter:»Ja. Was mir nur aufgefallen ist, daß er mit links mehr greift und rechts mit der Faust die Flasche hält. Kann es sein, daß er ein Linkshänder ist?«

Der Therapeut nimmt die Aussage der Mutter, daß »alles normal« sei zur Kenntnis, ohne zu widersprechen. Er wartet die ersten beschreibenden Aussagen der Mutter ab (»hält die Flasche«), leitet durch entsprechende Rückmeldung auf das beschreibende Gespräch um und erhält erste Hinweise auf eine rechtsseitige Bewegungsstörung. Beschreiben und Nicht-Werten meint also, von dem zu sprechen, was Therapeut und Eltern sehen und hören können:

– die Situation (Personen, Raum, Testmaterial, Zeit usw.)

- die Bewegung oder Haltung (Gehen, Stehen, Sitzen, Werfen usw.)
- die Mimik (Lachen, Weinen, Regungslosigkeit usw.)
- der Blickkontakt (Abwenden, Zuwenden usw.)
- die Sprache (was wird gesagt?)
- die zeitliche Folge der Ereignisse (was war zuerst, was danach?)

Die Beschreibung hat eine hervorragende Bedeutung in unserer Verständigung mit Eltern. Beschreibung schult nicht nur den Blick für therapeutisch relevante Verhaltensvorgänge, sie bewahrt den Therapeuten vor Vorurteilen, falscher Wertung, zwingt ihn zur objektiven Genauigkeit, zur Ehrlichkeit und zum Zuhören, reduziert Mißverständnisse und Konflikte und erleichtert die Lösungsfindung erheblich, denn Beschreibung liefert Ideen zur Lösung, sie zwingt uns, die Eltern und das Kind aus ihrer Lebenslage heraus zu verstehen – vor jedem Urteil. Sie läßt offen, ob der Therapeut oder die Eltern lernen müssen, beide werden aus der Beschreibung lernen und sich kennenlernen.

12.4.3. Das verstehende Gespräch

Das verstehende oder zuhörende Gespräch ist indiziert, wenn es darum geht, die Eltern in ihrer *Situation, Aussage und Problematik verstehen zu lernen, besonders auch dann, wenn die Eltern das Problem oder das Anliegen haben.* Teilweise anders ist die Ausgangssituation, wenn der Therapeut das Anliegen oder Problem hat! (Siehe dazu Abschnitt 13.4.4.). Für das Gespräch zwischen Eltern und Kind hat *Gordon* (1972) sehr praxisnah an vielen Beispielen die Indikation und Führung des »zuhörenden Gesprächs« veranschaulicht. Die folgenden Aussagen stützen sich auf die Mitteilungen von *Tausch* und *Tausch* (1979) und unsere Erfahrungen aus dem Münchener Trainingsmodell *(Innerhofer* 1977).

Aufmerksamkeit und Interesse

Im Rahmen des Münchner Trainingsmodells *(Innerhofer* 1977) haben wir systematisch Erfahrungen darin sammeln können, worin sich im Gespräch aufmerksames und interessiertes Verhalten von unaufmerksamem und desinteressiertem Verhalten unterscheidet und wie gravierend diese Variablen Inhalt und Verlauf des Gesprächs und das Wohlbefinden der Gesprächspartner bestimmen. Der Therapeut, der sich in folgender Weise gegenüber seinem Gesprächspartner verhält, wirkt *unaufmerksam und desinteressiert:* er wendet sich ab, beschäftigt sich mit anderen Dingen (liest Zeitung, kramt nach Zigaretten), flüstert zum Nachbarn; stellt Fragen, die keinen Bezug zum Gesagten haben, gibt sich kritisch und wertend. Wie wirkt das auf einen Vortragenden, der Zuhören erwartet? In aller Regel *verlieren* die Vortragenden an *Selbstsicherheit* (»Ich glaube, ich erzähle nicht das Richtige«, Dinge werden gedacht, aber aus Angst verschwiegen), *unangenehme Gefühle* keimen (alle im Raum fühlen sich unwohl, der Vortragende äußert »ich habe keine Lust mehr«, Aggressionen entstehen, er rechtfertigt und verteidigt sich), die *Sprache verfällt* (Sätze werden nicht ausformuliert, er stockt mitten im Satz, fängt an zu stottern, Füllworte wie ä äh – häufen sich, der Vortragende hört schließlich auf zu sprechen), der Vortrag wird in seiner *inhaltlichen Aussage schlechter* (gedanklicher Faden geht verloren, weniger Ideen, weniger anschauliches Sprechen), das *körperliche Wohlbefinden ist verändert* (motorische Unruhe, Verkrampfung, Blick zur Erde, Schwitzen, Blässe). Der bestrafte Redner fühlt sich in einer unangenehmen Lage, die er nicht wiederholen möchte.

Umgekehrt sind die Vorzeichen beim zuhörenden Gespräch, in dem sich der Therapeut als *aufmerksamer und interessierter* Zuhörer zeigt: während die Eltern vortragen, ist der Therapeut

- körperlich zugewandt: mit Gesicht zum Redner gewandt, lehnt sich vorwärts, hält Blickkontakt;
- bestätigt verbal und mimisch: »hm«, »Ja«, »das ist auch meine Erfahrung«; »das stimmt«; nickt, lächelt zu; zeigt Humor, wenn ein Witz erzählt wird; er hält die Augen offen.
- Redet nicht viel und ist motorisch ruhig; unterbricht nicht, redet nicht mit anderen; hält Arme, Hände und Beine ruhig, läuft nicht herum, gibt keine »Geheimzeichen« usw. *(Innerhofer 1977).*

Solches Verhalten der Zuhörer verstehen Eltern, die im Gespräch die Zuwendung des Therapeuten erwarten, als Aufmerksamkeit und Interesse. Sie fühlen sich bestätigt, werden selbstbewußt in der Aussage, bewerten den eigenen Vortrag eher als inhaltlich gut, sprachlich flüssig und im Gedankengang konzentriert. Sie fühlen sich zufrieden und am Ende entspannter als zu Beginn des Vortrags. Sie fühlen sich verstanden, möchten das Gespräch fortsetzen und wiederholen. Aufmerksamkeit und Interesse sind Voraussetzungen und steter Antrieb des Gesprächs mit Eltern und Kind.

Verstehen und Verständnis zeigen

Haben Eltern ein Problem, so ergeben sich dem Therapeuten für das Gespräch zunächst drei Aufgaben: 1) das Verstehen der Eltern, 2) die Information der Eltern darüber, daß der Therapeut das Anliegen der Eltern verstanden hat und 3) Förderung der Bereitschaft zu sprechen. Das wird erreicht 1) durch »Rückmeldung«, dem Widerspiegeln der Bedeutung der elterlichen Aussage, 2) durch ein »einfühlendes Verstehen« *(Tausch* und *Tausch* 1979), indem wir den Eltern mitteilen, wie wir wahrnehmen, daß sie sich augenblicklich fühlen, sich selbst erleben, sich selbst in der Situation sehen und 3) dadurch, daß der »Ort der Bewertung und Wertefindung« *(Rogers,* zitiert nach *Tausch* und *Tausch* 1979) bei den Eltern bleibt.

Die Wirkung solcher Gesprächsführung ist in der Regel u. a. folgende: 1) die Gesprächsbereitschaft wird erhöht, 2) eine sachliche Information auf beschreibender, anschaulicher Beispielsebene wird wahrscheinlicher und 3) die persönliche Einstellung der Eltern zu dem angesprochene Sachverhalt wird eher erkennbar; so werden etwa die Schwierigkeiten des Kindes in Beziehung zur persönlichen Erfahrung der Eltern gebracht. 4) Die Rückmeldung zeigt den Eltern, daß sie akustisch und sinngemäß verstanden wurden, 5) sie fühlen sich akzeptiert, verlieren die Angst vor Kritik und gelangen letztendlich 6) zu mehr Ideen und größerer Klarheit über die eigene Problematik.

Beispiel:

Mutter:»Was auch meinen Mann so besonders beunruhigt ist, daß Sylvia uns nicht normal anschaut.«
Therapeut:»Sie sind besorgt darüber, wie Sylvia schaut.«

Der Therapeut reflektiert Gefühl und Aussage der Mutter und beläßt die Wertung zunächst der Mutter (»nicht normal«).
Der Therapeut erfährt im folgenden auch dann von den Schwierigkeiten des Kindes, wie sie die Eltern erleben, indem er nur auf die Fähigkeit des Kindes, die die Eltern benannt oder implizit ausgedrückt haben, eingeht:

Mutter:»Ja, andere Kinder in diesem Alter, die schauen uns in die Augen. Sylvia schaut nur kurz, das wirkt eher zufällig.«
Therapeut:»Sie haben den Eindruck, daß Sylvia *»sieht«*.
Mutter:»Ja, sehen tut sie. Das ist auch vom Augenarzt untersucht worden. Aber sie bleibt mit den Augen nicht bei einer Sache, so, als hätte sie gar kein Interesse an allem . . .«

Gerade bei sehr problematischen Sachverhalten kann das Gespräch entspannt werden, indem nicht nur vom unerwünschten, sondern vom erwünschten Verhalten gesprochen wird.

Beispiel:

Mutter:»Entschuldigen Sie, daß ich wieder unpünktlich bin, aber der Autoverkehr ist furchtbar.«
Therapeut:»Sie haben es nicht leicht, pünktlich zu kommen. Und doch sind Sie manchmal *pünktlich.*« (ohne Vorwurf im Ton)
Mutter:»Ja, wissen Sie, pünktlich kann ich sein, wenn mein Mann mal da ist und mir mit den anderen Kindern hilft.«

Die Mutter selbst entschuldigt sich regelmäßig für ihr Zuspätkommen. Der Therapeut leitet zu einem klärenden Gespräch, in dem er 1) davon spricht, daß es der Mutter schwer gemacht ist, sich erwünscht zu verhalten (nämlich pünktlich zu sein; kein Versagen der Person, vielmehr hat sie es nicht leicht) und indem er 2) erwähnt, daß die Mutter das erwünschte Verhalten bereits gezeigt hat (daß sie bereits pünktlich war). Durch Reflexion der mütterlichen Aussagen im weiteren Gespräch wird die Mutter offener und nennt ihr eigentliches Problem:

Therapeut:»Sie kommen ohne Hilfe mit der Zeit nicht hin und dann müssen Sie sich auch noch bei mir entschuldigen.«
Mutter:»Ich habe zu viel auf dem Hals. Zu Ihnen komme ich schon mit einem schlechten Gewissen, weil ich die Übungen auch nicht alle schaffe, die ich tun soll mit Tanja. Da trau' ich mich manchmal schon fast nicht mehr zu Ihnen.«
Therapeut:»Sie schaffen es vor lauter Arbeit zuhause nicht, mit Tanja alle Übungen zu machen. Dadurch haben Sie ein schlechtes Gewissen.«
Mutter:»Ja, die Behandlung ist ja auch wichtig für Tanja.«
Therapeut:»Frau Krüger, die Behandlung ist Ihnen wichtig, sie ist mir auch wichtig. Andererseits fühle ich mich nicht wohl, wenn Sie völlig überlastet sind und wegen mir ein schlechtes Gewissen haben. Mir wäre wichtig zu klären, wieviel Zeit Ihnen für die Übungen

mit Tanja bleibt. . .« (Umschaltung von einem verstehenden Gespräch auf ein informierendes Gespräch, wie unter 13.4.4. beschrieben).

Die Techniken zum motivierenden Verstehen und Verständnis-Zeigen seien hier mit vier Punkten zusammengefaßt:

(1) Widerspiegeln der Bedeutung der elterlichen Aussage
(2) Mitteilung, wie wir die Gefühlsäußerungen und Selbsterfahrung der Eltern bei bestimmten Sachverhalten wahrnehmen
(3) Die Bewertung den Eltern überlassen
(4) Widerspiegeln der positiven Aussagen über das Kind und Eingehen auf die für die Eltern selbst bestätigend wirkenden Aussagen.

Die Gesprächszusammenfassung

Nach längeren Abschnitten und am Ende des Gesprächs hilft eine Zusammenfassung den Gedankengang ordnen. Der Therapeut faßt in eigenen Worten zusammen, was Eltern und Kind im bisherigen Gesprächsverlauf gesagt haben. Dadurch kann er

(1) das wesentlichste des Gesprächs betonen und die Unterhaltung straffen und vereinfachen,
(2) sich darüber versichern, daß er die Aussagen von Eltern und Kind recht wahrgenommen hat und
(3) sich vergewissern, daß die Zusammenhänge übereinstimmend gesehen werden, so daß auf gemeinsamer Grundlage Entscheidungen zur Lösung abgeleitet werden können.

Im Lösungsgespräch bewahrt die Rückmeldung den Therapeuten davor, mit eigenen Ratschlägen elterlichen Lösungsideen ·zuvorzukommen. Am Ende eines Problemgesprächs wird eine Lösung erwartet. Die Versuchung ist groß, die Eltern mit guten Ratschlägen einzudecken. Mit eigenen Ratschlägen übernimmt der Therapeut eine Verantwortung, die er oft nicht tragen kann, dann vor allem, wenn die Durchführung der Lösung in der Hand der Eltern liegt. Zudem wirken Ratschläge oft belehrend und kritisierend, so daß sie oft nicht akzeptiert oder mißverstanden werden. Die Lösung sollte daher zunächst von den Eltern eingebracht werden. Das verstehende Gespräch hilft den Eltern, Problemlösungen selbst zu suchen. Und in ihrer Fähigkeit, eigene Lösungen zu finden, sind die Eltern zu bestärken. Der Therapeut wird dann seine *Hilfe in der Verwirklichung* der elterlichen Lösungsvorstellung anbieten. Einen eigenen Ratschlag wird der Therapeut nur geben, wenn er sich sicher ist, daß sein Ratschlag relevant ist, die Eltern sich nicht selbst helfen können und sie bereit sind, den Rat anzunehmen.

12.4.4. Das informierende Gespräch

Informierende Gespräche sind jene, in denen der Therapeut den Eltern fachliches Wissen, ein Anliegen oder Probleme mitteilt. Hier ist der Therapeut nicht primär Zuhörer, sondern erwartet zunächst Eingehen, Zuhören, Verständnis und evtl. Verhaltensänderung auf seiten der Eltern. Die Eltern über Formalitäten zu informieren, sie über Urlaubszeiten und Behandlungstermine zu unterrichten, ist selten problematisch. Sehr schwierig wird es, wenn der Therapeut ein Problem *mit* den Eltern hat und er dies zum Anliegen eines Gesprächs machen muß, um eine verantwortungsgerechte berufliche Arbeit zur Förderung des Kindes zu erreichen. Für diesen schwierigen Fall kann das folgende Beispiel hilfreiche Anregung geben:

Therapeut:»Frau Meier, Sie haben es schwer pünktlich zu kommen. Andererseits sind für mich zehn und mehr Minuten Verspätung ein Problem, weil ich dann mit der Behandlung von Norbert in Zeitdruck komme. Mir liegt daran, daß wir uns heute über einen pünktlichen Behandlungsbeginn verständigen.«

Mutter:»Ja«.

Therapeut:»Ich möchte, daß ich Ihre Situation dazu besser verstehe und wir zu einer gemeinsamen Regelung kommen, die einen pünktlichen Behandlungsbeginn ermöglicht«.

Folgende Elemente einer informierenden Problemansprache lassen sich erkennen:

(1) Der Therapeut sagt, was sein persönliches *Anliegen* im Gespräch ist (»pünktlicher Behandlungsbeginn«)

(2) Der Therapeut benennt möglichst *beschreibend den Sachverhalt, der ihm problematisch ist* (»Zehn und mehr Minuten Verspätung«).

(3) Der Therapeut benennt *den Sachverhalt oder das Verhalten als problematisch, nicht die Person* der Mutter (»Zehn und mehr Minuten Verspätung sind für mich ein Problem . . .« und nicht etwa »als unpünktliche Mutter sind Sie mir ein Problem . . .«).

(4) Der Therapeut trägt den problematischen Sachverhalt in einer Weise vor, daß er *als sein eigenes,* persönliches *Problem* erscheint (». . . sind *für mich* ein Problem« und nicht etwa ». . ., was Ihnen eigentlich selbst auch ein Problem sein müßte« oder ». . . was unser Chef nur ungern sieht«, auch nicht: ». . . sind für die Behandlung ein Problem«). Er läßt damit offen, ob die Angelegenheit auch für den Gesprächspartner ein Problem ist. Er gibt zu erkennen, daß es ihm selbst ein wichtiges Anliegen ist.

(5) Der Therapeut gibt an, welches *Ziel* er im Gespräch anstrebt (besseres Verstehen der Situation und eine Regelung). Der Hinweis auf die Situation erleichtert den Einstieg in ein Gespräch über die situativen Bedingungen, die das unpünktliche Verhalten der Mutter bestimmen, bzw. Pünktlichkeit erleichtern. Es kann nicht um eine Psychoanalyse der unpünktlichen Mutter gehen, sondern bestenfalls um mehr Klarheit über die alltäglichen zeitlichen, räumlichen und materiellen Bedingungen, die der Mutter das Pünktlichsein ermöglichen.

Nach den Informationen an die Eltern ergibt sich für den folgenden Gesprächsverlauf als Aufgabe, daß der Therapeut der Mutter zuhört, um ihren Standpunkt zur Frage zu erfahren. Damit ist die informierende Problemansprache die Einleitung zum Problemgespräch. *Das Problemgespräch* wird (1) nach der oben dargestellten informierenden Phase der Problemansprache (Therapeut macht sich verständlich) (2) eine Phase des verstehenden Gespräches beinhalten (Eltern machen sich verständlich) bevor (3) die Phase der Regelung oder Lösungsfindung das Gespräch beschließt (Eltern und Therapeut suchen Einigung). Auf die zweite und dritte Phase sei hier noch kurz eingegangen.

Die Phase des informierenden Gesprächs wechselt im Problemgespräch mit *Phasen des verstehenden Gesprächs.* Das verstehende Gespräch wird verwandt mit den Zielen (1) Hören, ob die Eltern mein Anliegen verstanden haben, (2) Hören, wie die elterliche Sicht des problematischen Sachverhalts ist, (3) eine Beschreibung der situativen Bedingungen, die das Verhalten der Eltern nachvollziehbar machen und schließlich (4) Hören, wie die elterliche Zielsetzung bei gegebenem Sachverhalt ist. (Ist es die Pünktlichkeit, ist es häusliche Entlastung, ist es eine Entlastung von therapeutischen Hausaufgaben?) *Durch die Zusammenfassung* kann der Therapeut widerspiegelnd sich darüber versichern, ob er die Eltern richtig verstanden hat und gleichzeitig seinen eigenen Standpunkt nochmals im Zusammenhang formulieren und damit die Grundlage zu einer Regelung schaffen.

Beispiel:

> Therapeut:»Ich möchte kurz zusammenfassen, was wir besprochen haben. Ein verspäteter Behandlungsbeginn bringt mich in Zeitdruck, so daß ich mir einen pünktlichen Beginn wünsche. Wenn ich Sie richtig verstanden habe, möchten auch Sie pünktlich sein. Sie sind aber durch viele Hausarbeit zeitlich beengt, so daß Sie öfters in Zeitverzug kommen. Auch ist die Menge der Übungen mit Norbert zuhause zu viel, so daß Sie mit schlechtem Gewissen zu mir kommen. Demnach wären meines Erachtens zwei Dinge zu regeln: Erstens die Menge der ›Hausaufgaben‹, die Sie zuhause machen können und zweitens, wie Sie an den Tagen, an denen Sie zur Behandlung hierher fahren, zuhause so entlastet werden können, daß es Ihnen leichter ist, pünktlich zu kommen.«

Eine Regelung zur Lösung des angesprochenen Problems wird das abschließende Ziel des Problemgesprächs sein. Der erste Lösungsvorschlag wird von der Seite zu erwarten sein, die das Problem hat. Der Therapeut wird sich in jedem Fall rückversichern, ob sein Vorschlag für die Eltern akzeptabel und praktikabel ist. Häufig ist das Ergebnis ein Kompromiß. Da eine Regelung sich meist erst bewähren muß, kann ein Termin darüber vereinbart werden, an dem darüber reflektiert wird, ob die Absprache erfolgreich war. Dann dient auch das Problemgespräch der Verständigung und ist hilfreich in der Frühförderung des Kindes in Zusammenarbeit mit den Eltern.

Das Gespräch ist eine gute Begründung der Therapie von Anfang an, und es ist nach Jahren der Behandlung immer wieder eine Chance zum neuen Anfang.

Literatur

Gordon, Th.: Familienkonferenz. Hamburg, Hoffmann und Campe 1972
Häusler, J.: Kein Kind zum Vorzeigen? Reinbek-Hamburg, Rowohlt 1979
Innerhofer, P.: Das Münchner Trainingsmodell. Heidelberg, Springer 1977
Schaar, E.: Arbeiten mit Eltern. In: Bayerischer Landesverband katholischer Kindertagesstätten (Hrsg.), Katholischer Kindergarten aktuell, Bd. 5, München 1976
Tausch, R., Tausch A. M.: Gesprächs-Psychotherapie, Göttingen, Hogrefe 1979

13. Rechtsfragen der Frühförderung

Von Hermann Beiler und Peter Mrozynski

Wenn man unter Frühförderung eine gezielte und umfassende therapeutische sowie altersgerechte pädagogisch-soziale Betreuung entwicklungsgestörter Kinder in den ersten drei Lebensjahren versteht (Kratzsch 1980), dann muß man für den rechtlichen Rahmen feststellen, daß es einen angemessenen Rechtsbegriff der Frühförderung nicht gibt. Es ist aber sogleich hinzuzufügen, daß es in juristischer Perspektive auch nicht möglich sein wird, einen solchen einheitlichen Rechtsbegriff zu bilden, auch wenn es von der Sache her geboten sein mag. Die Frühförderung berührt mehrere Sozialleistungsbereiche, die selbst nicht mit einheitlichen Begriffen arbeiten. Zudem sind die grundlegenden Begriffe Krankheit und Behinderung gesetzlich nicht definiert. Sie müssen je nach dem Zweck des einzelnen Sozialleistungsbereichs von der Rechtsprechung entwickelt werden. Die Uneinheitlichkeit des Sozialrechts bedeutet wiederum nicht, daß es nicht eine einheitliche Verwaltungspraxis geben könnte, die den umfassenden Aufgaben der Frühförderung entspricht. Allzu leicht ist man ja geneigt, in den Rechtsnormen ein Hindernis für eine sachgerechte Verwaltungsarbeit zu sehen. Zumindest für das Sozialrecht kann man eine derartige Auffassung nicht vertreten. Es ist hier im Gegenteil nicht selten eine eingeschliffene Verwaltungspraxis, die sich zu einem Hemmnis für die Durchsetzung sozialer Rechte entwickelt hat.

Die Struktur unseres Sozialrechts, sein in verschiedene Sozialleistungsbereiche gegliedertes System, zwingt uns dazu, den Begriff der Frühförderung in Entsprechung zu diesen Sozialleistungsbereichen zu zerlegen. Danach ist Frühförderung zunächst Früherkennung, sodann Behandlung und schließlich Erziehung. Während die Begriffe Früherkennung und Behandlung auch hinsichtlich ihrer rechtlichen Zuordnung keine besonderen Probleme bereiten, ergeben sich nicht geringe Schwierigkeiten, wenn man den Begriff der Erziehung im Verhältnis zur Behinderung des Kindes sieht. Erziehung ist einmal in einem sehr allgemeinen Sinne zu verstehen, denn in dem behinderten Kind haben wir ja ein Kind vor uns. Diese einfache Tatsache wird vor allem in juristischer Wertung häufig übersehen. Darüber hinaus ist Erziehung auch in einem sehr spezifischen Sinne als Heilpädagogik zu verstehen. Auffallenderweise wird der Rechtsbegriff der Heilpädagogik nur in eine Richtung präzisiert. Er erhält vor allem den Sinn einer Vorbereitung auf den Schulbesuch. Zwar wird hervorgehoben, daß kein Anlaß bestehe, den Begriff der Heilpädagogik in dem engen Sinne einer vorschulischen Bildung des behinderten Kindes zu verstehen, doch was darüber hinaus mit Heilpädagogik gemeint sein könnte, wird in der Kommentarliteratur nicht gesagt (*Schellhorn* et. al. 1985, *Gottschick, Giese* 1985). Hinter dieser einseitigen Akzentuierung von Rechtsbegriffen verbirgt sich ein allgemeines Problem der Rehabilitation. Wir verstehen die Eingliederung des Behinderten zumeist nur als Sonderformen der schulischen und beruflichen Bildung. So hat sich auch in der Praxis der Sozialleistungsträger die Tendenz ergeben, dem Erziehungsanspruch des behinderten Kindes keine selbständige Bedeutung beizumessen. Dabei stellt gerade die Erziehung entwicklungsgefährdeter Kinder wegen ihrer besonderen Anforderungen und Bedürfnisse die Eltern oft vor große Probleme. Da die im Augenblick als Heilpädagogik gewährten Sozialleistungen mit Sicherheit nicht all das abdecken, was wir allgemein mit Erziehung umschreiben, ist die besondere Verantwortung des Trägers der Jugendhilfe für das behinderte Kind hervorzuheben. Obwohl die Abgrenzung zwischen Eingliederungshilfe für Behinderte (§ 39 BSHG) und den Hilfen zur Erziehung (§ 6 JWG) weiterhin Schwierigkeiten macht, tendiert in letzter Zeit die Rechtsprechung dahin, den Erziehungsanspruch auch des behinderten Kindes besonders zu betonen (Bundesverwaltungsgericht, FEVS 1986 S. 309). Das darf aber wiederum nicht dahin führen, daß ein behinderungsbedingter Bedarf des Kindes nicht gedeckt wird. Das bedeutet für das geltende Recht, daß jedes behinderte Kind nachdrücklich auf die Gewährung von Sozialleistungen angewiesen ist.

Jeder Gesichtspunkt der Frühförderung kann auf ganz unterschiedliche Sozialleistungsbereiche verweisen, was nicht zwangsläufig einer wirksamen Frühförderung entgegensteht. Vor allem ist hervorzuheben, daß die Sozialleistungsträger zur Zusammenarbeit verpflichtet sind (§§ 17 III SGB-AT, 5 RehaAnglG). Das bedeutet, daß sie erforderlichenfalls auch durch Vereinbarungen, die sie untereinander abschließen, eine konzentrierte Frühförderung sicherstellen müssen. Das hat im günstigsten Falle in der Praxis zur Folge, daß das entwicklungsgefährdete Kind alle notwendigen Leistungen in einer einzigen Einrichtung erhält. In diesem Zusammenhang darf man aber nicht übersehen, daß die Sozialleistungsträger nicht selten in Durchsetzung ihrer Einzelinteressen ihre Leistungspflicht und damit letztlich auch ihre Pflicht, einer entsprechenden Vereinbarung beizutreten, bestreiten. Zudem werden in die Regelungen, die der Verwirklichung des Gesetzes dienen sollen, häufig bürokratische Hemmnisse eingebaut, die vom Gesetz in einem derartigen Formalismus nicht gefordert sind. Beispielsweise hängt der Anspruch auf Eingliederungshilfe nach § 39 BSHG keineswegs davon ab, daß die sachlichen Voraussetzungen durch eine amtsärztliche Untersuchung festgestellt werden. Vielmehr ist der Weg, auf dem das zu geschehen hat, im Gesetz nicht vorgeschrieben.

13.1. Krankenversicherung

Für den weitaus größten Teil der Bevölkerung besteht nach § 5 SGB V Versicherungsschutz in der gesetzlichen Krankenversicherung und damit verbunden ein Anspruch auf Familienhilfe nach § 10 SGB V. Wo es, etwa bei Selbständigkeit der Eltern an einem Schutz in der Pflichtversicherung fehlen sollte, ist bei Kindern, bei denen bereits eine schwere Behinderung festzustellen ist, auf das für alle Schwerbehinderten und damit auch für das (schwer-)behinderte Kind bestehende Recht zum freiwilligen Beitritt in die Krankenversicherung nach § 9 SGB V hinzuweisen. Schwerbehindert ist nach § 1 SchwbG derjenige, dessen Grad der Behinderung mindestens 50 ausmacht. Der Gesetzgeber hat damit den früheren Begriff der Minderung der Erwerbsfähigkeit um mindestens die Hälfte aufgegeben. In der Sache hat sich aber nichts geändert. Es sollte nur der irreführende und damit einstellungshemmende Begriff der Minderung der Erwerbsfähigkeit vermieden werden. Damit ist heute mehr noch als nach der alten Rechtslage, klar, daß auch ein Kind schwerbehindert sein kann.

Gleichsam als „Initialleistung" werden nach § 26 SGB V Untersuchungen zur Früherkennung von Krankheiten gewährt, die die körperliche oder geistige Entwicklung des Kindes in nicht geringfügigem Maße gefährden könnten. Der Anspruch besteht bis zur Vollendung des sechsten Lebensjahres. Um den Konflikt zwischen einer möglichst umfassenden Verwertung der Untersuchungsergebnisse und dem Geheimnisschutz des Kindes zu lösen, bestimmt § 92 IV SGB V, daß die anfallenden Ergebnisse von Maßnahmen der Früherkennung zu sammeln und auszuwerten sind. Dabei ist jedoch sicherzustellen, daß Rückschlüsse auf die Person des Untersuchten ausgeschlossen sind.

Über die Regelung des § 26 SGB V hinaus sieht § 23 SGB V Vorsorgeleistungen vor, wenn diese notwendig sind, einer Gefährdung der gesundheitlichen Entwicklung eines Kindes entgegenzuwirken (§ 23 I Ziff. 2 SGB V) oder um Pflegebedürftigkeit zu vermeiden (§ 23 I Ziff. 3 SGB V). Unter den Voraussetzungen des § 23 II SGB V können ambulante Vorsorgekuren erbracht werden. Notwendige Einzelheiten über die Durchführung der Früherkennung werden vom Bundesausschuß für Ärzte und Krankenkassen nach § 92 I SGB V in Richtlinien festgelegt. Derzeit nennt man nicht abschließend 37 Krankheiten, die eine Entwicklungsgefährdung befürchten lassen. Es werden über die ersten vier Lebensjahre 8 Untersuchungen verteilt, von denen die erste unmittelbar nach der Geburt durchgeführt wird. Ist in diesem Falle ein Arzt nicht zugegen, so kann die erste Untersuchung auch von einer Hebamme durchgeführt werden (*Gerlach* 1979). Dies steht – aus Gründen der Praktikabilität – im Widerspruch zu dem sonst so sorgfältig gehüteten Ärztemonopol in der sozialen Krankenversicherung (§ 28 SGB V, *Schulte, Trenk-Hinterberger* 1982). Da dieses Monopol auch im Interesse der Versicherten besteht, dürfte im Falle der Entbindung durch eine Hebamme ein Anspruch des Versicherten auf Widerholung der ersten Untersuchung durch einen Arzt bestehen.

Im Zentrum der Krankenversicherung stehen natürlich die Leistungen der Krankenpflege nach den §§ 27 ff. SGB V. Neben den bekannten traditionellen Heilmaßnahmen werden nach diesen Vorschriften auch Leistungen erbracht, die schon deutlich in die Rehabilitation weisen. Die Krankenkasse ist als Rehabilitationsträger besonders für behinderte Kinder von Bedeutung, da sie noch keine Ansprüche gegen andere Rehabilitationsträger, also etwa die Rentenversicherung haben. Zu solchen über die kurative Medizin hinausgehenden Leistungen gehört beispielsweise die Vorschrift über orthopädische und andere Hilfsmittel bei körperlichen Behinderungen. Die Krankenkasse hat diese Hilfsmittel nicht nur zu gewähren, sondern auch in ihrem Gebrauch zu unterweisen, das erstreckt sich auch auf die Information der Eltern eines behinderten Kindes (§ 33 SGB V).

Im übrigen ist einschränkend hervorzuheben, daß vieles, was in der Frühförderung als notwendig angesehen wird, nicht zu den Leistungen der Krankenkasse zählt. Die Krankenpflege knüpft an den Begriff der Krankheit an. Nach herkömmlicher Auffassung handelt es sich dabei um einen regelwidrigen und behandlungsbedürftigen Zustand. Im Gegensatz zur früheren Rechtsauffassung sind Kriterien wie Schmerzen oder Erfolgsaussicht der Behandlung nicht erforderlich (*Mrozynski*

1986). Heilbehandlung ist demnach auch bei den sogenannten fixierten Krankheitsbildern zu gewähren. Erforderlich ist im Grunde nur, daß der Zustand irgendwie durch Heilmaßnahmen positiv beeinflußbar sein muß, sei es auch nur zur Schmerzlinderung oder zur Verlängerung des Lebens. So gesehen bestimmt sich der Begriff der Krankheit letztenendes und etwas vereinfacht danach, welcher regelwidrige Zustand nach ärztlichem Urteil behandelbar ist.

Können wir nach dieser Auffassung dem behinderten Kind die Leistungen der Krankenversicherung grundsätzlich sichern, so handelt es sich dabei doch nur um solche Leistungen, die im medizinischen Sinne Behandlung sind. Dort, wo die Frühförderung über den engen Rahmen der ärztlichen Behandlung hinausweist, handelt es sich zumeist nicht mehr um ein Versicherungsrisiko der gesetzlichen Krankenversicherung. »Die Kasse schuldet. . . angesichts der beschränkten Zielsetzung der Krankenversicherung nur Hilfe, die unmittelbar auf den Ausgleich der Behinderung selbst abzielt, und es sind Hilfen ausgeschlossen, die nicht bei der Behinderung selbst, sondern bei deren Folgen auf beruflichem, gesellschaftlichem oder privatem Gebiet ansetzen« (Bundessozialgericht 1979). An solchen Formulierungen, die in der Rechtsprechung immer wieder auftauchen, läßt sich deutlich erkennen, daß die Leistungen der Krankenversicherung noch immer stark an körperlichen Erkrankungen oder Behinderungen orientiert sind. Schon bei ihnen erweist sich die erwähnte Abgrenzungsformel als wenig praktikabel. Im Hinblick auf die geistig-seelischen Erkrankungen wird sie vollends unbrauchbar.

Mit der Ungenauigkeit des Begriffs der Krankheit oder der Krankenpflege muß man leben. Angesichts der immer weiteren Auflockerung der Leistungen gerade in der medizinischen Rehabilitation läßt sich mit diesen Begriffen immer schlechter leben. Für die frühere Rechtslage kam hinzu, daß die alte Regelung des § 182 RVO einen nicht abschließenden Leistungskatalog enthielt, der sich ausschließlich an den körperlichen Erkrankungen orientierte. Für den geistig-seelischen Bereich fehlte es an jeder Orientierungsmarke. Die Nachfolgevorschrift des § 27 SGB V hat daran wenig geändert. Der Beispielskatalog, der jetzt abschließend ist, orientiert sich weiterhin am Modell der körperlichen Erkrankung. In § 27 Satz 3 SGB V heißt es jedoch nunmehr „Bei der Krankenbehandlung ist den besonderen Bedürfnissen psychisch Kranker Rechnung zu tragen." Diese Formulierung dürfte zu allgemein sein, um Anstöße für eine Verbesserung der Behandlung psychisch Kranker zu geben. Immerhin, eine gewisse Aussagekraft hat sie und wird deswegen bei der Leistungsabgrenzung in der Zukunft eine gewisse Rolle spielen.

Allgemein für medizinische Maßnahmen gilt das Wirtschaftlichkeitsgebot des § 12 SGB V. Leistungen müssen ausreichend, zweckmäßig und wirtschaftlich sein; sie dürfen das Maß des Notwendigen nicht überschreiten. Diese Vorschrift versteht sich im Grunde von selbst. Sie darf nicht dahin mißverstanden werden, es gäbe bei fortdauernder Erkrankung die Möglichkeit einer zeitlichen Begrenzung der Leistungen. Insbesondere ist es nicht zulässig, die Stundenzahl für psychotherapeutische Behandlungen eindeutig nach oben zu begrenzen.

Keine klare Aussage macht das Recht der Krankenversicherung auch hinsichtlich der Personen, die zur Behandlung einer Krankheit herangezogen werden können bzw. müssen. Es besteht im Recht der sozialen Krankenversicherung zwar das bereits erwähnte Monopol des Arztes, doch ist dieses Monopol nicht unangefochten, wenn auch in der Rechtsprechung ohne Einschränkung anerkannt. Das Monopol des Arztes bedeutet aber nicht, daß er jede Heilmaßnahme selbst durchführen müßte. Er kann nach § 73 II SGB V Hilfeleistungen anderer Personen anordnen. Wer diese anderen Personen sind, das ist in § 28 I SGB V wiederum nicht abschließend aufgezählt. In jedem Falle behält der Arzt die letzte Verantwortung für die Behandlung. Welche Personen hinzugezogen werden können, das ergibt sich zumeist nur aus Vereinbarungen der Ärzteschaft mit den Krankenkassen. Zufriedenstellend geregelt ist etwa die Heranziehung von Logopäden bei der Sprachbehandlung von Kindern (*Stamm* 1980). Bei manchen Berufsgruppen muß von Fall zu Fall geprüft werden, ob sie hinzugezogen werden können. Dies erfolgt durch die Krankenkassen und nicht etwa durch den behandelnden Arzt nach eigener Einschätzung. Auseinandersetzungen gibt es immer wieder bei der verhaltenstherapeutischen Behandlung von Kindern, aber auch der Psychotherapie im allgemeinen durch klinische Psychologen. Die Rechtsprechung hat sich jetzt wohl endgültig darauf festgelegt, daß die Krankenversicherungen solche Leistungen nicht übernehmen müssen. Das ergibt sich daraus, daß jede Form der Psychotherapie entweder eine Heilbehandlung ist, dann muß sie durch einen Arzt, der allenfalls die Leistung delegieren kann, durchgeführt werden, oder die Psychotherapie ist eine »Verhaltensmodifikation«. Dann ist sie eben keine Heilbehandlung und gehört damit nicht mehr zum Risikobereich der Krankenversicherung (*Schirmer* 1978).

Um den Kernbereich der an sich schon sehr vagen ärztlichen Behandlung lagern sich noch weitere Leistungen, die die Krankenhilfe flankieren. Beispielsweise kann nach § 37 SGB V statt der an sich erforderlichen Krankenhauspflege häusliche Krankenpflege durch Pflegepersonal gewährt werden. Hierdurch kann der gerade bei Kindern oft unerwünschte Krankenhausaufenthalt abgewendet werden. Die Unterstützung durch geschultes Pflegepersonal wird besonders dann als hilfreich empfunden werden, wenn ein behindertes Kind erkrankt ist. Wichtig im Hinblick auf das Kind ist auch die Leistung nach § 45 SGB V. Danach erhalten Versicherte, die wegen der Pflege ihres erkrankten Kindes der Arbeit fernbleiben müssen, Krankengeld. Die Leistung ist allerdings beschränkt auf Kinder unter acht Jahren und auf fünf Arbeitstage pro Jahr. Es würde den Grundgedanken unseres Sozialrechts eher entsprechen, wenn die Beschränkung bei behinderten Kindern nicht bestehen würde. Sie fehlt tatsächlich auch bei der Vorschrift über die Haushaltshilfe nach § 38 SGB V, die gewährt wird, wenn sich ein Versicherter in einem Krankenhaus oder einer anderen in der Vorschrift genannten Einrichtung befindet und keine im Haushalt lebende Person den Haushalt weiterführen kann. Voraussetzung ist ferner, daß in dem Haushalt ein Kind unter 8 Jahren lebt, oder das infolge einer Behinderung auf Hilfe angewiesen ist. Die Vorschrift des § 38 SGB V ist als Hilfe im Haushalt ausgestaltet. Deswegen ist es auf der Basis dieser Regelung nicht möglich, das Kind während der Erkrankung eines Elternteils außerhalb des Haushalts unterzubringen. Hier ist vielmehr an Leistungen der Jugendhilfe zu denken (§ 6 JWG).

Durch den Erlaß des Rehabilitationsangleichungsgesetzes im Jahre 1974 ist für die Krankenversicherung eine Entwicklung eingeleitet worden, die wohl in ihrer Bedeutung für die Frühförderung noch nicht richtig erkannt worden ist. Nach § 12

RehaAnglG sind von allen Rehabilitationsträgern neben den medizinischen auch ergänzende Leistungen zu erbringen. Auch diese Leistungen sind im Gesetz nicht genau umschrieben. In Betracht kommen hier vor allem die »sonstigen Leistungen« nach den §§ 12 Ziff. 7, 20 RehaAnglG. Das sind Leistungen, die unter Berücksichtigung von Art und Schwere der Behinderung erforderlich sind, um das Ziel der Rehabilitation zu erreichen oder zu sichern. Entsprechend ist für die Krankenversicherung die Ausführungsvorschrift des § 43 Ziff. 2 SGB V formuliert. Auch hier ist eine Konkretisierung schwer. Wird beispielsweise nach § 33 SGB V ein Rollstuhl als Hilfsmittel zum Ausgleich einer körperlichen Behinderung geleistet, so kann nach § 43 Ziff. 2 SGB V als ergänzende Leistung diejenige Hilfe in Betracht kommen, die dem Behinderten den Gebrauch des Hilfsmittels erst möglich macht. Im Zusammenhang mit der Ausstattung mit einem Rollstuhl könnte man an den Bau einer Auffahrrampe oder eines Treppenlifts denken. So weit will das Bundessozialgericht aber nicht gehen. Ohne im einzelnen auf die ergänzenden Leistungen nach § 193 RVO a. F. einzugehen, vertritt es folgende Auffassung: »Hilfsmittel iS des § 182b RVO ist nach der Rechtsprechung des BSG, von der abzuweichen kein Anlaß besteht, aber nicht jedes Mittel, dessen der Behinderte im Berufs- oder Privatleben bedarf. Der KVTr hat vielmehr nur für solche erforderlichen Hilfsmittel einzutreten, die dazu dienen, ausgefallene oder beeinträchtigte körperliche Funktionen ganz oder teilweise zu ersetzen . . . Der Treppenlift dient nicht der Fortbewegung überhaupt, denn dazu bedarf der Sohn des Klägers eines Krankenfahrstuhls, sondern der Fortbewegung in einem bestimmten, begrenzten Bereich innerhalb der Wohnung. Der Treppenlift ersetzt für den Sohn des Klägers die für ihn nicht benutzbare Wohnung, ist also Teil der Wohnung« (Bundessozialgericht 1982). Dem Bundessozialgericht ist zwar zuzustimmen, daß der Treppenlift kein Hilfsmittel im Sinne des § 33 SGB V ist. Das Gericht hätte jedoch prüfen müssen, ob es sich dabei um eine ergänzende Leistung im Sinne des § 43 Ziff. 2 SGB V handelt. Das ist immer dann zu bejahen, wenn die Leistung im unmittelbaren Zusammenhang mit einer medizinischen Maßnahme erforderlich wird. Nur wenn das nicht der Fall ist, handelt es sich um eine Leistung, die der Behinderte zur Teilnahme am Leben in der Gemeinschaft erhält.

Im konkreten Fall ist es natürlich immer schwer zu beantworten, ob sich ein unmittelbarer Zusammenhang mit einer medizinischen Maßnahme feststellen läßt. Zu einem wirklichen Problem wird dies bei den geistig-seelischen Behinderungen. Bei ihnen läßt sich überhaupt keine praktikable Abgrenzung mehr durchführen zwischen einer ergänzenden Leistung zur Rehabilitation, die von der Krankenkasse zu erbringen wäre und der sozialen Rehabilitation, für die sie nicht zuständig ist (kritisch hierzu *Schulin* 1982). Mit den ergänzenden Leistungen finden wir so einen geradezu unmerklichen Übergang in einen anderen Sozialleistungsbereich.

13.2. Sozialhilfe

Das Sozialhilferecht ist schon seit langem über die etwas altertümliche und diskriminierende Fürsorge hinausgewachsen. Man kann dem Bundessozialhilfegesetz durchaus eine Pionierfunktion bei der Eingliederung Behinderter zusprechen, wenn sie anfänglich auch auf die Eingliederung Körperbehinderter beschränkt war.

Nur hie und da zeigen sich noch Restbestände der längst überholten Armenpolizei. Die Probleme des Sozialhilferechts in der Gegenwart liegen eher darin, daß einige wesentliche Leistungsgrundsätze in der alltäglichen Verwaltungspraxis zwischen Regelsätzen und innerdienstlichen Weisungen leicht vergessen werden. Da ist zunächst der Rechtsanspruch auf Hilfe nach § 4 I BSHG zu nennen. Zum Sozialamt kommt man so wenig als Bittsteller wie zum Arbeitsamt oder zur Krankenkasse. Ein Ermessen ist in allen wesentlichen Fragen des Sozialhilferechts ausdrücklich ausgeschlossen. Darüber hinaus ist wichtig, daß Sozialhilfe nach § 5 BSHG von Amts wegen gewährt wird. Es kommt also nicht auf eine Antragstellung, sondern nur auf die Kenntnis des Sozialhifeträgers an. Daß er von den Leistungsvoraussetzungen Kenntnis hatte, muß man allerdings im Streitfalle beweisen. Die Kenntnis ist hinsichtlich des Zeitpunktes, von dem ab Leistungen zu gewähren sind, besonders wichtig, da Sozialhilfe mit wenigen Ausnahmen (§ 15a BSHG) nicht für die Vergangenheit gewährt wird. Weitere wesentliche Leistungsgrundsätze sind die Individualisierung, also die Ausrichtung der Sozialhilfe auf die Erfordernisse des Einzelfalles (§ 3 BSHG). Der Individualisierungsgrundsatz wird oft vernachlässigt, weil die Hilfe nicht selten in Einrichtungen gewährt wird, die ein bestimmtes Leistungsprogramm haben, auf das der Hilfesuchende oft keinen Einfluß nehmen kann. Schließlich gibt es noch den allgemeinen Grundsatz des Nachrangs. Sozialhilfe wird also erst gewährt, wenn nicht anderweit Hilfen zu erlangen sind. Damit ist aber nur gemeint, daß der Betreffende tatsächlich keine anderweitigen Hilfen erhält. Ein bestehender aber nicht erfüllter Rechtsanspruch gegen einen anderen, etwa den Unterhaltspflichtigen, schließt den Anspruch auf Sozialhilfe nicht aus. Hier muß zunächst der Träger der Sozialhilfe die Leistung erbringen und kann den Anspruch des Hilfeempfängers nach § 90 BSHG auf sich überleiten (*Schulte, Trenk-Hinterberger* 1986).

13.2.1. Eingliederungshilfe für Behinderte

In der Eingliederungshilfe für Behinderte nach den §§ 39 ff. BSHG finden sich noch immer die zentralen Vorschriften für die Frühförderung. Ergänzend zu der gesetzlichen Regelung ist immer die Eingliederungshilfe-Verordnung heranzuziehen. Sie ist auf der Grundlage des § 47 BSHG erlassen worden und konkretisiert das Gesetzesrecht. Die Grundnorm des § 39 BSHG ist relativ kompliziert. Das Gesetz unterscheidet die wesentliche und die nicht wesentliche Behinderung und kennt außerdem noch die Bedrohung mit einer Behinderung. Ob diese gesetzestechnische Aufgliederung eines so komplizierten Lebenssachverhalts, wie es die Behinderung ist, zu sinnvollen Ergebnissen führt, wird man bezweifeln müssen. Nicht von der Hand zu weisen sind ja auch die Befürchtungen, das Gesetz würde eher zur Diskriminierung der Betroffenen und weniger zur Klärung der Probleme beitragen. Doch für die praktische Arbeit ist vom Gesetz auszugehen, was ein Nachdenken über seine Berechtigung keineswegs ausschließt. § 39 I Satz 1 BSHG stellt die körperliche, geistige und die seelische Behinderung gleich. Die Vorschrift gewährt einen Anspruch, wenn die Behinderung wesentlich und nicht nur vorübergehend ist. Als »nicht nur vorübergehend« wird eine Dauer von mindestens sechs Monaten genannt. Wesentlich soll eine Behinderung sein »wenn sie die Gefahr in sich birgt, daß der

Behinderte durch sie aus der Gesellschaft ausgegliedert wird« (*Schellhorn* et al. 1985). Ist die Behinderung nur vorübergehend, oder ist sie nicht wesentlich, so *kann* nach § 39 I Satz 2 BSHG Eingliederungshilfe gewährt werden. Vollends unpraktikabel wird § 39 BSHG, wenn man auf die Bedrohung abstellt. Drohen kann nach der Vorstellung des Gesetzes eine wesentliche und nicht nur vorübergehende aber auch eine unwesentliche oder nur vorübergehende Behinderung. Nur im ersteren Falle besteht ein Anspruch nach § 39 I BSHG, im übrigen kann die Hilfe gewährt werden. Vergegenwärtigt man sich nun Anlaß und Ziel der Frühförderung, dann wird ihre Zuordnung innerhalb des § 39 BSHG, je nach dem, welche Einstellung man zum Recht im allgemeinen hat, zu einem Zufallstreffer oder zu einem Willkürakt.

Es wäre sinnvoller gewesen, im Gesetz nur von einer Behinderung zu sprechen und die Hilfe von einem Ermessen des Sozialleistungsträgers abhängig zu machen. Ermessen ist pflichtgemäßes Ermessen und bedeutet gerade im Sozialrecht keine Rechtsbeeinträchtigung. Beispielsweise war bis noch vor wenigen Jahren die Krankenhauspflege eine Ermessungsleistung und ist noch heute eine der zentralen Vorschriften über die Rehabilitation, § 1236 RVO, eine reine Ermessensnorm. Einschränkend wird man aber berücksichtigen müssen, daß ein Ermessen im Sozialhilferecht eher die Gefahr einer Diskriminierung in sich birgt als ein Ermessen in der Sozialversicherung, die jeder als »gutes Recht« anerkennt. Will man der unglücklichen Fassung des § 39 BSHG etwas abgewinnen, dann ihre Eignung für eine zweckgerichtete Anwendung. Was vorübergehend, was wesentlich, was Drohung ist, das bestimmt sich nach dem, was nach fachkundigem Urteil in der Frühförderung notwendig ist. Darin muß man keineswegs ein (falsches) Spiel mit dem Gesetzeswortlaut sehen. Sozialrechtliche Normen sind – etwa im Gegensatz zum Strafrecht – nach dem Grundsatz der Lückenlosigkeit auszulegen. Das Ziel des Gesetzes soll möglichst weitgehend und umfassend verwirklicht werden. Es bleibt natürlich immer noch das praktische Problem, daß man eine wesentliche Behinderung annehmen wird, wenn man dem Kind einen Anspruch auf Frühförderung sichern will. Als Stigmatisierung ist dieses Phänomen hinreichend bekannt, wenn auch der Begriff Stigma in der Gegenwart häufig etwas zu leichtfertig gebraucht wird. Der mit diesem Begriff verbundene Vorgang steht auch in einem gewissen Widerspruch zu den Zielen des Sozialrechts, das so viel wie möglich Normalität in die Rehabilitation bringen will. Man kann auch nicht übersehen, daß eine einmal angenommene Wesentlichkeit der Behinderung später zu einem Argument gegen bestimmte Hilfen werden kann. Wurden beispielsweise in einem ärztlichen Urteil die Gesichtspunkte, die für eine Wesentlichkeit sprechen, allzu stark herausgestellt, so kann sich das Jahre später gegen das Kind wenden. Werden z. B. später Leistungen zur beruflichen Rehabilitation nach den §§ 56ff AFG verlangt, dann kann die Wesentlichkeit der Behinderung gegen eine Eignung für die in Aussicht genommene berufsfördernde Maßnahme sprechen. Im ganzen wird man aber darauf vertrauen können, daß die Gerichte mit dem Begriff der wesentlichen Behinderung richtig umgehen können.

Die Leistungen der Eingliederungshilfe ergeben sich vornehmlich aus § 40 BSHG. Neben allen Leistungen, die schon aus der Krankenversicherung bekannt sind, und die deswegen von der Sozialhilfe nur nachrangig gewährt werden, besteht nach § 40 I

Ziffer 2a BSHG ein Anspruch auf heilpädagogische Maßnahmen für Kinder. Die Leistungen werden bis zum Erreichen des Schulpflichtalters erbracht und überschneiden sich häufig mit denen nach § 40 I Ziffer 3 BSHG, die die angemessene Schulbildung des behinderten Kindes sichern sollen. Da die Heilpädagogik auch erzieherische Hilfen mitumfaßt, ist nicht selten eine Zusammenarbeit mit dem Jugendamt angebracht (§ 46 II BSHG).

Wie bereits erwähnt, leistet die Sozialhilfe nur subsidiär, das heißt grundsätzlich, daß auch das Einkommen und Vermögen des Hilfesuchenden und seiner nächsten Angehörigen berücksichtigt wird (§ 28 BSHG). Beim behinderten Kind kommen nur seine Eltern in Betracht. Darüber hinaus kann in der Hilfe in besonderen Lebenslagen nur noch der Ehegatte herangezogen werden. Eine weitergehende Berücksichtigung der Familienmitglieder kommt nur bei der Hilfe zum Lebensunterhalt und auch dann nur unter engen Voraussetzungen in Betracht (vgl. §§ 11, 16, 91 BSHG). Von der Heranziehung der Unterhaltspflichtigen gibt es eine Ausnahme, die auch für die Frühförderung von entscheidender Bedeutung ist. Es ist die erweiterte Hilfe nach § 43 II BSHG. Bei im Gesetz genau umschriebenen Maßnahmen der vorschulischen, schulischen und beruflichen Rehabilitation verzichtet das Gesetz darauf, die Eltern zu einem Kostenbeitrag heranzuziehen. Die Eltern brauchen also nur für den Lebensunterhalt ihres behinderten Kindes aufzukommen, was bis zur in § 43 II BSHG vorgeschriebenen Altersgrenze von 21 Jahren kein Problem ist, denn in dieser Lage befinden sich die meisten Eltern (§ 1601 BGB). Die Leistungen zum Lebensunterhalt, die die Eltern für ihr behindertes Kind aufbringen müssen, beschränken sich übrigens auf den Betrag, den sie »häuslich erspart« haben, weil ihr Kind in einer Einrichtung betreut wird. Sie brauchen also nicht alle in der Einrichtung anfallenden Kosten für Leistungen zum Lebensunterhalt zu tragen. Die erweiterte Hilfe des § 43 II BSHG hat einen doppelten Zweck. Einmal soll sie sich dort ergänzend auswirken, wo es kein ausreichendes Angebot geeigneter Sonderschulen gibt, für deren Besuch die Eltern ja auch keinen Kostenbeitrag leisten müssen. Die Freistellung der Eltern wurde aber auch im Hinblick auf die Tatsache eingeführt, daß es doch immer wieder Eltern gibt, die die Wahrnehmung eines Angebots fördernder Maßnahmen aus Kostengründen ablehnen würden. Es sind hier nicht die sozial schwächeren Eltern gemeint, denn sie werden ja in keinem Falle zu einem Kostenbeitrag in der Sozialhilfe herangezogen (vgl. §§ 79, 81 BSHG).

13.2.2. Hilfe zur Pflege

Durch die Eingliederungshilfe werden nicht alle Rechtsprobleme, die mit der Behinderung eines Kindes zusammenhängen, gelöst. Es ist deswegen immer auch an die Hilfe zur Pflege nach den §§ 68 und 69 BSHG zu denken. Während die Eingliederungshilfe auf die Überwindung des durch die Behinderung bedingten Nachteils ausgerichtet ist, hat die Hilfe zur Pflege zum Ziel, den Zustand des Betroffenen erträglicher zu machen. Beide Hilfearten werden nicht selten nebeneinander gewährt. Sie haben eben nur unterschiedliche, sich ergänzende Aufgaben. Man könnte die Eingliederungshilfe durchaus in einem so weiten Sinne verstehen, daß daneben Hilfe zur Pflege überflüssig ist. Dabei würde aber übersehen, daß es Menschen gibt, die pflegebedürftig sind, aber nicht mehr eingegliedert werden

234   Hermann Beiler und Peter Mrozynski

können. Für diesen Personenkreis hat die Hilfe zur Pflege eine eigenständige Bedeutung, während sie vor allem in der Frühförderung nur eine ergänzende Funktion hat.

Pflegebedürftigkeit wird angenommen, wenn eine Person infolge von Krankheit oder Behinderung so hilflos ist, daß sie nicht ohne »Wartung und Pflege« bleiben kann. In der Praxis wird diese Pflegebedürftigkeit nach Punktwerten gemessen, was insgesamt eine gewisse Inhumanität in die Hilfe zur Pflege bringt und außerdem der Komplexität des Sachverhalts, der mit der lapidaren Aussage »pflegebedürftig« verbunden ist, nicht gerecht wird. Zu beanstanden ist auch, daß sich die Praxis zumeist auf eine ärztliche Begutachtung der Pflegebedürftigkeit beschränkt.

Das ist nicht ausreichend. Die Pflegebedürftigkeit ist gerade im Hinblick auf ihren umfassenden Zusammenhang ein Zustand, der nicht allein nach medizinischen Kriterien beurteilt werden kann. Das gilt umso mehr, als man herkömmlicherweise zwischen Grund- und Behandlungspflege unterscheidet. Behandlungspflege ist diejenige Pflege, die im Zusammenhang mit der ärztlichen Behandlung, etwa durch Krankenschwestern, zu leisten ist. Sie wird von den §§ 68 und 69 BSHG gerade nicht erfaßt. Diese Vorschriften beziehen sich auf die Grundpflege, also auf die gewöhnlich und regelmäßig wiederkehrenden Verrichtungen im Ablauf des täglichen Lebens. Dabei ist besonders herauszustellen, daß es sich hierbei um personenbezogene Verrichtungen handeln muß (Körperpflege, Verrichten der Notdurft, Nahrungsaufnahme, Bewegung). Demgegenüber sind die sogenannten hauswirtschaftlichen Verrichtungen (Einkauf, Reinigung usw.) nicht Bestandteil der Hilfe zur Pflege (*Dendorf, Rönneke* 1980). Werden sie bei erwachsenen Behinderten erforderlich, so ist gegebenenfalls Hilfe zum Lebensunterhalt nach § 11 III BSHG oder zur Weiterführung des Haushalts nach §§ 70 und 71 BSHG zu gewähren.

Es hat sich ganz entgegen der Grundtendenz des Sozialhilferechts eingebürgert, nur vom Pflegegeld zu reden. Hilfe zur Pflege ist jedoch mehr. Sie erfüllt dort die Aufgabe, dem Kind ein den Umständen nach menschwürdiges Leben zu sichern, wo Eingliederungshilfe allein nicht ausreicht. Deswegen sind nach § 68 II BSHG dem Pflegebedürftigen all diejenigen Hilfsmittel zur Verfügung zu stellen, die zur Erleichterung seiner Beschwerden wirksam beitragen. Darüber hinaus werden auch Bildung und Anregungen kultureller und sonstiger Art vermittelt. Frühförderung kann im Lichte dieser Vorschrift auch einmal die Spazierfahrt im Rollstuhl durch den Tierpark sein. Auch schon bei Kindern kann die Übernahme der Telefonkosten in Betracht kommen, wenn etwa der Kontakt zu einem Arzt oder einem anderen Betreuer sichergestellt werden soll. An diesen Beispielen zeigt sich deutlich, wie sehr die Eingliederungshilfe und die Hilfe zur Pflege ineinandergreifen, denn die gleichen Leistungen können auch nach § 40 I Ziffer 8 BSHG erbracht werden.

Reicht eine häusliche Pflege aus, dann werden über die Grundnorm des § 68 BSHG hinaus die Leistungen nach § 69 BSHG gewährt. Hierbei ist nach dem Ausmaß der Pflegebedürftigkeit zu unterscheiden. Bei der allgemeinen Pflegebedürftigkeit findet § 69 II BSHG Anwendung. Nach dieser Regelung werden nur Aufwendungen der Pflegeperson, also etwa das Fahrgeld, erstattet. Zusätzlich können Beihilfen gewährt und angemessene Beiträge für die Altersicherung der Pflegeperson übernommen werden. Nur wenn die Heranziehung einer besonderen

Pflegekraft erforderlich ist, sind deren Kosten zu übernehmen. Der Träger der Sozialhilfe hat selbst dafür zu sorgen, daß Pflegepersonal zur Verfügung steht.

Läßt sich die sogenannte qualifizierte Pflegebedürftigkeit feststellen, das ist eine dauernde Angewiesenheit auf Wartung und Pflege in erheblichem Umfang, so wird dem Pflegebedürftigen, der das erste Lebensjahr vollendet hat, ein Pflegegeld gewährt. Vor Vollendung des ersten Lebensjahres setzt man bei allen Kindern eine »qualifizierte Pflegebedürftigkeit« voraus. Neben der Gewährung des Pflegegeldes ist in § 69 III BSHG vorgesehen, daß auch Beiträge für eine angemessene Alterssicherung der Pflegeperson zu übernehmen sind. Bei den Schwerstbehinderten (vgl. § 24 II BSHG) sind die Voraussetzungen für die Gewährung des Pflegegeldes stets als erfüllt anzusehen. Es wird ein Pflegegeld in Höhe des § 69 IV 2 BSHG genannten Betrages gewährt. Das sind zur Zeit 812,– DM.

Nicht befriedigend geregelt ist die Übernahme der Beiträge für die angemessene Alterssicherung der Pflegeperson. Angemessen soll schon eine Alterssicherung sein, die es der Pflegeperson ermöglicht, im Alter unabhängig von der Hilfe zum Lebensunterhalt zu leben. Dieser geringe Ansatz dürfte kaum geeignet sein, die Pflegebereitschaft naher Angehöriger zu fördern. Die Beiträge sollten vielmehr entsprechend dem Arbeitsaufwand der Pflegeperson übernommen werden.

Eine dem § 43 II BSHG vergleichbare Vorschrift gibt es in der Hilfe zur Pflege nicht. Es sind deswegen immer die wirtschaftlichen Verhältnisse des Kindes und seiner Eltern zu prüfen (§ 28 BSHG). Das Gesetz geht von dem Grundgedanken aus, daß der Lebensstandard einer Familie durch die Behinderung eines Kindes nicht allzu sehr beeinträchtigt werden soll. Um die wirtschaftliche Seite der Hilfe zur Pflege zu konkretisieren, denken wir uns als Beispiel eine Familie mit einem gesunden und einem behinderten Kind. Der Vater verdient 3000,– DM netto. Die Wohnungsmiete beträgt 700,– DM. Nach den §§ 79 und 81 BSHG ist zunächst die Einkommensgrenze festzusetzen. Danach werden je nach Art der besonderen Lebenslage die Grundbeträge der Einkommensgrenzen unterschiedlich hoch angesetzt. In § 79 BSHG betragen sie zur Zeit 786,– DM. Sie erhöhen sich gemäß § 81 I BSHG auf 1179,– DM. Bei der Blindenhilfe und bei schwerster Pflegebedürftigkeit (§ 69 IV 2 BSHG) betragen sie zur Zeit sogar 2358,– DM. In unserem Fall ist zunächst von § 79 II BSHG auszugehen, weil Hilfesuchender das behinderte Kind ist. Der Grundbetrag erhöht sich jedoch gemäß § 81 I Ziff. 5 BSHG auf 1179,– DM, wenn die qualifizierte Pflegebedürftigkeit im Sinne des § 69 III BSHG vorliegt. Davon soll in unserem Falle ausgegangen werden. Zum Grundbetrag sind hinzuzurechnen die angemessenen Kosten der Unterkunft (§ 79 II Ziff. 2 BSHG) von 700,– DM. Schließlich werden dazugerechnet die Familienzuschläge für das behinderte, das gesunde Kind und die zusammenlebenden Eltern (§ 79 II Ziff. 3 BSHG). Ein Familienzuschlag beträgt 80% des Regelsatzes eines Haushaltsvorstands. Er ist regional unterschiedlich hoch. Wir wollen von 400,– DM ausgehen. Das macht dreimal 320,– DM. Insgesamt beträgt also die Einkommensgrenze nach § 79 II BSHG 2859,– DM. Das Einkommen von 3000,– DM liegt also um 161,– DM über der Einkommensgrenze. Das bedeutet nun nicht, daß die Hilfe abgelehnt wird. Vielmehr muß sich die Familie in angemessenem Umfang an der Hilfe beteiligen (§ 84 I BSHG). Was angemessen ist, richtet sich ebenso nach den allgemeinen wirtschaftlichen Verhältnissen als auch nach der familiären Situation. Nicht selten berücksichtigen die Sozialhilfeträger die Hälfte des Übersteigungsbetrages. In unserem Falle müßte die Familie etwa 80,– DM selbst aufbringen. Wir sehen also im Gesamtzusammenhang, daß es zwei Gesichtspunkte gibt, die auf die Höhe des Pflegegeldes einen Einfluß haben. Es ist das Ausmaß der Pflegebedürftigkeit, und es ist die wirtschaftliche Lage der Familie. Erst wenn man beides genau festgestellt hat, kann man eine konkrete Aussage über die Höhe des Pflegegeldes machen.

13.3. Familiäre Probleme

Die Tatsache, daß in einer Familie ein Kind zur Welt kommt, das als entwicklungsgefährdet oder behindert eingestuft wird, kann für die ganze Familie große Probleme mit sich bringen. In jedem Fall werden an eine solche Familie besondere Anforderungen gestellt. Die Rechtsordnung muß irgendeine Antwort darauf bereithalten. Wie diese Antwort ausfällt, hängt davon ab, welche Charakterisierung der familiäre Zustand erhält. Der juristische Krankheitsbegriff ist streng individualisierend, so daß die Möglichkeit, der Familie in ihrer Gesamtheit Krankenhilfe in Form einer familientherapeutischen Behandlung zu gewähren, nicht gegeben ist. Man kann die Auffassung vertreten, daß aus der Geburt eines behinderten Kindes Erziehungsprobleme erwachsen. In diesem Falle wären nach § 6 JWG Hilfen zur Erziehung vor allem in Form einer besonderen Erziehungsberatung zu gewähren. Rechtlich wäre das mit der Drogenberatung vergleichbar. Diese Lösungsmöglichkeit wird in der Praxis kaum in Erwägung gezogen. Ganz überwiegend erfolgt die Elternarbeit vielmehr auf der Grundlage des § 39 III BSHG als »soziale Rehabilitation«. Eine im ganzen unzureichende Konkretisierung dieser Vorschrift findet sich in § 20 der Eingliederungshilfe-Verordnung. Nach dieser Vorschrift gehören zur Eingliederungshilfe auch die Maßnahmen, die wegen der Art und Schwere der Behinderung erforderlich sind, um die Personen denen die Betreuung obliegt, mit den Besonderheiten der Betreuung vertraut zu machen. Diese mehr auf die Pflegeleistung abgestellte Konkretisierung des § 39 BSHG wird den Erfordernissen der Eingliederungshilfe und in besonderem Maße der Frühförderung nicht gerecht. Der ganze mit der familiären Problematik verbundene Komplex ist also entweder § 39 III BSHG unmittelbar oder § 6 JWG zuzuordnen (*Mrozynski* 1980).

Die Aufgaben der Eltern eines behinderten Kindes reichen von der Erziehung im herkömmlichen Sinne bis hin zur Förderung im Sinne einer Eingliederungshilfe. Das entspricht dem Bogen, wie er von § 6 JWG bis hin zu § 39 BSHG gespannt ist. Die gesamte Betreuungsleistung der Eltern kann man natürlich nur zum Zwecke einer rechtlichen Zuordnung aufgliedern. Typisch für § 39 BSHG wäre danach die Unterstützung der Eltern bei der Entwicklung der Fähigkeit, auf die besonderen Bedürfnisse ihres Kindes einzugehen, z. B. die Verrichtungen des täglichen Lebens so zu gestalten, daß sich dies fördernd für das Kind auswirkt. Demgegenüber muß man dem § 6 JWG all diejenigen Maßnahmen zuordnen, die den Charakter einer Erziehungsberatung haben. Es lassen sich die Probleme, die ein behindertes Kind in die Familie bringt, nicht immer im Sinne einer Beratung lösen. In bestimmten familiären Situationen kann es erforderlich sein, ein Kind in eine Sonderpflegestelle zu geben. Dies ist eine Form der Hilfe zur Erziehung, die auf der Grundlage der §§ 27 ff. JWG durchgeführt wird (Bronder 1979). Wird demgegenüber ein behindertes Kind in einem entsprechend ausgestatteten Kinderheim untergebracht, dann handelt es sich um eine Form der Hilfe, die in der Praxis auf der Grundlage des § 39 BSHG durchgeführt wird. Doch auch hier wird man an eine Anwendung des § 6 JWG denken können, der als Hilfe zur Erziehung auch die Unterbringung in einem Heim auf freiwilliger Basis kennt. Schwieriger wird die Lage, wenn die Eltern nicht zur Trennung von ihrem Kind bereit sind, obwohl das im Interesse der Entwicklung des Kindes geboten ist. Für diesen Fall hält § 1666 BGB die Möglichkeit bereit, den Eltern das Aufenthaltsbestimmungs- und Erziehungsrecht – oder auch nur einen Ausschnitt davon zu entziehen und es auf einen Pfleger zu übertragen. Nach der Neufassung des § 1666 BGB ist eine vormundschaftsgerichtliche Entscheidung nicht mehr von einem Schuldvorwurf gegenüber den Eltern abhängig, es genügt vielmehr auch ihr unverschuldetes Versagen. Gleichwohl ist anerkannt, daß dieser Weg des Zwanges nur eine Notlösung in gewichtigen Fällen der Gefährdung des Kindeswohls sein kann (Mrozynski 1980).

13.4. Die Verwirklichung des Rechtsanspruchs

Das Sozialgesetzbuch kennt in seinem Allgemeinen Teil grundlegende Vorschriften über die Verwirklichung sozialer Rechte. Es besteht zunächst die Vorschrift des § 15 SGB-AT. Danach sind die Krankenkassen über ihre Aufgabe der Gesundheitsfürsorge hinaus verpflichtet, Auskünfte vor allem über die Zuständigkeit der Sozialleistungsträger zu erteilen. Die für die Leistungserbringung zuständige Stelle, also etwa der überörtliche Träger der Sozialhilfe, ist nach § 14 SGB-AT verpflichtet, jeden über seine Rechte und Pflichten in dem jeweiligen Sozialleistungsbereich zu beraten. Nach § 16 SGB-AT sind Anträge zwar beim zuständigen Sozialleistungsträger zu stellen, werden sie jedoch beim unzuständigen gestellt, so muß dieser sie an den zuständigen Träger weiterleiten. Solange nicht geklärt ist, welcher von mehreren Sozialleistungsträgern zu leisten verpflichtet ist, also etwa die Krankenkasse oder die Rentenversicherung, müssen auf Antrag vorläufige Leistungen erbracht werden (§ 43 SGB-AT). Für die Eingliederungshilfe und damit auch für die Frühförderung gilt die speziellere Vorleistungsvorschrift des § 44 BSHG. Danach muß der Träger der Sozialhilfe die notwendigen Maßnahmen unverzüglich durchführen, wenn spätestens vier Wochen nach Bekanntwerden des Bedarfs nicht feststeht, wer zur Hilfeleistung verpflichtet ist.

Ein weiterer wesentlicher Teil der Verwirklichung sozialer Rechte ist der Komplex der Mitwirkung. Damit sind einmal das Mitwirkungsrecht des § 33 SGB-AT und zum anderen die Mitwirkungspflichten nach den §§ 60 ff. SGB-AT gemeint. Das Recht zur Mitwirkung nach § 33 SGB-AT wird in der Verwaltungsroutine oft übersehen. Es gibt den Eltern die Möglichkeit, bei der Auswahl von Frühförderungseinrichtungen ein entscheidendes Wort mitzureden. Das können sie selbst dann, wenn dadurch gewisse Mehrkosten entstehen. Im allgemeinen dürften Mehrkosten dann noch vertretbar sein, wenn sie nicht über 20 Prozent liegen. Unvertretbar sind die Mehrkosten auch dann nicht, wenn der Sozialleistungsberechtigte eine private

Einrichtung in Anspruch nimmt und deswegen eine öffentliche Einrichtung unterbelegt ist. Die Mitwirkung ist aber nicht nur ein Recht, sondern auch eine Pflicht nach den §§ 60 ff. SGB-AT. Als Pflicht muß sie aber in einen Zusammenhang mit der Hilfeleistung zu bringen sein, deswegen hat das Gesetz die einzelnen Mitwirkungspflichten ausdrücklich aufgezählt. Es sind danach Auskünfte über die wirtschaftlichen Verhältnisse zu geben, Änderungen sind mitzuteilen, Beweismittel sind anzugeben und die berüchtigten Vordrucke sind auszufüllen. Wer Sozialleistungen beansprucht, muß darüber hinaus zur mündlichen Erörterung persönlich erscheinen, Untersuchungen und Heilbehandlungen erdulden. Alle diese Mitwirkungspflichten finden im Rahmen der Angemessenheit und Zumutbarkeit, wie sie in § 65 SGB-AT näher geregelt sind, ihre Grenze.

Wird ein Antrag nicht oder nicht in der gewünschten Weise bearbeitet, so ist Rechtsschutz nach den §§ 40 ff. VwGO gegeben. Ist nach Ablauf von drei Monaten über einen Antrag oder einen Widerspruch noch keine Entscheidung getroffen worden, so ist nach § 75 VwGO die Untätigkeitsklage zum Verwaltungsgericht zulässig. Die Frist von drei Monaten ist nur eine Regel. Wenn besondere Umstände des Falles es rechtfertigen, kann sie unterschritten werden, entsprechend kann das Verwaltungsgericht sie auch verlängern. Wurde ein Antrag auf Vornahme eines Verwaltungsaktes abgelehnt, so kann nach § 42 VwGO Verpflichtungsklage erhoben werden. Die Klage ist jedoch nur dann zulässig, wenn zuvor nach § 68 VwGO ein Widerspruchsverfahren durchgeführt wurde. Es muß also gegen eine ablehnende Entscheidung zunächst bei der Stelle, die die Entscheidung getroffen hat, schriftlich ein Widerspruch eingelegt werden. Die entscheidende Stelle kann dem Widerspruch abhelfen. Tut sie es nicht, so muß sie die Sache der nächsthöheren Behörde zur Entscheidung vorlegen (§§ 72, 73 VwGO). Gegen den Widerspruchsbescheid kann sodann Verpflichtungsklage erhoben werden. In dringenden Fällen besteht auch schon vor Klageerhebung das Recht, nach § 123 VwGO eine einstweilige Anordnung beim Verwaltungsgericht zu erwirken.

Die Erörterung der Fragen des Rechtsschutzes hat sich am Rechtsstreit mit dem Träger der Sozialhilfe orientiert. Beim Streit mit einem anderen Sozialleistungsträger, im Rahmen der Frühförderung also mit der Krankenkasse, gelten zwar die gleichen Rechtsgrundsätze, doch es sind die Sozialgerichte zuständig, und es findet das Sozialgerichtsgesetz Anwendung (§ 51 SGG).

Literatur

Bronder, G.: Familien- und Heimerziehung behinderter Kinder. Praxis der Kinderpsychologie 1979, S. 209 f.
Bundessozialgericht: Die Sozialgerichtsbarkeit. 1979, S. 155 (156)
Bundessozialgericht: Breithaupt 1982, S. 365
Dendorf, O., Rönneke A.: Hilfe zur Pflege nach § 69 BSHG. Zeitschrift für das Fürsorgewesen 1980, S. 241 (243)
Gerlach, W.: Das Kind in der sozialen Krankenversicherung. Die Ortskrankenkasse 1979, S. 905 (910)
Gottschick, H., Giese D.: Das Bundessozialhilfegesetz. 9. Auflage. Köln 1985, § 40 Anm. 4

Kratzsch W.: Frühförderung aus der Sicht eines sozialpädriatischen Zentrums, Nachrichtendienst des deutschen Vereins für öffentliche und private Fürsorge, 1980, S. 88 (91)

Mrozynski, P.: Rehabilitationsrecht. 2. Aufl. München 1986, S. 200f.

– Jugendhilfe- und Jugendstrafrecht. München 1980, S. 89ff.

– a.a.O. (1980), S. 55f.

Schellhorn, W., Jirasek, H., Seipp, P.: Das Bundessozialhilfegesetz. 12. Auflage. Neuwied 1985, § 40 Anm. 12

Schellhorn, W., Jirasek, H., Seipp, P.: a.a.O. § 39 Anm. 13, 14

Schirmer, D.: Nichtärztliche Therapeuten. Betriebskrankenkasse 1978, S. 195f.

Schulin, B.: Probleme der sozialen Rehabilitation im Sozialversicherungsrecht, ZfS 1982, S. 349

Schulte, B., Trenk-Hinterberger, P.: Die Legasthenie in der Rechtsprechung zum Sozialleistungsrecht. Bad Godesberg 1982

Schulte, B., Trenk-Hinterberger, P.: Sozialhilfe, 2. Aufl. Frankfurt 1986, S. 96f.

Stamm, O.: Voraussetzungen der Kostenübernahme der Behandlung sprach- und hörbehinderter Kinder durch Krankenkassen. Sozialversicherung 1980, S. 178 (179)

240

Mitarbeiterverzeichnis

Hermann Beiler, Sozialpädagoge, Hessenstr. 14, D-8503 Altdorf

Hanni Holthaus, Juifenstr. 1, D-8000 München 70

Paul Innerhofer, Prof. Dr. phil., Institut für Psychologie der Universität Wien, Gölsdorfgasse 3/6, A-1010 Wien

John F. Kane, Ph. D., Professor, Päd. Hochschule Heidelberg, Helmholtzstraße 6, D-6900 Heidelberg

Richard Krais, Ravenpurger Straße 32, 8900 Augsburg

Peter Mrozynski, Dr., Rechtsanwalt, Dozent an der Fachhochschule München, Bräuhausstraße 2, D-8000 München 2

Barbara Ohrt, Dr. med., Leiterin des Zentrums für Entwicklungsneurologie und Frühförderung im Dr. v. Haunerschen Kinderspital München, Lindwurmstraße 4, D-8000 München 2

Otto Speck, Dr. phil., Institut für Sonderpädagogik der Ludwig-Maximilians-Universität, Geschwister-Scholl-Platz 1, D-8000 München 22

Claire-Lise Spörri, M. A., Liebigstr. 15, D-8000 München 22 (früher Arbeitsstelle Frühförderung München)

Marina Strothmann, Dipl.-Psychologin, Frühförderung der Blindeninstitutsstiftung, Winthirstr. 24, D-8000 München 19

Martin Thurmair, Dr. phil., Arbeitsstelle Frühförderung, Pädagogische Abteilung, Frauenlobstr. 2, D-8000 München 2

Andreas Warnke, Dr. med., Dipl.-Psychologe, Universitätsklinik für Kinder- und Jugendpsychiatrie, Hans-Sachs-Str. 6, D-3550 Marburg

Hans Weiß, Dr. phil., Sonderpädagogik I, Universität Würzburg, Wittelsbacher Platz 1, D-8700 Würzburg

Matthias Zeschitz, Dipl.-Psychologe, Blindeninstitutsstiftung Würzburg, Franz-Josef-Ludwig-Straße 19–21, D-8700 Würzburg